Wohnstadt Hamburg

HAMBURG-INVENTAR

Herausgegeben von der Behörde für Kultur,
Sport und Medien – Denkmalschutzamt Hamburg

THEMEN-REIHE BAND 1

Hermann Hipp

WOHNSTADT HAMBURG

Mietshäuser zwischen Inflation und Weltwirtschaftskrise

Neuausgabe mit aktuellen Beiträgen von Hermann Hipp und Gert Kähler

nicolai

Abbildungen auf dem Umschlag:

Titelbild
Mergellstr. 1–19, E. & E. Theil 1926–1928

Innenseite vorne
Hudtwalckerstr. 24–30/Winterhuder Marktplatz 1–2,
J. Hansen 1928–1929

Innenseite hinten
Gryphiusstr. 8–10, Grell & Pruter 1923

Rückentitel
Leverkusenstr. 20–26, Wohnblock
»Schützenstraße«, Gustav Oelsner 1925–1927

Die Henri Benthack Stiftung und die SAGA GWG haben mit
großzügiger finanzieller Unterstützung den Neudruck ermöglicht.

Bibliografische Information der Deutschen Bibliothek
Die Deutsche Bibliothek verzeichnet diese Publikation in der
Deutschen Nationalbibliografie; detaillierte bibliografische Daten
sind im Internet über http://dnb.ddb.de abrufbar.

Die Originalausgabe dieses Buches ist im Auftrag der Kulturbehörde von
Manfred F. Fischer, Hermann Hipp und Volker Plagemann herausgegeben
und 1982 im Hans Christians Verlag, Hamburg, erschienen.

© 2009 Nicolaische Verlagsbuchhandlung GmbH, Berlin

Redaktion: Frank Pieter Hesse, Helga Schmal
Satz und Repro: Bild1Druck GmbH, Berlin
Druck und Bindung: Tlačiarne BB, Slovakia

Alle Rechte vorbehalten
Printed in Slovakia
ISBN: 978-3-89479-483-5

Unter www.nicolai-verlag.de können Sie unseren Newsletter
abonnieren, der Sie über das Programm und aktuelle
Neuerscheinungen des Nicolai Verlags informiert.

Inhaltsübersicht

Grußwort I

Zur Neuauflage II

Pro Memoria IV

Zum Geleit 5

Vorwort 6

»... ein Gürtel um Hamburgs alten Leib« 7

Deutscher Wohnungsbau in den zwanziger Jahren

Wohnungsnot und Sozialpolitik 8
Staatliche Maßnahmen 9
Die Hauszinssteuer 9
Die Gesamtleistung 10
Die Anpassung an die Realität 10

Mietwohnungen in Hamburg

Kleinwohnungsgesetz 11
Zwangswirtschaft 12
Die Bauleistung 13

Die Häuser

Reform der Mietskaserne 13
Neue Richtlinien 13

Die Wohnungen

»Die normale Wohnung« 15
Die reformierte Wohnung 16
Musterküchen 18
Neues Wohnen 20
Gemeinschaftseinrichtungen 21

Experimente

Laubenganghäuser 22
Einküchenhaus 25

Besondere Aufgaben

Frauenwohnheime 26
Altenwohnanlagen 27

Für wen gebaut wurde

Wohnungen für Arbeiter? 32
Die Wohnungsstruktur 32
Die Mieten 32
Das Wohnen im Altbau 34
Eine Schlussfolgerung 34

Wer hat gebaut?

Die Bauherren 35
Die Politik 37
»Ehrenteit-Gesellschaften« 39
Bauunternehmer 40
Industrialisierung 41

Städtebau

Städtebauliche Voraussetzungen 42
Citybildung und Wohngebiete 42
Die Stadtgestaltung 43
Fritz Schumacher 46
Die praktische Arbeit 48

Die Architektur

Die Bautypen 52
Die Fassaden 54
Die Gestaltungsmöglichkeiten — »Stile« 56
Materialfragen 74
Die Architekten 83

Die Wohngebiete

Übersicht 85
Hamburg 85
Altona 102
Wandsbek 107
Harburg-Wilhelmsburg 109

Öffentliche Bauten

Hamburg 111
Altona 117
Wandsbek 118
Harburg-Wilhelmsburg 118
Verkehrsbauten 119
Kirchenbauten 119

Die Gesamtleistung der zwanziger Jahre im hamburgischen Mietwohnungsbau 120

»Drittes Reich«

Mietwohnungsbau im »Dritten Reich« 121
Die Ideologie 121
Mietwohnungsbau in Hamburg nach 1933 121
Städtebau 122
Die Architektur 124

Zweiter Weltkrieg und Wiederaufbau

Die Zerstörung 127
Der Wiederaufbau 128

Die Fenster

Auswirkungen von Altbaumodernisierung und Energiesparmaßnahmen 129
Die Bedeutung des Fensters 129
Fenster im Mietwohnungsbau 1918–1945 131
Entwicklungsgeschichte der Fensterformen 134
Emotionale Bedeutung des Sprossenfensters 136
Soziale Bedeutung des Sprossenfensters 137
Ökonomie und Armut 139

Denkmalschutz 140

Anhang

Methodische Hinweise 142
Anmerkungen 143
Verzeichnis der Häuser und Gesamtanlagen von besonderer Bedeutung 150

**Gerd Kähler
Denkmalschutz versus Rettung der Welt** VII

Abbildungsnachweis 159

Grußwort

Das Bemühen um die Erhaltung und Pflege der so Hamburg-typischen Backsteinbauten gehört seit Jahrzehnten zu den Tagesaufgaben der hamburgischen Denkmalpflege. Schon eine Generationenspanne ist es her, dass Senat und Bürgerschaft, angeregt durch das Denkmalschutzamt, die Rettung des typischen Sprossenfensterbildes dieser Bauten durch Sonderförderungen unterstützten. Die Tatsache, dass damals die Modernisierung von Altbauten mit dem Einbau neuer Fenster ein so großes, heiß diskutiertes Thema war, hatte seinen Ausgangspunkt vor allem in den dramatisch gestiegenen Energiepreisen, denen die Hausbesitzer begegnen wollten. Dass sie aus Kostengründen auf Fenstersprossen verzichteten, löste den Konflikt mit den Denkmalschützern aus.

Heute beschäftigt die Hausbesitzer ein anderes Problem: Sie sind aufgefordert, den Verbrauch an Energie aus fossilen Brennstoffen zu verringern, um so zu helfen, die durch massiv gestiegene Schadstoff- und CO_2-Belastung verursachte Erderwärmung einzudämmen. Diesem Ziel dienen im nationalen Maßstab Klimaschutzgesetze und Energieeinsparverordnungen, die in regelmäßigen Abständen zunehmend verschärft werden. Der Hamburger Senat hat sich 2007 entschlossen, durch ein umfassendes Klimaschutzkonzept die Stadt zur führenden deutschen Metropole auf diesem Gebiet zu machen.

Die Maßnahmen, die hierfür auf dem Gebäudesektor vorgesehen sind, drohen zulasten der Baudenkmäler und des Stadtbildes zu gehen, wenn es nicht gelingt, kluge Kompromisse zu finden, die sowohl für die Umwelt als auch für die Denkmalschützer überzeugend sind. Den Wunsch der Bürgerschaft, bei allen Anstrengungen zur Energieeinsparung das Hamburger Stadtbild zu bewahren, teilt der Senat und folgt ihm, indem die zuständigen Behörden entsprechende Untersuchungen unternommen haben und in einen intensiven Diskurs mit den beteiligten Akteuren getreten sind: den Wohnungsgesellschaften, Architekten, Initiativen zur Erhaltung des Erbes von Fritz Schumacher und Gustav Oelsner, den Förderinstitutionen und Fachleuten.

Ein Beitrag zu diesem Diskurs, ja mehr noch: seine wesentliche Grundlage ist die vorliegende Publikation »Wohnstadt Hamburg«, die auf eine vor rund 30 Jahren vorgenommene, grundlegende Erfassung der Hamburger Siedlungsbauten durch das Denkmalschutzamt zurückgeht und das oben erwähnte Förderprogramm zur denkmalgerechten Fenstersanierung begründete. Sie ist noch immer das Standardwerk zu den Backsteinbauten unserer Stadt und führt uns deren außergewöhnliche Bedeutung für Hamburgs Stadt- und Architekturgeschichte, für unser Stadtbild und unsere Denkmallandschaft vor Augen.

Es freut mich sehr, dass die Initiative des Denkmalschutzamtes und die Bereitschaft des Autors Hermann Hipp durch die großzügige Förderung der Henri Benthack Stiftung sowie der SAGA GWG in die Realisierung des Neudrucks dieser Publikation münden konnten. Dafür sage ich aufrichtigen Dank! Ich wünsche dem Werk abermals eine gute Verbreitung und den Lesern eine aufschlussreiche Lektüre.

Karin v. Welck
Senatorin der Behörde für Kultur, Sport und Medien

Zur Neuauflage

Hamburg hat sich seit 2007 öffentlich dem Klimaschutz verschrieben. Über den Anlass braucht man kaum Worte zu verlieren, dazu liefern die Medien tagtäglich ausreichend Informationen. Der Hamburger Senat hat das Thema recht umfassend angegangen; kaum ein Politikbereich und damit kaum ein Alltagssektor der Bürgerinnen und Bürger sind nicht von den Anstrengungen betroffen, den Energiebedarf und damit die Menge an Kohlendioxid zu reduzieren.

Die Bemühungen, die hierzu auf dem Gebiet der Wohnbauten, aber auch der Verwaltungsbauten, Schulen und anderer öffentlicher Bauten gemacht werden, betreffen regelmäßig auch Baudenkmäler, die besonders empfindlich auf bestimmte Energiesparmaßnahmen reagieren. Das kann so weit gehen, dass man ihnen ihre Denkmalqualität nicht mehr ansehen mag.

Eine Bauaufgabe besonderer, ja ganz und gar hamburgischer Art sind die backsteinernen Siedlungsbauten der Zwischenkriegszeit aus der Ära Fritz Schumachers und Gustav Oelsners. Gegen die manifeste Wohnungsnot nach dem Ersten Weltkrieg – insbesondere in den Großstädten des Deutschen Reiches – war durch eine Reihe von Maßnahmen ein Wohnungsbauprogramm in Gang gesetzt worden, dessen gebaute Manifestationen heute das Bild der Großstädte in weiten Teilen bestimmen und die sich einer großen Wertschätzung erfreuen. Dies reicht bis hin zur internationalen Anerkennung des »außergewöhnlichen universellen Wertes« durch die 2008 erfolgte Aufnahme beispielhafter, ja die historische Bauaufgabe als Ganzes repräsentierender Berliner Großwohnsiedlungen der 20er-Jahre in die Welterbeliste der UNESCO.

Den hamburgischen Großwohnsiedlungen jener Zeit hatte sich das Denkmalschutzamt bereits Ende der 70er-Jahre zugewandt. Der Anlass war seinerzeit sehr ähnlich dem, der heute die Begründung dafür abgibt, die aus der flächendeckenden Bestandsaufnahme der hamburgischen Wohnsiedlungen der 20er-Jahre hervorgegangene, 1982 erschienene »Wohnstadt Hamburg« erneut zu veröffentlichen. Modernisierungs- und Energieeinsparmaßnahmen – auch ausgelöst durch die sogenannte Ölkrise – hatten den Bauten entstellend zugesetzt und waren Grund genug, durch ein Senatsprogramm zur Erhaltung der Sprossenfenster die Charakteristik dieser Bauten und des von ihnen bestimmten Stadtbildes zu bewahren. Die Tagesordnung von damals gilt allerdings auch und gerade erst recht heute, wo das Energiekosten- und Klimaproblem an Brisanz noch immer zunimmt. Mit einem Fenster-Programm ist dem allerdings nicht mehr beizukommen, wenn es um das Verpacken ganzer Siedlungen geht und am Ende von der Handwerklichkeit des Backsteins, die diese Bauten über alle Stilauffassungen hinweg miteinander verbindet, nichts mehr zu sehen ist. Hier geht es um die werkgerechte Rettung ganzer Denkmalfassaden.

Die von Hermann Hipp verfasste und im Auftrag der Kulturbehörde von ihm, von Manfred Fischer und Volker Plagemann herausgegebene Schrift über die »Mietshäuser der zwanziger Jahre zwischen Inflation und Weltwirtschaftskrise« ist heute noch immer das informativste und umfassendste Werk, das sich mit der Genese, den Ausprägungen und denkmalpflegerischen Implikationen dieser Bauaufgabe – nebenbei auch der zeitgenössischen öffentlichen Bauten – in Hamburg befasst und die bedeutendste Grundlage aller Überlegungen zum Umgang mit diesem baulichen Kulturerbe abgibt. Die seinerzeit an die Publikation geknüpften Hoffnungen konnten sich nur in einer begrenzten Zahl von Fällen erfüllen. Dennoch und gerade deswegen hat das Denkmalschutzamt sich zum Neudruck der »Wohnstadt« entschlossen. Das jetzt hinzugefügte

»Pro Memoria« des Autors verdeutlicht, dass das Werk nie nur eine Denkschrift war, die man unter den guten Erinnerungen ablegen kann, sondern sich erneut als Anmahnung versteht, dieses kostbare Erbe hamburgischer Baukultur zu bewahren.

Ein Neudruck der »Wohnstadt« sollte allerdings nicht ohne einen ausführlicheren kritischen Kommentar bleiben, zumal die im Grunde wünschenswerte Neubearbeitung nicht möglich war. Welchen sich wandelnden gesellschaftlichen Implikationen und energiepolitischen Rahmenbedingungen diese Baugattung unterliegt, welche Eingriffe diesen Denkmälern bereits zugesetzt haben und welche Gefahren ihnen weiterhin drohen, darauf weist Gert Kähler, Mitglied des Denkmalrates bei der Behörde für Kultur, Sport und Medien, in seinem Beitrag hin, der die Zeit zwischen erster Auflage und der Gegenwart des Neudrucks skizziert. Es war die Absicht, dabei auch die letzten 25 Jahre Denkmalpflege an den Siedlungsbauten der Schumacher-Zeit einer kritischen Würdigung zu unterziehen. Das gute Recht des scharfen Beobachters und freien Kritikers, die baukulturellen Zeitläufe zu kommentieren und das Augenmerk auf die Fehlstellen zu lenken, die unbedachter Umgang, aber auch technische Probleme und der Zwang zur Wirtschaftlichkeit in der Bauunterhaltung in diesen großstädtischen Denkmalbestand geschlagen haben, hat Gert Kähler genutzt. Seine kritischen Anmerkungen zum Verlauf des in den 80er-Jahren exekutierten »Sprossenfensterprogramms« mögen als auffordernder Hinweis verstanden werden, mit dem noch den Originalen nahekommenden erhaltenen Bestand der durch Sanierungs- und Modernisierungsmaßnahmen zunehmend heterogen erscheinenden Siedlungsbauten im Sinne bewahrender, qualitätsbewusster Bau- und Denkmalkultur umzugehen und nicht auf halbem Wege stecken zu bleiben.

Der Denkmalpfleger teilt die Klage über die eine oder andere, aber viel zu oft anzutreffende denkmalferne Behandlung eines Erbstücks aus dem Hamburger Schatz der Backsteinbauten. Er weiß aber auch und muss dies hinzufügen, dass jede praktizierte Lösung schließlich das Ergebnis eines Wertungs- und Abwägungsprozesses war, in dem der konservatorische Sachverstand, sofern er in die Entscheidungen überhaupt einbezogen war, sich aus den unterschiedlichsten Gründen nicht durchsetzen konnte. Aber eben weil dies so war, ist ihm die Verbreitung der vorliegenden Publikation insbesondere bei den Verantwortlichen in Politik, in den Behörden, Förderinstitutionen, Wohnungsgesellschaften und -genossenschaften sowie den Einzeleigentümern ein Anliegen. Sie möge helfen, bei der Fortschreibung des Hamburger Klimaschutzprogramms die Bereitschaft zu wecken, für die denkmalgerechte Erhaltung des Hamburger Backsteinbaus auch die erforderlichen Mittel bereitzustellen, aber auch das Verständnis dafür zu schaffen, dass nicht jede energetisch optimale Lösung an den Backsteinfassaden gesucht und durchgesetzt werden muss.

Für das Zustandekommen dieses Neudrucks ist dem Autor und dem Koautor herzlich zu danken. Die Drucklegung wäre ohne die großzügigen Spenden der Henri Benthack Stiftung und der SAGA GWG nicht möglich gewesen, ihnen gilt unser Dank ebenso wie dem Nicolai Verlag, der anstelle des liquidierten Christians-Verlags die Herstellung übernahm, für die gute Zusammenarbeit.

Frank Pieter Hesse
Denkmalpfleger der Freien und Hansestadt Hamburg

Pro Memoria

Ein Autor darf sich wohl freuen, wenn etwas, das er vor langer Zeit verfasst hat, neu aufgelegt wird, wenn es gar als »Klassiker« verkauft wird wie der vorliegende Neudruck einer 1982 erschienenen Veröffentlichung.[1] Es war ein Kraftakt damals: In wenigen Monaten wurde vom Denkmalschutzamt, in dem ich seit 1974 arbeiten durfte, im Frühjahr 1980 eine vollständige Bestandsaufnahme des Mietwohnungsbaus der Zwischenkriegszeit durchgeführt und daraus die Senatsdrucksache vom 24.6.1980 entwickelt, deren Erläuterungsteil in 1981 überarbeiteter Form zum Manuskript des vorliegenden Bandes wurde. Auch die studentischen Hilfskräfte, die damals an der riskant schnellen Bestandsaufnahme beteiligt waren, können sich darüber freuen. Mit Begeisterung erinnere ich mich der Gruppe Studierender des Kunstgeschichtlichen Seminars, die damals mitgewirkt haben. Zusammen haben wir unsere Ergebnisse in der ebenfalls 1982 inszenierten Ausstellung zur Arbeiterkultur in Hamburg 1930 in den gerade leer gefallenen Kampnagel-Hallen vorgestellt; »Vorwärts – und nicht vergessen ...« zitierte deren Titel ein Arbeiterlied.[2]

Aber ganz ungetrübt kann das Glück in diesem Falle leider keineswegs sein, und zwar aus zwei guten Gründen. Erstens ist der vorliegende Text in vieler Hinsicht naturgemäß veraltet und überholt (wenn auch wohl nicht im Kern seiner Botschaft und mit seinem Anliegen). Ihn neu zu drucken, hätte eigentlich vorausgesetzt, ihn zu kommentieren, zu rezensieren und zu verbessern. Dann aber wäre es wohl schon auch konsequent gewesen, ihn gleich gänzlich neu zu erarbeiten, was schlichtweg nicht möglich war. Insofern soll hier wenigstens um Nachsicht geworben werden, um Nachsicht bei all den Bürgerinitiativen, Geschichtswerkstätten, Forschern und anderen Autoren, die sich inzwischen mit diesem Stoff beschäftigt haben, das Wissen gemehrt und öffentlich gemacht haben. So haben sie wichtige Architekten in neues Licht gestellt.[3] Besonders hervorzuheben ist, dass das Lebenswerk Fritz Schumachers immer genauer erforscht worden ist, in das ja die hier besprochene »Wohnstadt« als eine Hauptsache gehört.[4] Das 1932 erschienene Büchlein »Vom Werden einer Wohnstadt« von Fritz Schumacher wurde 1984 in der von Gerhard Fehl und Juan Rodriguez-Lores (Aachen) herausgegebenen Reihe »Stadt – Planung – Geschichte« nachgedruckt, der es den Titel verdankt.[5] Aber auch der Anteil des Altonaer Bausenators Gustav Oelsner an der Gesamtleistung des Hamburger Raumes wird immer deutlicher herausgearbeitet.[6] Gert Kähler (siehe S. VII) hat 1985 mit seiner Hannoveraner Habilitationsschrift die Hamburger Wohnungsbautätigkeit in einen systematischen Horizont gestellt.[7] Kurzum: Seit 1982 hat sich die Fülle des Wissens über Hamburgs Architekturgeschichte und insbesondere über die der Schumacher-Ära in großartiger Weise vermehrt und differenziert – und durchweg nicht etwa mit dem Ergebnis einer kritischen Revision. Vielmehr wurde nur immer deutlicher und farbiger aufgewiesen, dass es eine der besten Zeiten, wenn nicht überhaupt die beste Zeit der Hamburger Architekturgeschichte ist, mit der man es hier zu tun hat. Die trotz Krieg und Wiederaufbau zunächst so eindrucksvoll überlieferten Baudenkmäler haben wir immer besser verstehen gelernt. Ja, das ist eine Erfolgsgeschichte.

Zweitens ist aber – und im Hinblick auf die Entfaltung des Wissens erscheint das nun wirklich höchst paradox – die Erfahrung zu bedenken, dass trotz der seinerzeitigen Anstrengungen der Kulturbehörde und ihres Präses Wolfgang Tarnowski, die Erkenntnisse ihres Denkmalschutzamtes auch in die Tat umzusetzen, die hier untersuchten Hamburger Großsiedlungen aus der Zeit der Weimarer Republik inzwischen weithin ein unbefriedigendes, in allzu vielen Einzelfällen ein nachgerade desolates Bild darbieten. Zwar mag das nicht für den Gebrauchswert der Wohnungen gelten. Aber das, was sich die Denkmalschützer damals vorgenommen hatten, die Erhaltung und Pflege eines für Hamburg überaus wertvollen Bestandes an Gebäuden, an Baudenkmälern, die wie nichts anderes Hamburg auszeichnen, ist in kaum einem Falle konsequent erreicht worden. Die kulturelle Qualität der Bautätigkeit jener Epoche ist in ihrem öffentlichen Erscheinungsbild manchmal kaum mehr zu ahnen. Nur allzu oft haben die Stadt und eben auch die Denkmalpflege den wirtschaftlichen Zwängen und dem Druck der Eigentümer und – nicht zu vergessen – der Mieter nachgegeben. Insofern ist die Erinnerung an die Hoffnungen, von denen seinerzeit die Erstveröffentlichung der »Wohnstadt« getragen war, nicht ohne Wehmut.

Für mich selbst fiel in eben jenen September 1984, in dem der Senat seinen vier Jahre zuvor gefassten Beschluss, das »Sprossenfenster-Programm«, teilweise zurücknahm (siehe S. XI), der Übergang an die Universität Hamburg und in einen anderen Beruf. Das bleibt für mich im ganz persönlichen Rückblick immer ein ominöses Datum.

Zurück in die Jetztzeit: Ich freue mich nun doch. Denn die Initiative zu diesem Reprint ist ja mehr als ein Hoffnungsstrahl; er ist ein öffentliches Dokument und Bekenntnis, erneut ein Manifest. Ich werte ihn als Ausdruck eines neuen Impulses in Denkmalschutzamt und Behörde für Kultur, Sport und Medien, zu retten, was zu retten ist. Dafür wünsche ich allen Beteiligten – und damit unserem Hamburg – Erfolg!

Hermann Hipp
21. März 2009

1 Vgl. die Verlagsankündigung im Internet-Buchhandel.

2 Vorwärts – und nicht vergessen. Arbeiterkultur in Hamburg um 1930; Materialien zur Geschichte der Weimarer Republik; eine Ausstellung der Kulturbehörde der Freien und Hansestadt Hamburg vom 1. Mai bis 30. September 1982. Berlin 1982. – Als eigenen Beitrag haben Sylvaine Hänsel und ihre damaligen Kommilitoninnen ein Begleitheft beigesteuert: Die Jarrestadt. Eine Hamburger Wohnsiedlung der 20er Jahre. Hamburg 1982 (Begleitheft zur Ausstellung im Malersaal, Jarrestraße 20. Januar 1982).

3 Davon seien nur die wichtigsten genannt: Janis Mink: Karl Schneider. Leben und Werk. Diss. Hamburg 1990. – Robert Koch, Eberhard Pook: Karl Schneider. Leben und Werk. Hamburg 1992 (Buch zur Ausstellung im Museum für Kunst und Gewerbe, Hamburg). – Roland Jaeger: Block & Hochfeld. Die Architekten des Deutschlandhauses; Bauten und Projekte in Hamburg 1921–1938; Exil in Los Angeles. Berlin 1996 (Diss. Hamburg 1996).

4 An erster Stelle ist Dörte Nicolaisen zu nennen, die 1974–76 selbst im Denkmalschutzamt daran mitgewirkt hat, Schumacher und seine Zeit in den Blick zu nehmen: Dörte Nicolaisen: Studien zur Architektur in Hamburg 1910–1930. Nimwegen 1985 (Diss. München 1974). – 1984 hat das Denkmalschutzamt die Gesamtbibliographie Schumachers herausgegeben: Werner Kayser: Fritz Schumacher. Architekt und Städtebauer; eine Bibliographie. Hamburg 1984 (Arbeitshefte zur Denkmalpflege in Hamburg 5). – Bis heute vertritt die zu wünschende »große« Monographie: Hartmut Frank (Hg.): Fritz Schumacher – Reformkultur und Moderne. Stuttgart 1994 (Ausst.-Kat. Hamburg 1994). – Insbesondere die Veröffentlichungen der Fritz-Schumacher-Gesellschaft halten das Gespräch über Schumacher lebendig, die seit 1990 »Fritz-Schumacher-Kolloquien« veranstaltet und ihre Ergebnisse veröffentlicht. Speziell dem Kontext der Wohnsiedlungen waren die von 1992 (erschienen 1993) und 2000 (erschienen 2001) gewidmet: Großsiedlungen im Umbruch. Wohnwert und Anpassung an neue Bedürfnisse; Fritz-Schumacher-Colloquium 1992. Hamburg 1993 (›Schriftenreihe‹ Fritz-Schumacher-Kolloquium 2) / Von der Reformidee Fritz Schumachers zur Wohnstadt der Zukunft. Dokumentation der Beiträge und Ergebnisse des Fritz-Schumacher-Kolloquiums in Hamburg 2000. Hamburg 2001 (Schriftenreihe der Fritz-Schumacher-Gesellschaft 9). – Vgl. weiterhin: Hermann Hipp: Fritz Schumachers Hamburg. Die reformierte Großstadt. In: Vittorio Magnago Lampugnani, Romana Schneider (Hg.): Moderne Architektur in Deutschland 1900 bis 1950. Reform und Tradition. Stuttgart 1992 (Ausst.-Kat. Deutsches Architekturmuseum Frankfurt a. M.), S. 151–183. – Manfred F. Fischer (Hg.): Fritz Schumacher – Hamburger Staatsbauten 1909-1919/21. Eine denkmalpflegerische Bestandsaufnahme. Hamburg 1995 (Arbeitshefte zur Denkmalpflege in Hamburg 15,1). – Dagmar Löbert: Fritz Schumacher (1869 bis 1947) : Reformarchitekt zwischen Tradition und Moderne. Bremen 1999. – Stefan Kleineschulte: Fritz Schumacher – Das Gebäude der Finanzbehörde am Gänsemarkt. Hamburg 2001 (Arbeitshefte zur Denkmalpflege in Hamburg 20). – Dieter Schädel: Inventar erhaltener Originalpläne und -zeichnungen von Fritz Schumacher. Hamburg 2001 (Veröffentlichungen aus dem Staatsarchiv der Freien und Hansestadt Hamburg 17). – Ders. (Hg.): »Wie das Kunstwerk Hamburg entstand«. Von Wimmel bis Schumacher; Hamburger Stadtbaumeister von 1841–1933. Hamburg 2006 (Schriftenreihe des Hamburgischen Architekturarchivs – Begleitbuch zur Ausstellung, Kunsthaus Hamburg). – Ders. (Hg.): Hamburger Staatsbauten von Fritz Schumacher. Band 3 (1920-1933). München, Hamburg 2006.

5 Fritz Schumacher: Das Werden einer Wohnstadt. Bilder aus dem neuen Hamburg. Hamburg 1984 (Stadt – Planung – Geschichte Bd. 4). Nachdruck der 1932 in der »Hamburgischen Hausbibliothek« erschienenen Ausgabe, mit einem Nachwort von Hermann Hipp.

6 Christoph Timm: Gustav Oelsner und das Neue Altona. Kommunale Architektur und Stadtplanung in der Weimarer Republik. Hamburg 1984 (phil. Diss. Hamburg 1983). – Burcu Dogramaci (Hg.): Gustav Oelsner – Stadtplaner und Architekt der Moderne. Hamburg 2008. – Peter Michelis (Hg.): Der Architekt Gustav Oelsner. Licht, Luft und Farbe für Altona an der Elbe. München, Hamburg 2008.

7 Gert Kähler: Wohnung und Stadt. Hamburg, Frankfurt, Wien. Modelle sozialen Wohnens in den zwanziger Jahren. Braunschweig, Wiesbaden 1985 (Habil.-Schr. Univ. Hannover 1984).

Zum Geleit

In einer Kulturpolitik, die auch und gerade die Alltagskultur der Bewohner einer Stadt ernst nimmt, werden Denkmalschutz und Denkmalpflege immer eine erstrangige Bedeutung einnehmen müssen: Die von Menschen gestaltete Umwelt ist für jeden das kulturelle Phänomen, dem er immer und zu jeder Zeit ausgesetzt ist, wenn er sich in ihr bewegt. Nicht bewußt und nicht stets reflektierend, aber gerade deshalb noch viel nachhaltiger wirkt sie in seinem ästhetischen Erleben, macht sie ihm Geschichte erlebbar, hilft sie ihm bei der Orientierung in der Umwelt, ermöglicht sie ihm Identifikation, kurz: er kann sie als »Heimat« erkennen. Sie bildet den Boden für die Entfaltung seiner Persönlichkeit in anderen Kulturformen.

Die Abwehr von zerstörenden oder auch nur störenden Einflüssen als Aufgabe von Denkmalschutz und Denkmalpflege wird von manchem Betroffenen als Beeinträchtigung seiner individuellen Rechte empfunden. Die meisten Bürger haben jedoch längst die Bedeutung einer lebenswerten Umwelt erkannt und verlangen ihre Bewahrung als höherrangiges öffentliches Gut.

Die Kulturbehörde hat in den vergangenen Jahren viele Anstrengungen unternommen, um dieser Überzeugung und dem öffentlichen Interesse der Aufgabe Denkmalschutz und Denkmalpflege die nötige institutionelle und auch finanzielle Kraft zu geben.

Eine ganz besondere Bedeutung hat dabei ein Programm gewonnen, das 1979 in die Wege geleitet wurde und in dessen Rahmen auch diese Veröffentlichung entstanden ist. Es ist die Zuwendung zu den Großwohnsiedlungen der zwanziger Jahre als einer kulturellen und sozialpolitischen Leistung der Weimarer Republik, auf die Hamburg stolz sein kann.

Gerade diese Leistung unterliegt seit einigen Jahren einem besonders eingreifenden Veränderungsprozeß durch Modernisierungs- und Energieeinsparungsmaßnahmen. Ihr architektonisches Erscheinungsbild und damit das von ihnen geprägte Stadtbild wurde zunehmend schwer beeinträchtigt durch Veränderungen der Fassaden bis hin zur völligen Verkleidung. Vor allem anderen aber sind es neue, ungeteilte Fenster, die diesen Häusern oft das Gesicht nehmen, die sie »blenden«.

In der Erkenntnis, daß es öffentliche Förderungsmaßnahmen sind, die für solche Veränderungen – übrigens aus wohlerwogenen Gründen – den Anstoß gaben, haben Senat und Bürgerschaft der Freien und Hansestadt Hamburg auf Anregung der Kulturbehörde ein Sonderprogramm zur Förderung der Wohnsiedlungen beschlossen, die wegen ihrer besonderen Bedeutung im Rahmen der Gesamtleistung des Wohnungsbaus der zwanziger Jahre ihr Erscheinungsbild behalten sollen. Das Ziel war dabei, die Mieter von den zusätzlichen Kosten für dieses Programm freizuhalten. Insbesondere die Wiederherstellung denkmalgerechter Sprossenfenster wird im Rahmen dieses Programms durch öffentliche Mittel ermöglicht.

Diese Veröffentlichung macht den Versuch, die Bedeutung der Großwohnsiedlungen der zwanziger Jahre in Hamburg, der »Wohnstadt Hamburg« zu beschreiben. Ihre historische und künstlerische Bedeutung, aber auch ihre Bedeutung für das unverwechselbare Gesicht dieser Stadt und für das soziale Wohlbefinden ihrer Bewohner.

Architektur ist auf lange Dauer hin konzipiert. Anders als viele Formen menschlicher Kultur übersteht sie Moden und Generationen. Deshalb ist sie aber auch gefährdet durch Krieg und Zerstörung, natürliche Alterungsprozesse und schließlich veränderte Ansprüche an ihre Nutzung. Als kulturelle Leistung der Vergangenheit ragt sie in unsere Gegenwart hinein. Gegenwartsorientierte Kulturpolitik muß sich um sie kümmern.

Prof. Dr. W. Tarnowski
– Senator –
Präses der Kulturbehörde

Vorwort

Mit der vorliegenden Veröffentlichung beginnt die Kulturbehörde im Bereich Denkmalschutz und Denkmalpflege das »Hamburg-Inventar«. Es wird zwei Reihen haben, eine »Stadtteil-Reihe« und eine »Themen-Reihe«. Die Stadtteil-Reihe wird mit einem umfangreichen Band über die Innenstadt beginnen. Die »Wohnstadt Hamburg« ist der erste Band der Themen-Reihe.

Damit werden die »Arbeitshefte zur Denkmalpflege in Hamburg«, von denen bisher vier Bände erschienen sind, nicht ersetzt. Sie werden weiterhin in unregelmäßiger Folge erscheinen.

Mit dem neuen Veröffenlichungsprogramm, auf das die Kulturbehörde in den kommenden Jahren besonderen Nachdruck legt, wird versucht, Anregungen der Kultusministerkonferenz für eine die gesamte Bundesrepublik erfassende Schnellinventarisation der Bau- und Kunstdenkmäler aufzunehmen. Sie ist also ein »Inventar«, das möglichst bald für das Staatsgebiet der Freien und Hansestadt Hamburg einen zusammenhängenden Überblick über den Bestand an Bau- und Kunstdenkmälern bieten soll, damit auch eine neue Grundlage für die praktische Verwirklichung der Aufgabe Denkmalschutz und Denkmalpflege.

Mit dem neuen Veröffentlichungsprogramm soll aber auch ganz bewußt die kultur- und damit die gesellschaftspolitische Bedeutung der von Menschenhand gestalteten Umwelt ernst genommen werden. Sie soll möglichst breiten Kreisen der Bevölkerung Informationen und Anregungen geben, selbst sich mit der Bedeutung von Architektur und Stadtraum, Geschichte und Ästhetik in dieser Umwelt, kurz sich mit ihrer Heimat auseinandersetzen. Gerade in einer Großstadt wie Hamburg mit der großen Dichte und gestalterischen Intensität der städtischen Umgebung ist dies ein ganz wesentlicher Teil der Alltagskultur der Bewohner. Darauf soll die Gestaltung dieser Veröffentlichungsreihe Rücksicht nehmen. Es wird sich nicht um Listen von Baudenkmälern handeln, die eine obrigkeitliche Denkmalpflege der lebendigen Stadtenwicklung für immer entziehen will. Vielmehr wird es darum gehen, der Öffenlichkeit Vorschläge zu machen, wo die Auseinandersetzung um die Bewertung der Umwelt einsetzen kann. Es wird darum gehen, die Öffentlichkeit dadurch einzubeziehen in die Prozesse der Auswahl der denkmalschutzwürdigen Objekte und des praktisch-denkmalpflegerischen Umgangs mit ihnen. Insofern handelt es sich nicht nur um ein »Inventar«, sondern um ein »Hamburg-Inventar«. Und insofern setzt es zu Recht mit einem ganz bestimmten Thema ein. Die »Wohnstadt Hamburg« bietet die großen akuten Probleme für Denkmalschutz und Denkmalpflege durch die sich in ihr vollziehenden Modernisierungs- und Energiesparmaßnahmen. Viele zehntausend Bewohner sind davon betroffen. Vor allem für sie ist diese Veröffentlichung gedacht.

Eine Veröffentlichung der vorliegenden Art — entstanden in zwei kurzen Arbeitsphasen 1979 und 1982 — konnte nicht hergestellt werden ohne zahlreiche Beteiligte, die dem Autor und den Herausgebern zur Seite standen. Insbesondere die Mitarbeiter der Staatlichen Landesbildstelle, der Staats- und Universitätsbibliothek, des Staatsarchivs und des Denkmalschutzamtes sind da zu nennen. Eine Gruppe studentischer Hilfskräfte hat 1979 intensiv an der Bestandsaufnahme vor Ort und in den Archiven mitgewirkt, ebenso die Planungsgruppe Nord. Wesentliche Hinweise zu Einzelfragen haben Rolf Spörhase und Joist Grolle gegeben. Die Hörer der von Martin Warnke 1980/81 am kunstgeschichtlichen Seminar der Universität Hamburg durchgeführten Übung über den Hamburger Siedlungsbau der zwanziger Jahre haben viele weitere Anregungen eingebracht. Ihnen allen danken die Herausgeber für ihre Mitwirkung.

Manfred F. Fischer
Hermann Hipp
Volker Plagemann

»... ein Gürtel um Hamburgs alten Leib«

So hat Fritz Schumacher jene Hamburger Siedlungen der zwanziger Jahre genannt, die noch heute das Stadtbild Hamburgs mit ihren Backstein- und Klinkerbauten rund um die Innenstadt und ihre älteren Stadterweiterungsgebiete bestimmen[1]. Die großen geschlossenen Siedlungsgebiete – z. B. Dulsberg und Jarrestadt – sind heute beliebte Gegenstände der architekturgeschichtlichen Forschung geworden; Architekten suchen in ihnen Anregungen für die Bauprobleme der Gegenwart; Milieu- und Denkmalschutz bemühen sich um ihre Erhaltung. Zwar will sie niemand abreißen, dennoch sind sie akut gefährdet – was der Anlaß für diese Arbeit ist und worauf noch zu kommen sein wird.

Diese Siedlungen sind nach wie vor am besten beschrieben und gewürdigt in den Schriften Fritz Schumachers, der für sie zu einem wesentlichen Teil verantwortlich war – wie gleichzeitig Gustav Oelsner für die in Altona. Er hat ihre Entstehung im »Werden einer Wohnstadt« 1932 geschildert[2]. Und er wollte damit wohl zum Ausdruck bringen, daß Hamburg für die Masse seiner Bewohner durch diese Großwohnanlagen überhaupt erst zur Wohnstadt geworden sei, zu einer Stadt, die sich zum Wohnen und nicht nur zum Aufenthalt eigne. Der Titel dieses Bandes schließt an Schumacher an, denn die Siedlungen *sind* großartige Leistungen einer bemerkenswerten, auch bemerkenswert knappen Epoche hamburgischer und deutscher Geschichte. Freilich werden auch ihre Grenzen und Mängel zu nennen sein. Ob sie wirklich schlechthin Hamburg die neue Qualität »Wohnstadt« mitteilten, wird auch ein bißchen fragwürdig bleiben.

»Die zwanziger Jahre«: Das Deutsche Reich und seine Länder hatten nach dem verlorenen Weltkrieg Revolutionen durchgemacht (1918–1919 herrschte in Hamburg ein Arbeiter- und Soldatenrat), die konstitutionellen Monarchien waren zu Republiken geworden, die Freien Städte – bis 1918 fast aristokratische Oligarchien – erhielten jetzt das allgemeine Wahlrecht und von frei gewählten Parlamenten eingesetzte Regierungen, so auch Hamburg 1919. 1933 löste das »Dritte Reich« mit Führerprinzip und Gewaltherrschaft die »Weimarer Republik« ab. – Gleichwohl hebt unser Untertitel zwei andere Ereignisse hervor; sie sind unlöslich mit jenen verbunden: Die Inflation als zunächst schleichend verlaufender Geldwertverlust, der die Reichsmark bereits 1922 um 90 % und 1923 dann völlig entwertete. Erst die Einführung der Rentenmark am 13. 10. 1923 und der neuen Reichsmark am 30. 8. 1924 brachte die Währungsstabilität, die den kurzen wirtschaftlichen Aufschwung der »goldenen« zwanziger Jahre ermöglichte und damit auch das Bauen. Die mit dem »schwarzen Freitag« vom 25. 10. 1929 beginnende Weltwirtschaftskrise machte dem wieder ein Ende, brachte 1930/1932 in Deutschland riesige Arbeitslosenheere und schnitt die Bautätigkeit praktisch völlig ab.

Revolution von 1918 und »Machtergreifung« von 1933, Inflation und Weltwirtschaftskrise: Das ist der Rahmen der kurzen Epoche von Schumachers »Wohnstadt« Hamburg.

Abb. 1: Barmbek-Nord um 1930. Luftbild aus Südwesten. Vorne die Schule Rübenkamp, rechts hinten Habichtsplatz und Schwalbenplatz (vgl. S. 91ff.).

Deutscher Mietwohnungsbau in den zwanziger Jahren

Wohnungsnot und Sozialpolitik

Das Schlüsselproblem der Städte und vor allem der sich entwickelnden Großstädte des 19. Jahrhunderts war die Wohnungsfrage, begründet in den industriellen und wirtschaftlichen Umwälzungen dieser Zeit und in ihrem Gefolge im Zustrom von Arbeitern in die Produktions- und Wirtschaftszentren.

In der Auseinandersetzung mit der Wohnungsfrage entstand der neuzeitliche Städtebau als öffentliche Aufgabe[3]. Denn schon früh wurde erkennbar, daß allein der freie Markt für die Arbeiter in den Städten nicht quantitativ und nicht qualitativ ausreichenden Wohnraum bereitstellte.

Der Mangel an Kleinwohnungen war in Hamburg wie überall im 19. und frühen 20. Jahrhundert ein besorgniserregendes Problem. Und wie überall sind auch in Hamburg seit der Mitte des 19. Jahrhunderts Bemühungen zu beobachten, den Wohnungsbau für die Arbeiter zu begünstigen; sei es auf der Grundlage bürgerlicher Reformüberlegungen, sei es im Zusammenhang mit einer gerade in Hamburg ausgeprägten patriarchalisch-sozialen Tradition des herrschenden Bürgertums, sei es durch Überlegungen von »Fachleuten« in der Patriotischen Gesellschaft und im Architekten- und Ingenieurverein, sei es durch die genossenschaftliche Organisation der Wohnungssuchenden selbst. R. Spörhase hat über Vorläufer und Anfänge des gemeinnützigen und genossenschaftlichen Wohnwesens in Hamburg mehrfach berichtet[4]. Ihre Wohnungsproduktion nahm um die Jahrhundertwende bereits bedeutende Dimensionen an; in der Qualität des Wohnungsstandards setzten z. B. die Bauten des Bauvereins zu Hamburg und der Allgemeinen Deutschen Schiffszimmerer-Genossenschaft Maßstäbe. Die Masse der Wohnungen, auch der Kleinwohnungen, wurde aber weiterhin durch private Bauherren hergestellt. Zögernd, gleichwohl fortschreitend wurde durch staatliche Maßnahmen (1873 erstes Kleinwohnungsgesetz) der Boden für den Kleinwohnungsbau günstiger gestaltet. Nicht zuletzt die Entfaltung einer groß angelegten Stadtplanung seit dem Bebauungsplangesetz von 1892 regelte zunehmend Art und Maß der Nutzung der Bauflächen, Straßenführung und Blockzuschnitt sowie Infrastruktur. In vieler Hinsicht wurden dadurch auch Grundlagen für die Bauleistung der zwanziger Jahre geschaffen (vor allem im Hinblick auf Verkehrssysteme)[5].

Das Schwarz-Weiß-Bild der – in Hamburg durch die Schriften Fritz Schumachers geprägten – Rückschau aus den zwanziger Jahren auf diese Zeit, in der sie nur als von schwersten Mängeln behaftet erscheint, ist in der vollen Strenge eines negativen Urteils wohl nicht gerechtfertigt[6]. Gerade Hamburg und seine Nachbarstädte zeichneten sich vielmehr bei einer andere Großstädte vergleichend einbeziehenden Betrachtung der Wohnverhältnisse der breiten Bevölkerungsschichten doch eher positiv aus, sowohl was das Wohnungsangebot insgesamt angeht wie im Hinblick auf den Wohnungsstandard, die Belegungsdichte und die städtebauliche Ordnung[7]. Die geläufige Polemik gegen die bekannte »Schlitzbauweise« und gegen die Hinterflügel der »Terrassen« in den typischen Arbeiterwohnvierteln – z. B. Barmbek oder Hammerbrook – übersieht, daß sie immerhin gegenüber etwa der Berliner Hinterhofbauweise beachtliche Vorzüge besaßen[8]. Generell müssen jedoch die Wohnungsverhältnisse

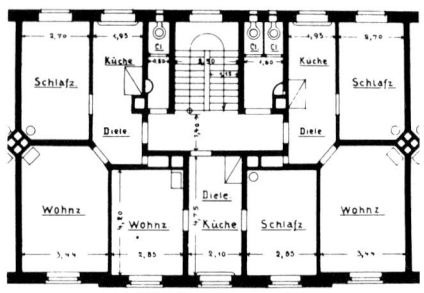

Abb. 3: Wohnungen der Abraham-Philipp-Schuldt-Stiftung (Hütten 2–12), errichtet 1895/96 für »wenig bemittelte Familien oder Witwen«. Dreispänner mit Toiletten im Treppenhaus.

der minderbemittelten Bevölkerung bis zum ersten Weltkrieg auch in Hamburg als bedrängend angesehen werden.

Der erste Weltkrieg brachte für die Entwicklung auch des Massenwohnungsbaus und der Kleinwohnung einen entscheidenden und grundlegenden Einschnitt.

Maßgebend dafür war einmal die Verschärfung des Problems durch eine krasse Wohnungsnot nach 1918. Das Ruhen der Bautätigkeit im Kriege traf zusammen mit einem schnellen Ansteigen der Zahl der Haushalte, die Anspruch auf eine Wohnung stellten. Der aufgestaute Bedarf der Kriegsjahre, Eheschließungen von Kriegsteilnehmern, Flüchtlinge aus den vom Reich abgetrennten Gebieten (in Hamburg bis Ende 1925 allein 13 015 Familien!) und der fortdauernde Zuzug vom Lande wirkten sich darin aus, letztlich eine Mischung allgemeiner struktureller Veränderungen in der Bevölkerung (Kleinfamilie) wie der zunehmenden Verstädterung Deutschlands.

Abb. 2: Typische Etagenhäuser in Schlitzbauweise mit Hinterflügeln (»Terrassen«). Erbaut 1887 von A. Heidtmann für private Hauseigentümer an der Gärtnerstraße (links) und der Eimsbütteler Chaussee.

Abb. 4: Das Etagenhausviertel Hoheluft-West von Norden um 1930. Links vom Eppendorfer Weg erstrecken sich dichte Blocks von »Schlitzbauten« (Moltkestraße usw.), die wenn auch schmale, durchgehende Innenhöfe bilden. – Hinten links die Bebauung der Schlankreye (vgl. S. 85 ff.).

Diese Wohnungsnot traf alle Bevölkerungsschichten und alle Kategorien von Wohnungen, schwergewichtig die der Arbeiter und Angestellten als stärkster und zugleich wirtschaftlich schwächster Gruppe der Bevölkerung. Der größte Mangel bestand bei kleinen Wohnungen. Insbesondere in den Großstädten gab es einen Fehlbedarf, der je nach Zählweise zwischen 500 000 und 1,5 Millionen Kleinwohnungen im Reich lag[9].

Zum anderen brachte der grundlegende Wandel der politischen Verhältnisse, die »Weimarer Republik«, neue sozialpolitische Zielsetzungen; die Behebung dieser Wohnungsnot sollte nicht dem freien Spiel der Kräfte überlassen werden, jedenfalls nicht allein, sondern nach Zielen und Mitteln den Interessen der Allgemeinheit durch staatliche Steuerung unterworfen werden[10].

Beides traf in der gegebenen historischen Situation zusammen mit dem weitgehenden Verfall der privaten Vermögen, der allgemeinen wirtschaftlichen Krise und in deren Gefolge mit einem fast völligen Darniederliegen der Bau- und Wohnungswirtschaft. Der Kapitalmarkt war nicht in der Lage, die erforderlichen Kredite für eine neue Entwicklung aufzubringen.

Staatliche Maßnahmen

Eins erschien den Zeitgenossen selbstverständlich angesichts der veränderten politischen Verhältnisse nach dem ersten Weltkrieg, die die Sozialdemokratie zur bestimmenden Kraft in Hamburgs Bürgerschaft und Senat gemacht hatten: Im Mittelpunkt der staatlichen Wohnungspolitik mußte die Abhilfe der Wohnungsnot gerade der Arbeiter stehen, die Lösung der Kleinwohnungsfrage.

Radikale Vorschläge zur Lösung des Problems, wie z. B. der zur völligen Verstaatlichung der Wohnungswirtschaft, blieben freilich allgemein, d. h. auf Reichs- wie auf Länderebene erfolglos[11]. Statt dessen wurde eine stark reglementierte Wohnungszwangswirtschaft begründet, die durch das Reichsmieterschutzgesetz und das Reichswohnungsmangelgesetz eine gerechte Verteilung des Altwohnungsbestandes sichern sollte[12]. Eine wirkliche Behebung der Notlage konnte jedoch nur davon erhofft werden, daß der Wohnungsbedarf durch entsprechende Neubauten gedeckt würde. Gesetzliche Maßnahmen dazu blieben allerdings wirkungslos, soweit sie nur die Erleichterung z. B. der Baulanderschließung u. ä. zum Inhalt hatten. Die entscheidende Frage war letztlich allein die der Finanzierung der Bauten selbst. Öffentliche Baukostenzuschüsse seitens Reich, Ländern und Gemeinden, die ab 1919 immer wieder bewilligt wurden, konnten freilich in der allmählich sich entwickelnden Inflation nur wenig ausrichten, da ihr Wert – von vornherein ohnehin bescheiden – dadurch noch weiter verfiel. Die entscheidende Maßnahme war vor diesem Hintergrund die Schaffung der Hauszinssteuer. Alle gesetzlichen Maßnahmen zielten im übrigen dahin, die Gemeinden so auszustatten, daß sie die eigentlichen Träger der öffentlichen Steuerungs- und Förderungsmaßnahmen werden konnten[13].

Die »Hauszinssteuer«

Nach Beendigung der Inflation brachte die Dritte Reichssteuernotverordnung vom 14. 2. 1924 die entscheidende Grundlage für die weitere Entwicklung des Wohnungsbaus in Deutschland[14]. Die Verordnung ermöglichte den Ländern, den Althausbesitz durch einen Zuschlag zur Grundsteuer so zu belasten, daß der durch die Inflation entstandene Entschuldungsgewinn weitgehend abgeschöpft wurde. Gleichzeitig wurden die Mieten angehoben. Dadurch sollte der Neubau von Mietwohnungen attraktiver werden. Der wesentliche Teil der meist »Hauszinssteuer« genannten Abgabe sollte direkt zu seiner Finanzierung durch verbilligte Darlehen herangezogen werden. Die unterschiedlich hohen Besteuerungssätze und unterschiedlich hohen Anteile für den Wohnungsbau brachten im einzelnen verschiedene Auswirkungen für die Länder. Den Höchstsatz (Hauszinssteuer in Höhe von 48% der Friedensmiete) erhob Preußen, $26^2/_3$% der 48% wurden dort für den Wohnungsbau verwendet. In der Freien und Hansestadt Hamburg belief sich der Steuersatz am Ende der zwanziger Jahre auf 42%, davon 22% für den Wohnungsbau[15].

Die Hauszinssteuer wurde erhoben als ein Grundsteuerzuschlag und in Prozentsätzen der Friedensmiete bemessen; sie bildete daher einen der staatlich festgesetzten Bestandteile der Altbaumieten innerhalb der Wohnungszwangswirtschaft. Die von Anfang an auch für die Abdeckung des allgemeinen Finanzbedarfs der öffentlichen Hand in Anspruch genommene Steuer wurde im Gefolge der Weltwirtschaftskrise wieder ganz vom Mietwohnungsbau abgezogen, so daß die Zeit ihrer wesentlichen Wirksamkeit auf die Jahre zwischen 1924 und 1931 beschränkt blieb.

Konkret wurden die Mittel aus der Hauszinssteuer dazu benutzt, die zwischen Eigenkapital (10–20%) und einer auf dem privaten Kapitalmarkt gewonnenen ersten Hypothek (20–40%) bestehende Lücke zu schließen, indem zinsgünstige und langfristige Darlehen vergeben wurden; in Hamburg betrug ihre Höhe etwa 45%. Insgesamt nahm der private Anteil an der Finanzierung seit 1924 ständig zu. Teilweise wurde er durch öffentliche Bürgschaften abgesichert und dadurch gefördert.

Die Gesamtleistung

Ihren Höhepunkt erreichte die Wohnungsbautätigkeit im Deutschen Reich auf dieser Grundlage im Jahre 1930 mit 330 000 Wohnungen. Danach kam der Mietwohnungsbau bis 1932 praktisch zum Erliegen.

Die Zeit der Weimarer Republik brachte damit für Deutschland in der Gestaltung der Umwelt eine eindrucksvolle Gesamtleistung auf der Grundlage staatlicher sozialpolitischer Vorgaben. Vor allem die großen Städte erhielten so ganz neue Stadtteile und ein neues Gesicht. Dies nicht zuletzt deshalb, weil die Epoche auch architekturgeschichtlich völlig neue Gestaltungsgrundlagen brachte. Die Reformansätze der Jahre vor dem ersten Weltkrieg (Werkbund!) trugen nun auf breiter Front Früchte. Das »Neue Bauen« brachte spektakulär neuartige Lösungen gerade im städtischen Mietwohnungsbau (Frankfurt a. M.[16], Berlin[17]). Die öffentliche Beteiligung an der Finanzierung machte auch öffentliche Einflußnahme auf das Bauen selbst möglich; Städtebau im großen Stil trug den Wohnungsbau. Selbstverständlich aber war allenthalben, daß die neu errichteten Wohnungen in jeder Hinsicht »gesund« gebaut wurden, d. h. unter Vermeiden all der negativen Begleiterscheinungen der »Mietskasernen« der Vorkriegszeit. An ihre Stelle traten jetzt »Siedlungen«.

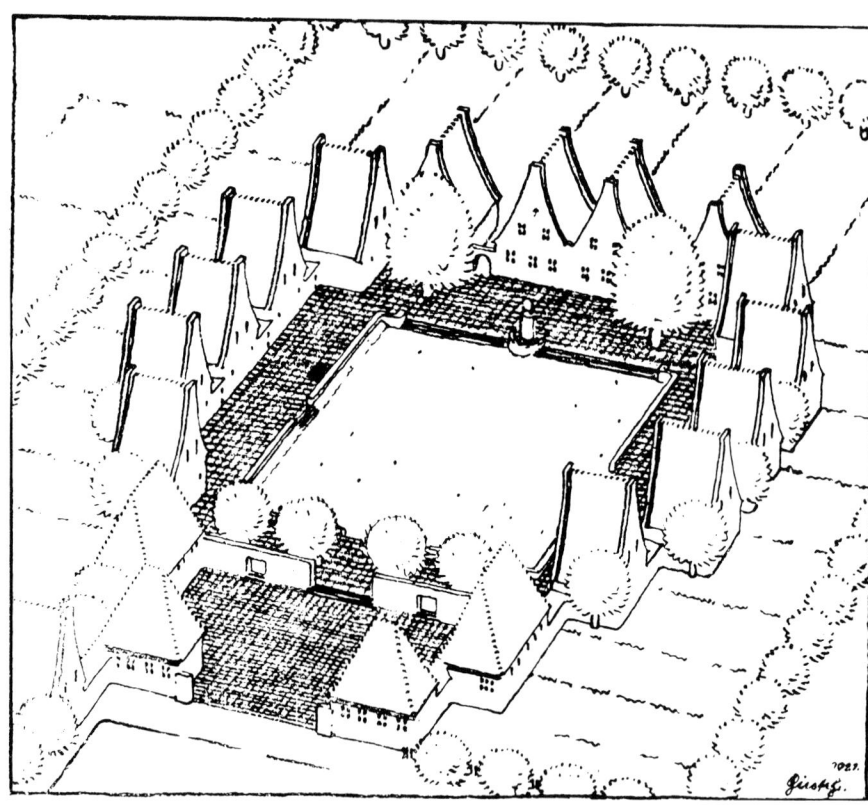

Abb. 5: Entwurf für eine Heldengedächtnis-Siedlung in Hamburg 1921 (Walther Hinsch).

Die Anpassung an die Realität

Bereits während des ersten Weltkriegs etablierte sich eine breit angelegte »Siedlungsbewegung« in Deutschland, die mit hochgradig ideologisierten Parolen auf der Basis der seit ca. 1900 sich entwickelnden Gartenstadtbewegung die Utopie des Häuschens im Grünen verbreitete und z. B. in Gestalt der vielpropagierten »Kriegerdanksiedlungen« für die Zeit nach Kriegsende versprach[18].

Die Realität der geschilderten Wohnungsnot und der wohnungswirtschaftlichen Mangelsituation brachte es mit sich, daß diese Utopie nur selten angefaßt und bestenfalls beispielhaft verwirklicht werden konnte.

Weder im Grundbesitz noch in der Bauwirtschaft wurden die marktwirtschaftlichen Grundsätze in Frage gestellt, und so konnten – zumal in Ballungsräumen – nur Bauformen realisiert werden, die zu einer wirtschaftlichen, also hohen Grundausnutzung führten. In den Städten wurde verdichteter Geschoßwohnungsbau daher der wesentliche Gegenstand der Gesamtbautätigkeit, die die geschilderte Leistung erbrachte. Nur so konnte der Massenbedarf zu erträglichen Kosten befriedigt werden.

Erst als Notstandsmaßnahme in der Weltwirtschaftskrise entwickelte sich mit staatlicher Förderung wieder eine Einzelhaus-Siedlungsbautätigkeit in beschränktem Umfang und mit einfachsten Mitteln (»Erwerbslosensiedlungen«), die dann nach 1933 teilweise fortgeführt wurde[19].

Mietwohnungen in Hamburg

Kleinwohnungsgesetz

Durch die Reichsgesetzgebung wurde die wesentliche Aufgabe den Gemeinden übertragen.
Für Hamburg bedeutete das, daß innerhalb des heutigen Staatsgebietes neben der Hansestadt drei selbständige Städte – Altona, Harburg, Wandsbek – und einige selbständige Gemeinden (z. B. Lokstedt, Stellingen, Eidelstedt) auf der Grundlage preußischer Gesetzgebung je eine eigene Wohnungsbaupolitik betreiben konnten.
Im Folgenden wird freilich immer wieder Hamburg alleine besprochen werden oder doch im Mittelpunkt stehen. Dies beruht auf der Quellenlage aber natürlich auch auf dem ganz großen Übergewicht, das es gegenüber den Nachbarstädten hatte. Es bedarf auch auf Grund seiner Selbständigkeit als Freie und Hansestadt gegenüber dem umgebenden Preußen einer eigenen Betrachtung. Freilich wird Altona, schon gar aber Wandsbek und Harburg-Wilhelmsburg dabei vielleicht zu kurz kommen.
Hamburg und seine Nachbarstädte hatten unter der beschriebenen Wohnungsnot ebenso zu leiden wie die Städte überall in Deutschland[20].
In der Hansestadt Hamburg wurde der Wohnungsbedarf 1919 zunächst noch auf 15000 geschätzt gegenüber einem Angebot von etwa 10000 Leerwohnungen 1914. Mit zunehmender Auseinandersetzung mit dem Problem – z. B. der Überbelegung und dem schlechten Zustand vorhandenen Wohnraums – erwies sich der Bedarf als weitaus größer: Eine 1925 durchgeführte systematische Zählung der Wohnungssuchenden ergab für das damalige Hamburger Staatsgebiet einen Fehlbedarf von ca. 24000 Kleinwohnungen, obwohl seit dem Kriege bis dahin bereits 13000 neu geschaffen worden waren[21].
Der Senat und die Fachleute hatten das Problem kommen sehen. Seit 1916 setzten in Hamburg Überlegungen für die Lösung des Wohnungsmangels nach dem Kriege ein, seit 1917 bestand dafür eine gemischte Kommission von Senats- und Bürgerschaftsmitgliedern, die die zahlreichen aus den Behörden und der Öffentlichkeit kommenden Vorschläge für die Förderung des Kleinwohnungsbaus nach dem Kriege diskutierte. Insbesondere Vorschläge der Patriotischen Gesellschaft knüpften 1917 an ihre Reformbemühungen der Vorkriegszeit an[22]. Sie schlugen eine umfangreiche Gesetzesreform vor, die die baupolizeiliche, planerische und bodenrechtliche Begünstigung für den Kleinwohnungsbau betrafen. Das Ergebnis ist das »Kleinwohnungsgesetz« von 1918. Seine auf Bauordnung und Bodenrecht bezüglichen Regelungen können hier vernachlässigt werden: Sie kamen kaum zum Zuge, denn gebaut wurde nur sehr wenig in den Jahren 1919 bis 1923. Entscheidend wurde aber die damit verbundene Regelung der Finanzierung und der Zuständigkeit. Und entscheidend wurden die Richtlinien für die Vergabe der öffentlichen Förderungsmittel, die daran geknüpft wurden (s. u.)[23].
Das Kleinwohnungsgesetz von 1918 überwies die Aufgabe, die von Reich und Stadt bereitgestellten Baukostenzuschüsse zu vergeben, der »Beleihungskasse für Hypotheken«. Dieses im ersten Weltkrieg zur Kreditversorgung des Kleingewerbes geschaffene Institut erhielt dadurch eine völlig neue Sinngebung.
Mit mehrfach revidierter Aufgabenstellung und Zusammensetzung des leitenden Kollegiums sowie in den entscheidenden Jahren seit 1925 unter dem Vorsitz des DVP-Senators Paul de Chapeaurouge fiel ihr die Vergabe der Hauszinssteuermittel zu und durch die damit verbundenen Auflagen die Lenkung des gesamten Wohnungsneubaus[24].
Ergänzt wurde das Finanzierungssystem im übrigen in Hamburg durch die Gründung der Hamburgischen Baukasse AG 1927, die zusätzliches privates Kapital für den Wohnungsbau nutzbar machen sollte (durch öffentliche Bürgschaften abgesicherte Bankhypotheken)[25].

Abb. 6: Einige Zeitungsausschnitte aus dem »Hamburger Echo« von 1920 und 1921 zur Wohnungsnot in Hamburg . . .

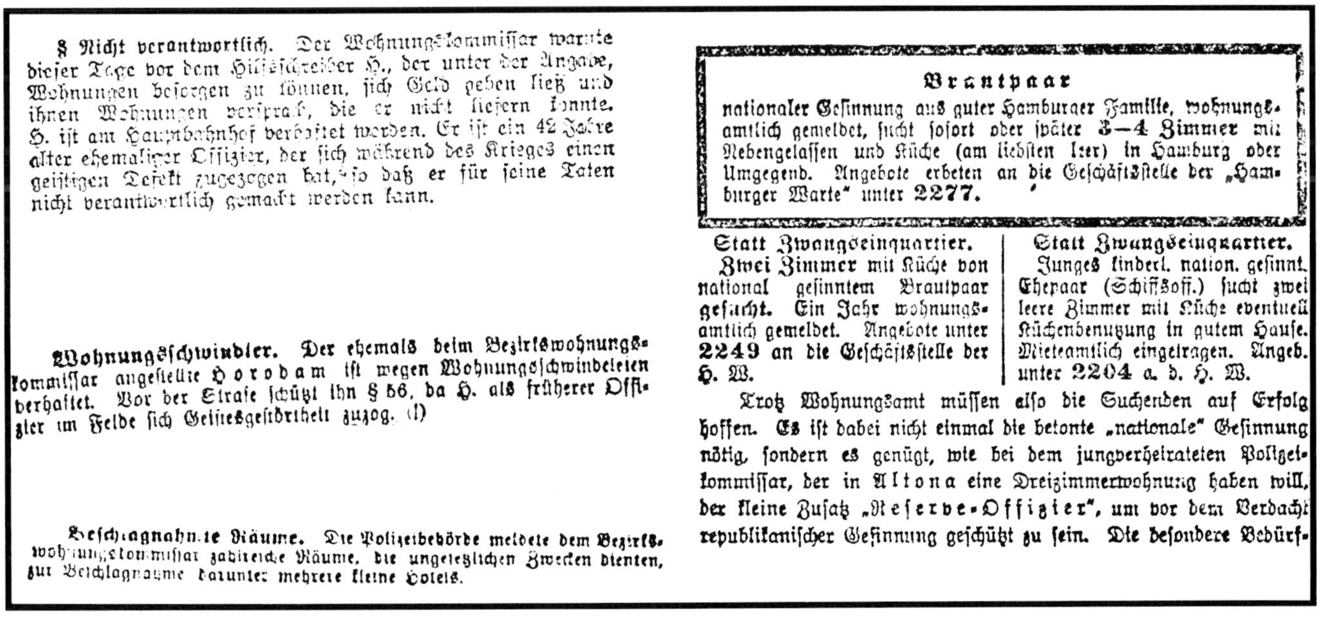

§ Nicht verantwortlich. Der Wohnungskommissar warnte dieser Tage vor dem Hilfsschreiber H., der unter der Angabe, Wohnungen besorgen zu können, sich Geld geben ließ und ihnen Wohnungen versprach, die er nicht liefern konnte. H. ist am Hauptbahnhof verhaftet worden. Er ist ein 42 Jahre alter ehemaliger Offizier, der sich während des Krieges einen geistigen Defekt zugezogen hat, so daß er für seine Taten nicht verantwortlich gemacht werden kann.

Wohnungsschwindler. Der ehemals beim Bezirkswohnungskommissar angestellte Horodam ist wegen Wohnungsschwindeleien verhaftet. Vor der Strafe schützt ihn § 56, da H. als früherer Offizier im Felde sich Geistesgestörtheit zuzog. (!)

Beschlagnahmte Räume. Die Polizeibehörde meldete dem Bezirkswohnungskommissar zahlreiche Räume, die ungesetzlichen Zwecken dienten, zur Beschlagnahme darunter mehrere kleine Hotels.

Brautpaar
nationaler Gesinnung aus guter Hamburger Familie, wohnungsamtlich gemeldet, sucht sofort oder später 3–4 Zimmer mit Nebengelassen und Küche (am liebsten leer) in Hamburg oder Umgegend. Angebote erbeten an die Geschäftsstelle der „Hamburger Warte" unter 2277.

Statt Zwangseinquartier.
Zwei Zimmer mit Küche von national gesinntem Brautpaar gesucht. Ein Jahr wohnungsamtlich gemeldet. Angebote unter 2249 an die Geschäftsstelle der H. W.

Statt Zwangseinquartier.
Junges kinderl. nation. gesinnt. Ehepaar (Schiffsoff.) sucht zwei leere Zimmer mit Küche eventuell Küchenbenutzung in gutem Hause. Mieteamtlich eingetragen. Angeb. unter 2204 a. d. H. W.

Trotz Wohnungsamt müssen also die Suchenden auf Erfolg hoffen. Es ist dabei nicht einmal die betonte „nationale" Gesinnung nötig, sondern es genügt, wie bei dem jungverheirateten Polizeikommissar, der in Altona eine Dreizimmerwohnung haben will, der kleine Zusatz „Reserve-Offizier", um vor dem Verdacht republikanischer Gesinnung geschützt zu sein. Die besondere Bedürf-

Zwangswirtschaft

Das betraf den Neubau. Zugleich wurde auf Grund reichsgesetzlicher Regelungen eine umfangreiche Apparatur zur Bewirtschaftung des Altwohnungsbestandes in Gang gesetzt[26]. Ohne näher auf die Regelungen dieser Zwangswirtschaft einzugehen, soll nur erwähnt werden, daß während der zwanziger Jahre das für ihre Durchführung eingerichtete Wohnungsamt – bald eine umfangreiche Behörde – die Vergabe der weitaus meisten Wohnungen vornahm. Ausnahmen und gegen Ende der zwanziger Jahre Lockerungen der Zwangswirtschaft spielen für das Gesamtwohnungswesen, v. a. für die breiten Bevölkerungsschichten, keine beachtenswerte Rolle. Daneben überwachte die Wohnungspflege den Zustand der Altbauwohnungen[27].

Trotz aller Neubauanstrengungen nahm die Wohnungsnot, der Wohnungsmangel im Verlauf der zwanziger Jahre noch zu. Daß 1933 die Wohnungszwangswirtschaft dennoch abgeschafft wurde, hatte einfache Gründe: Auch wer eine Wohnung brauchte, konnte sich jetzt kaum mehr eine leisten (s. u.).

Wie im ganzen Reich so auch in Hamburg und in seinen Nachbarstädten war selbstverständliche Grundlage aller staatlichen Maßnahmen, daß es vor allem um die Mangellage bei Kleinwohnungen gehe. Alle wohnungspolitischen Maßnahmen waren sozialpolitisch konzipiert und sollten v. a. den Arbeitern und kleinen Angestellten zugute kommen, die die Masse der Bevölkerung stellten. Freilich sprechen die amtlichen Schriftstücke in Hamburg nicht mehr – wie vor dem ersten Weltkrieg im Zusammenhang mit dem Kleinwohnungsproblem – von »Arbeitern« als Zielgruppe, sondern von der »minderbemittelten Bevölkerung« im allgemeinen[28].

Die Wohnungsbauzuschüsse des Reiches und der Stadt waren Tropfen auf den heißen Stein. Sie wurden von der fortschreitenden Teuerung und dann der Inflation aufgezehrt, so daß die Bautätigkeit bis 1923 minimal blieb.

Um so bedeutsamer ist es, daß Hamburg sich 1919 die Aufgabe stellte, trotz erkennbarer Unrentabilität zwei große Wohnhausprojekte in eigener Regie durchzuführen, nämlich eine Kleinhaus-Siedlung in Langenhorn (später nach Fritz Schumacher benannt) und einige Mietwohnungsblocks in der dann entstehenden Dulsberg-Siedlung[29].

Een, twee, dree, du lügst! oder wat nich angohn kann

Von Wilfried Wroost

De Hobenarbeiter Hannes Handhoken droppt sien Fründ Fietje Fromm an de Vorsetten.

„Mensch, Fietje, god dat ick di drop," roppt Hannes em to, „ick mutt di gau mol wat vertellen. Segg mol, kennst du eegentlich Kuddl Kortlepel?"

„Klor, kenn ick den. Hefft doch beid freuher lange Johrn bi de Aktien tohop arbeit. Worum meenst du?" frogt Fietje em.

„Mensch, Fietje, de Kuddl hett ober een Glück hatt, een Glück kann ick di vertelln, mehr Glück as Verstand kunn man jo woll seggen."

„Wieso dat denn, Hannes?"

„Mensch, denk di mol, Fietje, düsse Kuddl kreeg gestern, as he mol wedder keen Arbeit harr, de Noricht von een Rechtsanwalt, dat sien ole Tante Tine in de Trummelstroot, de dor een Loden haar, storben is un em allns vermokt hett. Allns, Hün un Perdün, in'n Wert von teindusend Mark!"

„Djunge, dat lot ick mi gefalln," roppt Fietje, „denn kann Kuddl nu ober lachen!"

„Mensch, dat nich alleen, Fietje," vertellt Hannes, „as Kuddl no den Rechtsanwalt henwill, um de Arwschaft antonehm'n, kummt he ünnerwegs an een Lotteriegeschäft vorbi, smitt tofällig mol een Og in dat Schaufinster un süht op dat grote Plokot wat dor hangt, op'm ersten Blick, dat de Nummer von sien Achtellos, wat he sick mol in son beusen Brand hett andreihn loten, mit een hogen Gewinn rutkomen is un dat he for sien Part son fofteindusend Mark to kriegen hett."

„Ok dat noch?" roppt Fietje, „na, dat is jo allerlei. Denn hett Kuddl jo an den Dag bannig Gluck hat."

„Un wat meenst du woll, Fietje," vertellt Hannes noch wieder, „as Kuddl wedder no Hus gohn will, find he op'm Neudingsmarkt 'ne Breeftasch mit achteindusend Mark dorbinn'n!"

„Och, wat nützt em dat," meent Fietje, „de hett he doch afgeben mußt."

„Na, Mensch, heur doch to," seggt Hannes, „as Kuddl dat Geld notellt, find he dor een Zettel in de Tasch steeken, dor stunn op: Der ehrliche Finder wird gebeten, das Geld zu behalten!"

„Wat du nich seggst," roppt Fietje verwunnert ut, „ischo kum to gläuben. Ober angohn kann dat jo. Jo, angohn kann dat!"

„Un as Kuddl eben wedder in'n Hus is," vertellt Hannes, „kummt de Breefdräger un bringt em een Breef von dat Wohnungsamt mit de Beschienigung, dat he, wiel he al siet sief Johr anschreben is, sofort 'ne scheune Dreestubenwohnung in Barmbeck betrecken kann."

„Mien lebe Hannes, nu will ick di mol wat seggen," roppt Fietje argerlich, „wenn du mi vertellst, Kuddl hett sien Tante bearwt un sien Los is trocken word'n un dat he 'ne Breeftasch fund'n hett, de he mit allns, wat binn'n is, behölln droff, denn will ick dat ok allns ganz gern gläuben, wiel sowat jo angohn kann. Ober wenn du mi nu vertelln wullt, dat he, oder överhaupt eener hier in Hamborg von dat Wohnungsamt 'ne Wohnung towiest kreegen hett, denn segg ick man bloß: een, twee, dree, du lügst!"

Abb. 7: *Ein Hamburger Zeitungsausschnitt unbekannter Quelle aus den zwanziger Jahren als Glosse zur Wohnungsnot.*

Abb. 8: *Das »Häuschen im Grünen«. Die 1919–1921 errichtete Staats-Siedlung in Langenhorn (»Fritz-Schumacher-Siedlung«). – Luftbild um 1930 von Süden.*

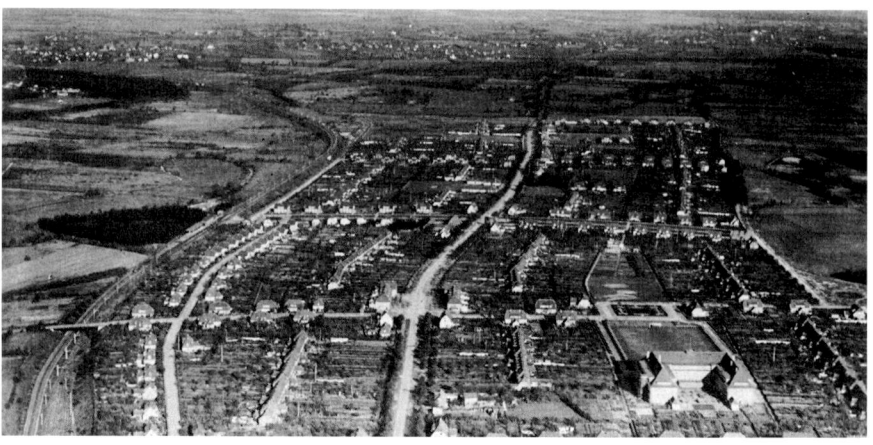

Die Bauleistung

Wie überall begann auch hier die Hauptbautätigkeit nach der Inflation und mit der Einführung der Hauszinssteuer.
Die Wohnungsbaustatistik entspricht nach ihrem Verlauf der in Deutschland überhaupt: Von knapp 2000 Wohnungen im Jahre 1924 stieg die Jahresproduktion in Hamburg selbst bis auf 11 000 1930, um dann 1932 wieder auf 2000 zurückzugehen. Die Zahl der in dieser Untersuchung gesammelten Objekte (Mietwohnungsanlagen), ebenfalls in Hamburg, stieg von 11 im Jahre 1921 über 25 1924 auf über 80 im Jahre 1930 (mit zahlreichen nicht genau datierbaren Häusern aus der Zeit zwischen 1925 und 1930). Der rasche Rückgang der Bautätigkeit in der Zeit der Weltwirtschaftskrise führte dazu, daß 1932 in Gesamthamburg *kein* einziges Mietwohnhaus mehr begonnen (wenn auch gelegentlich noch ein begonnenes fertiggestellt) wurde.
Insgesamt stellt Hamburg selbst den weitaus größten Teil der entsprechenden Bauten im heutigen Staatsgebiet. Zwischen 1918 und 1932 nahm der Wohnungsbestand um über 65000 Einheiten zu[30].
Auf das damalige Altona entfällt – bei vergleichbarem Gesamtverlauf – jeweils etwa ein Viertel der Objekte, gemessen an der Hamburger Jahresproduktion. Wandsbek verhält sich wiederum zu Altona in der Gesamtleistung etwa wie 1 : 3 (im einzelnen sind die meisten Bauten nicht datiert), Harburg ebenso. Hinzu kommen 20 Objekte in Bergedorf und Einzelbauten in Eidelstedt, Lokstedt und Stellingen[31].

Die Häuser

Reform der Mietskaserne

Auch in Hamburg und seinen Nachbarstädten war die »Siedlung« im eigentlichen Sinne, d. h. das Einzelhaus mit Garten das eigentliche Wohnideal der breitesten Bevölkerungsschichten, das real angestrebte Ziel. Die Fritz-Schumacher-Siedlung in Langenhorn, die Siedlung Nettelnburg bei Bergedorf und in Altona die Steenkamp-Siedlung entstanden zu wesentlichen Teilen noch vor der Inflation; die Städte traten dabei selbst als Bauherren auf. Zusammen mit der Gartenstadt Wandsbek und der Gartenstadt Berne, die etwas jünger waren und von Genossenschaften gebaut wurden (wie Steenkamp ging übrigens auch die Gartenstadt Wandsbek noch auf die Zeit vor dem ersten Weltkrieg zurück) erbrachten sie allerdings nur wenige tausend Wohnungseinheiten. Dazu mußten sie auf Grund der Bodenpreise so weit außerhalb der Stadt und damit entfernt von den Arbeitsstätten der Bewohner angelegt werden, daß ihre Vorteile von schweren Nachteilen (lange Wege) aufgehoben wurden[32].
Aber schon 1916 machte Fritz Schumacher angesichts der allgemeinen Siedlungspropaganda (die sich in vielen Einsendungen an den Senat ausdrückt) klar, daß das an sich wünschenswerte Einzelhaus im Garten in Hamburg nur vereinzelt verwirklicht werden könne – allerdings auch dann errichtet werden müsse – daß es aber entscheidend auf die Förderung und reformierte Ausgestaltung des Etagenhauses ankomme[33]. Das ist dann sein Thema in den folgenden Jahren – trotz seiner liebevoll durchgestalteten Langenhorner Siedlung. Die gleichzeitig errichteten staatlichen Wohnblocks der Dulsberg-Siedlung (s. u.) waren die Muster dessen, was er als »Reform der Mietskaserne« verfolgte[34].
Tatsächlich entstand daher auch im Gebiet der heutigen Freien und Hansestadt Hamburg der öffentlich geförderte Wohnungsbau für Mietzwecke in weit überwiegendem Maße als Geschoßwohnungsbau in verdichteter Bauweise. Insofern setzte er die Tradition des Vorkriegs-»Etagenhauses« fort.

Neue Richtlinien

In seinem Buch »Hamburgs Wohnungspolitik von 1918 bis 1919« hat Fritz Schumacher 1919 aus der Analyse der Geschichte des Hamburger Massenwohnungsbaus im 19. Jahrhundert heraus dessen Fehler und Versäumnisse, damit aber auch das Programm für die Zukunft formuliert, nämlich die städtebauliche und architektonische, vor allem aber die wohnungsmäßige Reform[35]. Der Wendepunkt in letzterer Hinsicht war jedoch bei Erscheinen des Werkes bereits erreicht mit dem Gesetz betreffend die Förderung des Baues kleiner Wohnungen vom 20. 12. 1918 (s. o.).
Fritz Schumacher hatte zwar nicht erreicht, daß das Gesetz selbst die Reform der Mietskaserne regelte. Wohl aber wurden von ihm formulierte Richtlinien zum Inhalt einer »Bekanntmachung«, die gleichzeitig mit dem Gesetz zu dessen Durchführung erlassen wurde[36]. Sie regelte die Maßstäbe für die staatliche Förderung von Neubauten. Mit einem Schlag wurden durch sie alle Mißstände der Mietskaserne beseitigt und durch Regelungen ersetzt, die den gesamten Mietwohnungsbau der zwanziger Jahre prägten; die wichtigsten davon machten

> *Querlüftung für jede Wohnung*
> *Nicht mehr als zwei Wohnungen an einem Treppenhaus und in einem Geschoß*
> *Treppenräume an der Fensterwand*
> *Aborte an der Fensterwand*
> *Keller- oder Bodenraum für jede Wohnung*

Abb. 9: Vogelschau von Fritz Schumacher um 1920 für die staatlichen Wohnungsbauten der Dulsberg-Siedlung (vgl. S. 97ff.).

Begehbarer Raum über dem obersten Geschoß zur Abhaltung der Witterungseinflüsse

zur Regel. Auf ihrer Grundlage optimale architektonische Lösungen zu finden, war künftig das Hauptthema im Wohnungsbau. Über die Einhaltung der Regeln wachte die Beleihungskasse, die die finanzielle Förderung von ihr abhängig machte. Die Lösungen im einzelnen blieben den Architekten und Bauherren überlassen[37].

Ähnlich waren die Verhältnisse auf Grund preußischer Gesetze und Richtlinien in Altona, Wandsbek und Harburg. — Wie überall in Deutschland.

Die Normen des Kleinwohnungsgesetzes sind an den Bauten unmittelbar abzulesen und geben ihnen ihre ins Auge fallenden charakteristischen Merkmale — jedenfalls den meisten von ihnen. Es ist die Reihung von Treppenhäusern mit geringeren Abständen als bei den gründerzeitlichen Wohnbauten. Mit ihren außenliegenden Fenstern — meist bewußt von denen der Wohnungen unterschieden — setzen sie an den Bauten die rhythmischen Grundeinheiten. Die Architekten greifen diese Vorgabe bewußt auf und unterstreichen die Treppenhausvertikale durch besondere Gliederungen, Einrücken oder Vorziehen, durch Überhöhen und durch Dekoration. Das zweite Merkmal ist der begehbare Dachraum: Bei ausgebildeten Dächern handelt es sich natürlich um den Dachboden. Bei Flachdachbauten aber tritt er mit attikaartigen Wandstreifen als monumentaler Gebäudeabschluß in Erscheinung, wiederum oft ausgenutzt für architektonische Gestaltungseinfälle und oft verschränkt mit den Treppenhausachsen. Jedem Beobachter werden auch leicht die Folgen der übrigen Bestimmungen erkennbar. Die Querlüftung wird erreicht durch geringe Gebäudetiefen. Sie wird erst beim Eintreten ins Haus deutlich. An die Stelle der Hinterflügelbauweise und der »Schlitze« — wie sie sie die hamburgische Bauordnung bis zum ersten Weltkrieg begünstigte — treten jetzt beruhigte, einheitliche Rückfronten. Die rückwärtigen Freiflächen bieten die Möglichkeit zur einheitlichen Zusammenfassung einer gestalteten Hoffläche.

Dem heutigen Benutzer erscheinen diese Merkmale banal und selbstverständlich. Bei besonders fortschrittlichen Reformbauten gab es sie auch schon vor dem ersten Weltkrieg. Gegenüber der »Mietskaserne« mit innenliegendem Treppenhaus, oft vier Wohnungen auf jedem Stockwerk, mit schlechter Durchlüftung und — jedenfalls auf der Rückseite — schlechter Belichtung waren diese Normen aber ein epochaler Fortschritt.

Abb. 10: Etagenwohnhäuser der Dulsberg-Siedlung (Hohensteiner Straße, Fritz Schumacher/ Alfred Löwengard 1921 — vgl. S. 97ff.). Dicht gereihte Treppenhäuser und hervorgehobene Eingänge bestimmen die Fassadenfolge.

Abb. 11 und 12: Die Außenseiten des Mittelblocks der Jarrestadt (vgl. S. 94ff.), Karl Schneider 1927–1928 (Hanssensweg 10ff. usw.). Eingezogene Treppenhäuser und zurückgesetzte Dachbodengeschosse des Flachdachbaus gliedern den einfachen, kubischen Baukörper.

Abb. 13: Der Innenhof des »Otto-Stolten-Hofes« in der Jarrestadt (vgl. auch Abb. 33–35, 75 und 294), Großheidestr. 35ff. usw., F. Ostermeyer 1928–1929. Typische, große Hoffläche mit Grünanlagen und Gemeinschaftseinrichtungen.

Abb. 14: Lange Reihe 87, Hinterhaus um 1880. Eine typische »Terrasse« (vergleichbar der Abb. 2).

Die Wohnungen

Die normale Wohnung

Dennoch war die Reformarbeit mit dem Kleinwohnungsgesetz und seinen Normen nicht zu Ende: Die ganzen zwanziger Jahre über setzte sich vielmehr die Diskussion um die Reform der Wohnung fort. Denn diese änderte sich selbst zunächst gar nicht:

Zweifellos vereinfachend, aber wohl im wesentlichen doch zutreffend kann zusammengefaßt werden, daß – unter Berücksichtigung der genannten Reformen für die Kleinwohnungshäuser – auch wohnungsmäßig die Mietshäuser der zwanziger Jahre die Etagenhaus-Tradition fortsetzten, insofern es sich durchweg um Geschoßwohnungen mit gemeinsamen Treppenhäusern handelte, die im einzelnen ein traditionelles Raumprogramm hatten, nämlich Küche oder Wohnküche und ein bis drei Wohn- und Schlafräume, sowie Abort (und selten ein Bad). Die weitaus überwiegende Menge der Wohnhäuser hatte kleine und mittlere Wohnungen von 2 bis 3 1/2 Zimmern. Man kann durchaus der Meinung sein, daß die Wohnung schlecht-

hin darin für die Wohnansprüche der breiten Schichten »endlich eine optimale Form gefunden« habe[38].

Es war im wesentlichen der Zwang zur Rationalisierung und Verbilligung der Wohnungen angesichts der hohen Mieten (s. u.), der immer wieder zu Versuchen Anlaß gab, diese traditionelle Wohnung zu überdenken. Sie sollte kleiner werden und dennoch besser nutzbar.

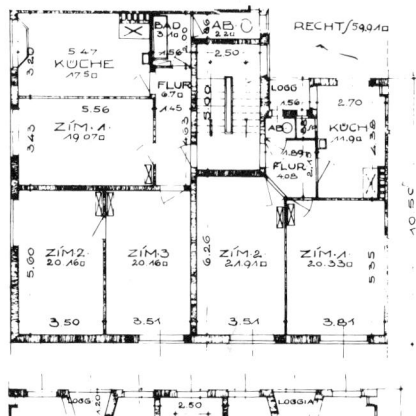

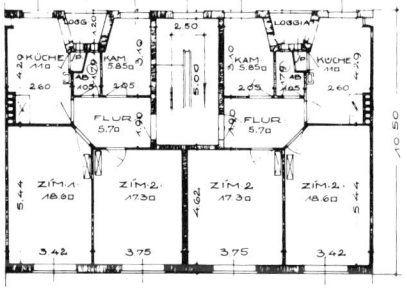

Abb. 15 und 16: Wohnungen im Block Dennerstr. 9–19/Fuhlsbüttler Str. 236–256/Mildestieg 3–9, 1926–27 F. Ostermeyer für den Reichsbund Deutscher Mieter (vgl. Abb. 172, 197, 227, 272 und 274).

Abb. 17: Wohnungen im Block Elligersweg 14–26 usw. in Barmbek-Nord, E. Fink 1927ff. Der Möblierungsplan zeigt die übliche Nutzungsverteilung mit Wohnküche, Wohnzimmer, Schlafzimmer und Kinderzimmer – hier übrigens auch ein Bad (vgl. Abb. 195 und 198).

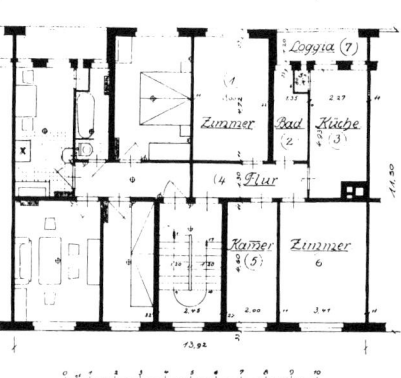

Die reformierte Wohnung

»Unsere Zeit stellt uns eine dreifache Aufgabe: wir sollen einmal die gesteigerten hygienischen, bau- und wohnungstechnischen Forderungen erfüllen, wir sollen weiterhin neuen sozialen und schönheitlichen Idealen nachkommen und wir sollen endlich dieses Programm auf einer sehr schmalen wirtschaftlichen Basis durchführen. Mit kurzem Wort: wir sollen zugleich verbilligen und verbessern. Verbilligung durch Verschlechterung anzustreben, ist ethisch und volkswirtschaftlich gleicherweise verwerflich. Das ganze Wohnungsproblem konzentriert sich damit auf die Bestgestaltung der kleinsten Wohnung.«

(Völckers, Wohnbaufibel 1932, S. 6)

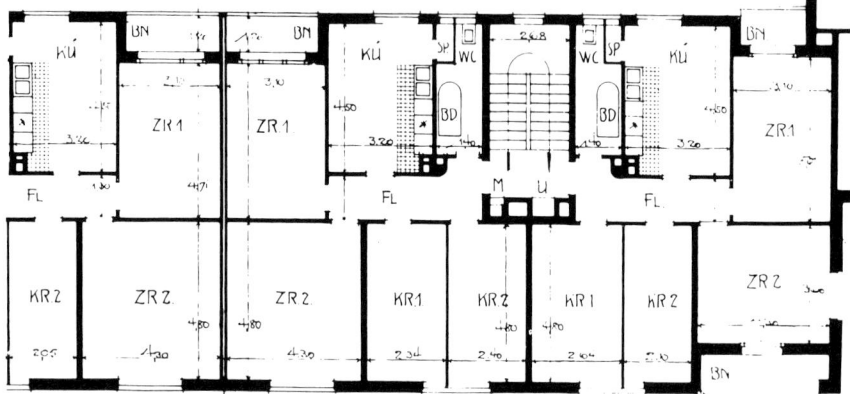

Abb. 18: Wohnungen in der Jarrestadt. Jean-Paul-Weg 2ff. usw. von Distel & Grubitz 1928–1929 (vgl. Abb. 220, 295 und 445).

Die Zahl der Veröffentlichungen zur Lösung der Frage, wie man kleinere und doch besser funktionierende, billigere und doch qualitätsvollere Wohnungen schaffen könne, ist in den zwanziger Jahren Legion. Sie steht unter dem Zwang, aus dem Widerspruch zwischen sehr hohen Mieten und sozialpolitischer Zielsetzung (dazu s. u.) herauszukommen und *»dem Minderbemittelten ... Anteil an den Errungenschaften der technischen Zivilisation«* zu bieten[39]. Die Methode der Reform ist bei allen Autoren dieselbe – und es sind deshalb auch meist jene Architekten, die zum »Neuen Bauen« gehören und dessen funktionalistische und konstruktivistische Tendenzen tragen: Die Wohnung wird definiert als »Maschine«; »Trennung der einzelnen Funktionen« und »jedem Wohnvorgang seinen bestimmten Platz« sind die Maximen[40]. Auf die bekanntesten Versuche zur Umsetzung sei mit den Frankfurter Siedlungen Ernst Mays aus der zweiten Hälfte der zwanziger Jahre nur hingewiesen[41]. Mit Händen ist zu greifen, daß die Ergebnisse jene heutigen Normen der Sozialwohnungen sind, deren mangelnde Anpassungsfähigkeit an wechselnde Wohnbedürfnisse mit Recht und allgemein beklagt wird[42].

In Hamburg wurde der erste große Bauwettbewerb, den die Beleihungskasse für Hypotheken 1926 durchgeführt hatte – sein Ergebnis war die »Jarrestadt« in Winterhude (s. u.) – bereits ein Versuch, durch Rationalisierung die Baukosten und damit die Mieten zu senken und zugleich die »Wohnungskultur« zu steigern. Typisierung der Grundrisse und vor allem Bildung großer Baublöcke sollten dazu beitragen. Ausdrücklich heißt es im Wettbewerbsprogramm:

»Es ist nicht verwehrt, statt der altgewohnten Einteilung neue Ideen in bezug auf die Kultur des Wohnens unter Beibehaltung der vorgeschriebenen Wohnungsausmaße vorzubringen...[43]«

Die Wohnungen sind freilich ganz überwiegend eben jene schon beschriebenen »Normalwohnungen«, mit Flur, Nebenräumen, Küche, Wohnzimmer, Schlafzimmer und gegebenenfalls Kammer[44]. Das Ergebnis brachte auch keine wirtschaftlichen Verbesserungen gegenüber dem konventionellen Wohnungsbau[45].

Ein zweiter großer Wettbewerb wurde von der Beleihungskasse 1927 für den NO-Teil des Dulsberg-Geländes (Zeilenbauten Alter Teichweg/Thorner Gasse) ausgeschrieben. Die Lösungsvorschläge zeigen alle eines: Die Wohnungen werden sehr klein; eine wirkliche Verbilligung der Häuser tritt dann ein, wenn die Zahl der Treppenhäuser verringert wird[46]. Das heißt aber nichts anderes als die Wiederkehr jener »Vierspänner« mit mangelnder Querlüftung, die 1918 durch das Kleinwohnungsgesetz ein für allemal abgeschafft schienen. Da, wo die Grundrisse für die Zukunft »verwandelbar« konzipiert waren, sind sie noch am sympathischsten. Daß bei den meisten damals gefundenen Lösungen übrigens der »Laubengang« das Mittel der Wahl war, sei noch angemerkt (dazu s. u.).

In Hamburg propagierte vor allem Fritz Block (Partner Ernst Hochfelds in dem für die zwanziger Jahre in Hamburg sehr wichtigen Büro Block und Hochfeld[47]) die funktionalistische Wohnungsreform:

»Die Schwierigkeit der Erstellung einer hinreichenden Anzahl Wohnungen für

Abb. 19: Entwurf von Kleinwohnungen für die Dulsberg-Siedlung – NO-Teil – von Karl Schneider. Oben als Vierspänner mit Laubengang, unten verwandelt in einen Zweispänner mit Balkonen (vgl. Abb. 32).

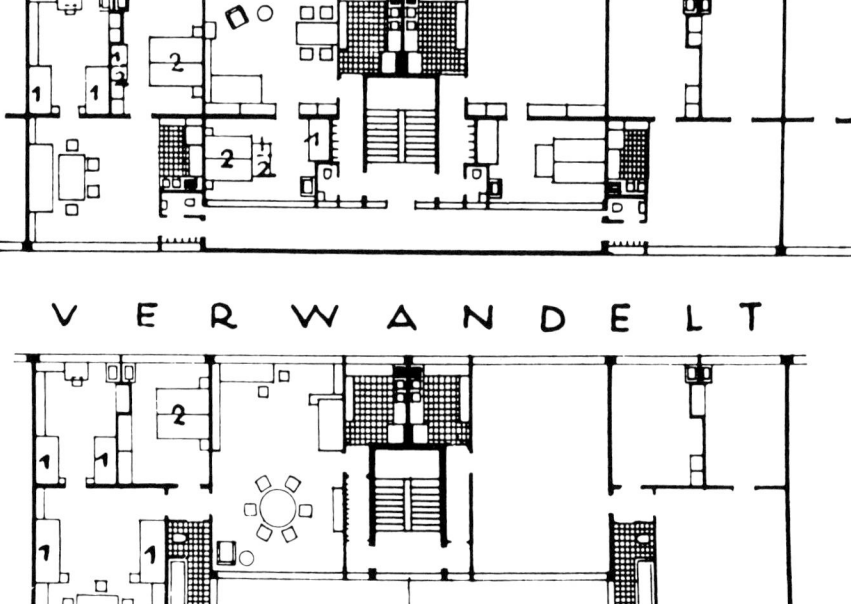

alle Staatsbürger scheitert in Deutschland an zwei Dingen, erstens an den viel zu hohen Ansprüchen an Wohnraum und zweitens an der zu teuren Herstellung. Es steht außer Zweifel, daß das verarmte Deutschland in seinen Ansprüchen an Größe, Zahl und Höhe der Räume ungleich weiter geht, als reiche Länder (Holland, England, Amerika). Nicht auf die absolute Größe des Wohnraumes kommt es an, sondern auf die richtige Ausnutzung. Das ist aber nur möglich, wenn die Möbel nicht größer sind als dringend nötig, nach Möglichkeit eingebaut und die Verkehrswege auf das Sorgfältigste festgelegt werden, damit die verschiedenen Funktionen des Wohnens auf kleinstem Raum in bester Weise erfüllt werden können[48].«

Er hat immer wieder entsprechende Vorschläge publiziert und das Standardwerk »Probleme des Bauens« dazu herausgegeben[49].

Daß Hamburg im Gesamtrahmen der Wohnungsreform in den zwanziger Jahren eine bedeutende Rolle spielte, zeigt das gute Abschneiden einiger seiner führenden Architekten (Hinsch & Deimling, Mewes, Karl Schneider, Block & Hochfeld, P.A.R. Frank) beim Wettbewerb für die Versuchssiedlung Haselhorst (Berlin) der Reichsforschungsgesellschaft für die Wirtschaftlichkeit im Bauwesen[50].

Auch im Rahmen der Forschungsaufgabe für die wirtschaftlichste Kleinstwohnung, deren Ergebnisse die Reichsforschungsgesellschaft für Wirtschaftlichkeit im Bauwesen 1930 veröffentlichte, ist ein Dreispänner von Block & Hochfeld enthalten, »*3 Wohnungen an einem Treppenpodest, davon 2 durchlüftbar*«[51].

Beteiligt waren Block & Hochfeld weiterhin an den Versuchsbauten im O-Teil der Jarrestadt und anderen kleineren Vorhaben.

Bei allen diesen Versuchen fällt freilich auf, daß das formulierte Programm sich letztlich aus heutiger Sicht hauptsächlich in Verkleinerung und Vereinfachung der Wohnungen und Bauten ausdrückte.

Dafür gab es ganz konkrete Gründe: Als die Widersprüche zwischen der Intention und der Realität der gesamten Neubautätigkeit sich in der Spanne zwischen Alt- und Neubaumieten offenbarten (s.u.), gab es nur eine Lösung des Problems und sie charakterisiert tatsächlich tendenziell die in den Jahren 1929–1932 ausgeführten Wohnungsbauten: Es wurde jetzt offen ausgesprochen, daß neben dem steigenden Baukostenindex, dem auch mit neuen und rationalisierten Bauweisen nicht zu entrinnen war, die Hauptursache der teuren Neubaumieten in den hohen Ansprüchen an die Wohnkultur läge; dazu in den gestalterischen Auflagen der Behörden.

Heftige Kritik äußerte der Leiter des Wohnungsamtes Peters auf einer Sitzung der Behörde für Wohnungspflege schon am 8.11.27:

»*Die jetzigen Neubauwohnungen seien für die Minderbemittelten zu teuer. Es sei statistisch nachgewiesen, daß die Neubauwohnungen am stärksten übervölkert seien, weil Einzelfamilien die hohen Mieten nicht aufbringen könnten... In Hamburg aber werde immer darauf Rücksicht genommen, daß das Stadtbild nach außen einen guten Eindruck mache. Man verwende übermäßig teures Material, man baue zu große Wohnungen, aber Kleinstwohnungen für Minderbemittelte würden nicht geschaffen*[52].«

Und eine 1930 eingesetzte Senatskommission zur Prüfung der Möglichkeiten der Senkung der Neubaumieten und der Frage der Kleinstwohnungen kam auch zu dem Fazit:

»*Der viel stärkere Einfluß der staatlichen Instanzen und die Berücksichtigung sozialer Erfordernisse haben mit der Verbesserung der Wohnungen auch ihre Verteuerung verursacht. Städtebauliche Forderungen haben sich gleichfalls in dieser Richtung ausgewirkt*[53].«

Offen wurde auch gefordert, diese Ansprüche zurückzuschrauben. Das heißt aber nichts anderes als die weitgehende Aufgabe dessen, was bis dahin die Neubauten als Errungenschaften gegenüber der Vorkriegszeit ausgezeichnet hatte; was seit 1918 als epochaler Fortschritt gepriesen worden war:

- Die einzelne Wohnung wird immer mehr verkleinert. Die »Kleinstwohnung für das Existenzminimum« wird angestrebt.
- Die städtebauliche Errungenschaft der Herabzonung (weniger Stockwerke, mehr Freiflächen) wird in Frage gestellt.
- Die Ausstattungen der Wohnungen werden vereinfacht (weniger Zentralheizungen, weniger Bäder, weniger Kacheln).
- Mehr als zwei Wohnungen an einem Treppenhaus werden wieder zugelassen.
- An Stelle der Klinkerbauweise wird die billigere Putzbauweise propagiert[54].

Abb. 20: Kleinstwohnungs-Typenentwurf von Block & Hochfeld von 1930. Dreispänner, nur bei zwei Wohnungen ist Querlüftung möglich.

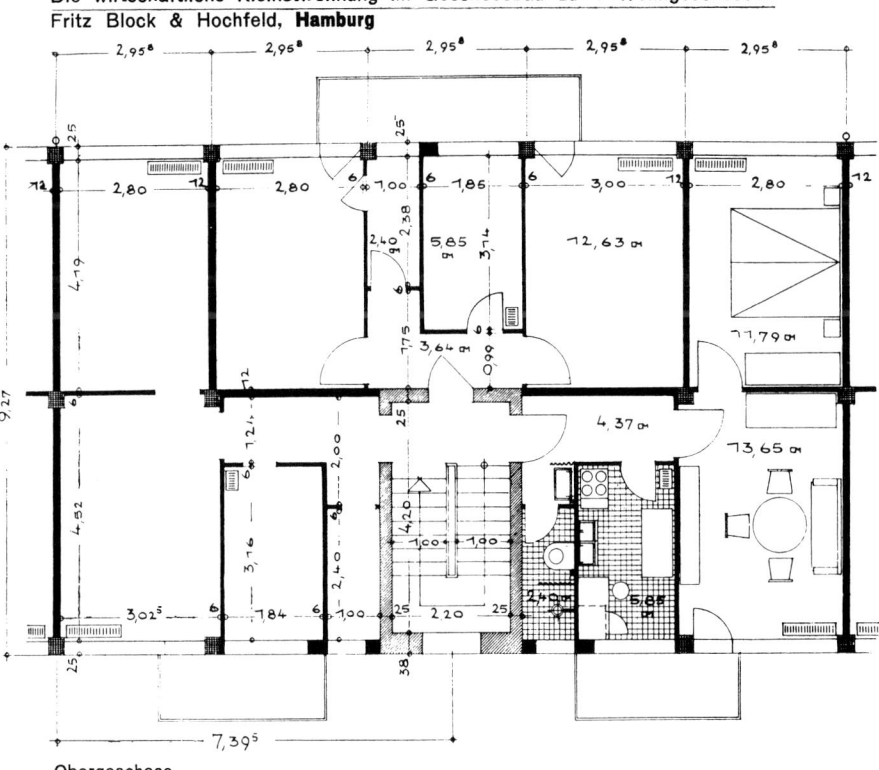

Abb. 21: Wohnblock Am Lustberg 14–22 in Fuhlsbüttel, 1930–1931 Block & Hochfeld u. a. (vgl. Abb. 187).

Musterküchen

Ein Problem beschäftigte die Wohnungsreform im ganz besonderen Maße: Die Küche. Hier konzentrieren sich die meisten Tätigkeiten im Haushalt, hier lassen sich Funktionsanalysen am weitestgehenden durchführen. Hier stand das Rollenverständnis der Frau in Frage[58]. Berühmt ist die »Frankfurter Küche«, die von der Architektin Grete Lihotzky für Ernst Mays Siedlungen entworfen worden ist[59]. In der Reduktion der Fläche auf ein Minimum, in funktionsgerechter Zuordnung der standardisierten Ausstattung sah sie die Lösung für das Problem. Der Kampf galt vor allem der »Wohnküche«, die als unhygienisch verdammt wurde[60]. Im allgemeinen kann freilich gesagt werden, daß diese fortschrittlichste – oder auch einengendste – Küchenform nicht für die Siedlungen der zwanziger Jahre charakteristisch wurde. Schon gar nicht für die in Hamburg. Zwar hat Grete Lihotzky auch hier für ihre Küche geworben[61]. Selbst Fritz Höger hat offenbar einen Versuch mit der Frankfurter oder einer von ihr ausgehenden eigenen Küche gemacht; aber gerade sie wurde vom Hamburger Hausfrauenbund deshalb ästimiert, weil sie zwar als abgeteiltes Gebilde entworfen war, durch den dicht angrenzenden Wohnraum aber »eine Wohnküche darstellte«:

»Der eigentliche Küchenbetrieb vollzieht sich, wie etwa in der Küche eines Speisewaggons, in einem beschränkten, aber durchaus nicht behinderten Raum. Er enthält den Gasherd und nur einen Sitzhocker als Möbelstück. Im übrigen wird er von eingebauten Schränken umrahmt mit völlig glatten, leicht zu säubernden Türen ...[62]«

Ähnlich sieht die Kochnische aus, die Karl Schneider für den (nicht mehr bestehenden) Wohnblock Karkwurt in Eidelstedt entworfen hatte: Ein kleiner Eßraum ist dort unmittelbar benachbart, beides gemeinsam ist als »Wohnküche« deklariert (zwei Zimmer kamen hinzu). Übrigens alternierend mit Wohnungen, die eine echte Wohnküche hatten[63].
Die Funktion »Wohnen« sollte in der Frankfurter Küche von der Funktion »Hauswirtschaft« völlig getrennt sein, alte »Angewohnheiten« der Bevölkerung sollten damit aufgelöst werden. Gerade die Wohnküche war aber offenbar für Hamburg nach wie vor eine zu wichtige

Auch gerade die SPD forderte in ihren Anträgen zum Wohnungsbau vom Oktober 1928 zur Verwirklichung ihres Hauptwunsches nach mehr und billigeren Kleinwohnungen diese Reduktion der Ansprüche und schlug als Muster für die neue Richtung des Wohnungsbaus ein Dreispänner-Kleinstwohnungen-Mietshaus vor[55].
»Aller Komfort, den der Arbeiterhaushalt gar nicht verlangt ... schmückende Skulpturen und moderne Backsteinornamente an den Fassaden, muß fortbleiben«
meinte in der Bürgerschaftsdebatte am 7.11.28 der demokratische Abgeordnete Rosenbaum[56].
Diese sozialpolitisch und ökonomisch unvermeidliche Wendung hatte nicht schlechthin negative Folgen, wenn man das gebaute Ergebnis betrachtet, stieß sie doch auf die architekturtheoretisch vorbereitete Grundlage des Neuen Bauens und seiner funktionalistischen und konstruktivistischen Konzepte. Seine Vertreter in Hamburg – Karl Schneider, Block & Hochfeld, Robert Friedmann, Paul A. R. Frank – entwarfen für die reduzierten Kleinstwohnungsprojekte um 1930 wichtige Werke; ins Extrem gesteigert sind die Versuchsbauten dieser Architekten Am Lustberg/Niedernstegen in Fuhlsbüttel Beispiele für diese Phase. So mündete die Bemühung um die »Reform der Mietskaserne« am Ende der zwanziger Jahre ein in allgemeine Zweifel am eingeschlagenen Weg, und die

Diskussionen um die Reform der Kleinwohnung steuerten sogar die Aufgabe oder doch Reduktion der entscheidenden Standards an, die 1918 im Kleinwohnungsgesetz formuliert worden waren. Freilich geriet dann die Bautätigkeit durch die Weltwirtschaftskrise ohnehin ins Stocken.
Alle – normale wie reformierte – Wohnungen in den neuen Siedlungen waren teuer und für sehr viele, die ihrer bedurften, unerschwinglich. Wohnungsreform wurde jetzt zum Minimalprogramm:

»Man wird der mißlichen Lage in vorhandenen Neubauten kaum abhelfen können. Desto mehr gilt es, die Konsequenzen für die Zukunft zu ziehen und sich bei kommenden Bauprojekten radikal den Verhältnissen der Mieter anzupassen. Das heißt, man soll kleine und nötigenfalls auch kleinste Wohnungen bauen, für die sich einigermaßen leicht Interessenten finden lassen. Es wäre falsch, nun pessimistisch anzunehmen, daß das einen Verzicht auf alle Gedanken der modernen Wohnungshygiene bedeute. Ist es nicht immer noch ein hygienisches Plus, wenn es gelingt, eine Familie aus einer überfüllten, ungesunden, dunklen und vielleicht baufälligen Altbauwohnung in eine gleichfalls überfüllte, aber gesundheitlich und baulich einwandfreie Neubauwohnung mit genügend Licht und Sonne umzuquartieren?[57]«

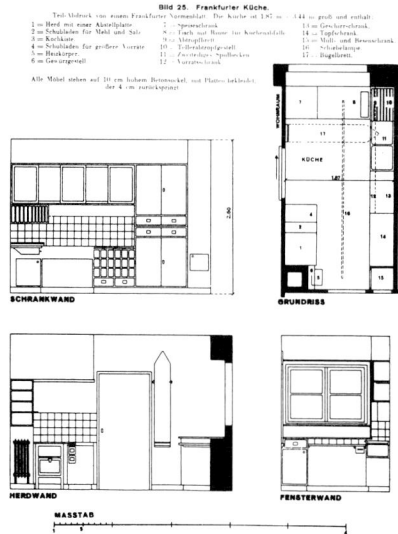

Abb. 22: Die »Frankfurter Küche«, entworfen für die Frankfurter Siedlungsbauten von Grete Lihotzky.

Abb. 23–27: Der im Krieg zerstörte Wohnblock Karkwurt in Eidelstedt, Karl Schneider vor 1929. Von oben nach unten: Ansicht, Erdgeschoß-Grundriß, Obergeschoß-Grundriß, Isometrie von Küche und Eßplatz, Küche.

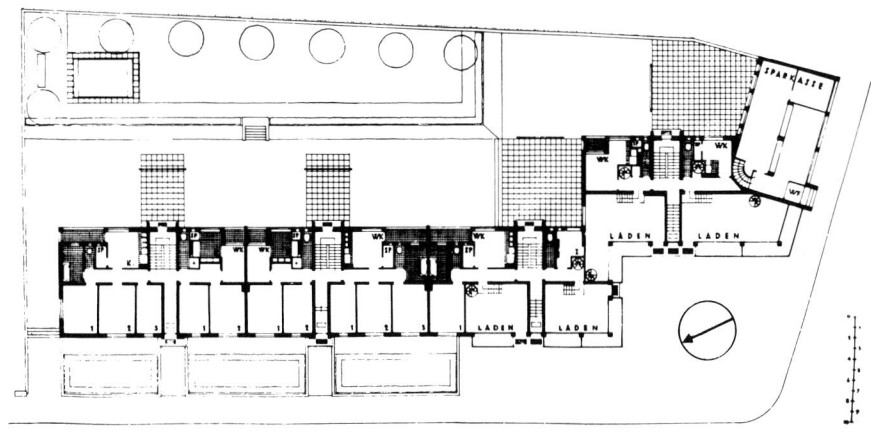

Einrichtung. In der Ausstellung des BDA Hamburg über »Neues Wohnen« wurde 1927 dafür ein Musterentwurf von Friedrich R. Ostermeyer ausgestellt. Wenn man so will, eine »Hamburger Küche«: »Die Küche selbst ist 3,86 x 3,86 Meter groß, also rund 15 Quadratmeter. In der Fensterwand befindet sich rechts die Tür zur Loggia, links die Tür zur hellen, luftigen Speisekammer. In der Mitte ist die Fensternische durch einen Klapptisch mit Schublade für Küchenabfälle ausgenutzt. Zwischen Fenster und Loggiatür wurde ein Plättbrett befestigt, das an der Wand hochgeklappt wird. Auf der rechten Seite an der Wand befindet sich, von der Küchentür aus gerechnet, der Kessel für die Naragheizung, in gleicher Höhe gebracht mit dem danebenstehenden Gasherd. Neben dem Gasherd befindet sich ein Handstein mit Kalt- und Warmwasserleitung. Dann folgt der zweiteilige Aufwaschtisch mit Schrank und Hähnen für Kalt- und Warmwasser. Bei heruntergeklapptem Plättbrett kann man das Praktische der Anlage besonders gut beobachten. Die dem Herd und der Aufwasch gegenüberliegende Wand enthält Schränke und Schubladen für alle in der Küche notwendigen Dinge, sowie Besenschrank. Diese Schrankwand hat eine Nische mit Sitzbank. Vor der Sitzbank der Eßtisch mit 4 Stühlen, so daß 6 Personen zu Tisch sitzen können . . . Diese Küche erweckt auf

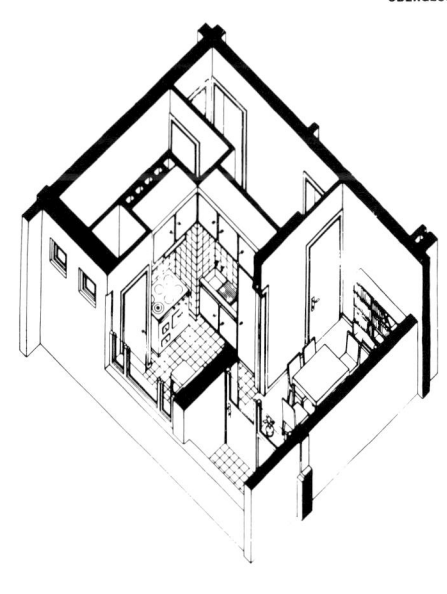
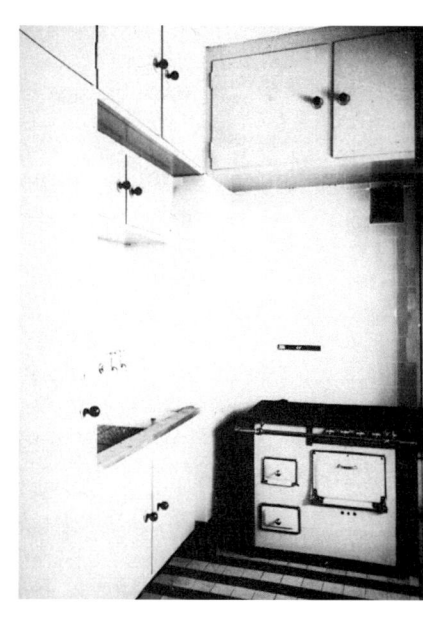

der Ausstellung bei den Besuchern besonderes Interesse, da sie den Anforderungen der Hamburger Hausfrauen im weitestgehenden Maße gerecht wird[64].«

Wiederum weist die »normale« Wohnung in den Hamburger Siedlungen eine entsprechende, im Grunde gegenüber eingefahrenen Konventionen nicht reformierte Küche auf. So sah selbst die Musterküche Karl Schneiders für den sonst hochmodernen Block Poßmoorstraße ausgesprochen konventionell aus mit ihrem klassischen Büffet (trotz Bauhaus-Ausstattung im Schlafzimmer – s. u.).

Daß im übrigen die Hamburger Frauenverbände sich immer wieder zu Fragen des Wohnungswesens zu Worte meldeten, sei an dieser Stelle vermerkt. Freilich ging es nicht nur um die Küche, sondern um allgemeinere Anliegen in der Wohnungspolitik, in der Wohnungsvergabe. Vor allem wurde immer wieder – vergeblich – der Versuch unternommen, die Frauenverbände an der Verwaltung der Beleihungskasse für Hypotheken zu beteiligen[65]. Manche Forderungen waren auch überhaupt nicht reformiert, sondern zielten auf »*deutsche Behaglichkeit und ein deutsches Familienleben innerhalb behaglicher Wohnräume*«[66].

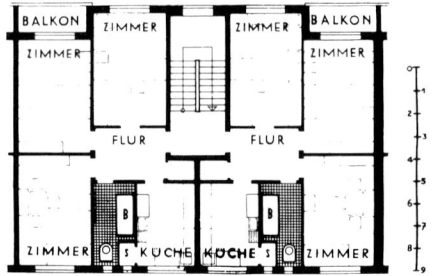

Abb. 29–30: Wohnungsgrundriß und Musterwohnung (Küche – Schlafzimmer) im Wohnblock Barmbeker Str. 73–77/Poßmoorweg usw. von Karl Schneider 1928. – Im Schlafzimmer Möbel aus dem Weimarer Bauhaus. – Vgl. Abb. 101, 107, 163.

Neues Wohnen

Wie schon an den Küchen deutlich wurde, zielte die Wohnungsreform nicht nur auf die Bauten, sondern auch auf deren Einrichtung und Mobiliar. Hier kann darauf nur hingewiesen werden[67]. Die Behauptung ist vielleicht nicht zu gewagt, wenn man annimmt, daß das viel propagierte »Neue Wohnen« mit funktionalistischen und konstruktivistischen, modernen Möbeln, gar mit Bauhaus-Möbeln, nur eine verschwindend kleine Zahl von realen Wohnungen erreicht haben dürfte[68]. Dazu gehört in Hamburg die bürgerliche Avantgarde mit ihren Villen von Karl Schneider, Amsinck, Bensel & Kamps, Dyrssen & Averhoff. Dazu gehört auch wohl ein Teil des gebildeten Mittelstandes, für den der Wohnblock Poßmoorstraße in Winterhude gebaut worden ist[69]. Dort findet sich tatsächlich eine Musterwohnung, deren Schlafzimmer Karl Schneider mit Möbeln des Weimarer Bauhauses eingerichtet hat.

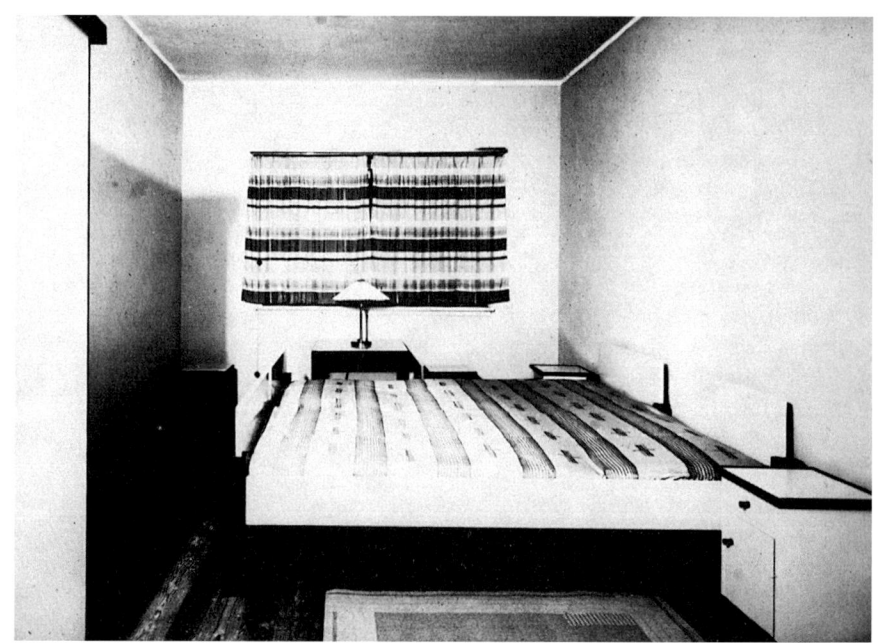

Karl Schneider selbst – der Hamburger Exponent des Neuen Bauens (s. u.) – hat Möbelsortimente und Einzeleinrichtungen entworfen. Aber in ihrer Verteilung über die Wohnungen drückt sich nichts anderes aus als die herkömmliche Wohnweise. Das gilt sogar für seine Entwürfe für die Kleinwohnungen des Dulsberg-Wettbewerbs von 1927/28 (übrigens gibt es dort wieder die abgeteilte Kleinküche)[70].

Dabei kam es – zum Teil sicher auch ökonomisch bedingt – im Kleinwohnungsbau durchaus auch zu außeror-

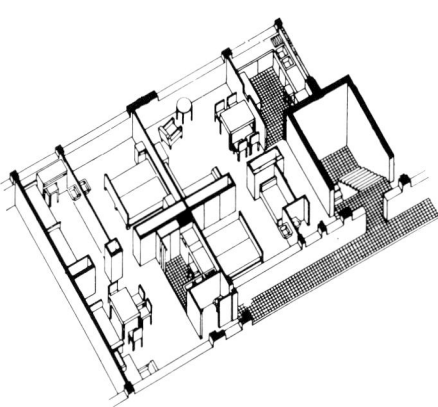

Abb. 32: Entwurf für Kleinwohnungen im NO-Teil der Dulsberg-Siedlung von Karl Schneider mit Möblierungsvorschlag. Vgl. Abb. 19.

Abb. 31: Zimmer in der »Heimstätte« des Allgemeinen Deutschen Gewerkschaftsbundes, Nagelsweg 10–14 (W. Schröder 1926).

Abb. 33–34: Gemeinschaftswaschküche im Otto-Stolten-Hof in der Jarrestadt, Großheidestr. 35ff. usw., F. Ostermeyer 1928–1929. Zur Lage im Hof vgl. Abb. 13. Vgl. auch Abb. 35.

dentlich qualitätsvollen und modernen Entwürfen für Möbel, wie im Falle des (nicht mehr vorhandenen) Wohnblocks Dobbelersweg[71].

Im allgemeinen hat man sich aber bei der Einrichtung der neuen Wohnungen mit mitgebrachten Möbeln beholfen und bei Neuanschaffungen sich der konventionellen Warenhausmöbel bedient, die billig und schlicht waren; die wohl auch zu sehen sind in der Tradition der Reformbewegung der Vorkriegszeit (Werkbund). Die aber mit »Neuem Wohnen« im Sinne der Avantgarde nichts zu tun hatten. Die Einrichtung der »Heimstätte« des Gewerkschaftsbundes (eine Art Arbeiter-Hotel) kann dafür ein Beispiel geben.

Gemeinschaftseinrichtungen

Zentrale Versorgungs- und Serviceeinrichtungen, von der Zentralheizung bis zur Waschküche und Bügelstube, gehörten zu vielen der großen Wohnanlagen. Mit ihnen verband sich zweifellos in besonderer Weise die Vorstellung von Fortschritt und Wohnungsreform, denn sie entlasteten die Einzelwohnung von der Hausarbeit mit deren lästigsten Begleiterscheinungen, dem Heizen, Waschen und Plätten. Durch ihre Größenordnung boten sie aber auch die Möglichkeit, die in den zwanziger Jahren

Abb. 35: Bügelraum im Otto-Stolten-Hof (vgl. Abb. 33–34).

aufkommende neue Technik voll einzusetzen, z. B. elektrische Waschmaschinen, Trockeneinrichtungen und Mangelmaschinen. Dadurch wurde auch der Arbeitsaufwand für Waschen und Bügeln im einzelnen Haushalt erheblich reduziert. Die Abbildungen zeigen Beispiele aus der Jarrestadt (Otto-Stolten-Hof, Großheidestraße 35ff.) mit Waschküche und Bügelraum sowie die Waschküche des Friedrich-Ebert-Hofes in Altona.

Auch diese Fortschritte waren freilich teuer erkauft und wurden im Rahmen der Reduzierung der Standards in den ausgehenden zwanziger Jahren wieder aufgegeben. Denn sie verteuerten die ohnehin hohen Mieten noch mehr. Selbst die Zentralheizung wurde in Frage gestellt.

»Die Beleihungskasse steht deshalb diesen Zentralanlagen sehr zurückhaltend gegenüber. Auch hier muß abgewartet werden, ob es auf die Dauer möglich ist, derartige Anlagen durch entsprechend hohe Mieten rentierlich zu gestalten und zu erhalten[72].«

Abb. 36–37: Gemeinschaftswaschküche im Friedrich-Ebert-Hof in Altona, F. Ostermeyer 1928–1929.

Experimente

Laubenganghäuser

Zu einer Sonderleistung im Bereich der Wohnungsreform durch Rationalisierung der Grundrißentwicklung brachte es Hamburg durch das »Laubenganghaus« des Architekten Paul A. R. Frank, bei dem wenige Treppenhäuser zahlreiche Wohnungen erschließen, ohne Einschränkungen in Belichtung und Belüftung zu verursachen, indem die »Flure« als offene Gänge an eine Außenseite des Hauses verlegt werden. Es wurde eingeführt durch die Brüder Frank, den Architekten Paul A. R. Frank und den Volkswirt Hermann Frank, der sich seit 1917 mit Wohnungsbaufragen befaßt hatte; seit 1924 führten sie in Hamburg eine selbständige Wohnungsbaugesellschaft[73]. Ausgehend vom Prototyp am Heidhörn 2ff. (1926), gab es für das Laubenganghaus eine gewisse – allerdings auf die Franks beschränkte – Nachfolge in Hamburg und – mit wichtigen Architekten – in Berlin und anderswo. Vorbilder gab es dafür in Holland, Frankreich und vor allem in England, in einem Fall offenbar auch schon in Hamburg (Finkenwerder, Focksweg).

Modifizierte Laubenganghäuser hatten bei der Entwicklung neuer Mehrspännertypen im Dulsberg-Wettbewerb von 1928 (s. o.) eine wichtige Rolle gespielt. Auch Robert Friedmann experimentierte mit einer an den Laubengangtypus angelehnten Mehrspännerbauweise[74]. Aber nur bei den Frankschen Häusern und einem vereinzelten Laubenganghaus in Altona wurde das Motiv der Außengänge zum Gestaltungsmittel eigenständiger Art.

Nicht nur die Fachpresse reagierte sofort auf das erste der Laubenganghäuser am Heidhörn. Vielmehr machte es in der Hamburger Öffentlichkeit, vertreten durch die Tageszeitungen, ausgesprochen Furore; es wurde charakterisiert als das

»fortschrittlichste Großwohnhaus, das bisher in Deutschland errichtet wurde« (Hamburger Fremdenblatt);

durch die Studentenhilfe mußten Führungen organisiert werden, um das öffentliche Interesse zu befriedigen, denn *»sehenswert ist eigentlich alles«* (Hamburger Nachrichten);

»ein gewaltiges, ein fabelhaftes Haus« (Hamburger Nachrichten);
»Paradies der Hausfrau, eine Sehenswürdigkeit Hamburgs« (Hamburger Anzeiger)[75].

Daß hier auch tatsächlich eine neue Wohnweise gegeben ist, wurde durchaus positiv empfunden:

»Nur wer in der Gemeinschaft leben will und sich ihr unterordnen kann, gehört in einen solchen Bau. Es ist ein großes Wagnis, so ohne weiteres einander völlig fremde Menschen in einem engen Komplex zusammenzubringen. Die Erbauer haben es gewagt, und der Erfolg hat ihnen recht gegeben. Ein harmonisches Ganzes bilden die vielen Mieterpartien. Das Interesse am Heim hält sie zusammen, unterdrückt Selbstsucht und Eigenbrötelei. Und so wird das Laubenganghaus zum wichtigen erzieherischen Faktor.«[76]

Im übrigen fand das Außenganghaus auch Kritik. Denn die Außengänge behinderten den Lichteinfall, und an ungestörtes Wohnen war jedenfalls auf der Gangseite nicht zu denken[77].

Die Frankschen Laubenganghäuser in Barmbek-Nord (Heidhörn 2ff., Schwalbenplatz 15, Habichtstraße 35), in der Dulsberg-Siedlung (nördlich der Oberschlesischen Straße) und in der Jarrestadt (Versuchssiedlung der Reichsforschungsgesellschaft, Georg-Thielen-Gasse 2ff. und Groothoff-Gasse 1ff.) zeichnen sich äußerlich durch eine geradezu monumentale Auffassung des Laubengangmotivs aus, das sich in durchgehenden Horizontalen über die Gebäude zieht. Verbunden mit der Gestaltungsweise des »Neuen Bauens«, allerdings auch stets mit Klinkerverblendung, gehören sie zu den schönsten Hamburger Bauten der zwanziger Jahre. Mit kleinen und kleinsten Wohnungen binden sie sich ein in die weitestgehenden Bemühungen der Wohnungsreform: Möglichst billig möglichst gute Kleinwohnungen zu erzeugen ist der Anlaß für die Ausbildung des Typus; denn er kann auf zahlreiche Treppenhäuser verzichten, wie sie bei ähnlich großen konventionellen Wohnblocks notwendig sind. Die Wohnungsreform wurde aber auch auf die einzelnen Wohnungen bezogen: Sie sind durchweg Musterbeispiele für die ins Extrem gesteigerte Suche nach der rationellen Kleinstwohnung.

Zu den meisten Laubenganghäusern gehörten – wiederum Teile des woh-

Querschnitt durch das Hauptgebäude. Zwischen Abort und Wohnraum ein Wandschrank mit Regalen. Maßstab 1 : 300

Normal-Wohnungsgrundriß, enthaltend einen großen Aufenthaltsraum mit Kochnische, Windfang, Abort sowie zwei kleinere Zimmer zum Schlafen und Wohnen

Gesamtgrundriß eines Obergeschosses im Maßstab 1 : 750

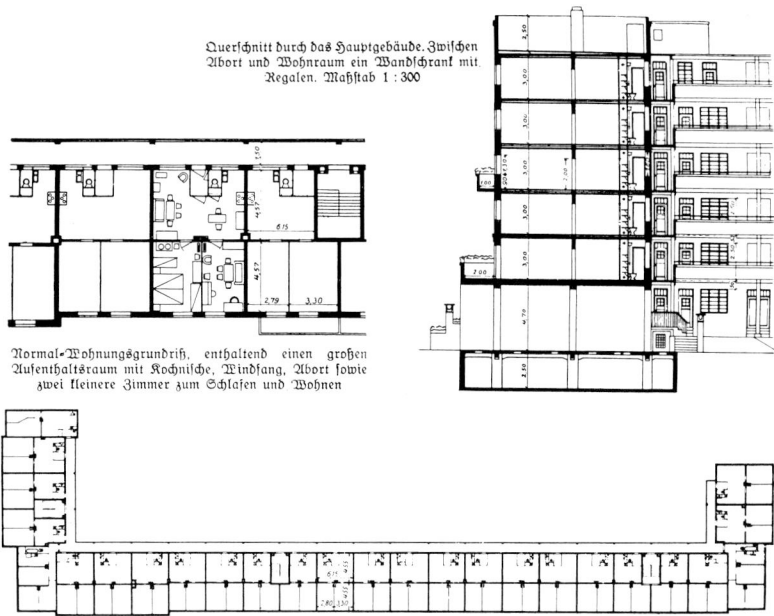

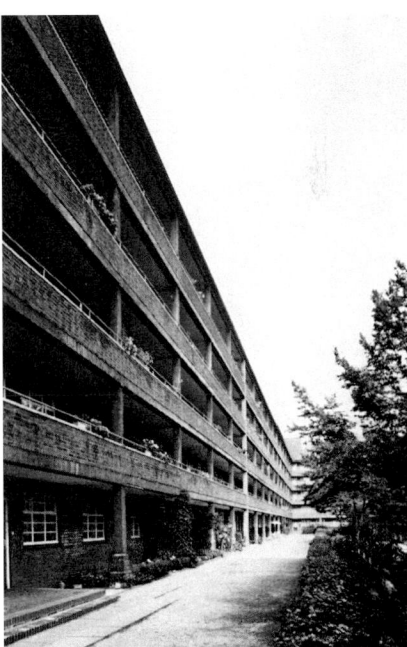

Abb. 38–40: Das erste Laubenganghaus der Brüder Frank: Heidhörn 2ff. usw., 1926–1927 (vgl. auch Abb. 171).

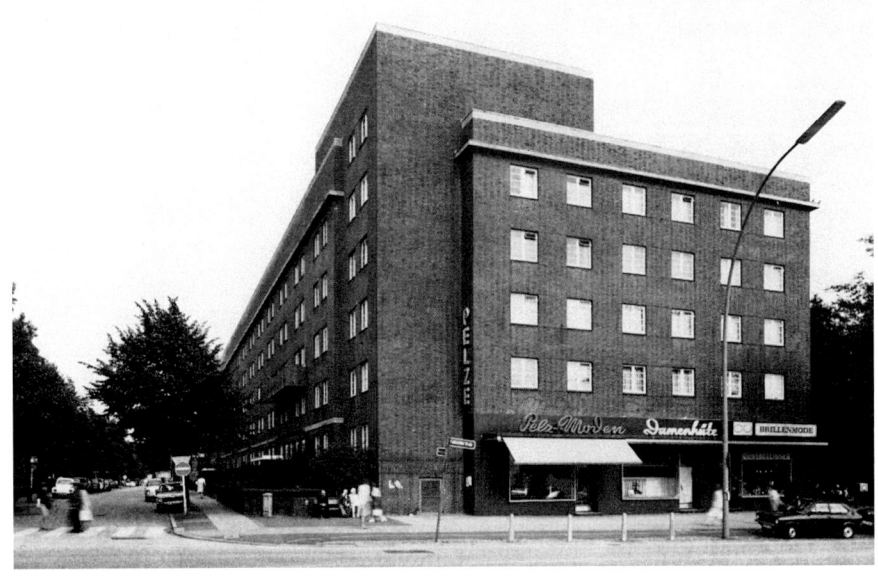

Abb. 41–43: Laubenganghäuser der Brüder Frank in der Dulsberg-Siedlung, Dulsberg-Süd 5–6 usw., 1929–1931 (vgl. auch Abb. 104 und 316–317).

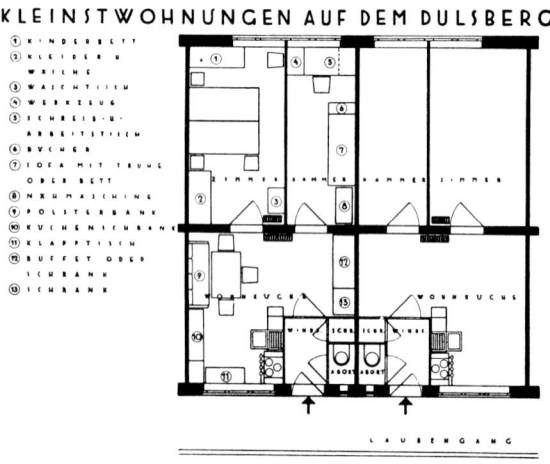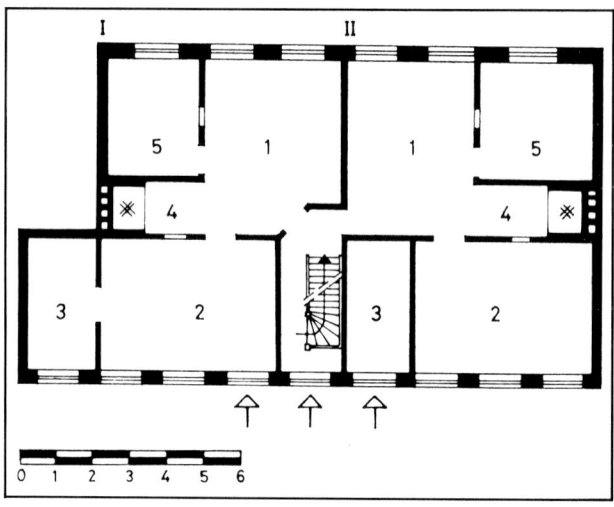

nungsreformerischen Konzeptes – umfangreiche Gemeinschaftseinrichtungen von Waschküchen über Bäder bis zu Dachgartenanlagen.

Die Wohnküche wird zum eigentlichen Hauptraum und macht die hamburgische Wohntradition zum Prinzip. Gegen Kritik von Otto Haesler (der im Sinne der Trennung der Funktionen in der Wohnung argumentiert) meinen die Brüder Frank:

»*Wohnküchen gab es schon in den alten niederdeutschen Katen. Sie sind nicht auszutreiben. Wenn wir die Küche so klein machten, daß man sich kaum darin umdrehen kann, so würden die Leute sich doch noch hineinsetzen oder im Stehen essen . . .*[78]«

Freilich ist unübersehbar, daß diese Wohnungen vielleicht allzu »eng« an die Gewohnheiten der alten und berüchtigten »Gängeviertel« mit »Bude und Sahl« anschließen, die stets als Ausdruck schlimmster Wohnverhältnisse genannt werden müssen, wenn vom Wohnungselend des 19. Jahrhunderts in Hamburg gesprochen wird[79].

Abb. 44: Mietwohnungen des 18. Jahrhunderts im »Gängeviertel«, Haus Breiter Gang 43/44, erbaut 1774, abgebrochen 1933/34. Diele mit Kochstelle (Wohnküche) und Stube/Kammern.

Abb. 45: Focksweg 13 ff. in Finkenwerder, erbaut 1922 für die Deutsche Werft (J. Dethlefs und E. Schultze). Ein Prototyp der Laubenganghäuser?

Einküchenhaus

Ins Grundsätzliche des Wohnens, also in die Organisation des Familienlebens, wagte nur einmal Fritz Schumacher selbst einzugreifen mit dem Vorschlag eines »Einküchenhauses« in der Staatssiedlung Dulsberg. Diese damals radikalste Idee von einer Wohnungsreform, die zumindest theoretisch eine bedeutende Rolle in den frühen zwanziger Jahren spielte, sollte Kochen und Essen zugunsten einer Vergrößerung der eigentlichen Wohnfläche im privaten Bereich sozialisieren[80]. Der Vorschlag Schumachers wurde jedoch bereits im Vorfeld abgelehnt.
In der Dulsberg-Siedlung wurden ja die einzigen Mietwohnblocks errichtet, die der Staat in eigener Regie ausführte[81]. Schumacher, der sie seit 1919 plante, rechnete wohl damit, daß gerade hier soziale Experimente erwünscht wären.
»*In jedem der Blocks ist eine kleine Wirtschaft vorgesehen, die eine gemeinsame Versorgung übernehmen kann. Ob diese in Form einer durch die Block-Insassen gebildeten Genossenschaft oder als freies Unternehmen betrieben wird, bei dem man abonnieren kann, ist eine Frage für sich . . . Sollte sich beides nicht bewähren, so kann jede Wohnung durch Einsetzen eines Herdes, für den Rauchrohre vorgesehen sind, ohne weiteres in eine 2-Zimmer-Wohnung (bzw. 3-Zimmer-Wohnung) mit normaler Küche verwandelt werden[82].*«
Die Senats- und Bürgerschaftskommission für die Wohnungsfrage war damit nicht einverstanden:
»*Bedenken wurden . . . von fast allen Seiten gegen die Einführung des Einküchenhauses geäußert. Diese Neuerung sei nur geeignet, den häuslichen Herd zu zerstören und damit den Familiensinn zu untergraben, sie werde ohne Zweifel an dem Widerstand der hamburgischen Hausfrauen scheitern, die es vorziehen würden, selbständig zu wirtschaften . . .*«
»*Nur Herr Paeplow sprach sich im Prinzip für das Einküchenhaus aus, weil dies zum Sozialisierungsprogramm gehöre und in absehbarer Zeit doch kommen werde . . .[83]*«
Friedrich Albert Karl Paeplow (1860–1934) war 1904–1931 sozialdemokratisches Mitglied der Bürger-

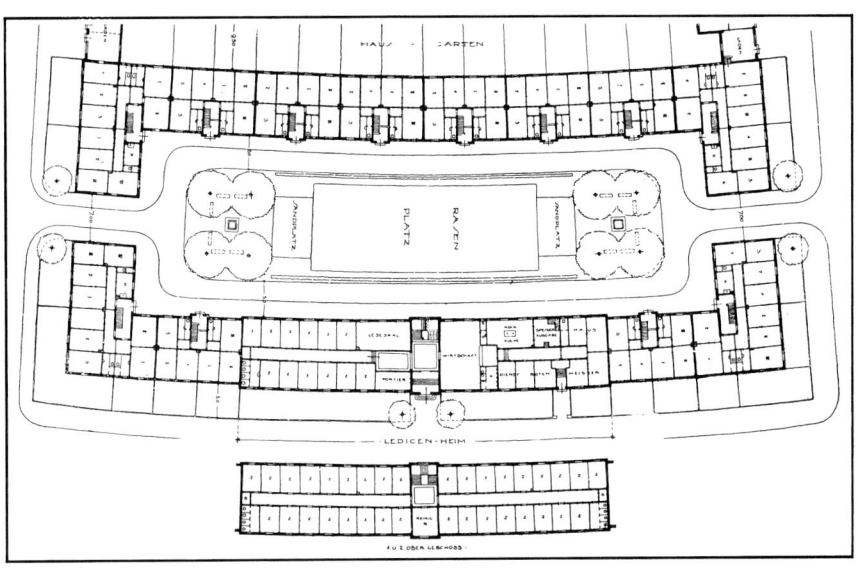

Abb. 46 und 47: Der östlichste der von Fritz Schumacher für den ersten Abschnitt der Dulsberg-Siedlung entworfenen Blocks (vgl. S. 97ff. und Abb. 9, 105, 303ff.), Elsässer Str. 8–10/Memeler Straße, 1921. Der Blockabschnitt an der Elsässer Straße war als Ledigenheim konzipiert (dann als Studentenheim genutzt); in ihm war Küche und Wirtschaft auch für den parallelen Blockteil mit Drei- und Vierzimmerwohnungen untergebracht, die Gesamtanlage bildete also ein »Einküchenhaus«.

schaft und seit 1913 Vorsitzender des Deutschen Bauarbeiterverbandes. Für ihn allein waren offenbar jene teils utopischen Sozialisierungsideen, die unmittelbar nach der November-Revolution 1918 aufgekommen waren, lebendig genug, um wenigstens den Versuch mit dem Einküchenhaus zu wagen[89]. Ansatzweise zur Ausführung kam bei den staatlichen Blocks der Dulsberg-Siedlung das Einküchenhaus dann für ein Ledigenwohnheim, das bald als Studentenheim genutzt wurde.
Die eigentliche Grundidee des Einküchenhauses, den herkömmlichen Haushalt zugunsten kollektiver Wirtschaftsform aufzulösen, blieb damit auf sich beruhen. Wenngleich die Einrichtungen für Gemeinschaftsversorgung in den Wohnheimen für alleinstehende Frauen und Alte (s. u.) in gewisser Weise daran anschließen.
Wiederum etwas anderes, immerhin als Sonderfall erwähnenswert, vielleicht doch gar nicht so fern vom Gedanken des Einküchenhauses, war das »Boarding-house des Westens«, das 1930/1931 von Klophaus, Schoch, zu Putlitz für einen privaten Auftraggeber am Schulterblatt 26 errichtet wurde. Erschwinglich war es wohl nur für einen kleinen Interessentenkreis, und bereits 1933 wurde es in ein gewöhnliches Miethaus umgebaut. Der anspruchsvoll mit Naturstein verkleidete Block sollte nach amerikanischem Vorbild als Wohnhaus für Junggesellen und kinderlose Ehepaare dienen und sie mit allen Servicefunktionen eines Hotelbetriebs bedienen[85].

Besondere Aufgaben

Frauenwohnheime

In den Geschäftsgängen des Wohnungsamtes und damit auf dem Wohnungsmarkt überhaupt gab es nur eine Art von Wohnungsberechtigten, nämlich den »Haushalt«, und das wiederum war immer eine »Familie«. Alleinstehende Berufstätige waren auf die Untermiete mit allen Nachteilen angewiesen. Ein Problem, das ähnlich übrigens schon vor dem ersten Weltkrieg bestand und damals schon viele »Ledigenwohnheime« hervorgerufen hatte. Besonders betroffen nach dem ersten Weltkrieg waren die zahlreichen alleinstehenden Frauen. Der kriegsbedingte Überschuß von Frauen im erwerbsfähigen Alter und die Möglichkeit der sich entfaltenden neuen Berufe vor allem im Bürobereich charakterisieren diese Gruppe. Viele hatten die Mittel, aber kein Anrecht auf eine Wohnung. Die Frauenverbände engagierten sich immer wieder für diese Gruppe und verlangten, daß auch eine alleinstehende Frau – jedenfalls in einem Alter, nach dem keine Heirat mehr erwartet werden könne – als »Haushalt« und damit Wohnungsberechtigte anerkannt werden müsse. Nur zögernd befaßte sich der Senat mit dem Problem, das Wohnungsamt stand ihm ablehnend gegenüber[86]. Das eine Frauenwohnheim entstand denn auch aus privater Initiative durch die Brüder Frank am Schwalbenplatz 15 in Barmbek-Nord – eines ihrer Laubenganghäuser. Denn für die Einzimmerwohnungen dieser Gruppe war der Typ besonders gut geeignet. Es war ausgestattet mit Gemeinschaftseinrichtungen aller Art, Kasino, Leseraum, Musikraum, Nähraum, Dachgarten, Sonnenbad, Fahrradraum, Teppichklopfraum, Waschküchen, Heimwäscherei, Zentralheizung, Warmwasser und Haustelephon. Es war zweifellos nicht jeder alleinstehenden Berufstätigen erschwinglich, denn neben einem Baukostenzuschuß von 300–500 Mark belief sich die monatliche Miete auf 35–50 Mark. Es wurde betrieben durch eine GmbH, getragen von Einzelpersönlichkeiten und zahlreichen Frauenorganisationen. Soweit die Adreßbücher Berufsangaben verzeichnen, wohnten dort Büro- und Arztangestellte, Schwestern, Lehrerinnen und Selbständige. Wie schon das Laubenganghaus Heid-

Abb. 48: Schwalbenplatz 15 in Barmbek-Nord, das Frauenwohnheim der Brüder Frank, erbaut 1929/1930 als Laubenganghaus.

Abb. 49: Wohnraum im Frauenwohnheim des ADGB, Nagelsweg 16, 1927/1928. Vgl. Abb. 50–52.

hörn als Bautyp, so machte auch dieses Haus in der Presse großes Aufsehen und wurde gepriesen als »das erste seiner Art in Deutschland«[87].

Das andere Hamburger Wohnheim für Frauen und Mädchen war besonders den alleinstehenden Frauen mit Kindern gewidmet. Sein Initiator und Betreiber war der Allgemeine Deutsche Gewerkschaftsbund. Und im Bereich von dessen Bauten am Besenbinderhof wurde es 1927 errichtet (Nagelsweg 16). In noch höherem Maße spielen in diesem Gebäude Gemeinschaftseinrichtungen – natürlich einschließlich Kinderkrippe und Kindergarten – eine ausschlaggebende Rolle. Hier am ehesten ist die Idee kollektiver Lebensweise und damit jene im »Einküchenhaus« angelegte Wohnungsreform verwirklicht worden[88]. Leider verzeichnet das Hamburger Adreßbuch (1933) nur wenige Berufsangaben. Immerhin gehören – im Gegensatz zum Schwalbenplatz – hier auch Facharbeiterinnen, Verkäuferinnen usf. zu den Bewohnerinnen.

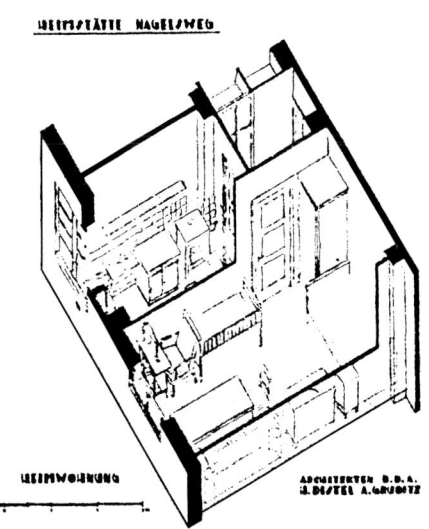

Abb. 50–52: Frauenwohnheim des ADGB, Nagelsweg 16, Distel & Grubitz 1927/1928. Kinderhort, Isometrie einer Einzelwohnung, Ansicht (rechts anschließend die »Heimstätte« des ADGB, vgl. Abb. 32). – Vgl. Abb. 49.

Altenwohnanlagen

Es liegt auf der Hand, daß eines der Ziele der Wohnungspolitik sein mußte, die weniger belegten Altbauwohnungen für Familien frei zu machen. Ein Mittel dazu war die Aufteilung in kleinere Wohnungen[89]. Ebenso wichtig – und das auch aus allgemeinen sozialen Gründen – war aber die Schaffung von Wohnanlagen für ältere Menschen. Durch Krieg und Inflation waren gerade die zur Alterssicherung gedachten Geldvermögen vieler älterer Menschen verlorengegangen, so daß sie nicht in der Lage waren, ihren Lebensstil aufrechtzuerhalten. Ihnen sollte die Verkleinerung des Haushalts und zugleich ein qualitätvolles Wohnen ermöglicht werden. Hamburg hatte eine bedeutende Tradition privater »Stifte«, die teilweise schon seit über hundert Jahren entsprechende Bauten errichtet und billig vermietet hatten[90]. Diese Stifte setzten ihre Tätigkeit auch in den zwanziger Jahren fort, zum Teil in den angestammten Stiftsquartieren wie in Eppendorf (Beyling-Stift und Kampe-Stift u. a. in der Schedestraße) oder auch »im Grünen« wie mit dem Stresow-Stift an der Farmsener Landstraße. Als Laubenganghaus wurde das Köster-Stift an der Habichtstraße von den Brüdern Frank geplant[91]. Die gestalterische Qualität, die viele auszeichnet, wie z. B. das Max- und Mathilde-Bauer-Stift (der Vaterstädtischen Stiftung) an der Kielortallee oder das Schumacher-Stift der Schlachterinnung am

Heilholtkamp in Alsterdorf, signalisierte freilich schon, daß nicht jeder bedürftige Alte in den Genuß dieser Einrichtungen kommen konnte. Das wird auch deutlich bei der eindrucksvollsten Gesamtanlage dieser besonderen Form der Wohnungsfürsorge, dem Quartier der »Winterhuder Stifte« zwischen Ohlsdorfer Straße und Braamkamp. Dort waren seit 1922 bis 1931 sechs große Altenwohnstifte entstanden, die in aneinanderschließenden Blocks ein einheitliches Ensemble bilden. Von Anfang an sollte die Nachbarschaft zum Stadtpark, die dieses nach dem ersten Weltkrieg aufgeschlossene Wohngebiet auszeichnet und ihm eine besonders hohe städtebauliche, aber auch soziale Qualität verleiht, alten Menschen vorbehalten werden[92].

Allein über drei Blocks verteilt sich das »Rentnerheim« der »Kleinrentnerspeisung e.V.« mit dem Mittelpunkt an der Straße Fiefstücken. Dieser Verein widmete sich mit freiwilligen Helfern in der ganzen Stadt der Altenfürsorge. Aus Spendenmitteln brachte er das Eigenkapital für den Bau der großen Winterhuder Anlage auf. Mit Zweizimmerwohnungen an Treppenhäusern in Blockbauweise entspricht sie völlig einem normalen Wohngebiet. Trotz des Namens und trotz der an Rührseligkeit grenzenden Presseberichterstattung über diesen »*Tempelbau tiefster Nächstenliebe*« wird man davon ausgehen können, daß die Bewohner noch eine erhebliche wirtschaftliche Leistungsfähigkeit bewahrt haben mußten, um hier einziehen zu können; denn neben einer zwar recht günstigen Miete von 25 Mark für eine Zweizimmerwohnung war noch ein Baukostenzuschuß von 1500 Mark aufzubringen[93]. Um so mehr legte man Wert auf die Bewahrung bürgerlicher Lebensformen: In dem Kasino (von Anfang an auch, seit langem aber nur noch

Abb. 53: Das Altenwohnheim der Beyling-Stiftung, Schedestr. 13–17 in Eppendorf, 1927 Strohmeyer und Giese.

Abb. 54: Max- und Mathilde-Bauer-Stift der Vaterstädtischen Stiftung, Kielortallee 25 u. 26, 1926–1928 Dyrssen & Averhoff.

Abb. 55: Stresow-Stift in Volksdorf, Farmsener Landstraße 60, 1927 Distel & Grubitz.

als Kino genutzt), das ein gemeinsames Mittagessen ermöglichte (und damit wiederum an die Konzeption des Einküchenhauses erinnert), »*macht man zum Essen große Toilette, plaudert von alten, besseren Zeiten, reißt sich körperlich und geistig zusammen*«[94].

Die zweitgrößte Anlage der Winterhuder Stifte ist das »Parkheim«, das die Detaillistenkammer für ihre Mitglieder errichtete. Wiederum als konventionelles Wohnhaus mit je zwei Zweizimmerwohnungen an Treppenhäusern mit eigenen Haustüren konzipiert.

Für die Alten, für die der Staat sorgen mußte, wurde als öffentliche Einrichtung das Altersheim Groß-Borstel errichtet, eine riesige Gesamtanlage, die Fritz Schumacher entworfen hatte. Aufnahmebedingung des Wohlfahrtsamtes war wirtschaftliche Notlage und guter Gesundheitszustand, deutsche Staatsangehörigkeit und ein mindestens zehnjähriger Aufenthalt in Hamburg; die Bewohner mußten einen einwandfreien Leumund haben, über 60 Jahre alt und nicht mehr voll erwerbsfähig sein sowie eigene Möbelstücke besitzen. Der gestalterische Teil der Bauaufgabe wurde von Schumacher wie bei allen seinen öffentlichen Gebäuden mit großem Aufwand und Einfallsreichtum gelöst. So wurde das Heim — obwohl damit für ganz Hamburg nur 300 Wohnplätze geschaffen waren — als eine »*kulturelle Tat*« gefeiert[95]. Im Gegensatz zu den Winterhuder Stiften ist hier ein echtes »Heim« entstanden in dem Sinne, daß eine selbständige Haushaltsführung nicht mehr möglich ist: Die Bewohner leben in Einzel- und Doppelzimmern, die gesamte Versorgung erfolgt durch zentrale Einrichtungen. Trotz der Größe schließt sich das Erscheinungsbild des Gebäudes damit auch funktionsbedingt mehr den öffentlichen Bauten Schumachers an als den übrigen Wohnbauten.

Abb. 56: Köster-Stift, Habichtstr. 35/Meisenstr. 25 ff., erbaut 1931–1932 durch die Brüder Frank als Laubenganghaus.

Abb. 57: Kampe-Stift, Schedestr. 18–24, 1928 Strohmeyer und Giese.

Abb. 58: Schumacher-Stift Heilholtkamp 4 ff., 1926–1927 Wilkening.

30

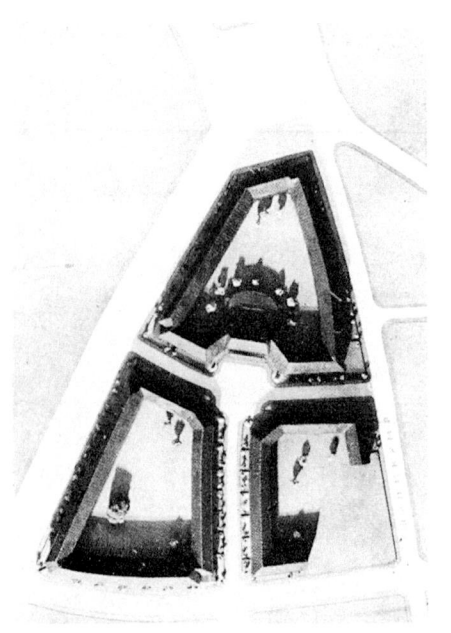

Abb. 59 u. 60 (links oben): Baumkamp 81 ff. usw., Altenwohnanlage der »Kleinrentner-Speisung«, 1929–1931 Klophaus, Schoch, zu Putlitz (vgl. Abb. 129, 216, 254).

Abb. 61 (links Mitte): »Parkheim« Detaillistenkammer, Baumkamp 88 ff. usw., 1926–1927 Puls & Richter (vgl. Abb. 149).

Abb. 62 (links unten): Georg-Buchecker-Stift, Ohlsdorfer Str. 53 ff., 1922–1923 C. Bruncke (vgl. Abb. 112 und 441).

Abb. 63 (rechts oben): Senator-Erich-Soltow-Stift und Hamburger Heim, Krochmannstr. 41 ff., 1929–1931 O. H. Strohmeyer.

Abb. 64 (rechts Mitte): Johann-Carl-Jacobi-Stift, Beim Jacobistift 6, 1928–1929 Distel & Grubitz.

Abb. 65 (rechts unten): Staatliches Altenheim, Borsteler Chaussee 301, Fritz Schumacher 1927–1929.

Für wen gebaut wurde

Wohnungen für Arbeiter?

Bis heute ist die allgemeine Meinung wohl die, die schon am 19. 3. 1930 unter der Überschrift »Neues Wohnen« vom Hamburger 8-Uhr-Abendblatt über die Dulsberg-Siedlung stellvertretend für alle neuen Wohnviertel ausgesprochen wurde:
»Die Wohngegend am Dulsberg präsentiert sich heute, verglichen mit den Arbeiterwohngegenden im alten Barmbek oder in der Hamburger Innenstadt, als ein wahrhaftes Paradies, Licht und Luft in Überfülle bieten die Gewähr, daß dort ein gesunder Menschenschlag heranwachsen wird, dem die ganze stickige Atmosphäre des Hinterhauses und Hofes fremd sein wird.«

Waren es aber wirklich »Wohnungen für Arbeiter«, die so gelobt wurden? Fand der große Umzug aus den Altbauquartieren und aus den alten Arbeitervierteln in die neuen Siedlungen statt?
1907 betrug der Anteil der Arbeiter an den Erwerbstätigen in Hamburg fast 57 %, 1925 waren es noch 43 %[96]. Aber keine Statistik gibt zuverlässig Auskunft, wo im einzelnen diese große Bevölkerungsgruppe wohnte. Insbesondere sind die Schwierigkeiten groß bei der Frage nach der Nutzung der neuen Siedlungen durch Arbeiter. Eva Hachmann hat dazu einen Versuch am Beispiel der Dulsberg-Siedlung unternommen, der aber auf die Angaben der Adreßbücher angewiesen blieb und dementsprechend nur sehr grobe Ergebnisse erbrachte[97]. Für die zwanziger Jahre kommt hinzu, daß der Wandel in der Beschäftigtenstruktur eine isolierte Betrachtung des Arbeiters im Zusammenhang mit der Wohnungsfrage der Bevölkerungsteile mit geringem Einkommen nicht mehr zuläßt: Der Rückgang des Anteils der Arbeiter wird kompensiert durch eine erhebliche Vergrößerung der Gruppe der Angestellten (1925 32 % der Hamburger Ewerbstätigen[98]), wobei deren überwiegender Teil einkommensmäßig kaum anders einzustufen sein wird als die Arbeiterschaft, die übrigens auch differenziert betrach-

tet werden müßte, da die Spanne zwischen einfachsten und höchsten Löhnen Größenordnungen betrug. Der im amtlichen Sprachgebrauch auffallende Unterschied im Hinblick auf die Kleinwohnungsfrage vor und nach dem ersten Weltkrieg ist demgemäß wohl berechtigt: Früher wurde von »Arbeiterwohnungen« gesprochen, in den zwanziger Jahren von »Wohnungen für die minderbemittelte Bevölkerung«. Nur recht am Rande wird von der Beleihungskasse von der »werktätigen Bevölkerung« gesprochen[99].

Die Wohnungsstruktur

Überaus bemerkenswert ist angesichts der öffentlich geäußerten Zielsetzung, vor allem die Kleinwohnungen für die minderbemittelte Bevölkerung zu fördern, die Tatsache, daß sich die Struktur der Wohnungsproduktion nach 1918 – jedenfalls unter Vernachlässigung der sehr großen Wohnungen mit ihrem geringen Anteil – von der der Vorkriegsproduktion kaum unterscheidet: Der Zugang an Wohnungen mit ein und zwei bzw. drei und vier Zimmern war in dieser Zeit von 1900–1913 und 1919–1929 jeweils mit 41,8 bzw. 51,8 % und 40,5 bzw. 56,1 % in den zwanziger Jahren sogar noch zugunsten der größeren Wohnungen verschoben – wobei letztere ebenfalls so gut wie alle staatlich gefördert wurden. Erst ab 1928 überwiegen gegenüber Dreizimmerwohnungen die mit zwei Zimmern; 1930 ist das Verhältnis 47,4 % (zwei Zimmer) zu 40,7 % (drei Zimmer)[100]. Im Zusammenhang mit den »reformierten Wohnungen« war schon von der Tendenz die Rede, die Standards zu reduzieren, die für diesen Wandel am Ende der zwanziger Jahre verantwortlich ist.
Das neue Wohnungsangebot unterschied sich demnach in der einzelnen Wohnungsgröße nicht von dem, was der freie Markt früher zur Verfügung gestellt hatte. Daß nicht etwa mehr große Wohnungen den früher auf Kleinwohnungen angewiesenen Arbeitern zugänglich wurden, wird gleich deutlich werden.
Eva Hachmann hat an typischen Kleinwohnungsblocks der Dulsberg-Siedlung auf der Grundlage der Adreßbücher untersucht, welche Bevölkerungsgruppen in ihnen vertreten waren. Das Ergebnis lag *im Bereich des Bevölkerungsdurchschnitts* und zeigt jedenfalls, daß es sich bei dieser Siedlung

nicht um eine »reine« Arbeitersiedlung handelte[101].
Auch sozialgeographische Anhaltspunkte wie die Auswertung von Wahlergebnissen in den zwanziger Jahren zeigen, daß die klassischen Parteien der Arbeiterbewegung in den alten Kleinwohnungsgebieten ihre Hochburgen hatten – SPD z. B. in Barmbek-Süd und KPD in Neustadt und St. Pauli –, während die großen Neubaugebiete (Barmbek-Nord, Winterhude, Hamm usf.) dem Durchschnitt entsprechende Ergebnisse erbrachten[102].
Die Gründe für den sich somit abzeichnenden Widerspruch zwischen Intention und Realität liegen auf der Hand. Eine Verlautbarung des BDA benennt sie 1931, schon am Ende der großen Wohnungsbauphase der zwanziger Jahre und ihre Leistung resümierend:
»Die berüchtigte ›Wohnschande‹ der Vorkriegszeit mit all ihren gesundheitlichen und sittlichen Gefahren, den dumpfen Keller- und Dachwohnlöchern, den sonnenlosen Hinterhäusern und Schlitzbauten, den Einzimmerwohnungen für kinderreiche Familien, wurde abgelöst von der gesunden, durchsonnten, durchlüfteten Wohnung mit ihrem durch Lage und Aufteilung gesteigerten Wohnwert. Die Arbeiterwohnung wurde zum wichtigen Ausdrucksmittel der Stadtgestaltung. Dabei wurde sie allerdings für den Arbeiter selbst zu teuer[103].«

Die Mieten

Vor dem ersten Weltkrieg umfaßte der Gesamtbestand an Wohnungen stark überwiegend Klein- und Mittelwohnungen mit einer Jahresmiete bis 500 Mark. 46 % der Wohnungen erforderten eine Miete von bis zu 400 Mark. Für diesen Betrag waren die meisten Zwei- und ein guter Teil der Dreizimmerwohnungen zu haben. Dieser Wohnungsbestand war es, auf den Arbeiter und einfache Angestellte und Beamte angewiesen waren[104].
In den zwanziger Jahren war im Rahmen der Wohnungszwangswirtschaft der Mietpreis der Altbauten staatlich festgesetzt, und zwar seit 1923 in Prozentsätzen der Friedensmiete. Der nach wie vor vorhandene Wohnungsbestand der Vorkriegszeit war damit zunächst mit nur 20 % der Friedensmiete äußerst günstig verfügbar. Die Mieten stiegen zwar sehr schnell an, da die Hauszinssteuer mit einem Anteil bis zu 47 % der

Gültigkeitsdauer	Nach Hundertsätzen der Friedensmiete waren zu zahlen							
	für Ver- zinsung	für Betriebskosten				für Ver- waltungs- kosten	für Instand- setzungs- kosten [1]	über- haupt
		ins- ge- samt	davon					
			Mietzins- steuer	Allgemeine Grundsteuer	Sonstige Be- wirtschaftung			
1. bis 31. Dezember 1923	—	9	—	—	—	3	8	20
1. Januar bis 28. Februar 1924	—	21	—	12	9	4	8	33
1. März bis 31. März 1924 ...	—	21	—	12	9	5	12	38
1. April bis 31. Mai 1924	—	24	—	15	9	5	16	45
1. Juni bis 31. Dezember 1924	—	24	—	15	9	5	21	50
1. Januar bis 31. März 1925..	—	30	12	9	9	5	25	60
1. April bis 30. Juni 1925....	1	34,5	15	9	10,5	5	29,5	70
1. Juli bis 31. Dezember 1925.	8,5	39,5	15	9	10,5	5	32	85
1. Januar bis 31. März 1926..	10	38	20	9	9	5	32	85
1. April bis 30. Juni 1926....	11	45	28	8	9	5	32	93
1. Juli 1926 bis 31. März 1927	11	52	35	8	9	5	32	100
1. April bis 30. September 1927	12	61	42	10	9	5	32	110
1. Oktober 1927 bis 31. März 1930	15	68	47	10	11	5	32	120
1. April 1930 bis 31. Dez. 1931	15	72	[2] 47	[2] 14	11	5	32	124
seit 1. Januar 1932 [3])	14	63	37,6	13,3	[4]) 12,1	5	32	[4])114

[1]) Der Innenanstrich der Fenster und die Lieferung von Öl für die Instandhaltung der Fußböden liegen dem Vermieter ob. — [2]) Durch Senatsverordnung vom 3. Juni bzw. 14. März 1931 wurde für das Rechnungsjahr 1931 die Mietzinssteuer auf 46% und die Grundsteuer auf 18,3% ermäßigt. — [3]) Durch die Notverordnung vom 8. Dezember 1931 wurde die gesetzliche Miete ab 1. Januar 1932 um 10% gesenkt, während die Ermäßigung der Mietzinssteuer ab 1. April 1932 erfolgte; im einzelnen kann die Zusammensetzung der Miete seitdem, wie oben aufgeführt, angenommen werden. — [4]) Hierzu kommen z. Z. als Zuschläge in Häusern mit Sammelheizung 14%, mit Warmwasserversorgung 7%, mit Sammelheizung und Warmwasserversorgung 18% der Friedensmiete.

Abb. 66: Aus dem Statistischen Jahrbuch für die Freie und Hansestadt Hamburg 1931/1932 (Tabelle 23 auf S. 78). Die Entwicklung der Altbau-Mieten in den zwanziger Jahren.

Friedensmiete zu Buche schlug. 1930/31 betrug die Altbaumiete 124% der Friedensmiete. Aber selbst dieser Betrag erscheint gegenüber den Vorkriegsverhältnissen erträglich. Mitte 1927 betrug die Altbaumiete 110% der Friedensmiete. Die genannten 46% des Altbaubestandes zu Friedensmieten von bis zu 400 Mark waren damit 1927 für bis zu 440 Mark vermietbar[105].

Auch die Neubaumieten unterlagen staatlicher Festsetzung und Kontrolle, jedenfalls soweit die betreffenden Wohnungen durch die Beleihungskasse gefördert worden waren – aber das war ja auch fast ausnahmslos der Fall. Sie wurden jedoch nicht den Altbaumieten angeglichen, sondern als Kostenmieten ermittelt, wobei allein die niedrigen Zinssätze der Hauszinssteuerdarlehen eine Senkung gegenüber der Miete frei finanzierter Wohnungen erbrachten. Sie lagen um 1925 bei 7,50 Mark pro m² (Jahresmiete) und wurden allmählich gesteigert. Ende 1931 betrug die Neubaumiete 10,50 bis über 12 Mark pro m² je nach Ausstattung und Lage[106]. Für eine typische Kleinwohnung von 65 m² im Neubau muß so für 1927 eine Jahresmiete von wenigstens 600 Mark angesetzt werden, d. h. gegenüber einer Altbauwohnung entstand ein Preisunterschied von ca. 40%, wenn man auch nur die Obergrenze von 440 Mark für jene 46% des Altbaubestandes als Vergleichsmaßstab nimmt. 1930 wäre die Spanne beim selben Vergleich (bei Altbaumieten von 124% der Friedensmiete und mittleren Neubaumieten von 11 Mark pro m²) 496 zu 715 Mark entsprechend 44%. Der angemessene Vergleich muß in Wirklichkeit noch sehr viel ungünstiger ausgesehen haben. Auch kleinere und Kleinstwohnungen im Neubau waren wohl kaum billiger zu haben, als hier zugrunde gelegt, die Mehrzahl der Neubauwohnungen war größer. Die im Vergleich der übrigen Neubauten in den zwanziger Jahren als extrem billig genannten Kleinstwohnungen in den Frankschen Laubenganghäusern des Dulsberg-Gebietes lagen 1930 bei einer Jahresmiete von 500 Mark und damit wiederum an der Obergrenze der genannten 46% Altbauwohnungen mit Friedensmieten bis zu 400 Mark (1930 124% Friedensmiete entspr. 496 Mark). Dabei handelte es sich um Kleinstwohnungen von 42 m² mit einfachster Ausstattung, Wohnküche, Zimmer und Kammer (Abb. 43)[107].

Der sozialdemokratische Vorsitzende des bürgerschaftlichen Wohnungsausschusses sprach 1926 von 200 bis 400% als Spanne zwischen den Mieten gleichwertiger Alt- und Neubauwohnungen. Ähnlich äußert sich mehrfach das Wohnungsamt[108].

Schließlich darf nicht außer acht gelassen werden, daß neben der Mietzahlung oft hohe Baukostenzuschüsse die Mieter von Neubauten belasteten. Und die zu leistenden Anteilszahlungen der Mitglieder von Genossenschaften reichten bis zur Höhe einer Jahresmiete, was gleichfalls das Wohnen im Neubau verteuerte, jedenfalls in der Anfangsphase. Betrachtet man demgegenüber die Leistungsfähigkeit eines Arbeiterhaushalts, so zeigt sich, daß die genannten Spannen zwischen Alt- und Neubaumieten in einem durchschnittlichen Haushalt eine kaum überschreitbare Schwelle bedeuteten:

Das Familieneinkommen einer durchschnittlichen Arbeiterfamilie wurde für 1927 mit insgesamt 3767 Mark ermittelt[109]. Der für die Miete ausgegebene Anteil betrug 10%, lag also eben in der Größenordnung des oben für Altbaumieten angenommenen Vergleichsbetrages. Da die Grundbedürfnisse (Miete, Heizung und Licht, Nahrungs- und Genußmittel) bei diesem Satz bereits 57% des Gesamteinkommens in Anspruch nahmen, gab es kaum Spielraum für höhere Mietzahlungen. Nicht wesentlich anders lagen die Dinge bei einem durchschnittlichen Angestelltenhaushalt, der bei einem Familieneinkommen von 4390 Mark immerhin 506 Mark für Miete ausgab und für die genannten Grundbedürfnisse 51% des Gesamteinkommens. Erst eine durchschnittliche Lehrerfamilie gab für Miete einen Betrag von 690 Mark aus, der es ihr ermöglichte, entweder eine sehr gut ausgestattete große Altbauwohnung oder aber eine mittlere Neubauwohnung zu beziehen. Die Schlußfolgerung im Neubauwohnungswesen liegt auf der Hand und wurde vom Leiter des Wohnungsamtes öffentlich ausgesprochen:

»Wenn von den hamburgischen Wohnungssuchenden 34% eine Zweizimmerwohnung, 50% eine Dreizimmerwohnung haben wollen, 68% aber angeben, nur bis zu 500 Mark Miete zahlen zu können, so ergibt sich eine so starke Differenz zwischen Wünschen und Können, daß einmal offen ausgesprochen werden muß: Die Wünsche haben sich nach dem Können zu richten und sind dementsprechend einzuschränken[110].«

Noch klarer drückt sich das Wohnungsamt in einem Bericht an den Senat aus: Angesichts von Mieten zwischen 700 und 1000 Mark für eine Dreizimmer-Neubauwohnung sei der Wunsch von 53% der Wohnungssuchenden nach einer solchen Wohnung eine Illusion[111]. Dementsprechend seien die Bewerber für Altbauwohnungen weitaus zahlreicher als für Neubauten und führten bei Altbauten zu jahrelangen Wartefristen, die um ein Mehrfaches über denen für Neubauten lägen.

»Die Höhe der Mieten ist überhaupt ein Punkt, der zu den ernstesten Bedenken Veranlassung gibt. Solange die Absicht besteht und öffentlich ausgesprochen wird, daß die Neubauwohnungen für die Familien gebaut werden sollen, die heute jahrelang auf Wohnungen warten, solange müssen

*auch Wohnungen gebaut werden,
die diese Familien bezahlen können.
Das ist heute weniger denn je der
Fall*[112]*.«*
Dieses ernüchternde Ergebnis der Wohnungsbaupolitik der zwanziger Jahre war keine Hamburger Lokalspezialität. Zwar wurden für die vorliegende Arbeit entsprechende Ermittlungen für Altona, Wandsbek und Harburg-Wilhelmsburg nicht angestellt, so daß der direkte Vergleich mit den Nachbarstädten nicht möglich ist. Aber im ganzen Reich war es so gekommen, daß die Neubaumieten trotz öffentlicher Förderung weit über den Altbaumieten lagen und für die Einkommen der breiten Massen im Grunde unerschwinglich waren[113].

Natürlich konnte auch ein Arbeiter, dessen Einkommen über dem Durchschnitt lag oder der zu erheblichen Einschränkungen zugunsten einer modernen Wohnung bereit war, sich eine Neubauwohnung zuweisen lassen. Aber sie war nicht im eigentlichen Sinne »für« ihn gebaut. Junge Facharbeiterhaushalte ohne Kinder, mit mitverdienender Ehefrau (womöglich einer beruflich höher qualifizierten) sind nicht repräsentativ für die gesamte »minderbemittelte Bevölkerung«. Manches spricht dafür, daß sich aber aus ihren Kreisen die ca. 50 % Arbeiterbewohner (neben Angestellten und Beamten bis hin zu Selbständigen) rekrutierten, die in die neuen Siedlungen einzogen — was für zuverlässige Ergebnisse allerdings noch zu erforschen wäre[114].

Immerhin aufschlußreich ist der Bericht einer Mieterin in einem 1931 fertiggestellten Wohnhaus der (aus der Inneren Mission hervorgegangenen — s. u.) »Wichern«-Baugesellschaft:

»Am 1. September 1931 zogen meine Eltern mit mir ein. Der Mietvertrag lautete über ein Zimmer und eine Kammer. Heute gilt diese Wohnung als eine 2-Zimmer-Wohnung. Ein oder zwei Jahre zahlten wir monatlich RM 65,— Miete . . . Dann wurde die Miete auf ca. RM 54,— ermäßigt; es hing mit einer von der Hansestadt Hamburg gegebenen Hypothek zusammen. Ich erinnere mich nur schwach an die genauen Gründe. Aber aus dieser gleichen Ursache wurde m. E. die Miete auch später wieder erhöht. Gesicherte Existenz, ein guter Leumund und Vorauszahlung einer Monatsmiete waren Vorbedingungen, um die Wohnung zu bekommen. Gleichzeitig ging meine Mutter die Bedingung ein, die Reinigung von 2 Treppenhäusern zu übernehmen. Ohne diese Mietvergünstigung (es wurden dafür je Haus dem Mietkonto RM 16,—, also insgesamt RM 32,— gutgebracht) wäre es bei dem damaligen Einkommen meines Vaters (er war bei der Hamburger Hochbahn beschäftigt) auch nicht möglich gewesen, die Unkosten zu tragen . . .[115]*«*

Das Wohnen im Altbau

Am Ende der zwanziger Jahre und in der Weltwirtschaftskrise kam es mit sinkenden Löhnen und zunehmender Arbeitslosigkeit auch dazu, daß in den Neubaugebieten dieselben Mißstände um sich griffen, die an den Altbauten gegeißelt wurden: die Teilung der Miete durch zwei oder mehr Familien, die Untervermietung in kleinen Wohnungen[116].
»Was eine warmherzige Wohnungsbaupolitik vermeiden wollte, stellt sich in immer stärkerem Maße wieder ein: die Übervölkerung der Wohnungen[117]*.«*
Wohl mit Recht resümierte der Hamburger Anzeiger
»Heute ist die Altbauwohnung Trumpf«[118].
Daß die kommunistische Propaganda die übertenerten Neubauwohnungen als typisch sozialdemokratische, den Arbeitern nicht zugängliche Erzeugnisse diffamierte und ihnen als wirkliche Wohnsituation der Arbeiter die schlimmsten Auswüchse der alten Innenstadt-»Gängeviertel« gegenüberstellte (z. B. Hamburger Volkszeitung 6. 9. 1927: *»Proleten wohnen im Keller, bei Ratten und Mäusen . . .«*), ist freilich eine Übertreibung, die an der Lebenswirklichkeit der weitaus überwiegenden Zahl der Arbeiter wohl doch vorbeigeht. — Die durchschnittliche Wohnsituation eines Arbeiters der zwanziger Jahre mit einer durchschnittlichen Mietezahlung von 377 Mark, wie für 1927 festgestellt, wird demgegenüber in einer Zwei- oder Dreizimmerwohnung bestanden haben, gelegen in einem der typischen Kleinwohnungsstadtteile, z. B. Barmbek, erbaut gegen Ende des 19. oder Anfang des 20. Jahrhunderts, mit vier Wohnungen an einer Treppe oder in einer »Terrasse« gelegen, in Häusern mit fünf oder sechs Geschossen und an großzügig, wenn auch schematisch angelegten Straßen, mit einem privaten Eigentümer als Hauswirt — der übrigens öfter im selben Haus wohnte. Eine stichprobenweise — wenn auch noch zu vertiefende — Auswertung des Hamburger Adreßbuches von 1932 über die Wohnsituation von Haushalten, deren Vorstand »Arbeiter« oder Facharbeiterberufe angibt, hat jedenfalls ergeben, daß 95 % der Betroffenen so lebten und nur der verschwindend kleine Rest in einer Neubausiedlung, wobei 1931 bereits ca. 19 % des gesamten Wohnungsbestandes Neubauten aus der Zeit seit 1918 waren[119].

Eine für 1930/31 vorliegende Untersuchung der Umzüge in Hamburg zeigt, daß zwar die Neubaugebiete einen Zuwachs zu verzeichnen haben, daß aber bei weitem die meisten Umzüge, gerade in den Arbeiterquartieren mit reichem Altbestand an Kleinwohnungen, innerhalb der betreffenden Stadtteile selbst stattfanden[120].

Schon 1928 beobachtete der Bauverein zu Hamburg die Tendenz,
»daß von der Mieterschaft der kleinen Wohnungen ein Austausch zwischen den billigen Vorkriegswohnungen und den teureren Nachkriegswohnungen angestrebt wird«[121].

Am 2. 4. 1932 meldet das sozialdemokratische Hamburger Echo »Massenumzüge im Osterfrieden«, veranlaßt durch den Zwang vieler Haushalte zur Verkleinerung und durch die Aufgabe teurer Neubauwohnungen im Gefolge der Weltwirtschaftskrise.

Die ständig sinkende Nachfrage nach den teuren Neubauwohnungen war dann auch 1932/33 ironischerweise der Anlaß für die weitgehende Aufhebung der Wohnungszwangswirtschaft, die auf Altbauwohnungen bis zu 400 Mark Friedensmiete beschränkt wurde[122].

Eine Schlußfolgerung

Genauer zu untersuchen, wer in den Neubausiedlungen nun eigentlich gewohnt hat, ist eine Aufgabe, die noch bevorsteht. Hachmanns Ansätze können aber — nach weiteren Adreßbuch-Stichproben — wohl verallgemeinert werden: Es waren Arbeiter, Angestellte, Beamte und Selbständige ungefähr in der Zusammensetzung der Gesamtbevölkerung, und oft hatten sie unter den hohen Mieten zu leiden, obwohl sie wirtschaftlich bestimmt meist besser gestellt waren als der Durchschnitt der »minderbemittelten Bevölkerung«.

Wer hat gebaut?

Die Bauherren

Üblich ist die Annahme, daß der Wohnungsbau der zwanziger Jahre in Deutschland weitestgehend nicht nur von der öffentlichen Hand finanziert worden sei (was jedoch nur für die Hauszinssteuer-Hypothek und keineswegs für den Gesamtumfang der Einzelfinanzierungen gilt – s. o.), sondern daß er auch praktisch ausschließlich von Bauträgern verwirklicht wurde, die nicht mit denen der Zeit vor dem ersten Weltkrieg identisch seien; also von gemeinnützigen Gesellschaften mit staatlicher und kommunaler oder sonst gemeinwirtschaftlicher Beteiligung, sowie durch gemeinnützige Genossenschaften. Dies kann allerdings so gewiß nicht pauschal behauptet werden. Die bedeutende Rolle der Kommunen im Wohnungswesen und ihre sehr verschiedene politische Orientierung führt vielmehr zu sehr starken Differenzierungen von Fall zu Fall. Wird hier zunächst nur Hamburg betrachtet, so zeigt sich bei näherem Hinsehen, daß gerade hier die Verhältnisse nicht der Pauschalannahme entsprechen.

Als Besonderheit der Wohnungspolitik in der Freien und Hansestadt Hamburg wurde vielmehr von Anfang an das Ziel formuliert und auch als typisch hamburgisch im Vergleich mit anderen Großstädten empfunden,

»den Wohnungsbau sowohl architektonisch wie wirtschaftlich soweit als möglich dem freien Spiel der Kräfte zuzuführen«[123].

Die offenkundig unumgängliche staatliche Förderung (sie wurde in Hamburg durch Identität von Land und Kommune bedeutend erleichtert!) wurde dabei verstanden als eine Hilfe zur Behebung der dringendsten Not so lange, bis die freie Wirtschaft aus eigenem Antrieb und mit eigenen Mitteln wieder in der Lage wäre, den laufenden Bedarf an Wohnungen zu befriedigen. Die staatliche Wohnungsbaupolitik wurde als »Übergangswirtschaft« verstanden. Die Auffassung der Beleihungskasse faßte 1926 ihr Präses Paul de Chapeaurouge zusammen, indem er sagte:

»Auch für dieses Arbeitsgebiet des Staates gilt, daß es sein Bemühen

Abb. 67: Eingangshalle des Blocks Kraepelinweg 25 ff. usw., erbaut durch F. Ostermeyer für die Allgemeine Deutsche Schiffszimmerer-Genossenschaft 1928. Plastik eines Schiffszimmermannes als Hinweis auf die Tradition der Genossenschaft.

sein muß, sich so bald wie möglich aus ihm zurückzuziehen, da die öffentliche Hand grundsätzlich in ihrem Aufgabenkreis sich beschränken und staatlicher Regelung nicht Gebiete unterwerfen soll, die in Zeiten gesunder Wirtschaft ohne Staatshilfe sich gedeihlich entwickelt haben. Das Ziel der staatlichen Wohnungsbauwirtschaft muß die Behebung der dringenden Wohnungsnot sein, da nur, wenn diese erreicht ist, ein völliger Abbau der auf dem Gebiete der Wohnungswirtschaft noch bestehenden Zwangswirtschaft möglich ist[124].«

Diesem wirtschaftlichen Ziel entsprechend wurden die Mittel jeweils zur Hälfte den privaten und den gemeinnützigen Bauträgern zugeteilt[125]. Ab 1926 gedrittelt zugunsten der neu geschaffenen »Ehrenteil-Gesellschaften« (s. u.).

Bei den untersuchten Bauten läßt sich dies Ziel als weitgehend realisiert beobachten. Zwar gibt es gewisse Präferenzen, d. h. bevorzugte Schwerpunkte der Arbeit privater und öffentlicher Träger. So haben gemeinnützige Gesellschaften und Genossenschaften nur wenige der kleinen Einheiten (ein bis drei Treppenhäuser) gebaut, die eine weitgehende Domäne der privaten Bauträger waren; umgekehrt ist das Verhältnis bei den großen Einheiten (Blockrandbebauungen, »Höfe«, Zeilengruppen), sie sind die eigentliche Domäne der Gemeinnützigen. Dennoch kommt im ganzen eine fast identische Struktur der Häuser zustande (durchschnittlich 9 Wohnungen pro Gebäude bei Privaten wie Gemeinnützigen). Und noch 1931/32 produzierten die Privaten *mehr* als die Hälfte der neu errichteten Wohnungen[126].

Charakteristisch für die Hamburger Verhältnisse (im Vergleich zum Beispiel mit Frankfurt am Main!) ist in diesem Sinne auch die Tatsache, daß der Staat selbst als Bauträger nur ganz am Anfang der zwanziger Jahre hervortrat, nämlich mit dem westlichen Bereich der Dulsberg-Siedlung (Etagenmietwohnungen) und der Fritz-Schumacher-Siedlung in Langenhorn (Reihen-Einzelhäuser). Nach 1923 zog sich der Staat völlig aus dem Mietwohnungsbau zurück.

Betrachtet man demgegenüber die gemeinnützigen Gesellschaften und die Genossenschaften, so fällt zunächst ihre große Zahl auf und – im Zusammen-

Abb. 68: Aus dem Statistischen Jahrbuch für die Freie und Hansestadt Hamburg 1931/1932 (Tabelle 16 auf S. 75). Auftraggeber und Wohnungsproduktion 1931. Nach Zahl der Wohngebäude und Zimmer überwiegen private Bauherren.

Bauherren	Wohngebäude überhaupt	Wohnungen in Wohngebäuden										Zahl der Zimmer[1]
		überhaupt	davon mit									
			1	2	3	4	5	6	7 bis 8	9 bis 10	über 10	
			Zimmern[1]									
Öffentl. Körperschaften und Behörden	—	—	—	—	—	—	—	—	—	—	—	—
Gemeinnütz. Bauvereinigungen usw. .	398	3 768	281	1900	1405	174	6	2	—	—	—	9 034
Andere (private) Bauherren	557	5 541	278	2647	2142	359	90	22	2	1	—	14 039
Im Jahr 1931	955	9 309	559	4547	3547	533	96	24	2	1	—	23 073
Dagegen 1930	1245	11 039	389	5242	4370	786	163	55	29	5	—	28 530

hang damit – die Tatsache, daß sie im einzelnen jeweils nur wenige Objekte trugen, die dann allerdings teilweise in Abschnitten über mehrere Jahre verwirklicht wurden und (s.o.) meist den größer dimensionierten Siedlungstypen zugehörten. Zur genauen Aufklärung der Auftraggeberfrage wäre eine differenzierte Betrachtungsweise erforderlich, die in diesem Zusammenhang nicht geleistet werden kann. So wären zum Beispiel die Finanzierungsquellen der Anteilseigner genau zu untersuchen; an den Gemeinnützigen waren z.B. Kirchen, Gewerkschaften, Sozialversicherung, aber auch privates Kapital beteiligt; die Mitgliederkreise der Genossenschaften wiederum hatten durchaus unterschiedliche Zusammensetzungen (auffallend rege waren zum Beispiel die verschiedenen Beamten-Bauvereine; sehr aufwendig waren die Bauten der gewerkschaftlichen Angestellten-Baugesellschaften). Entscheidend ist zunächst das Bild großer Differenzierung, das auch im gemeinnützigen Bereich nichts anderes widerspiegelt als eben doch auch das politisch gewollte »freie Spiel der Kräfte«[127]. – Für den Leiter des Wohnungsamtes, Peters, waren auch ein ganzer Teil der gemeinnützigen Gesellschaften und Genossenschaften »*Deckorganisationen der Privatunternehmerschaft*«, die sich auch die gemeinnützigen Hauszinssteueranteile sichern wollten[128]. Danach wäre der privatwirtschaftliche Anteil an der Wohnungsproduktion noch höher einzuschätzen als bei vordergründiger Betrachtung.

Der traditionsreichste gemeinnützige Auftraggeber, der »Bauverein zu Hamburg«, mit bedeutenden Reformbauten aus der Vorkriegszeit, verhielt sich andererseits in den zwanziger Jahren auffällig zurückhaltend (abgesehen von der großen Wohnanlage an der Harburger Chaussee, die bereits vor dem Weltkrieg begonnen worden war)[129].

Daß »herrschaftliche« Wohnanlagen wie die Bebauung an Kellinghusens Park (damals Schröders Park, Häuser Goernestraße, Gustav-Leo-Straße, Eppendorfer Landstraße) oder gar die »Mietergesellschaftshäuser« der Architekten-Brüder Hans und Oskar Gerson (Haynstraße 2–4, Rothenbaumchaussee 26, Schlüterstraße 6) ganz und gar »kapitalistisch« finanziert wurden, sei in diesem Zusammenhang nur beiläufig erwähnt[130].

Nach wie vor war der Hauptträger der

Abb. 69: Lattenkamp 3ff. usw., erbaut 1929 durch E. Dorendorf für den Beamten-Wohnungsverein.

Abb. 70: Gazellenkamp 80ff. usw., erbaut 1929 durch E. & E. Theil für die Angestellten-Baugenossenschaft »Heimat«.

Abb. 71: Haynstr. 2–4, erbaut 1923 durch H. u. O. Gerson für eine »Mietergesellschaft«. Grundriß des bürgerlichen Großwohnhauses rechts (Abb. 74 – vgl. auch Abb. 140).

Abb. 72–73: Mundsburghaus Mundsburger Damm 58 usw., erbaut 1930–1931 durch Walther Baedeker für den Bauunternehmer Franz Potenberg, im Krieg zerstört. – Oben ein Luftbild mit dem markanten, kubischen Putzbau, unten das Bauschild (vgl. auch Abb. 166).

Abb. 74: Haynstr. 2–4, Grundriß. – Vgl. Abb. 71.

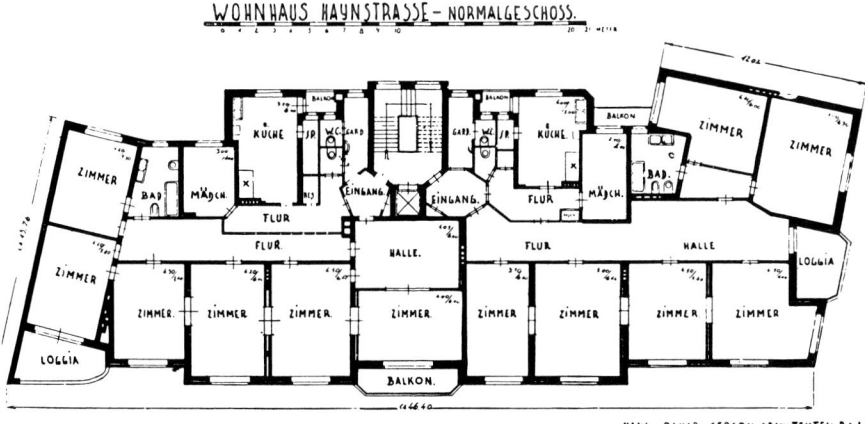

privaten Bautätigkeit neben GmbHs und Aktiengesellschaften der vermögende Privatunternehmer, z. B. der Bauunternehmer Potenberg[131].

Übrigens waren die Verhältnisse auch auf Deutschland insgesamt gesehen ähnlich[132].

Durchaus abweichend von den Hamburger Verhältnissen gestaltete sich der Wohnungsbau in Altona[133]. Hier trat die Stadt bis 1927 regelmäßig und mit bedeutenden, groß angelegten Wohnungsbauten selbst als Bauherr auf. Hier war der gemeinnützige Anteil am Mietwohnungsbau auf wenige große Genossenschaften (Spar- und Bauverein, »Selbsthilfe«) konzentriert. Gleichwohl ist auch hier bemerkenswert, daß ein ähnlich hoher Anteil der Objekte wie in Hamburg (ca. die Hälfte! – dabei ist allerdings nicht jeweils die Größenordnung berücksichtigt) von Privaten getragen wurde.

In den übrigen Gebietsteilen, insbesondere in Wandsbek, Harburg und den kleineren Gemeinden, überwog tatsächlich entspechend der herrschenden Meinung der Anteil der Gemeinnützigen sehr stark alle anderen Bauträger; auch hier ist die Kommune selbst aktiv am Wohnungsbau beteiligt (Lokstedt, Stellingen!).

Erwähnenswert ist die Tatsache, daß demgegenüber praktisch der gesamte Mietwohnungsbau der zwanziger Jahre in Bergedorf vom dortigen Stadtbauamt in engster Zusammenarbeit mit der »Freien Stadt« (s. u.) getragen wurde. Diese Tatsache belegt in erstaunlich eindeutiger Weise die kommunale Selbständigkeit dieses Hamburger Gebietsteiles.

Die Politik

Die oben mit zweifelndem Ausgang erwogene Frage der »Wohnungen für Arbeiter« braucht nicht nur im Hinblick auf die tatsächlichen Wohnungsverhältnisse dieser Schicht gestellt zu werden. Gefragt werden kann auch nach den Wohnungen, die aus der Selbstorganisation der Arbeiterschaft heraus entstanden sind, durch die direkte Einwirkung der Parteien, die die Arbeiterschaft traditionell vertraten.

Nicht sehr weitgehend ist die Identifikation der Sozialdemokraten mit der Neubaupolitik Hamburgs. Am 18.1.1928 meint zwar ihre Zeitung, das Hamburger Echo:

37

»Seit im Hamburger Stadtwesen die Sozialdemokratie zur verantwortlichen Mitarbeit gelangt ist, hat sie sich unausgesetzt bemüht, den Wohnungsbau zu fördern, und zwar sowohl den staatlichen als auch den durch gemeinnützige Baugenossenschaften.«

Aber das bezieht sich nicht auf die Gesamtpolitik, sondern auf ganz konkrete Einzelleistungen.

Natürlich spielten einzelne Wohnungsbauprojekte von Gesellschaften, die den Gewerkschaften oder der SPD nahestanden, eine von diesen oft betonte Rolle als Leistungsnachweis. Der große Wohnblock der (der SPD damals eng verbundenen) Schiffszimmerer-Genossenschaft in der Jarrestadt wurde nach Otto Stolten benannt, dem ersten sozialdemokratischen Mitglied der Hamburger Bürgerschaft und 1919 einer der ersten Sozialdemokraten im Senat. Solche Bauten wurden zum hochgradigen Identifikationsfaktor. SPD und Gewerkschaften nutzten Grundsteinlegung, Richtfest und Einweihung zur Selbstdarstellung[134]. Freilich nutzte die kommunistische Seite solche Anlässe, um die Widersprüche des Neubaumarktes zu entlarven; so lobte die Hamburger Volkszeitung am 28. 9. 1928 den Otto-Stolten-Hof anläßlich dessen Einweihung als hervorragend gebaut, beobachtete bei der Feierlichkeit zwar keine Arbeiter, aber »elegante Privatautos, wohlgenährte Herren, ein paar elegante Damen ...« und meinte, dieses Haus sei »wohl geeignet, dem Arbeiter die notwendigsten Voraussetzungen einer Wohnungskultur zu geben – wenn eben der Prolet die Wohnungen bezahlen könnte« – denn eine Dreizimmerwohnung koste dort 75 Mark im Monat (Jahresmiete 900 Mark). »Glücklich der Arbeiter, der nur das Dreifache an Arbeitsverdienst hat.«

Schon 1924 war von den Gewerkschafts-Spitzenverbänden die »Dewog« gegründet worden (Deutsche Wohnungsfürsorge-Aktiengesellschaft für Beamte, Angestellte und Arbeiter), die später zur »Holding-Gesellschaft« aller gewerkschaftlichen Wohnungsbauunternehmen und dadurch zur Mutter der »Neuen Heimat« wurde[135]. Ihre Tochtergesellschaft »Selbsthilfe« baute einen großen Teil der Altonaer Wohnungsblocks der zwanziger Jahre (Ensemble Kieler Straße/Ophagen, s.u.), vor allem aber den Friedrich-Ebert-Hof (!) in Altona. In Hamburg war sie nicht aktiv. Hier

Abb. 75: Der Otto-Stolten-Hof in der Jarrestadt, erbaut 1928–1929 durch F. Ostermeyer für die Allgemeine Deutsche Schiffszimmerer-Genossenschaft (vgl. Abb. 13, 33–35, 294).

Abb. 76: Der Friedrich-Ebert-Hof in Altona nach der Fertigstellung 1929, erbaut 1928–1929 durch F. Ostermeyer für die Dewog-Tochtergesellschaft »Selbsthilfe«.

Abb. 77: Sitzverteilung in der Hamburger Bürgerschaft und Senatskoalition während der Weimarer Republik. – Trotz des Übergewichts der SPD in der Senatskoalition hatten die bürgerlichen Koalitionspartner eine bestimmende Rolle im Senat: Erster Bürgermeister war 1924–1933 der (1918 in den Senat gewählte) DDP-Senator Carl Petersen, nach Eintritt der DVP in den Senat übernahm der ihr angehörende Senator Paul de Chapeaurouge die Beleihungskasse für Hypotheken als Präses. Bausenator war 1920 bis 1928 der DDP-Senator Max Schramm. – Schema nach Hedinger u. a.

trat an ihre Stelle die Gemeinnützige Kleinwohnungsbau-Gesellschaft für Groß-Hamburg, auf die gleich zu kommen sein wird.

Zum »Friedrich-Ebert-Hof« heißt es anläßlich der Einweihung, bei der Gewerkschaften, sozialdemokratische Politiker und das Reichsbanner aufgetreten waren, im sozialdemokratischen Hamburger Echo:

»In diesen gewaltigen Wohnblocks, die in den letzten Jahren geschaffen worden sind, ist eine neue Wohnkultur entstanden. Der Gemeinschaftsgeist, die Solidarität, die in der modernen Arbeiterbewegung lebendig sind, haben hier greifbare Gestalt angenommen ... So wie die Persönlichkeit Friedrich Eberts eine Inkarnation des Machtstrebens der Arbeiterschaft, ihrer völlig veränderten Stellung zum Staate war, so strömt auch diesem gewaltigen Bauwerk der Geist eines unbeugsamen, seiner Mission bewußten Proletariats aus ...[136]«

Mag auch in Altona die sozialdemokratische Orientierung der gesamten Kommunalpolitik (unter dem Bürgermeister Max Brauer!) stärker und eindeutiger ausgeprägt gewesen sein als in Hamburg, so ist freilich auch dort die volle Gültigkeit dieser Hymne angesichts des schon Gesagten zu bezweifeln.

Für Hamburg jedenfalls kommt aufs Ganze gesehen und realistischerweise auf SPD-Seite das Bewußtsein deutlich genug zum Ausdruck, daß es keine schlechthin sozialdemokratische Wohnungsbaupolitik in Hamburg gab. Wichtige Anträge zur Änderung der Richtung wurden im Oktober 1928 von der SPD in der Bürgerschaft eingebracht (s. o.). Und in der Abwehr bürgerlicher Pressepolemik gegen diese Anträge schreibt wiederum das Hamburger Echo:

»Uns ist neu, völlig neu, daß die Wohnungsbaupolitik in Hamburg eine sozialdemokratische Politik gewesen ist. Wir hätten zwar sehr gewünscht, daß sie es gewesen wäre, wir wissen aber, und mit uns alle kommunalpolitisch interessierten Hamburger, wobei wir das Fremdenblatt gern ausnehmen, daß die Wohnungsbaupolitik in Hamburg unter der sehr autokratischen Führung eines Volksparteilers steht. Es ist jedenfalls volksparteiliche Politik, die Schiffbruch erlitten hat. Und es ist sozialdemokratische Politik, aus dieser Erkenntnis die Pflicht zu schöpfen, der Wohnungsbaupolitik in Hamburg bessere Wege zu weisen, als sie bisher begangen worden sind[137].«

Die Beleihungskasse für Hypotheken glaubte zwar, durch die Zusammensetzung der Aufsichtsgremien den allgemeinen Willen der Bevölkerung zu vertreten[138]. Aber zweifellos gab der Vorsitzende Paul de Chapeaurouge den Ausschlag, unterstützt durch den auch eher bürgerlich bis konservativ orientierten Staatsrat Leo Lippmann[139]. Die schon angeführten Grundzüge der Politik Hamburgs gegenüber den Bauherren zeigen deutlich genug die Orientierung an bürgerlich-liberalen Grundsätzen der DVP (Deutsche Volks-Partei), der Paul de Chapeaurouge angehörte.

Er sah das Besondere der Hamburger Wohnungsbaupolitik in ganz charakteristischer und aus seinem Blickwinkel positiver Weise[140]. Sie beruhe auf der *»rein sachlichen«* Zusammenarbeit aller beteiligten Gruppen (von der Bauwirtschaft bis zu den Gewerkschaften) und der *»Fachleute«* (von den Privatarchitekten bis zu den Behörden):

»Die Erfolge des Wohnungsbaues in Hamburg sind wesentlich darauf zurückzuführen, daß es gelungen ist, ihn weitgehend zu entpolitisieren«

– und er fügt in ebenso charakteristischer Weise hinzu:

»Es ist damit zu rechnen, daß auch in Zukunft bei Fortsetzung der bisherigen Mietpolitik sich für die Neubauwohnungen genügend Mieter finden werden, wenn auch zuzugeben ist, daß Teile der Wohnungssuchenden infolge geringer wirtschaftlicher Leistungsfähigkeit die Mieten für Neubauwohnungen kaum aufbringen können und daher auf billigere Altwohnungen verwiesen werden müssen[141].«

Wohnungspolitisch engagierte Sozialdemokraten und den Volksparteiler Chapeaurouge mit seinem Glauben an die »Übergangswirtschaft« und die unpolitische »Sachlichkeit« des Hamburger Wohnungswesens, das beschreibt die Politik der Bürgerschaftsmehrheit und des Senats in Hamburg in den zwanziger Jahren, gegründet auf die Mittel des Hauszinssteuer und das Instrument der Beleihungskasse für Hypotheken. Daß damit der konservativen Opposition und den privaten Grundeigentümern schon viel zuviel Staat in die Wohnungswirtschaft eingedrungen war, daß andererseits die Kommunisten in der Bürgerschaft nur einer radikalen Vergesellschaftung des Wohnungswesens zugestimmt hätten und daher Obstruktion gegen die reale Wohnungspolitik betrieben, sei noch ergänzend vermerkt.

»Ehrenteit-Gesellschaften«

Auch in Hamburg gab es seit 1922 eine Genossenschaft »Freier Gewerkschafter«, die sich des Wohnungsbaus annahm. Freilich blieb das, was sie baute, allein den Mitgliedern vorbehalten (bis 1933 insgesamt 800 Wohnungen)[142].

Der wichtigste Vorstoß der sozialdemokratischen Bürgerschaftsfraktion und der Gewerkschaften in Richtung auf einen stärker ihren Zielen folgenden Wohnungsneubau war die Gründung der sogenannten »Ehrenteit-Gesellschaften«[143].

Dieser (inoffizielle, aber allgemein in Gebrauch gekommene) Begriff bezieht sich auf den Initiator eines neuen Modells für gemeinnützige Wohnungsbaugesellschaften, John Ehrenteit. Er war hervorgegangen aus dem Zentralverband der Handlungsgehilfen und 1919–1933 in der Bürgerschaft, 1929–1933 Senator sowie 1921–1929 erster Vorsitzender des ADGB Hamburg (Allgemeiner Deutscher Gewerkschaftsbund)[144].

Er erreichte 1926 die Gründung der »Gemeinnützigen Kleinwohnungsbau GmbH Groß-Hamburg«[145]. Die Gewerkschaften stellten das Grundkapital bereit, die Gemeinwirtschaft – v. a. die gewerkschaftseigene »Volksfürsorge« – behielt die erstrangigen Hypotheken, die Beleihungskasse die nachrangigen. Die Beleihungskasse sollte überhaupt ein Drittel ihrer Förderungsmittel für diese Gesellschaft reservieren, und der Staat sollte in Erbpacht das Bauland überlassen; ihm sollte maßgeblicher Einfluß im Aufsichtsrat eröffnet werden. Ehrenteits Ziel war es wohl gewesen, an die neue Gesellschaft schrittweise die anderen gemeinnützigen Bauträger anzubinden und damit einen beherrschenden Einfluß auf das Wohnungsbaugeschehen für die neue Gesellschaftsform und damit letztlich auch für den Staat zu gewinnen.

Die konservativeren Koalitionspartner sahen darin eher ein Mittel, Wünsche nach eigener Wohnungsbautätigkeit des Staates zu neutralisieren. Schließlich gab es sogar sieben »Ehrenteit-Gesellschaften«, die teils auf »kapitalistischer« Grundlage, teils von den Kirchen finanziert wurden, teils von anderen Parteien (die »Freie Stadt« als Gründung der DVP) initiiert waren und sich mit »Groß-Hamburg« in das ihnen durch Bürgerschaftsbeschluß gewidmete Drittel der Beleihungskassen-Förderung teilten – ohne es übrigens überhaupt ausschöpfen zu können[146]. Besonders wichtig war die »Wichern«-Gesellschaft, hervorgegangen aus engagierten Vertretern der Inneren Mission in Hamburg[147]. Mit ausgeprägtem politischen Selbstverständnis als liberales Gegengewicht zu der gewerkschaftlichen Ehrenteit-Gesellschaft pofilierte sich die »Freie Stadt«[148]. Auch sie nutzte die Feiern rund um den Bau ihrer großen Wohnanlagen zur politischen Selbstdarstellung, so im Falle der Bebauung der Straßburger Straße 16–32[149] und des Naumannplatzes (!) in der Dulsberg-Siedlung[150].

Die Kleinwohnungsbaugesellschaft für Groß-Hamburg baute in den folgenden Jahren zahlreiche große Wohnblocks, v. a. rund um den Habichtplatz in Barmbek-Nord (s. u.). Unter anderem auch den durch seine Lage sehr isolierten, im einzelnen aber außergewöhnlich modernen Block Kapellenstraße/Billstedter Mühlenweg in Schiffbek, eines der wenigen Wohnbauvorhaben, das bewußt für Industriearbeiter geplant und deklariert wurde[151].

Abb. 78: Der Wohnblock Naumannplatz in der Dulsberg-Siedlung, erbaut 1928 durch Klophaus, Schoch, zu Putlitz für die »Ehrenteit-Gesellschaft« »Freie Stadt« (vgl. Abb. 81, 314–315, 432–434).

Abb. 79–80: Billstedter Mühlenweg 21ff./Kapellenstr. 6ff. in Billstedt, erbaut 1928–1930 durch Berg & Paasche für die Dewog-Tochtergesellschaft »Selbsthilfe«.

Bauunternehmer

Nicht vergessen werden soll die Frage, wer die Bauten überhaupt errichtet hat. Noch viel deutlicher als im Hinblick auf die Genossenschaften und gemeinnützigen Gesellschaften als Bauherren kann man hier beobachten, daß die für die zwanziger Jahre als soziales Experiment so wichtigen sozialen Baubetriebe kaum eine nennenswerte Rolle spielten. Unmittelbar nach dem ersten Weltkrieg war ja überall in Deutschland der Versuch unternommen worden, »Bauhütten« in der freien Selbstorganisation der Bauarbeiter zu gründen[152]. Sie waren Ausdruck des Wunsches, sozialistische Arbeitsverhältnisse wenigstens in kleinem Maßstab real herbeizuführen. Ende der zwanziger Jahre war das Bauhüttenwesen bereits in ein System von Kapitalgesellschaften (GmbH) verwandelt, das von der zentralen »Holding« gesteuert wurde und dem als gemeinwirtschaftlicher Organisation hauptsächlich das Merkmal anhaftete, daß es von Gewerkschaftskapital finanziert und von Gewerkschaftsfunktionären kontrolliert wurde. Nur noch ein beratendes Mitspracherecht verblieb bei den Mitarbeitern dieser Betriebe. – Vor diesem Hintergrund ist es verständlich, daß die Hamburger Bauhütte »Bauwohl« und die anderen gemeinwirtschaftlichen Baubetriebe in Hamburg gegen heftige Widerstände seitens der privaten Bauwirtschaft ankämpften und ihr Auftragspotential im wesentlichen von den gewerkschaftseigenen Bauträgern erhielten[153]. Große oder gar ausschlaggebende Bedeutung erreichten ihre Marktanteile nicht.

War schon das ausschlaggebende Element der Konzernbildung der einzelnen Bauhütten die Notwendigkeit, sich voll den ökonomischen Bedingungen der gesamten Bauwirtschaft zu unterwerfen, da sonst eine Konkurrenz nicht möglich war, so scheint selbst die Verwandtschaft zu gewerkschaftlichen Auftraggebern nicht verhindert zu haben, daß ein ideologisch so stark als »Arbeiter«-Wohnblock propagiertes Gebilde wie der Altonaer »Friedrich-Ebert-Hof« (s. o.) von einem der charakteristischsten »kapitalistischen« Baukonzerne errichtet wurde, nämlich der Philipp Holtzmann A.G. (die z. B. schon früher am Bau des Hamburger Rathauses sowie der St. Pauli-Landungsbrücken und des Elbtunnels beteiligt gewesen war).

Bemerkenswert ist vor allen Dingen, daß die in den zwanziger Jahren sich nach einer Baupause neu entfaltende Konjunktur auch neuen Privatfirmen Existenz- und Entfaltungsgrundlage gab. Ein bemerkenswertes Beispiel dafür ist die Firma F. Potenberg, die sich aus einfachsten Anfängen zu einer der großen Baufirmen der zwanziger Jahre in Hamburg entwickelte und z. B. die »Freie Stadt« versorgte[154].

Franz Potenberg wurde durch diesen Boom selbst in die Lage versetzt, große Komplexe in eigener Regie zu errichten, und wurde damit zugleich zu einem der charakteristischen Bauunternehmer, die als »private Bauträger« die erwähnte Hälfte der Gesamtwohnungsbauleistung der zwanziger Jahre erbrachten. Leider ist sein bedeutendstes Werk – entworfen von dem Architekten W. Baedeker, das Mundsburg-Haus – nicht erhalten geblieben[155].

Industrialisierung

Gerade am Aufschwung der Firma Potenberg und an der Rolle der Konzerne wie Ph. Holtzmann läßt sich auch erkennen, daß in der Bauwirtschaft mit der

Abb. 81: Der Wohnblock Naumannplatz (vgl. Abb. 78). Ausführung durch den Bauunternehmer Franz Potenberg.

Abb. 82: Wohnanlage Borselstr. 19ff. (»Helmholtzstraße/Bunsenstraße«) in Altona. Erbaut durch die Stadt Altona, entworfen von G. Oelsner 1926–1927. Großzügiger Einsatz von Maschinen für das Trocknen der Gebäude an Stelle des vorher berüchtigten »Trockenwohnens« (vgl. Abb. 106, 200, 201, 337, 338).

Größenordnung der Bauaufgaben ein Zwang zur Entwicklung großer industrieller Baubetriebe entstand[156]. Dies im Einklang mit der industriellen Rationalisierung in allen Bereichen, die ein wesentliches Merkmal der zwanziger Jahre war. In einer Branche, die bis heute dennoch von handwerklichen Strukturen geprägt ist, wie in der Bauwirtschaft, ist auffallend, in welch hohem Maße jetzt technische und organisatorische Rationalisierungsmaßnahmen durchgeführt werden. Charakteristisch ist der Einsatz von Maschinen, der jetzt in allen Bildern »vom Bau« in Erscheinung tritt. – Daß dem eine romantische Verklärung des Handwerkers im Zusammenhang mit der Backsteinbauweise gegenüber stand, sei nur ganz am Rande vermerkt[157].

Das wichtigste bautechnische Experiment in Hamburg war die Versuchssiedlung im Ost-Bereich der »Jarrestadt«. Die »Reichsforschungsgesellschaft für Wirtschaftlichkeit im Bau- und Wohnungswesen«, die mit ihren Untersuchungen und der Berliner Mustersiedlung Haselhorst dem deutschen Wohnungsbau der zwanziger Jahre wesentliche Impulse vermittelt hatte, unterstützte dort neben der Beleihungskasse den Bau von Zeilenbauten, die paarweise je alternativ herkömmliche und moderne Bauweisen (Stahl- und Stahlbetonskelettbauweise) vorführten. 1927 projektiert und 1929 ausgeführt, konnte bald festgestellt werden, daß die »Neubauweise« gegenüber der »Altbauweise« nicht nur nicht billiger, sondern sogar teurer ausgefallen war[158]. Auch dieses Experiment war somit an der Realität gescheitert (vgl. Abb. 300–302).

Städtebau

Die Voraussetzungen

Die damalge territoriale Aufteilung des heutigen Staatsgebietes der Freien und Hansestadt Hamburg in Hamburg selbst und die es umgebenden preußischen Städte und Gemeinden stellte ein entscheidendes Hemmnis für eine großzügige städtebauliche Lösung des Gesamtproblems dar.

Die kollegiale Zusammenarbeit über Landesgrenzen hinweg, die bei vielen Vorgängen immer wieder anklingt, fand ihren formalen Rahmen 1928 in der Bildung eines Landesplanungs-Ausschusses Hamburg-Preußen[159]. Der »Groß-Hamburg-Gedanke«, der seit 1918 vielfach propagiert worden war, kam aber erst 1937/38 mit dem Groß-Hamburg-Gesetz zur realen Auswirkung, als Hamburg mit Altona, Wandsbek und Harburg-Wilhelmsburg sowie anderen Nachbargemeinden zur »Hansestadt Hamburg« vereinigt wurde und damit die bis heute geltenden Grenzen fand[160].

Für Hamburg selbst bedeutete diese Sachlage ein erhebliches Hindernis: Einmal war der Zuschnitt seines Staatsgebietes im bebaubaren Geestbereich nördlich der Elbe denkbar ungünstig, von beiden Seiten eingeengt und langgestreckt nach Norden orientiert; zum anderen war auf diesem Territorium die weitaus größte Menge an Neubauten im Großraum unterzubringen. Hinzu kam, daß durch das seinerzeit fortschrittliche Bebauungsplangesetz von 1892 bereits große Flächen des Territoriums planerisch ausgewiesen waren. Damit waren Bodenwert und städtebauliche Gliederung großer unbebauter Flächen bereits weitgehend vorprogrammiert.

Mehr noch als Topographie und Landesgrenzen bestimmte diese planerische Vorgabe die praktische Arbeit des Städtebaus in Hamburg.

Altona hatte in vieler Hinsicht günstigere Voraussetzungen für die Entwicklung seiner Wohngebiete: Äußerst fortschrittliche Stadtentwicklungsplanungen seit dem Ende des 19. Jahrhunderts zusammen mit einer systematischen städtischen Bodenvorrats-Politik boten hier die Voraussetzungen für einen Generalsiedlungsplan (Brix und Oelsner), der die Entwicklung der Siedlungen in ein konstruktives städtebauliches Gesamtkonzept einordnete, das im übrigen über Altona hinaus bereits den Großraum im Auge hatte[161].

Wie Hamburg hatte demgegenüber Wandsbek ein weitgehend feststehendes Stadtentwicklungssystem durch bereits festliegende Straßenzüge — allerdings ohne die planerische Bedeutung wie die älteren Straßenpläne in Altona. Andererseits blieb der Umfang der Bautätigkeit im Wohnungsbereich so gering, daß Planungen städtebaulichen Ausmaßes offenbar auch nicht erforderlich zu sein schienen. Ähnlich waren die Verhältnisse in Harburg-Wilhelmsburg. Die kleineren Gemeinden nutzten den Mietwohnungsbau zur Markierung neuer Zentren (Stellingen und Lokstedt). Bergedorf konzentrierte sich auf die Bebauung der Landstraße nach Geesthacht bzw. Berlin.

Citybildung und Wohngebiete

Den in den zwanziger Jahren sich herausbildenden Maximen der Stadtplanung, wie sie sich dann in der »Charta von Athen« niederschlugen (1933), entsprachen auch die Ziele der Stadtplanung in Hamburg und seinen Nachbargebieten.

Die Stadt wurde verstanden als Gefüge klar voneinander abgrenzbarer Funktionen; ihre Struktur sollte deren wechselseitige Verflechtung ausdrücken (Verkehrssysteme!), aber auch für die einzelnen Funktionen jeweils eindeutig ausgeprägte Stadtteile entwickeln. Für die Wohnbautätigkeit führte das zur Planung reiner und in sich geschlossener, möglichst großflächiger Wohngebiete, getrennt von den Gewerbebereichen[162]. Diese Absicht konnte sich im wesentlichen auch auf die Analyse der Gegebenheiten berufen: Die Besonderheiten der Hamburger Wirtschaftsweise beruhten damals wie heute auf der sehr weitgehenden Konzentration der Arbeitsplätze auf den Hafen als geschlossenes Gebiet und auf die ihm unmittelbar verbundene Innenstadt. Insbesondere durch die Bildung des Freihafens, aber auch durch die schnelle wirtschaftliche Entwicklung und die Umwälzung des Wirtschaftslebens am Ende des 19. und im frühen 20. Jahrhundert hatte sich diese Konzentration in eine bauliche Verdichtung umgesetzt: Die Innenstadt wurde zur weitgehend reinen Geschäftshausstadt, in der Kontorhäuser zunehmend die überlieferte Bau- und Sozialstruktur verdrängten. Mehr als jede andere deutsche Stadt hatte Hamburg bereits 1914 weitgehend den Weg der »Citybildung« beschritten (nach dem Vorbild der großen angelsächsischen Städte, zumal denen Amerikas)[162]. Bereits die gründerzeitlichen Wohngebiete bildeten einen monofunktionalen und geschlossenen Gürtel um dieses Geschäftszentrum[163]. Stadt- und Vorort-

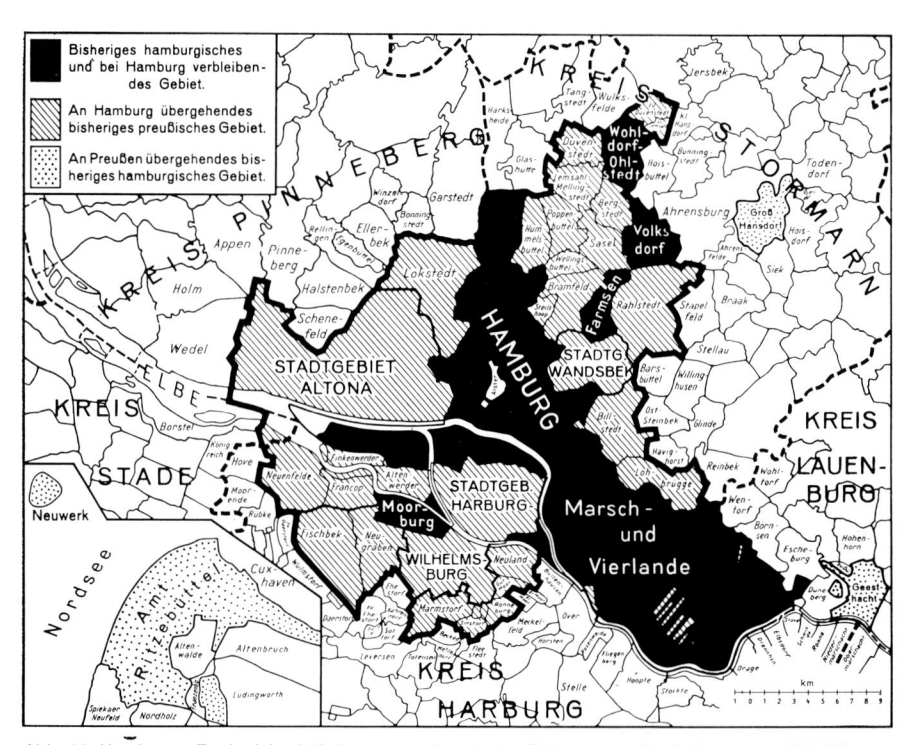

Abb. 83: Hamburger Territorialverhältnisse vor und nach der Bildung von »Groß-Hamburg« 1937/38.

bahnen sowie ein ausgedehntes Straßenbahnnetz verbanden beide Bereiche[164]. Auch die Nachbarstädte unterwarfen sich mehr oder weniger bewußt (Generalsiedlungsplan Altona) diesem Prinzip. In Altona entstanden die großen geschlossenen Wohngebiete westlich von Ottensen und Bahrenfeld, deren Charakteristikum bis dahin die enge Verflechtung von Wohn- und Arbeitsstätten gewesen war. Gleichzeitig wurden geschlossene Gewerbeflächen ausgewiesen.

Mit der Einbindung in dies umfassende stadtplanerische Konzept erhielt der Wohnungs- und Siedlungsbau eine Rolle zugewiesen, die über die reine Beseitigung der Wohnungsnot weit hinausreichte: Er wurde zum wesentlichen Mittel zur Ordnung der Stadt schlechthin.

Abb. 84: Flächenaufteilungsplan für das Gebiet der Freien und Hansestadt Hamburg 1929.

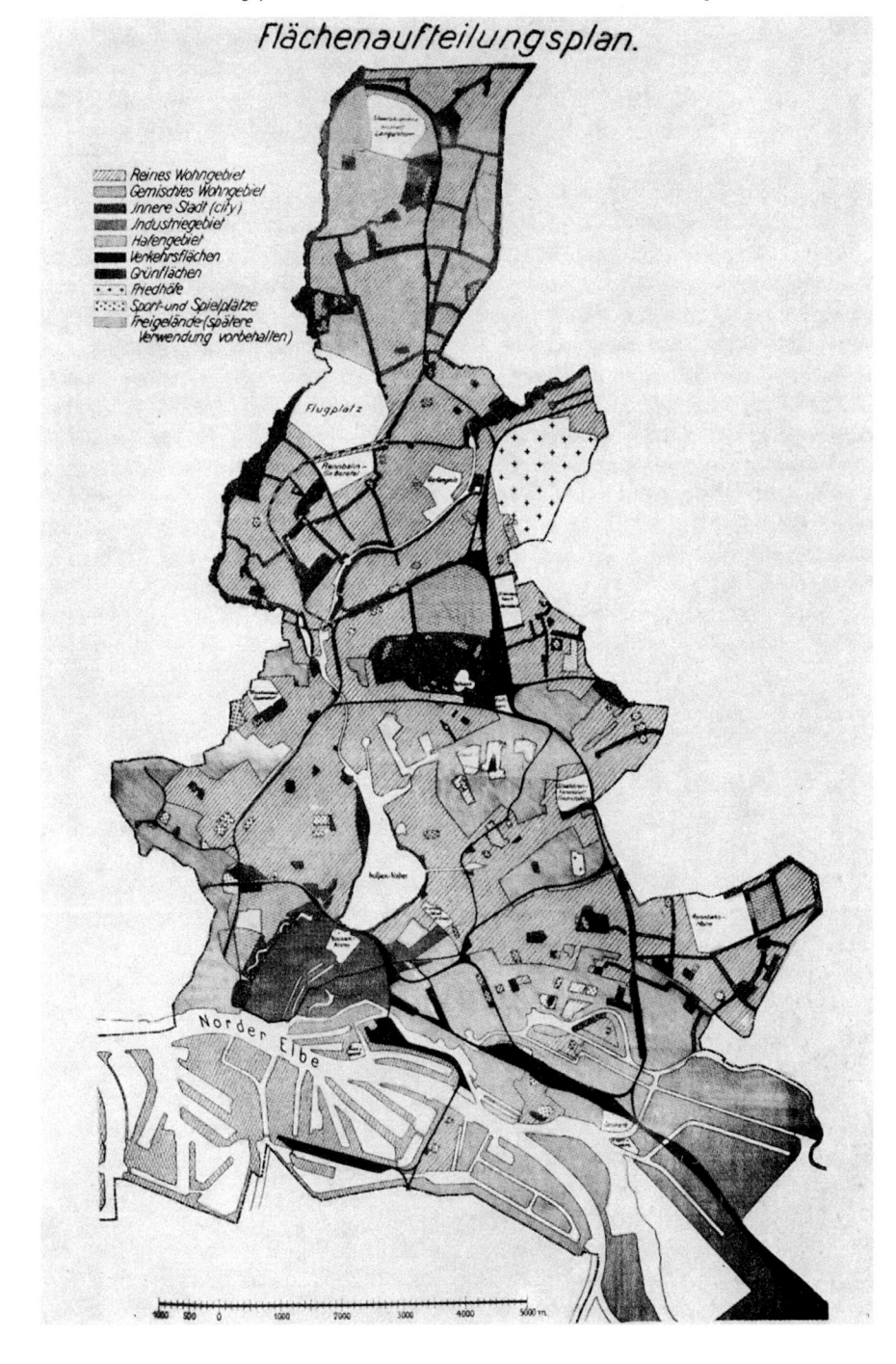

Die Stadtgestaltung

In Einklang mit der funktionalen Stadt als tragendem Ideal für die städtebauliche Ordnung stand das andere große Ziel allen Städtebaus seit der Reformperiode um 1910 — entstanden aus der Kritik am scheinbar chaotischen Stadtbild des 19. Jahrhunderts —, nämlich das Ziel der möglichst großen, der möglichst bedeutend in Erscheinung tretenden und der räumlich möglichst ausgedehnten städtebaulichen Einheit. »*Eine großzügige und wirkungsvolle Einfachheit und Einheitlichkeit*« (F. Schumacher in Hamburg und seine Bauten 1929, S. 17) sollte die neuen Wohngebiete prägen — wie übrigens auch die gleichzeitige Weiterentwicklung der City im »Kontorhausviertel«[165].

In dieser städtebaulichen Ordnung sollte aber auch — gegenüber den Massenwohnquartieren der Vorkriegszeit und des 19. Jahrhunderts mit ihren »chaotischen« Fassadenreihungen (die man inzwischen freilich auch als »Ensembles« sehr positiv würdigen kann; die, genau besehen, eigentlich gar nicht so unordentlich waren) — das soziale Ethos zum Ausdruck kommen, das ja der ganzen Wohnungspolitik zugrunde lag: Das Schaffen einer neuen Wohnqualität für die breiten Massen sollte sinnlich nachvollziehbar werden. Im Falle des Friedrich-Ebert-Hofes wurde eine entsprechende Stimme schon zitiert.

In der großen Einheit konnte man also — wer wollte — den Ausdruck eines neuen sozialen Bewußtseins sehen. In der großen Einheit konnte man auch nur einfach das Pathos einer sich als »neu« in jeder Hinsicht verstehenden Zeit sehen. Manches spricht dafür, daß es sich um ein zeitgebundenes Stilprinzip im Städtebau handelt[166], das noch nicht einmal zwangsläufig aus seiner ökonomischen Bedingung abzuleiten ist, nämlich möglichst viel billigen Wohnraum zu schaffen: Denn *das* ging — wie eine Generation später zu beweisen war — auch ohne großmaßstäbliche städtebauliche Ordnung. Von den Planern wurden daher die Zwangswirtschaft und die Gründung neuer gemeinnütziger Bauträger sowie die Aktivität der Kommunen im Wohnungsbau ganz allgemein als sehr positive Grundlage für *gestalterische Anliegen* empfunden[167].

Die Einheit allerdings sollte nun wiederum im einzelnen wie im städtebaulichen Zusammenhang mit anderen Einheiten eine Differenzierung erfahren. Nicht im

Abb. 85: Der Friedrich-Ebert-Hof in Altona, 1928–1929 F. Ostermeyer (vgl. Abb. 76, 160, 334–336, 444). Beispiel für einen Großkomplex mit differenzierter Massenmodellierung.

Sinne von individueller Kennzeichnung in erster Linie, sondern sie sollte durch Massenmodellierung Teil eines übergreifenden plastischen Rhythmus werden:
»*Es gilt die Gesamtmasse großer Häuserbezirke systematisch als ein sich abstufendes sinnvolles Relief zu behandeln*[168].«
»*Nicht mehr charakterlose Massenansammlungen individuell dekorierter Einzelhäuser sollten jetzt entstehen, sondern als große Einheiten erlebbare Baumassen und städtebauliche Gefüge.*«
Nicht schrankenloser Individualismus des einzelnen, sondern schöpferische Entfaltung innerhalb sozialer Verantwortung war die maßgebliche Werthaltung. Das Ziel der staatlichen und kommunalen Planer als »*dirigierende Architekten mußte sein, einheitliche und harmonische Großstadtquartiere entstehen zu lassen*«[169].
Bemerkenswert ist, daß trotz der elementaren Schlichtheit der Mittel – Funktionentrennung und städtebauliche große Einheit – die Erörterung der städtebaulichen ebenso wie die der künstlerisch-architektonischen Gestaltung der Wohnbauten und -siedlungen in der zeitgenössischen Literatur einen erstaunlich breiten Raum gegenüber der oft nur knapp erörterten und doch immer bewußt als »eigentlich« wichtig deklarierten Grundrißentwicklung und Wohnungsreform einnimmt. Viel Gewicht wird insbesondere der Massenmodellierung des Einzelbauwerks innerhalb eines Siedlungsgefüges und damit der Massenmodellierung der Wohngebiete selbst zugemessen. Die Annahme erscheint gerechtfertigt, daß es allen Beteiligten zu einem wesentlichen Teil darum ging, die reale Notwendigkeit des Wohnungsbaus nicht nur zur funktionalen Ordnung der Stadt, sondern vor allem auch zur plastischen gestalterischen Durchmodellierung der Stadt zu nutzen. Manchmal erwacht geradezu eine gewisse Freude an der Nutzung älterer Planungsideen für diese Ziele. So z. B. bei Fritz Schumachers Umgang mit den charakteristischen spitzwinkligen Blockzuschnitten des 19. Jahrhunderts[170].
Ganz allgemein wurde von den Gemeinden versucht, mit ihren Einflußmöglichkeiten auch »in schönheitlicher Beziehung« auf die Wohnungsbauten einzuwirken[171].
Hält man sich vor Augen, wie problematisch der Wohnungsneubau in seinem Widerspruch zwischen sozialem Ziel und hohen Mieten real war, dann drängt sich der Gedanke auf, daß mit dieser Aufwertung der städtebaulichen Gestaltung und der Gestaltung bis in den Einzelbau hinein, mit der »schönheitlichen« Durchbildung der Wohnungsbauten vielleicht auch eine Art Flucht oder doch ein Ausweichen vor der Wirklichkeit erkennbar wird.
Gerade auch in Hamburg – aber ähnlich überall – war ja ein konsequentes Verfolgen des sozialen und wirtschaftlichen Zieles billiger Wohnungen für die minderbemittelte Bevölkerung nicht möglich angesichts der angesagten politischen Absicht, das »freie Spiel der Kräfte« im Rahmen einer vermeintlichen Übergangswirtschaft wirken zu lassen; weder das Bodenrecht noch die Bau- und Wohnungswirtschaft wurden in irgendeiner Weise reformiert. So werden andere Schwerpunkte zum »Trost«, wie Fritz Schumacher andeutet:
»*Neben die bittere Notfrage der Quantität tritt damit eine zweite Frage, die der Qualität. Und diese zweite Frage ist aus weiterer Perspektive betrachtet vielleicht noch wichtiger als die erste.*
Es scheint mir ein Trost zu sein, daß dieses zweite Problem neben das erste tritt, denn während wir der Lösung der Quantitätsanforderung mit Fesseln gegenüberstehen, die wir mit geistigen Mitteln nicht abstreifen können, vermögen die Mittel des Geistes viel, um der Lösung der Qualitätsfrage näher zu kommen[172].«
Schwerpunktmäßig konnten sich die »Mittel des Geistes«, d. h. die Artikulation von gestalterischen Ordnungsvorstellungen im Sinne einer Durchformung der Gesamtstadt, bei der Planung der öffentlichen Flächen artikulieren, d. h. vor allem der *Grünflächen*[173]. Ihr Anteil an der Gesamtfläche der Neubaugebiete wurde gegenüber früheren Planungen gesteigert (dabei allerdings Vorstellungen aufnehmend, die bereits bei der Anlage des Stadtparks wirksam waren). Und diese Grünflächen wurden ihrerseits im Sinne der großen »Einheit« zu fortlaufenden Bändern und Zonen zusammengefaßt, die dialektisch zu den bebauten Flächen in ein Wechselspiel traten. »Grünzug« und »Grüngürtel« sind Leitbegriffe der Planung in den zwanziger Jahren und signalisieren wiederum die bildhafte Vorstellung einer gleichsam plastisch durchzubildenden Stadt. Diesen Grünzügen fiel dabei die Funktion zu, bereits bebaute Quartiere und Neubauflächen kleinen und großen Maßstabes zu einer übergeordneten, zusammenhängenden Erlebniszone zu verbinden und letztlich damit der Stadt ein sinnlich erlebbares Gestaltgerüst zu geben[174].
Daß im übrigen die Anlage des *Straßensystems* ähnlichen Prinzipien unterliegen sollte, ist selbstverständlich[175].
Mehr als im Falle der Grünzüge spielen hier allerdings die vorgegebene Realität der historischen Landstraßenzüge und funktionalen Erfordernisse eine bestimmende Rolle. Wiederum kann hier jedoch generell der Wille beobachtet werden, in einem großräumigen, streng

44

hierarchischen Straßensystem auch die Verkehrswege zur »Ordnung« und zur Herstellung von »Einheiten« zu nutzen, z. B. durch Ausbildung dominierender Hauptstraßen mit Entsprechungen in der Gestaltung der begleitenden Einzelbauten und Blocks, z. B. durch Zusammenfassung von Nebenstraßensystemen zu »Quartieren«.

Die Verkehrsplanung mit ihren hierarchischen Straßensystemen brachte sozusagen ganz von selbst die räumliche Differenzierung in Erlebnisbereiche ganz unterschiedlicher Art mit sich, die gerade die großen Wohngebiete (Barmbek-Nord z. B.) heute für den Bewohner auszeichnen: Städtisches Leben entlang den Hauptachsen und an deren Knotenpunkten, in den Seitenstraßen abgestufte Verkehrsberuhigung, öffentliches Grün bis hin zu den oft fast introvertiert wirkenden Innenhöfen der großen Blocks[176].

In *einem* — allerdings entscheidenden Punkte — bildete der Städtebau im Bereich der neuen Wohngebiete und im

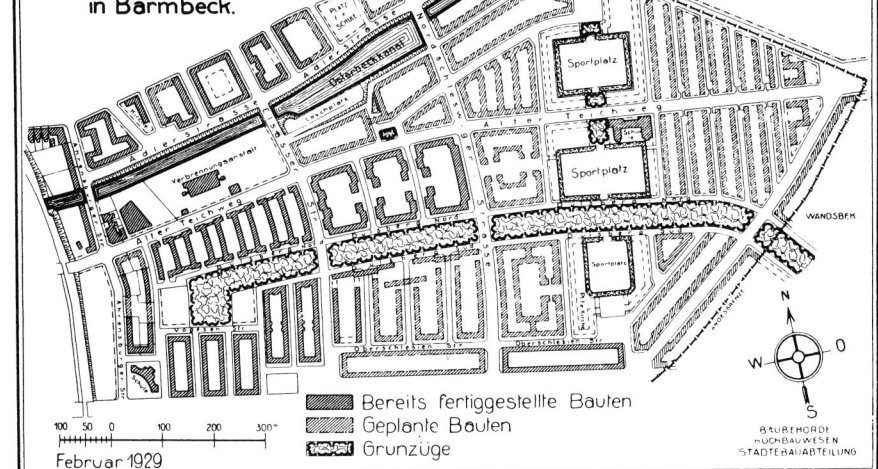

Abb. 86: Das Grünsystem in Hamburg und seinen Nachbarstädten auf dem Stand von 1929.

Abb. 87: Der Grünzug in der Dulsberg-Siedlung (vgl. Abb. 9, 88, 94–95, 105, 303–305).

Abb. 88: Das Verkehrssystem in der Dulsberg-Siedlung (vgl. Abb. 87). – Der Planausschnitt weicht von Abb. 87 ab! – Schema nach Architekten-Contor 1981.

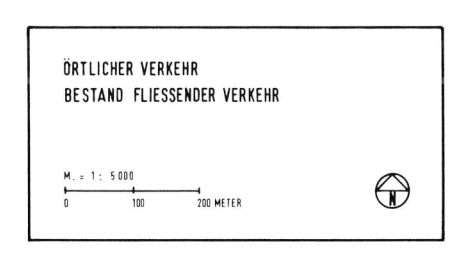

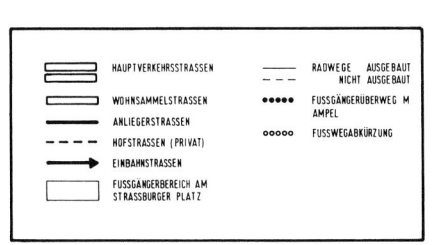

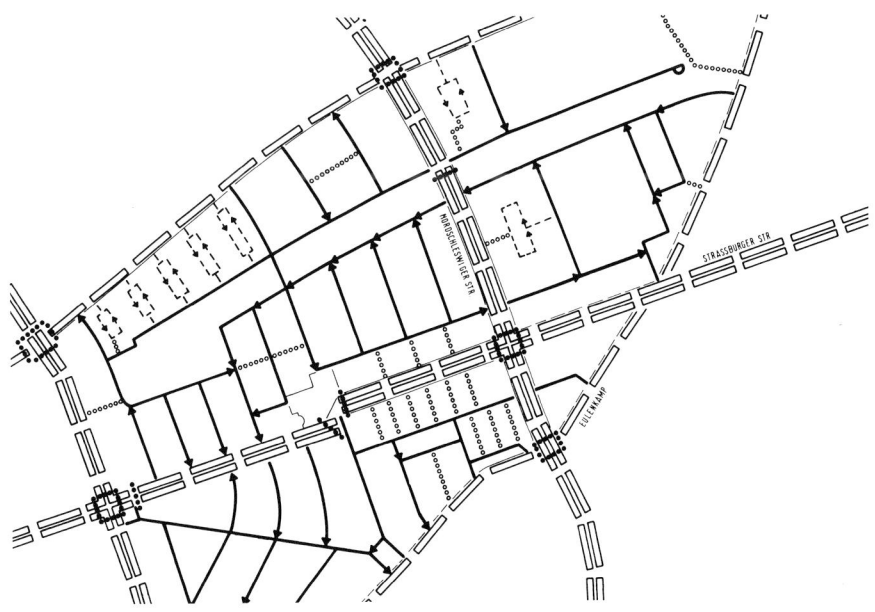

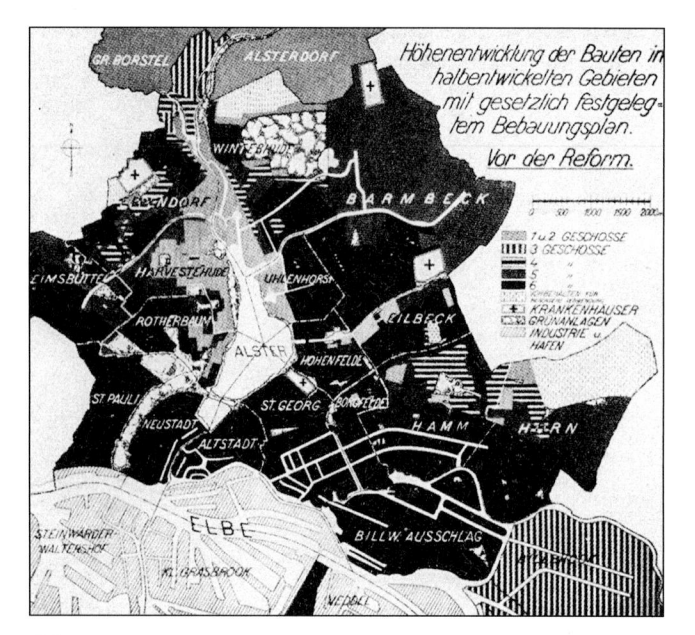

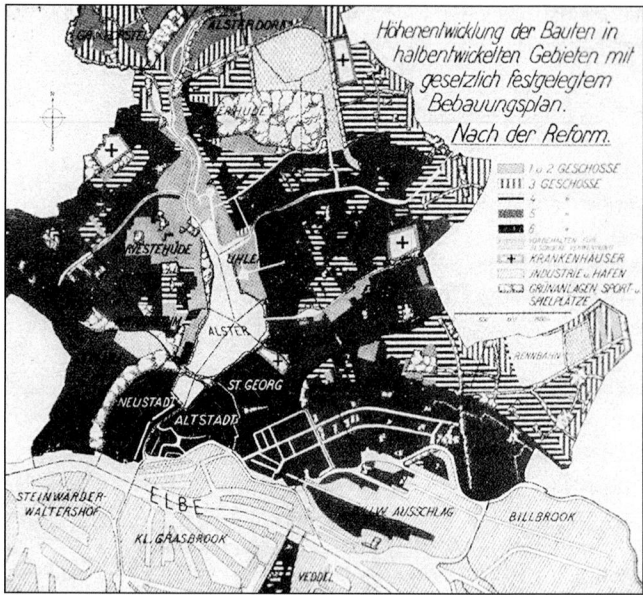

Abb. 89 und 90: Reform halbentwickelter Babauungspläne in Hamburg, Stand 1929. Deutlich ist die Herabzonung in den Randgebieten der Stadt zu erkennen.

Wohnungswesen *überhaupt* nicht nur Ordnung und Gestaltung eines ohne sein Zutun entstandenen Bauvorganges, nämlich in der Begrenzung der Höhenentwicklung der Bauten, in der »Herabzonung«. – Vor 1918 hatte die in Hamburg geltende Bauordnung und hatten die seit 1892 entstandenen Bebauungspläne in den städtischen Etagenhausgebieten bis zu sechs Geschosse (»Keller« + fünf Hauptgeschosse) ermöglicht[177]. Diese Höhenentwicklung im Zusammenwirken mit der »Schlitzbauweise« war einer der Hauptangriffspunkte für die Reform des Kleinwohnungsbaus (s. o.). In dieser Höhe sah man direkt die Ursache für gesundheitliche Mängel der Bewohner (mangelnde Belichtung der unteren Geschosse, Behinderung der Obergeschoßbewohner am Aufenthalt im Freien). Wie der Mietwohnungsbau der zwanziger Jahre überhaupt einen realitätsbedingten Kompromiß zwischen wirtschaftlichen Zwängen und dem eigentlichen Ideal der Kleinhaussiedlung im Grünen darstellte, so wurde gerade die Höhenentwicklung des Mietshauses zu einem zentralen Gegenstand der Stadtplanung, die sie möglichst weitgehend beschränken wollte und sollte. Utopien von maximal zwei Obergeschossen blieben – von Ausnahmen in Stadtrandbereichen abgesehen – zwar Utopien. Aber überall und in fast jedem Einzelfall war es Aufgabe des Städtebauers, durch entsprechende Festlegungen in Bebauungsplänen niedrigere Bauzonen als in der Zeit vor 1918 zu erreichen[178].

Fritz Schumacher

In Hamburg war seit 1909 und bis 1933 Fritz Schumacher (1869–1949) Leiter des Hochbauwesens[179]. Seine Aufgabe war Planung und Bau der öffentlichen Gebäude. Seine Absicht aber war die Gestaltung der Stadt – zunächst durch seine Bauten, dann aber auch als Städtebauer, als Planer im Großen. Bis 1914 konnte er Einfluß in dieser Hinsicht nur indirekt, als einer der zu Grundsatzfragen stets gehörten Oberbeamten der Baudeputation ausüben. Konflikte mit den für Stadtplanung zuständigen Ingenieuren waren an der Tagesordnung. Unmittelbar vor dem Ersten Weltkrieg aber erreichte es Schumacher, daß in dem ihm unterstehenden Hochbauwesen der Baudeputation eine Abteilung für Städtebau eingerichtet werden konnte. Nach wie vor war das Ingenieurwesen zuständig für technische Fragen. Die Gestaltung lag immerhin jetzt schon bei Fritz Schumacher – aber es wurde ja fast nichts neu geplant im Ersten Weltkrieg[180].
Es war eine Beurlaubung nach Köln 1920 bis 1923, die Fritz Schumacher die Möglichkeit bot, an der Einmaligkeit der dortigen Aufgabe – Überziehung des gesamten ehemaligen Festungs- und Glacisringes dieser Stadt durch systematische Planung, also nichts anderes als die Ausstattung Kölns mit einem neuen städtebaulichen Rahmengefüge – seine Fähigkeit nachzuweisen, Aufgaben dieser Größenordnung und dieses Inhalts zu bewältigen. Zugleich war es aber für ihn die Chance, für die Rückkehr nach Hamburg die Übernahme der Kompetenz für Städtebau in der Hansestadt zu erreichen[181].
Jetzt wurde im Hochbauwesen die Abteilung für Städtebau und Stadterweiterung eingerichtet, die künftig all das zusammenfaßte, »*was im modernen Sinne Städtebau und Siedlungspolitik genannt wird*«[182].
Der Aufenthalt Fritz Schumachers in Köln fiel in die Zeit, in der die staatseigenen Wohnsiedlungen in Langenhorn und Dulsberg bereits im Bau waren. Seine Rückkehr fällt zusammen mit der Überwindung der Inflation und also mit dem Beginn der großen Wohnungsbaubewegung seit 1924. In sie brachte er die neu gewonnene Zuständigkeit ein. Er war seit 1924 der verantwortliche Beamte für die Umsetzung der beschriebenen städtebaulichen Zielvorstellungen unter den gegebenen Umständen in Hamburg.
Gleichwohl muß betont werden: nur im damaligen Hamburg. Die gleichzeitigen, von übereinstimmenden Zielvorstellungen getragenen Siedlungsbauten in Altona, Harburg und Wandsbek wurden dort jeweils durch kommunale Baubehörden gesteuert, die in ihrem Rahmen – obzwar mit Erleichterungen auf Grund weniger schwieriger planerischer Voraussetzungen und auf Grund geringerer zu bewältigender Quantitäten – an Bedeutung Hamburg nicht nachstanden. Gustav Oelsner als Altonaer Bausenator (1924–1933) ist aus diesem Zusammenhang der bedeutendste, Schumacher gleichrangige Städtebauer und Architekt[183]. Schon am Altonaer General-

siedlungsplan zusammen mit Brix beteiligt, nahm er ebenso Einfluß auf die Entstehung der neuen Wohngebiete, wie er als Architekt die von der Stadt selbst errichteten Bauten vom städtebaulichen Rahmen bis zum Detail als maßstabsetzende Beispiele entwarf. – Die Verhältnisse in Harburg und Wandsbek müßten noch im einzelnen untersucht werden, um sich ein genaues Urteil bilden zu können. Hingewiesen werden darf aber auf die Bemühungen auch kleinerer Gemeinden, z. B. Stellingens, durch eigenständige Stadtplanung und durch Wettbewerbe Wohnblocks hoher Qualität als wesentliche Elemente ihres Ortsbildes zu schaffen (z. B. die beiden Wohnblocks am Dörpkamp). – Nicht zuletzt muß auf das Stadtbauamt Bergedorf (Krüger) hingewiesen werden, wo im Rahmen kommunaler Selbständigkeit ein Hamburger Gebietsteil durch seine Planung und durch seine Bauten qualitätsvolle Beispiele für das Thema Mietwohnungsbau der zwanziger Jahre beisteuerte.

Daß Fritz Schumacher trotz alledem die beherrschende Gestalt war, ist freilich nicht nur bedingt durch die größere Quantität seiner Gesamtleistung wie die Größe der von ihm bestimmten einzelnen Wohngebiete. Maßgebend ist vielmehr seine große Bedeutung als ein Autor, der durch Wort und Schrift den Gedanken seiner Zeit überzeugenden Ausdruck zu verleihen vermochte und sich zugleich dadurch ständig Rechenschaft über die eigene Leistung ablegte[184].

»Unter der genialen Leitung von Oberbaudirektor Fritz Schumacher und der zuständigen Stellen fing ein systematischer Bau von Kleinwohnungen an, und zwar mit neuen Reformideen. Hamburg hatte das Glück, gerade in der Zeit, wo mit der überlebten Architektur abgebrochen wurde und eine Erneuerung des Bauwesens, wie überhaupt des kulturellen Lebens begann, einen der größten Organisatoren und Städtebauer an der Spitze zu haben. Unter seinem Einfluß wurde die ganze Architektenschaft in Hamburg auf eine höhere Stufe gehoben. Seine vorbildlichen Schulen und öffentlichen Gebäude waren eine Inspiration für alle Schaffenden im Baufach[185].«

Abb. 91: Fritz Schumacher (1769–1947). Porträt von Friedrich Ahlers-Hestermann 1945 (Fritz-Schumacher-Schule Langenhorn).

Abb. 92: Ein Teilentwurf der Planungen Fritz Schumachers für den äußeren Rayon in Köln 1920–1923.

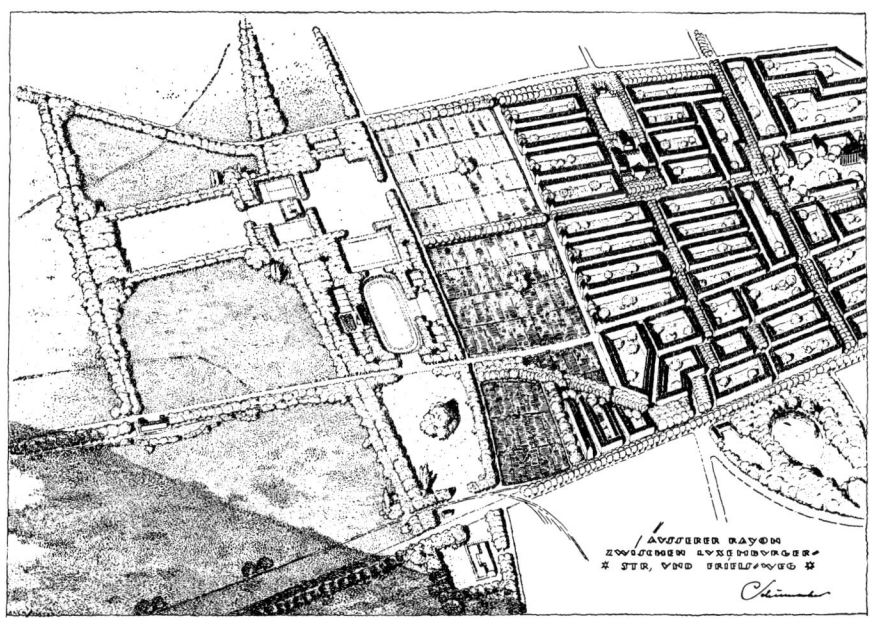

Die praktische Arbeit

So eindeutig die städtebaulichen und stadtplanerischen Maximen sowie das Anliegen als solches waren, möglichst viele Mietwohnungen aus den Grundsätzen der Wohnungsreform heraus zu bauen; so sehr auch Fritz Schumacher als dominierende Gestalt alle diese Ziele verkörperte; ebensosehr war gerade er sich auch klar, daß in der Freien und Hansestadt Hamburg sein Einfluß auf die Verwirklichung »*nur ein indirekter und ein nach allen Richtungen hin zersplitterter*« war[186].

Zwar brachte die routinemäßige Anwendung der Bauordnung durch die Baupolizei, ergänzt durch die Bestimmungen des Kleinwohnungsgesetzes, eine Grundlage für die Regulierung des Mietwohnungsbaus. Einbezogen war die »Baupflege« als Versuch, übergeordnete gestalterische Vorstellungen in die Einzelbauvorhaben einzubringen. Aber »*die eigentliche Macht über ihr Leben oder Sterben hatte nicht er, sondern die Beleihungskasse. Er konnte diesen Strom des Bauens nicht in seinen Ursprüngen, in seinem wirtschaftlichen Typus und in seinen Einzelheiten lenken, dennoch mußte er versuchen, ihm eine bestimmte Form zu geben. Er konnte diese Form nicht dem einzelnen Objekt beliebig aufdrücken, dennoch mußte er versuchen, die Gesamtform, die sich nur aus Einzelformen zusammensetzt, in der Hand zu behalten*[187].«

Soweit die Bauordnung eingehalten wurde, blieb den Behörden im Hinblick auf die Einzelbauten zunächst nur die Möglichkeit, durch Beratung einen unverbindlichen Einfluß wahrzunehmen. Diesen Spielraum scheinen sie freilich auch voll ausgeschöpft zu haben[188].

Die Arbeit der Beleihungskasse hatte also erste Priorität in der Beeinflussung des Wohnungswesens. Tatsächlich kann die Leistung dieser Institution kaum überschätzt werden: Zwar ging von ihr keinerlei Initiative aus, was die Errichtung bestimmter Bauten oder die Auswahl bestimmter Bauplätze oder bestimmter Bauträger betraf. All dies blieb dem »freien Spiel der Kräfte« überlassen. Aber die Schlüsselrolle in der Finanzierung der Wohnungsbauvorhaben, die sie besaß, wurde konsequent ausgenutzt, um möglichst weitgehend Reformvorstellungen im einzelnen durchzusetzen. Die Beleihungskasse konnte Voraussetzungen für eine Realisierung städtebaulicher, d. h. über den

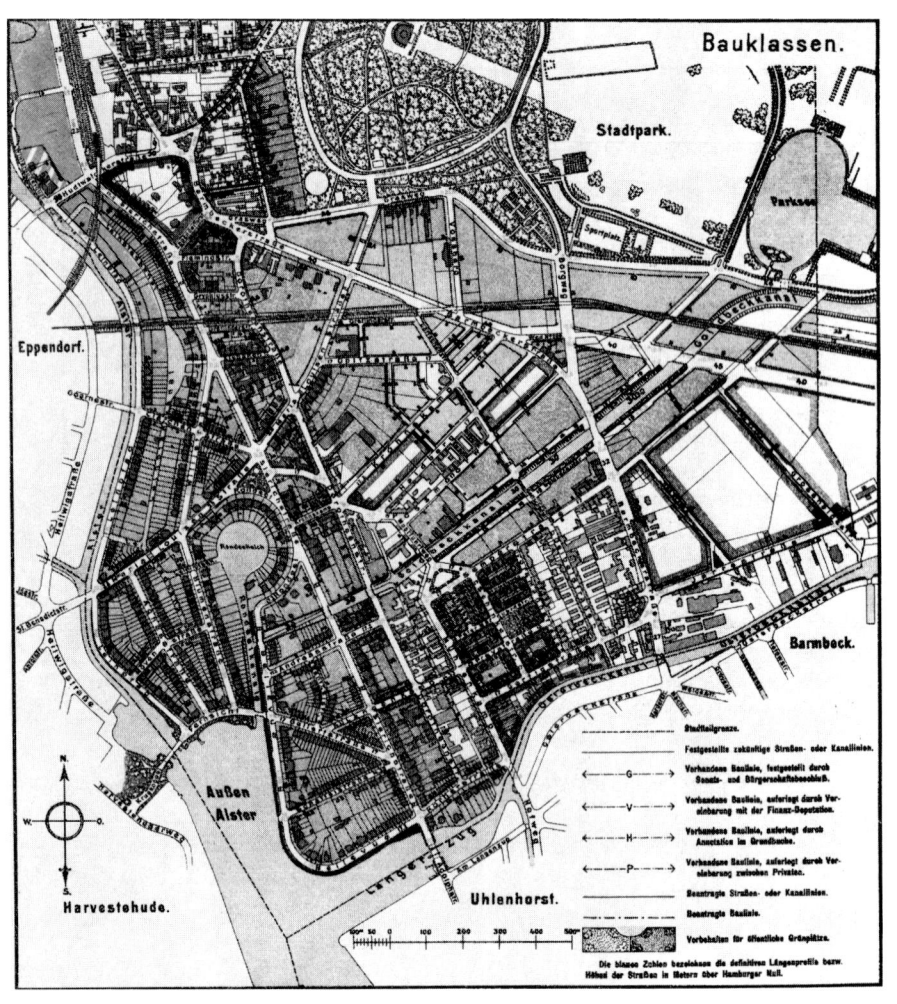

Abb. 93: Ein Bebauungsplan auf der Grundlage des Hamburger Bebauungsplan-Gesetzes von 1892: Winterhude, Stand 1914. Durch Flächen- und Randfarben sowie die Festsetzung vorderer und hinterer Baulinien werden Art und Maß der Nutzung festgeschrieben. – Die unbebaute, trapezförmige Fläche in der Mitte rechts ist das Gebiet der späteren »Jarrestadt« (vgl. S. 50 und 94 ff.). Vordere Baulinie und Randfärbung ermöglichen hier das höchste Maß an Nutzung, schließen jedoch die Errichtung von »Wohnhöfen« in Hinterflügelbauweise aus.

isolierten Einzelbau hinausreichender Zielvorstellungen schaffen, indem sie die an sie herangetragenen Bauvorhaben koordinierte, Abstimmungen verschiedener Bauträger initiierte und dadurch das Zustandekommen großer baulicher Einheiten begünstigte; überhaupt wurden Großbauvorhaben, die ganze Blöcke erfaßten, bevorzugt. »*Durch eine solche einheitliche Bebauung lassen sich wirtschaftliche Ersparnisse und soziale und kulturelle Vorteile erreichen*[189].«

Eine weitere stadtplanerische Forderung – die Begrenzung der Gebäudetiefe durch eine hintere Baulinie – konnte bereits durch das Kleinwohnungsgesetz durchgesetzt werden, das die Lage aller Räume an Fensterwänden vorschrieb. Die Beleihungskasse half auch hier nach, indem sie ihre strikte Einhaltung zu einer Voraussetzung für eine Förderung durch öffentliche Mittel machte.

Das entscheidende Instrument der Steuerung des Mietwohnungsbaus in städtebaulicher Hinsicht und seit 1923 der Zuständigkeitsbereich Fritz Schumachers war die Stadtplanung, d. h. die Gestaltung der Bebauungspläne für die Wohngebiete. Gerade hier lag, wie erwähnt, die neben den Problemen der territorialen Beengung Hamburgs entscheidende Schwierigkeit für eine Realisierung seiner Ziele, insofern die wichtigsten Gebiete bereits festliegende Bebauungspläne besaßen. Sie beruhten auf dem Bebauungsplangesetz von 1892 und sahen dessen Nutzungsmöglichkeiten vor. Das heißt, daß Blockzuschnitt und Ausweisungen sich bei städtischen, für den Miethausbau vorgesehenen Wohngebieten an den Etagenhaustypen der Zeit vor 1914 orientierten, also an der jetzt obsoleten »Mietskaserne« in Schlitzbauweise und mit Terrassen-Hinterflügeln. Sie enthielten

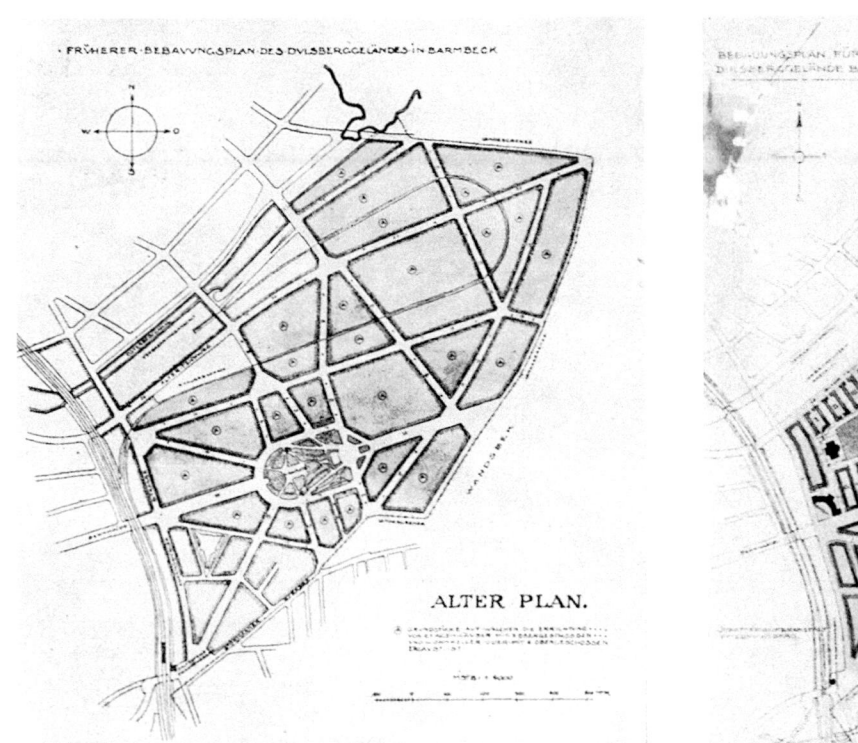

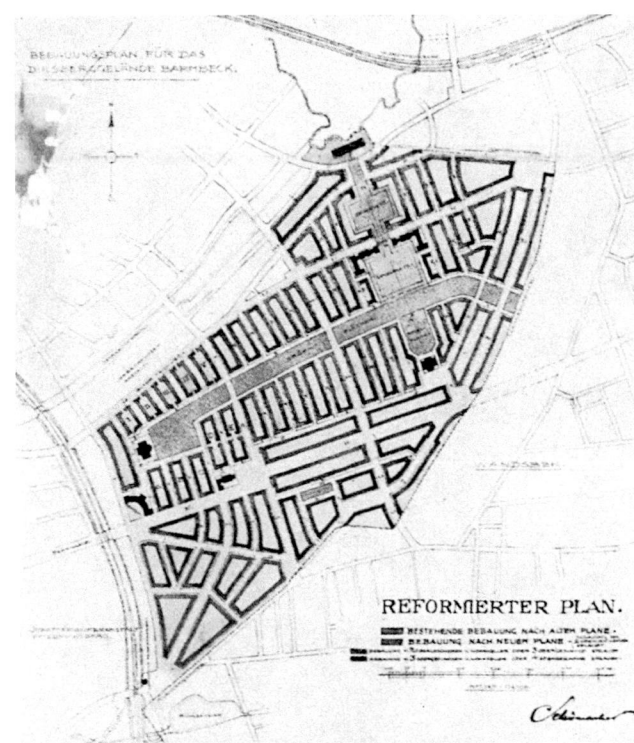

Abb. 94–95: Der Bebauungsplan des Dulsberg-Geländes vor und nach der seit 1917 betriebenen Reform. Die besonders großen Blöcke in der alten Planung sollten die Ansiedlung von Gewerbe ermöglichen (vgl. die haarnadelförmig geführte Industriebahn-Trasse). Nach der Reform wird das Gebiet zur »Siedlung« (vgl. Abb. 9, 87–88, 105, 303–305).

meist die jetzt nicht mehr akzeptable Möglichkeit fünf- (also in Wirklichkeit sechs-)geschossiger Bauweise. In der städtebaulichen Gestaltung folgten sie den Prinzipien des 19. Jahrhunderts mit zentralisierten Straßensystemen und kleinen, punktweise verteilten Grünflächen. Gestalterische Überlegungen im Hinblick auf Block- und Raumbildung hatten bei ihnen nur eine untergeordnete Rolle gespielt. Dennoch ist anzumerken, daß die in Hamburg seit 1892 betriebenen Bebauungspläne durch ihre Ausweisung von Art und Maß der Nutzung der künftigen Stadtteile der Planung der zwanziger Jahre nicht nur Fesseln anlegten, wie es bei Schumacher stets anklingt. Vielmehr sicherten sie zumindest auch schon die Grundlinie der wünschenswerten Richtung im Sinne der Entwicklung reiner Wohngebiete[190]. Die wesentliche städtebauliche Aufgabe in Hamburg in den zwanziger Jahren mußte also die Reform bestehender Bebauungspläne sein. Daneben wurden zwar auch Planungen auf noch unerschlossenem Gebiet entwickelt und dann auch verwirklicht. Was hier von vornherein an Vorgaben investiert werden konnte, mußte dort aber mühsam im einzelnen erkämpft werden. Staatliche Planungsarbeit war daher – vor allem in den bereits zum Teil bebauten Gebieten – Diplomatie in kleinen Schritten gegenüber den verschiedenen am Baugeschehen Beteiligten. Grundlage mußte dabei sein, die bestehenden Ausweisungen zu revidieren – in erster Linie durch Herabzonung – und auf der anderen Seite ihr wirtschaftliches Ergebnis möglichst wenig zu beeinträchtigen, d. h. die bereits sanktionierte Nutzung auch im revidierten Plan zu ermöglichen.

»Dieses stille Ringen mit den Irrtümern und Versäumnissen der Vergangenheit ist eine der härtesten Aufgaben, die unserer Zeit gestellt ist. Sie ist undankbar, weil dem Ideal gegenüber immer nur ein verschwindender Bruchteil erreicht werden kann, aber sie ist unendlich wichtig, weil sie allein dem Schaffen der Gegenwart, das sich vorzugsweise in dem Ausbauen dieser halbentwickelten Gebiete abspielt, eine entscheidende Wendung zu geben vermag[191].«

In der Gestalt des immer wieder und in allen Belangen auf gemäßigte, vermittelnde Standpunkte und Ziele einlenkenden Fritz Schumacher war freilich auf seiten der staatlichen Verhandlungspartner eine ideale Besetzung gegeben. Die Ergebnisse der Planung in den halbentwickelten Gebieten sind die Einzelbauten und Kleingruppen in Eimsbüttel, in Harvestehude und Eppendorf, vor allem in Winterhude und Barmbek-Süd, teilweise in Borgfelde und Hammerbrook.

Im Prinzip nicht anders, jedoch mit günstigeren Lösungsmöglichkeiten, war die Lage in Gebieten, für die Bebauungspläne zwar bereits aufgestellt waren, wo jedoch nichts davon realisiert war. In erster Linie handelte es sich um die Zone außerhalb der halbentwickelten Gebiete, d. h. Barmbek-Nord, Dulsberg, Teile von Hamm und Horn. Das Alstertal als künftiges Einzelhausgebiet kann hier außer Betracht bleiben[192].

Als die Wohnungsnot groß und die wirtschaftliche Not am größten war, bot sich die Möglichkeit, wenigstens für eines dieser Gebiete, den Dulsberg, an die Stelle eines älteren Bebauungsplanes einen völlig neuen zu setzen[193]. 1917 hatte hier die Patriotische Gesellschaft einen Initiativentwurf ins Spiel gebracht, der die vorgesehene Nutzung weitestgehend reduziert hätte (maximal noch zwei Obergeschosse). Fritz Schumacher – damals noch als beratender Teilnehmer an der Behördendiskussion und ohne eigentliche Kompetenz – schuf den zwischen ursprünglicher Nutzungs-

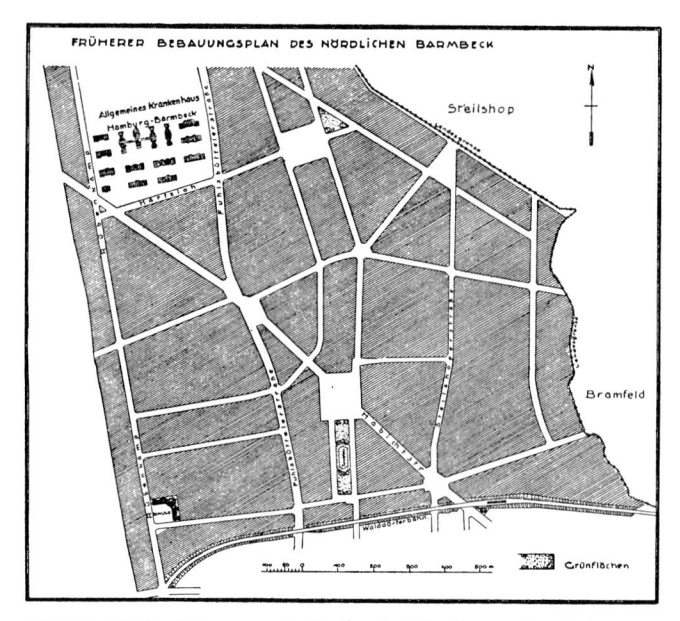

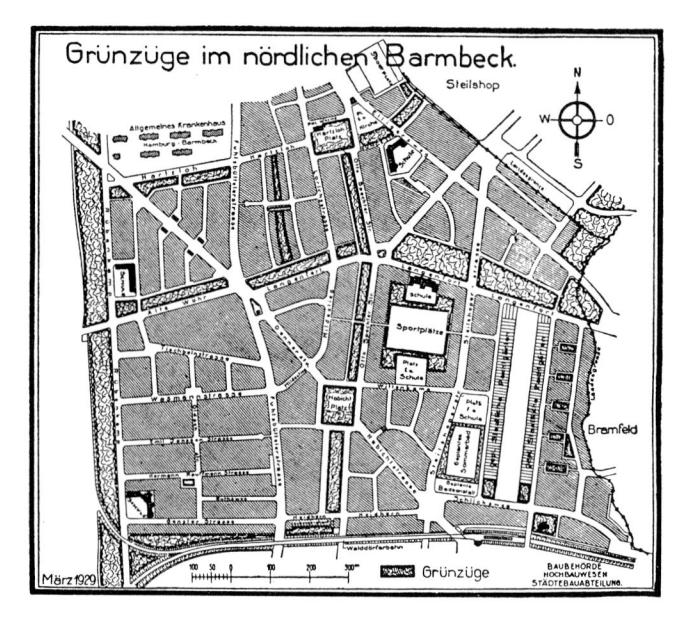

Abb. 96–97: Der Bebauungsplan für Barmbek-Nord vor und nach der Reform. Die Hauptstraßenzüge und die Hauptplätze bleiben erhalten. Als markante Errungenschaft erscheinen die Grünzüge (vgl. Abb. 1 und S. 91 ff.).

Abb. 98: Der Bebauungsplan der »Jarrestadt« (vgl. Abb. 93 und S. 94 ff.).

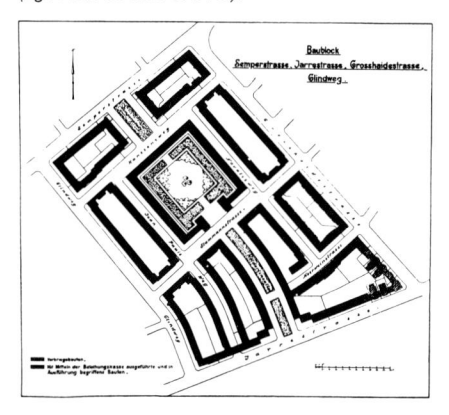

idee und utopischer Reform liegenden Kompromißentwurf, der dann verwirklicht wurde und erstmals in Hamburg die beschriebenen Maximen realisierte: Geordnet durch einen durchlaufenden Grünzug und eine Straßenhauptachse, wurden große, in der Anlage ähnliche und in der Reihung großräumliche Rhythmen bildende Blocks geschaffen, die durch Reduzierung auf maximal vier Geschosse und rückwärtige Baulinien die Grundlage für reformierte Wohnungen boten.

Für eine Bewertung der Reformplanung für das Dulsberg-Gebiet darf übrigens nicht übersehen werden, daß es sich bei der ursprünglichen Planung nicht um ein reines Wohnungsgebiet gehandelt hatte; vor dem Ersten Weltkrieg hatte man hier vor, ein gemischtes Wohn- und Gewerbegebiet zu entwickeln. Verkehrsplanung (Industriebahn!) und Blockzuschnitt richteten sich danach. Sie können nicht als Muster einer Wohngebietskonzeption »alter Art« dienen. Andererseits muß auch im Auge behalten werden, daß Schumachers Entwurf bereits ein Kompromiß mit der Realität war. Die Reformideen der Patriotischen Gesellschaft waren viel weiter gegangen. Und schließlich muß man noch berücksichtigen, daß es sich bei dem gesamten Gelände mit geringen Ausnahmen um staatlichen Grundbesitz handelte, der eine Reform viel leichter machte als in »normalen« Bereichen.

Eine Teilreform wurde in dem ausgedehnten Bebauungsplangebiet Barmbek-Nord möglich, wo freilich die verschwindend geringen Grünanteile des ursprünglichen Planes die Realisierung von dem Dulsberg ähnlichen Grünzügen nur in beschänktem Maße zuließ. Auch hier brachte die Reform eine Straffung des Straßenplans zugunsten weniger Hauptstraßen, die Bildung großer, in der Reihung wirkender Blocks. Bemerkenswert ist als »Erbschaft« des älteren Bebauungsplans und damit letztlich des Städtebaus des 19. Jahrhunderts die Häufung spitzwinkliger Eckgrundstücke, die als Blickpunkte für Straßenzüge und Dominanten von Kreuzungs- und Platzbereichen zur städtebaulichen Betonung geradezu herausforderten[194].

Kleine Gebiete konnten im sonst schon erschlossenen Stadtgebiet neu überplant werden, da sie bislang entweder frei geblieben waren (Schlankreye, Eppendorf/Kellinghusens Park) oder aber eine ältere Bebauung ersetzt werden mußte (Veddel). Auch für sie war die Nutzung schon vorher festgelegt.

Der Bildung eines neuen Bebauungsplanes entsprach im Grunde die Beplanung des Gebietes südlich vom Stadtpark (»Jarrestadt«), wo durch die bestehende Planung die Nutzung als Großhausgebiet ebenfalls schon feststand[195]. Im einzelnen brauchte nur ein bereits 1914 vorliegendes Bebauungskonzept formal ausdifferenziert, keineswegs aber grundlegend reformiert zu werden[196]. Hindernisse durch ältere Straßen oder Bebauung gab es nicht, auch hier gehörte der Grund dem Staat.

Für alle diese Gebiete beanspruchte Fritz Schumacher die persönliche Autorschaft des neuen oder reformierten städtebaulichen Entwurfs.

Darin drückt sich ein außergewöhnlich eindeutiges Selbstverständnis des Planers als Gestalter fast im Sinne z. B. eines Bildhauers aus, der das gegebene Material als Künstler zu einer Einheit modelliert. Das entsprach voll und ganz den städtebaulichen Maximen der Zeit (s. o.) und in einem merkwürdig konkreten Sinne der tatsächlichen Praxis:

Die von Schumacher auf Grund älterer Vorschläge in Hamburg entwickelte Planungstechnik für die reformierten und die neu beplanten Wohnungsbaugebiete bedeutete nämlich nichts anderes, als daß die Pläne als plastische (Plastilin-)Modelle dargestellt und als solche weiterbearbeitet wurden[197]. Freilich – und das ist Schumachers entscheidende Leistung über den Grundentwurf hinaus – nun nicht als sakrosanktes Erzeugnis der Künstlerhand, sondern als Grundlage für die Auseinandersetzung mit Bauherr und Architekt in jedem Einzelfall:

»Es ist ein modellmäßiges Bauen, bei

Abb. 99: Aus der »Vossischen Zeitung« (Berlin) vom 5. 7. 1931.

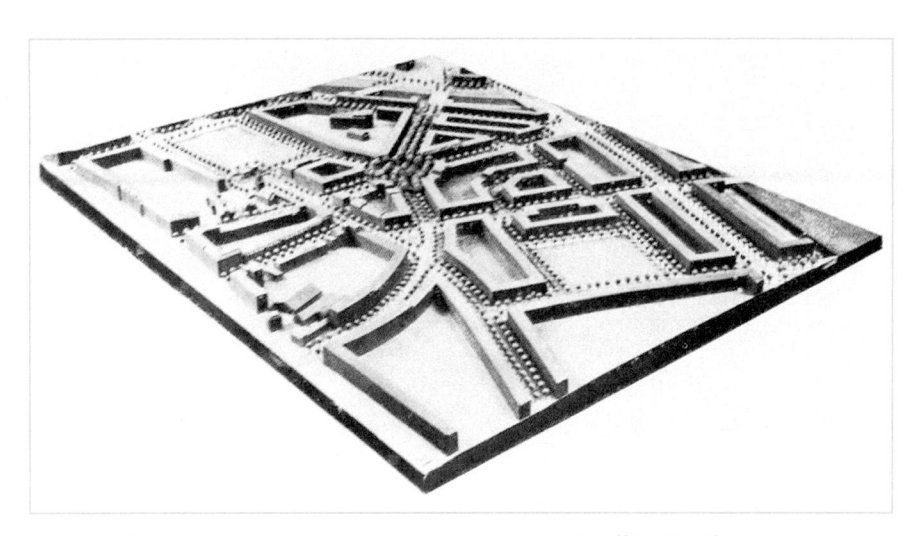

Abb. 100: Modellmäßige Bearbeitung des Bebauungsplans von Horn (Stand 1927).

dem die Gefahr einer starren behördlichen Diktatur dadurch vermieden wird, daß nur das rhythmische Spiel der großen Massenverhältnisse, der Hebungen, Senkungen und neutralen Verbindungen durchstudiert und vorher festgelegt wird. Die wirklichen baulichen Projekte bewegen sich dann innerhalb dieser den rhythmischen Zusammenhang gewährleistenden Modelle. Treten aber wichtig scheinende andere Vorschläge aus dem lebendigen Baubedürfnis hervor, so werden sie an Hand dieser Gesamtdispositionen geprüft und bewirken gegebenenfalls deren entsprechende Umarbeitung[198].«

Die verblüffend einfache Realisierung und Lösung des Widerspruchs zwischen städtebaulicher Planung und Stadtgestaltung im Großen zur individuellen Bauidee in einem dymanischen Verfahren wurde von Schumacher zwar propagiert, jedoch offenbar nirgendwo sonst aufgenommen. Möglicherweise waren es die Besonderheiten der Hamburger Verhältnisse, »der eigentümliche Zwischenzustand zwischen Zwang und Freiheit[199]«, aber auch die Größe und der Schwierigkeitsgrad der hier gestellten Aufgabe, die sich so zu Wirklichkeit verdichten konnten. Wobei manche Nebenbemerkung von F. Schumacher dafür spricht, daß es ihm möglicherweise lieber gewesen wäre, wie May in Frankfurt im großen Stil so weiter selbst zu bauen, wie es in der schlimmsten Notzeit mit der Langenhorner Flachbausiedlung und den ersten Dulsberg-Miethäusern für ihn möglich gewesen war[200]. Auch hier ist es aber seine schlechthin ausgleichende und im Kompromiß optimierende Persönlichkeit, die die Zwangslage zur besseren Lösung ausnutzt, Zwang und Freiheit in einem dynamischen Verfahren zum Ausgleich bringt. Übrigens war dieser Kompromiß für ihn aufgehoben in einem höheren, weltanschaulichen Prinzip und in einer Auffassung von »Zeitgeist« der zwanziger Jahre, die für ihn auch in der Architekturentwicklung und in allen Lebensbereichen dieser Zeit ablesbar war und die Dialektik und den erstrebenswerten Ausgleich von Statik und Dynamik zum Inhalt hatte[201]. Seine Aufgabe sah er in der Vorbereitung und als »dirigierender Architekt« in der Lenkung dessen, was im Ausgleich die Harmonie bringt, in die sich die Einzelbauten einordnen sollten. Die Einflußnahme der übrigen Städte und Gemeinden auf dem heutigen Staatsgebiet auf das Geschehen im Wohnungsbau reichte von der weitgehenden Übernahme der Aufgabe durch die Stadt wie in Bergedorf über direkte Einflußnahme wie Stellingen bis zu einer Mischung modernster Stadtplanung und städtischer Bautätigkeit (Generalsiedlungsplan und Oelsner-Bauten in Altona). Was die Umsetzung der Ziele anging, lagen auf jeden Fall überall die Dinge einfacher als in Hamburg selbst.

Dies mag freilich auch daran liegen, daß das Hamburger Geschehen durch Fritz Schumachers zahlreiche Schriften wesentlich besser bekanntgemacht ist als das der übrigen heutigen Gebietsteile. Insbesondere Gustav Oelsners Rolle in Altona – im Prinzip und als große Leistung bekannt und gewürdigt – muß im einzelnen erst noch erforscht werden[202].

Die Architektur

Die Bautypen

Die ideale Realisierung der städtebaulichen Absicht und der stadtgestalterischen Idee war nach dem Gesagten das möglichst große, möglichst einen ganzen selbständigen Block umfassende Einzelbauvorhaben. In ihm konnte sich ein Stück von dem »Rhythmus«, der die Massenentwicklung der Stadtteile und der Stadt als Ganzes am Ende prägen sollte, mit einer selbständigen Einheit artikulieren. Kleinere Einheiten mußten bei dieser Auffassung in der ordnenden städtebaulichen Zusammenfassung rhythmisiert werden.

Die Realität – insbesondere die der halbentwickelten Gebiete – brachte es mit sich, daß von der Gesamtbautätigkeit zwar die größere Zahl der Wohnungen in großen, einen Block umfassenden Einheiten entstanden, daß aber doch mehr als die Hälfte der für die vorliegende Untersuchung gesammelten Objekte kleinere Einheiten bildeten, meist kürzere Abschnitte von Blockrändern und – selten – traditionelle Etagenhäuser mit einem Treppenhaus, in einer Reihe von Fällen aber auch villenartige und landhausartige Einzelhäuser. Daß dabei eine Präferenz der privaten Bauherren für die kleineren und der gemeinnützigen für die größeren zu beobachten ist, wurde schon erwähnt.

Ob nun aber als große Einheiten oder zusammengesetzt aus kleineren Abschnitten, so ergaben Kleinwohnungsgesetz und Etagenhaustraditionen sowie die von Blöcken ausgehende Stadtplanung für den Mietwohnungsbau fast ausschließlich (nämlich abgesehen von den landhausartigen Typen) geschlossene Blockrandbebauungen, die sich ringartig um große Innenflächen ziehen. Das gilt für das Auffüllen von Baulücken in bereits bebauten Quartieren, für das Überformen kleinmaßstäblicher älterer Strukturen und natürlich vor allem für die neuen Wohnviertel.

Vom Wohnungsstandard her gesehen unterscheiden sich Blockrandteile und größere Einheiten zwar nicht restlos eindeutig, aber doch tendenziell: Nach Zahl der Objekte, dadurch aber erst recht nach Zahl der Wohnungen besteht ein umgekehrtes Verhältnis von Wohnungs- und Baugröße: Große Einheiten sind

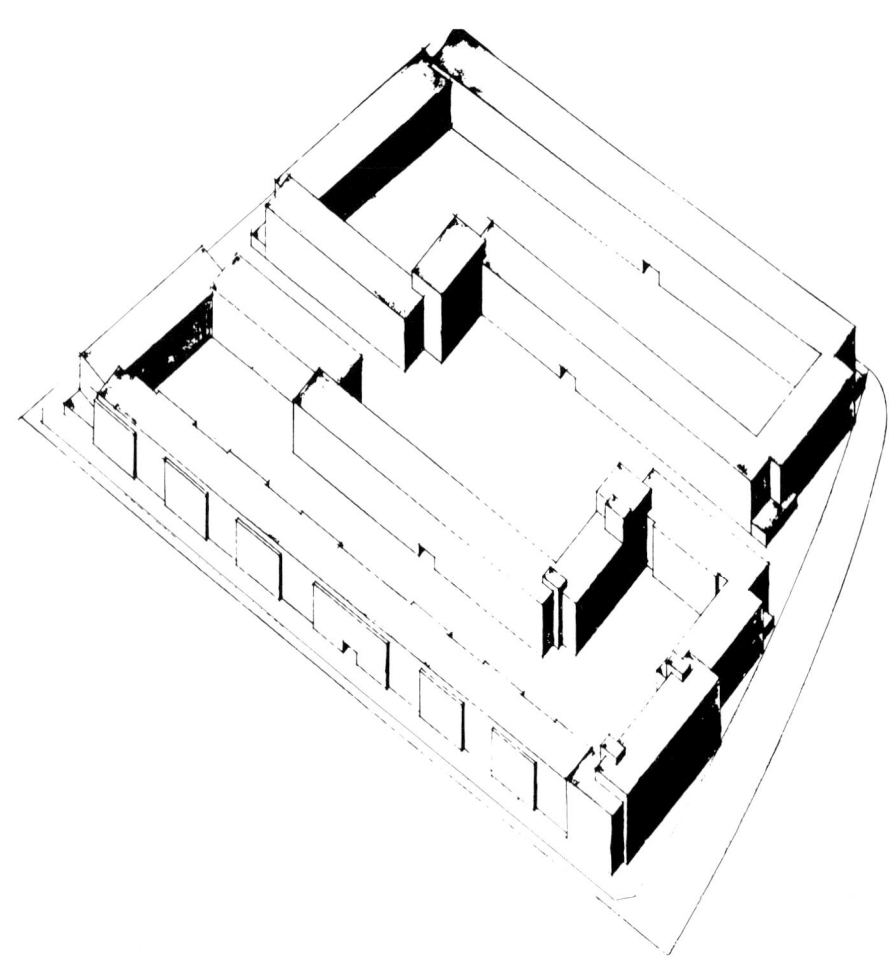

Abb. 101: Isometrische Darstellung zweier großer Wohnhöfe. Vorne Barmbeker Str. 73ff./Poßmoorweg, Karl Schneider 1928 (vgl. Abb. 107, 163).

Abb. 102: Lückenschließung in älterer Umgebung. Wandsbeker Chaussee 5–7, E. Dehmlow 1925.

Abb. 103: Landhausartiges Mietshaus in Fuhlsbüttel. Maienweg 281, F. Ostermeyer 1927–1928.

eher für Kleinwohnungen, kleinere eher für größere Wohnungen gebaut worden. Erst am Ende der zwanziger Jahre kommt (ab 1928 schnell zunehmend) als neuer Typus die Zeilenbauweise in gruppierter Anordnung hinzu, die erste völlige Abkehr vom Prinzip des ringartigen Blockrandes. Dementsprechend sind die Zeilenbauten in ihrer ganzen gestalterischen Auffassung »modern« im fortschrittlichsten Sinne des Neuen Bauens (s. u.). Zu ihnen gehören auch experimentelle Baugruppen wie der O-Bereich der Jarrestadt (s. u.). Zu den Zeilenbauten gehören auch die meisten der Frankschen Laubenganghäuser (s. o.), zumal die in der Dulsberg-Siedlung.

In sozialer Hinsicht ist zu beobachten, daß die Zeilenbauten entschieden als Kleinwohnungsform angewandt werden. Schon im Wettbewerb für die Bebauung des Ost-Bereiches der Dulsberg-Siedlung 1927/28 hat sich diese Tendenz der späten zwanziger Jahre in Hamburg voll durchgesetzt: Fast alle Entwürfe bringen mehr oder weniger variierte Zeilenbau-Konzepte[203]. Erst 1929 folgten die oft zitierten deutschen Haupt-Beispiele, die Dammerstock-Siedlung in Karlsruhe (Walter Gropius) und vor allem der Ausgang des Wettbewerbs für die Versuchssiedlung Haselhorst der Reichsforschungsgesellschaft für Wirtschaftlichkeit im Bauwesen in Berlin[204].

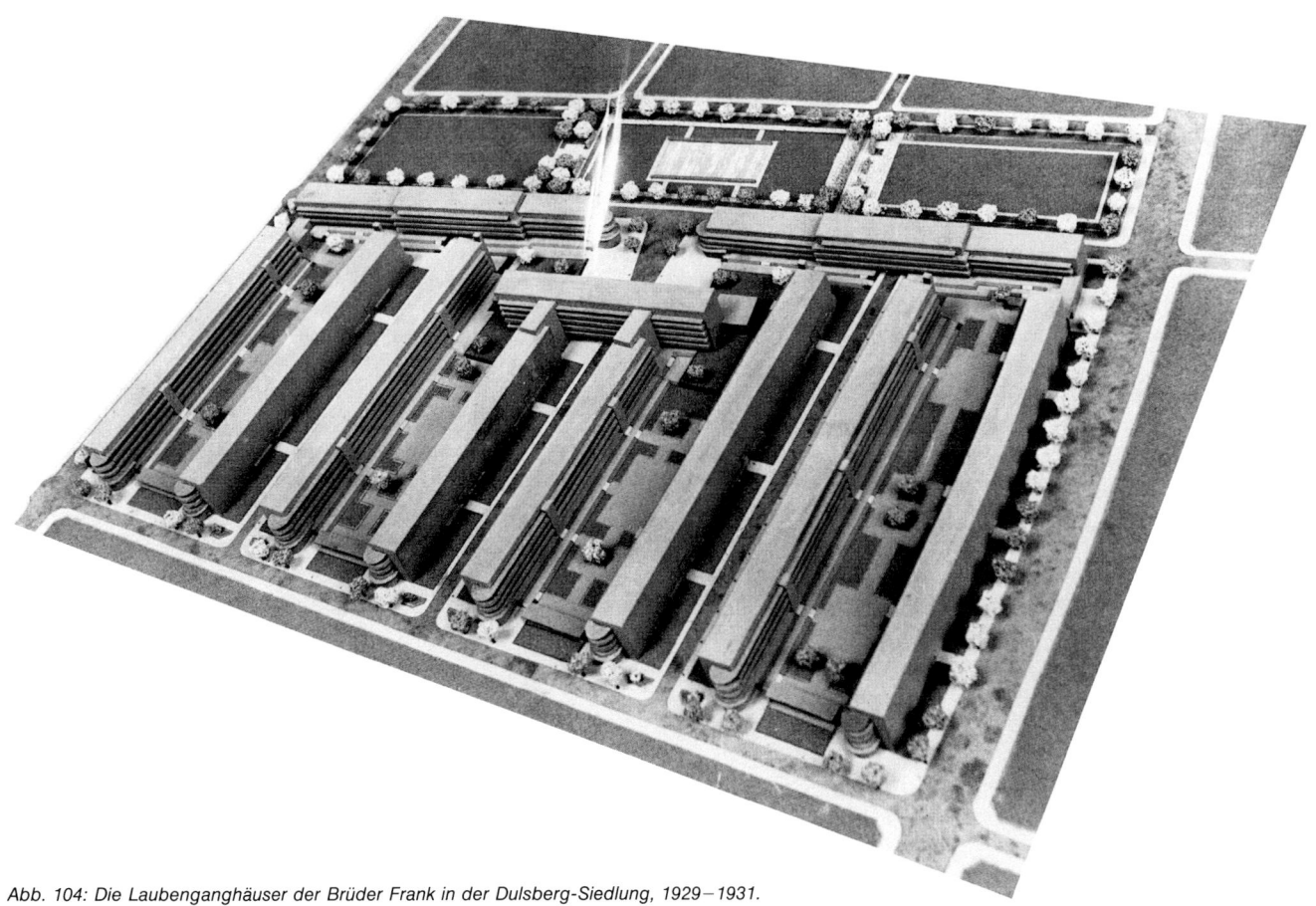

Abb. 104: Die Laubenganghäuser der Brüder Frank in der Dulsberg-Siedlung, 1929–1931.
Die Modellaufnahme macht die Konzeption der Planung mit Zeilenbauten und Quertrakten
deutlich (vgl. Abb. 41–43 und 316–317).

Diese Bauweise folgte – neben Vorteilen in der seriellen Herstellung der Häuser – konsequent der Maxime »Licht und Luft«; kein geschlossener Blockrand sollte mehr die Luftzirkulation behindern, jede Wohnung sollte optimalen Sonneneinfall und Querlüftung haben. Die Zeilen sind daher fast immer nord-südlich ausgerichtet. 1930 galt der Zeilenbau bereits als verbindlich für den Geschoßwohnungsbau[205]. Der 3. Internationale Kongreß für Neues Bauen (CIAM) 1930 kodifizierte gleichfalls die Zeilenbauweise[206].

In Hamburg und Altona sind bemerkenswerte Prototypen dafür zu nennen: Bereits die Schumacher-Blocks der Dulsberg-Siedlung (1919 entworfen) zeigten zwar auf den ersten Blick Hofbildungen. Bei näherem Zusehen wird man freilich Schumacher zugeben, was er später zufrieden anmerkt: Entweder für Durchfahrten geöffnet oder durch nur eingeschossige Bauten miteinander verbunden, handelt es sich in Wirklichkeit bereits damals um Zeilenbauten[207]. Voll entwickelt treten sie 1926 mit dem Hauptteil der Oelsnerschen Bebauung Helmholtzstraße/Bunsenstraße entgegen[208].

Abb. 105: Die 1921–1923 nach dem städtebaulichen Entwurf von Fritz Schumacher errichteten Staatsbauten der Dulsberg-Siedlung (vgl. Abb. 9 und 303ff.L). Die nördlichen Blocks sind an den Schmalseiten geöffnet und wirken dadurch bereits als Zeilenbauten mit kurzen Querriegeln.

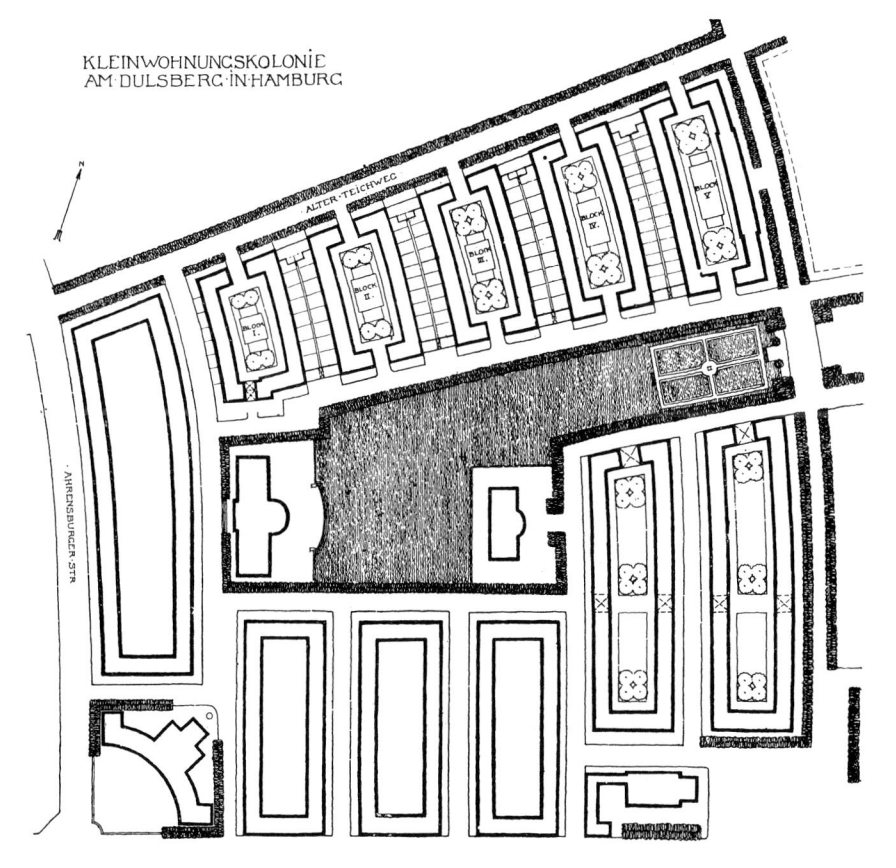

Abb. 106: Borselstr. 19 ff. (»Helmholtzstraße/Bunsenstraße«) in Altona, erbaut durch G. Oelsner für die Stadt Altona 1926–1927. Kopfansichten der Zeilenbauten (vgl. Abb. 82, 200, 201, 337 und 338).

Abb. 107: Barmbeker Str. 73 ff./Poßmoorweg, Karl Schneider 1928 (vgl. Abb. 101 und 162). Vier Geschosse bestimmen den Baukörper, nur für die städtebauliche Dominante an der Barmbeker Straße wird ein fünftes Geschoß eingefügt.

In diesem Zusammenhang ist darauf hinzuweisen, daß auch der Einzelhausbau – der in dieser Untersuchung definitionsgemäß nicht berücksichtigt wurde – teilweise sich typologisch ähnlich darstellt wie der Großwohnungsbau, nämlich in geschlossener Blockrandbauweise und später Zeilenbauweise bei bestimmten Reihenhausbebauungen. Hier ist in erster Linie der Block Alsterkrugchaussee/Enzianstraße/Orchideenstieg zu erwähnen (erbaut 1925/26). Die Beispiele sind allerdings nicht sehr zahlreich. Fast immer überwiegt auch bei der Reihenhaussiedlung der Charakter der »Flachbausiedlung«[209].

Die Geschoßzahl der landhausartigen Miethäuser ist in der Regel – dem Typ entsprechend – auf zwei bis drei beschränkt. Für die übrigen Bautypen gilt die übereinstimmende, aus den oben dargestellten Zielvorstellungen abzuleitende Tendenz der zunehmenden Verringerung der Stockwerkzahl. Es gab zwar stets einen kleinen Anteil von sechsgeschossigen Bauten, die große Mehrheit wird jedoch durch vier- und fünfgeschossige Häuser gestellt, hinzu kommt ein eher kleiner Anteil dreigeschossiger Objekte. Im Verlauf der Hauptbauzeit von 1924 bis 1930 nimmt der relative Anteil der viergeschossigen Bauten auf Kosten der fünfgeschossigen stark zu. Er bildet am Ende den beherrschenden Standardtyp.

Die Fassaden

Es fiel schon den Zeitgenossen auf, daß bei repräsentativen Veröffentlichungen über den Wohnungsbau der zwanziger Jahre immer wieder die eindrucksvolle Fassade, das äußere Erscheinungsbild der betreffenden Bauten im Vordergrund steht, meist in wirkungsvoller Weise photographiert; während das »eigentliche« Anliegen, Wohnungsreform und Grundrißlösung, eher mit geringerem Abbildungsaufwand in den Hintergrund rückt[210].

Tatsächlich ist bei einer Prüfung des Bestandes an Mietwohnungsbauten der zwanziger Jahre in Hamburg festzustellen, daß sie regelmäßig eine »Fassade« haben, d. h. eine nur im Hinblick auf gestalterische und repräsentative Ziele hin durchgebildete Außenseite. Das drückt sich in den Fällen aus, wo diese Außenseite aufwendigere Gliederungen zeigt, wo sie durch Plastik bereichert ist, aber auch da, und da eigentlich am deutlichsten, wo ihr »Reichtum« sich auf wertvolleres Material beschränkt: Tatsächlich ist es fast der Normalfall, daß die der Öffentlichkeit zugewandte Fensterwand eines Hauses oder Blocks Backstein- oder Klinkerverkleidung zeigt, während die Rück- oder Hofseite schlicht verputzt und ohne jedes gliedernde Element außer den Fensterlöchern und Balkonen ist. Als nur ein Beispiel sei der Block Grögersweg/Rübenkamp/Wasmannstraße erwähnt (A. W. H. Krüger 1925–1929), dessen auf kubische Großformen reduzierte Außenseite eine sorgfältig ausgebildete, kostbare Verkleidung aus aufrecht gestellten Klinkern besitzt und damit geradezu pathetisch großartig wirkt, während die Hofseite absolut amorph aussieht. Nur in seltenen Fällen (Wohnblock Dennerstraße/Fuhlsbüttler Straße/Mildestieg) ist eine abweisend einfache Außenseite mit einer differenzierteren Hofseite kombiniert.

Diese Beobachtung steht zwar im Kontrast zu der landläufigen und den Zeitgenossen schon überaus wichtigen Meinung, daß die zwanziger Jahre die Abkehr vom »Fassadenstil« der Gründerzeit und des 19. Jahrhunderts gebracht hätten, daß die Wohnquartiere der zwanziger Jahre sich durch das Fehlen »sinnloser« Dekoration von denen der Zeit um 1900 unterschieden[211]. Tatsächlich ist es doch wohl eher so, daß »Dekoration« nur neu definiert wurde, daß aber das Prinzip der Ausstattung von Wohnhäusern mit dekorierten Fas-

Abb. 108–109: Grögersweg 1ff., Rübenkamp 74ff., Wasmannstr. 26ff., A. Krüger 1925–1929. Teilansicht der aufwendigen Fassade mit hochgestellten Klinkern und Beton-Gesimsen sowie Ansicht des einfach verputzten Hofes (vgl. Abb. 168, 202, 203, 222).

saden nach wie vor in Geltung blieb. Was diese Fassaden nachdrücklich von denen des Wohnbaus im 19. und teilweise auch noch im frühen 20. Jahrhundert unterscheidet, ist, daß sie nicht in erster Linie zur individuellen und nur für das betreffende Bauwerk zu sehenden Repräsentanz benutzt werden, sondern städtebaulich gedacht sind, zur Gestaltung und Gliederung des öffentlichen Raumes.

Nur die fortschrittlichsten bzw. extremsten Vertreter des Neuen Bauens kehren sich auch von dieser Tradition ab und setzten an ihre Stelle den auch nach außen kompromißlos schlichten Funktionsbau, bemerkenswerterweise in Hamburg durch Hinwendung zum reinen Putzbau auf den ersten Blick kenntlich (s. u.).

Die Beobachtung läßt sich auch im Zusammenhang sehen mit der Bedeutung eigentlich nur künstlerisch und epochenbedingt zu verstehender Maximen im Städtebau (s. o.). Trotz aller Reformbedürfnisse und trotz des profanen Anlasses und der Zwangslage der Zeit blieb auch in der Einzelarchitektur die *Gestaltung* ein wesentlicher Inhalt der Wohnungsproduktion.

Dies berechtigt zu der im folgenden eingeschlagenen Betrachtungsweise, die von der »Wohnung« absieht und die vom »Bau« als einem nur durch Fassaden im öffentlichen Raum sinnlich in Erscheinung tretenden Gebilde ausgeht.

Abb. 110–111: Goerne-Str. 4ff., Gustav-Leo-Str. 5ff., 1926 E. Gerson (mit H. u. O. Gerson). Straßen- und Hofansicht (vgl. Abb. 455).

Die Gestaltungsmöglichkeiten – »Stile«

Die zwanziger Jahre als architekturgeschichtliche Epoche werden in den Handbüchern noch oft mit dem Schlagwort »Bauhaus« als ausreichend charakterisiert behandelt. Die neuere Literatur übernimmt aus der Zeit selbst den allgemeineren und dadurch mehr Spielraum für zahlreiche Bemühungen auch neben und außerhalb des Bauhauses lassenden Begriff des »Neuen Bauens«[212]. Ähnlich den historischen Begriffen für bestimmte Epochen wird darunter ein »Stil« verstanden, d. h. ein Komplex von Gestaltungsmöglichkeiten, der für die Zeit typisch ist, in der er gepflegt wurde. Über diese allgemeine, im einzelnen auch allgemein fragwürdige Reduktion des Stilbegriffs hinaus ist jedoch das Besondere an diesem »Neuen Bauen«, daß es sein bewußt angestrebtes Ziel war, eben gerade keine neuen Gestaltungsformen und -mittel zu suchen, sondern Architektur nur noch aus Zweck und Konstruktion heraus zu ihrer wahren Schönheit zu führen. Ob nun innerhalb der vielfältigen Strömungen der kurzen Zeit des »Neuen Bauens« zwischen 1918 und 1933 die konstruktivistische oder die funktionalistische Seite betont wird oder auch nur schlicht die »Neue Sachlichkeit«, so negieren sie insbesondere die Funktion architektonischer Gestaltung als Mittel, auch emotionale Bedürfnisse zu befriedigen; das Gebäude sollte in keiner Weise über sich selbst hinaus auf irgendwelche anderen Dinge verweisen und keinesfalls »Stimmungen« evozieren, die die reine Funktion beeinträchtigt hätten.

Ganz im Gegensatz zum apostrophierten »Handbuch«-Geschichtsbild zeigt nicht erst die neuere Forschung sehr deutlich, daß dieses »Neue Bauen« keineswegs restlos das Feld der zwanziger Jahre in Deutschland beherrschte[213]. In vieler Hinsicht scheint es sich sogar zumindest in den frühen zwanziger Jahren um eine eher elitäre Stilrichtung gehandelt zu haben. Daneben bestand auf jeden Fall ein breiter Strom von Bauarten, die zusammengefaßt als »traditionalistisch« bezeichnet werden können. Das heißt, sie schlossen an die Architektur der Reformepoche um 1910 an, als in Reaktion auf Historismus und Jugendstil einerseits »Sachlichkeit« und andererseits die Hinwendung zu älteren, bodenständigen Traditionen, insbesondere handwerklichen Gestaltungsweisen der Architektur »um 1800« gesucht wurden (Werkbundzeit). Die im einzelnen keineswegs einheitlichen Versuche um 1910 münden in eine konventionelle, mit festen Versatzstücken der ein für allemal als wertvoll erkannten »Tradition« ausgestattete »Heimatstil«-Bauweise ein; daneben aber entwickeln sich Bemühungen, unter Ablehnung allzu konkreter historischer Einzelformen und einer bestimmten Vorbildepoche, aus den Gegebenheiten bestimmter Materialien neue, gesuchte und ausdrucksvolle Architekturformen abzuleiten. Vorläufer wird man schon in der Monumentalarchitektur der Zeit um 1910 suchen dürfen. Die Zeitgleichheit mit inhaltlich ähnlichen Bemühungen im Bereich der bildenden Künste und der Literatur führte zur Übertragung des dort konstituierten Stil-Begriffes »Expressionismus« auf diese Bauweise[214].

Alle drei Richtungen – Neues Bauen, Traditionalismus und Heimatstil sowie Expressionismus – bestimmen auch das Bild der Architektur in Hamburg zwischen 1918 und 1933. Zahlreiche traditionalistische Villen, aber auch öffentliche Gebäude, moderne Villen und Großwohnblocks der zwanziger Jahre im Sinne des Neuen Bauens, das expressionistische Chilehaus bestimmen bereits allgemein das geläufige architekturgeschichtliche Bild dieser Epoche in Hamburg.

Auch den Zeitgenossen ist die Differenzierung der Möglichkeiten voll bewußt, und dieses Bewußtsein äußert sich in zahlreichen theoretischen und bekenntnishaften Äußerungen in der einen oder anderen Richtung. Für Hamburg ist – angesichts der beherrschenden Rolle Fritz Schumachers – besonders interessant, wie *er* diese Situation einschätzt. Und wieder erweist sich seine *vermittelnde* Haltung als das eigentlich Bedeutungsvolle. Unabhängig von seinen eigenen Bauten (s. u.) sieht er in seiner Epoche das Streiten sich widersprechender Prinzipien und Möglichkeiten, die nur in der Harmonie einer höheren Einheit aufgehoben ganze Architektur erzeugen, nämlich eine Architektur, bei der kein »Rest« bleibt, der das »Seelische« unbefriedigt lasse. Das, wovon der Künstler »*bewußt oder unbewußt ausgeht, ist ein Gestaltungswille, der seelischen Ursprungs ist*«[215]. So entschieden irrational diese Aussage ist, so sehr steht sie nun allerdings im Einklang mit den Beobachtungen zu Städtebau und Architektur: Über die quantitative und funktionale Leistung des Wohnungsbaus hinaus hatte es bei beiden »Reste« gegeben; keine Reste, die unerfüllt geblieben wären, sondern solche, die offenbar nicht allein aus logischen Entwicklungen von Bedarf, Zweck und Funktion zu gewinnen waren; sie erweisen sich in Schumachers Sinn als bewußte Hingabe an einen nicht weiter reflektierten »Gestaltungswillen«. Auch dies berechtigt dazu, den Wohnungsbau auch als gestalterisches, formales Ereignis zu würdigen.

Abb. 112: Das »Georg-Buchecker-Stift« in Winterhude, Ohlsdorfer Str. 53 ff., C. Bruncke 1922–23. (vgl. Abb. 62 und 441).

Überblickt man die Bautätigkeit in Hamburg nach den in ihr zur Anwendung kommenden Stilarten der beschriebenen Art, so zeigt sich ein recht differenzierter Verlauf, der hier nur grob skizziert werden kann und im einzelnen noch weiterer Klärung bedarf:

Die aus der Zeit vor dem Ersten Weltkrieg herüberreichende *Heimatstiltradition* zeigt sich während der ganzen zwanziger Jahre mit zahlreichen Beispielen. Eines der bemerkenswertesten steht mit dem Georg-Buchecker-Stift in Winterhude (Olsdorfer Str. 51-53, Carl Brunke 1922-1923) am Anfang. Es zeigt alle Merkmale des Stils als Backsteinbau mit ausgebildetem, S-Pfannen-gedecktem Walmdach, Erkern, kleinteiligen Fenstern und Türen sowie dekorativem Beiwerk aus dem Formenschatz von Spätbarock und Klassizismus. – Bemerkenswert ist, daß sich eine Hauptphase zwischen 1924 und 1926 abzeichnet, die aber nicht sonderlich stark ausgeprägt ist und dann rasch abflacht. 1930 ist diese Stilvariante praktisch zu Ende. Das steht in deutlich gegenläufiger Tendenz zur Entwicklung der Gesamtbautätigkeit, die zwischen 1926 und 1930 ihren Höhepunkt erreicht. – Vom Wohnungsstandard her gesehen, zeigt sich ein relativ starker Anteil der Objekte, die Wohnungen von vier und mehr Zimmern aufweisen, vor allem 1924 bis 1927. Mittlere Wohnungsgrößen (3 bis 3½ Zimmer) sind noch etwas stärker vertreten. Kleine Wohnungen bilden die Minderheit.

Abb. 113 oben: Eppendorfer Landstr. 11 usw., J. C. Hansen 1927.

Abb. 114 (Mitte): Alsterkurgchaussee 463 ff., Klophaus, Schoch, zu Putlitz 1926–1930.

Abb. 115–116 (unten): Bogenstr. 62 ff., Hohe Weide 39 ff., Klophaus & Schoch 1924–1926 (vgl. Abb. 117, 230–232).

Abb. 117: Ecke Hohe Weide 53
(vgl. Abb. 115–116).

Abb. 118: Maria-Louisen-Str. 1–3, Hohnholt & Dethlefs 1928–1929.

Abb. 119–120: Teilansichten der Wohnblocks Harburger Chaussee 25ff., erbaut vom Bauverein zu Hamburg, Architekt E. Vicenz 1919–1921.

Abb. 121–122: Vogt-Wells-Straße 5 und 7: Mehrfamilienhäuser der Gemeinde Lokstedt, erbaut 1925 bzw. 1921–1922 durch Architekt Karas.

Ein *einfacherer Traditionalismus* ist etwas zahlreicher vertreten. Bei Bauten, die so eingeordnet werden, tritt gegenüber dem ausgebildeten Heimatstil das dekorative Element in den Hintergrund. »Traditionell« ist wiederum in erster Linie das Baumaterial, Dachausbildung und -deckung, dazu gewisse traditionelle Motive wie Symmetrie, Stockwerksgliederung duch Gesimse, Achsengliederung, Rahmung der Eingänge usf. In diesem Bereich überwiegen kleine Wohnungen die mittleren und diese die großen.

Im zeitlichen Verlauf zeigt sich eine ähnliche, jedoch nicht ganz so klar ausgeprägte Tendenz wie beim Heimatstil, insofern nach einem Höhepunkt 1926 die Zahl der Beispiele nur allmählich – aber auch im Widerspruch zum Verlauf der Gesamtbautätigkeit – bis 1930 abnimmt.

Abb. 123: Brucknerstr. 18, Osterbekstr. 101, Sentastr. 40 ff., C. Man 1924 – 1926.

Abb. 124: Fuhlsbüttler Str. 220 ff. usw., A. Plotz 1924 – 1926 (vgl. Abb. 185). – Abb. 125: Caspar-Voght-Str. 94 ff. usw., W. Fischer 1925 – 1926.

Abb. 126: Lattenkamp 3 ff. usw., E. Dorendorf 1929 (vgl. Abb. 69). – Abb. 127: Benittstr. 20 ff. usw., in Finkenwerder, Klophaus & Schoch 1925 – 1927.

Abb. 128: Hebbelstr. 6ff., Ansicht Schenkendorfstr./Winterhuder Weg, C. Wendt 1927–1928.

Abb. 129: Altenwohnanlage Baumkamp 81ff. usw., Ansicht Braamkamp/ Fiefstücken, Klophaus, Schoch, zu Putlitz 1929–1931 (vgl. Abb. 59–60, 216, 254).

Abb. 130: Zoppoter Str. in der Dulsberg-Siedlung, 1921–1923 Butte & Hansen nach Vorentwurf von F. Schumacher (vgl. Abb. 303ff.).

Abb. 131: Alsterdorfer Str. 466ff., R. Wagner 1928–1929.

Abb. 132 (links): Detail des Staatlichen Altenheims Borsteler Chaussee 301, F. Schumacher 1927–1929 (vgl. Abb. 65).

Abb. 133 (unten): St. Georgs Kirchhof 21–25, Andresen/Berg 1925–1926 (vgl. Abb. 189).

Expressionistische Wohnungsbauten kommen zwischen 1922 und 1931 regelmäßig vor. 1926 ist die größte Zahl in einem Jahr festzustellen, danach – wiederum im Gegensatz zum Gesamtverlauf des Bauens – nimmt sie wieder gleichmäßig ab. Der Anteil an Gebäuden mit großen Wohnungen ist am Anfang sehr hoch, nimmt aber seit 1926 zugunsten solcher mit mittleren und dann solcher mit kleinen Wohnungen ab. Dabei ist freilich im Auge zu behalten, daß »expressionistisch« im Sinne der oben gegebenen Charakterisierung in Hamburg zwei recht verschiedene Bauweisen zusammenfaßt, nämlich einmal eine charakteristische Putzbauweise, bei der Gliederungs- und Dekorationsformen und/oder applikenhaftes Ornament in einer modischen, kristallin bis splittrig stilisierten Form vorkommen; zum anderen eine – im Sinne des oben als Beispiel zitierten Chilehauses – ausgebildete Backstein- und Klinkerbauweise, die unter Vermeiden bestimmter historischer Formen einen eigenständigen dekorativen Formenschatz aus den Möglichkeiten des Materials zu entwickeln versucht, wobei gelegentlich »gotisierende« Motive (vom Spitzbogen bis zur Lisenengliederung) vorkommen. Charakteristisch ist das aufgelöste Fassadenrelief. Aus dieser Beobachtung heraus, aber auch durch das gemeinsame Vorkommen mit typischen Gliederungen begründet, werden hier auch die Bauten als »expressionistisch« verstanden, die ihre Fassaden durch spitzwinklig vortretende, meist in Reihung vorkommende Altane und Erker gliedern. Ein charakteristisches Beispiel ist der Wohnblock Lämmersieth/Adlerstraße/Wachtelstraße/Dohlenweg (E. u. E. Theil 1926/27), der neben einer starken Durchgliederung der Fassade mittels dreieckiger Altane und Auflösung der Eckbereiche auch eine reiche dekorative Keramikausstattung besitzt, deren splittrige Einzelformen mit denen der erwähnten Putzbauten vergleichbar sind. Bemerkenswert für alle drei Varianten ist, daß sie um 1926 ihre absoluten Höhepunkte haben, jeweils mit maximal zwanzig Objekten im Jahr (eben 1926) aufscheinen und gemeinsam gegenüber der allgemeinen Bautätigkeit gegen Ende der zwanziger Jahre seltener werden. Expressionismus und Heimatstil bringen darüber hinaus eine deutliche Affinität zu Häusern mit größeren Wohnungen mit sich.

Abb. 134: Lenhartzstr. 6, Puls & Richter 1925.
Abb. 135: Hammer Steindamm 115–117, H. Schöttler 1926–1927 (vgl. Abb. 137).

Abb. 136: Veringstr. 46–56, ca. 1925 (vgl. Abb. 442).

Abb. 137: Detail von Abb. 135.

Abb. 138: Balkon am Haus Barmbeker Str. 125 ff., Maria-Louisen-Str. 120 ff., R. Friedmann 1924–1928.

Abb. 139: Durchfahrt am Haus Mannesallee 33 ff., 1924/1925.

Abb. 140: Portal des Hauses Heynstr. 2–4, H. u. O. Gerson 1923 (vgl. Abb. 71 und 74).

Abb. 141: Heilwigstr. 121 ff., Eingang Nr. 123, Zwinscher & Peters 1923–1924 (vgl. Abb. 247).

Abb. 142: Teilansicht des Hauses Bogenstr. 52 ff. usw. (»Klinker« – Schlankreye 39 ff.), R. Eckmann u. a. 1925–1926 (vgl. Abb. 182 und S. 85 ff.).

Abb. 143: Eingang Gryphiusstr. 8, Grell & Pruter 1923.

Abb. 146–147: Adlerstr. 5ff. usw., E. & E. Theil 1926–1927 (vgl. Abb. 213, 223, 459).

Abb. 148: Chateauneufstr. 11–13/Am Hünenstein 11, Eickmann & Schröder 1927. – Abb. 149: Teilansicht des »Parkheims« Baumkamp 88ff. usw. Puls & Richter 1926–1927 (vgl. Abb. 61).

Betrachtet man demgegenüber das »Neue Bauen«, so zeigt sich, daß es erstmals 1925 mit wenigen Beispielen auftritt, dann aber sprunghaft bis 1927 auf knapp fünfzig Objekte anwächst und 1930 seinen Höhepunkt mit knapp siebzig erreicht. Damit zeigt sich – an den drei anderen Verläufen gemessen – für die Gesamtentwicklung eine ganz eindeutige Tendenz der Ablösung der traditionalistischen und expressionistischen Bauweisen zugunsten des Neuen Bauens ab 1927, die 1930 praktisch vollzogen ist. Was die Wohnungsgrößen angeht, so nehmen große Wohnungen am Anfang einen größeren Anteil ein, bleiben dann aber hinter der Gesamtentwicklung stark zurück, die zunehmend ihren Schwerpunkt bei Bauten mit kleinen Wohnungen erreicht (1930 sind es etwa zwei Drittel aller Objekte).

Im Vergleich fällt auf, daß die absoluten Zahlen der Häuser mit großen Wohnungen bei Heimatstil, Expressionismus und Neuem Bauen in etwa übereinstimmen; es findet aber eine zeitliche Phasenverschiebung in der Weise statt, daß auch innerhalb dieser Gruppe eine eindeutige Hinwendung zum Neuen Bauen gesehen werden darf. Völlig eindeutig wird die Tendenz im Hinblick auf die Häuser mit Kleinwohnungen im Vergleich der verschiedenen Verläufe: Absolut weitaus die größte Zahl und im Verlauf rasch die anderen Möglichkeiten zu Marginalien verdrängend, werden Häuser mit Kleinwohnungen im Sinne des Neuen Bauens gestaltet.

Im Zusammenhang zwischen Auftraggeberstruktur und »Stil« zeigen sich wenige, aber deutliche Tendenzen: Gemeinnützige Gesellschaften und Genossenschaften sind seit 1926 am »Neuen Bauen« stärker beteiligt als an der Gesamtbautätigkeit. Dies bleibt so bis 1931. Damit ist weitaus die größte Zahl entsprechender Bauten dem »Neuen Bauen« verpflichtet.

Da bei den gemeinnützigen Gesellschaften und den Genossenschaften vermutet werden darf, daß öffentlicher Einfluß stärker als bei Privaten war, kann dies vor dem Hintergrund des Hamburger Staates als Auftraggeber in der Dulsberg-Siedlung und dem Altenheim Groß-Borstel so gedeutet werden, daß zunächst ein reiner Heimatstil gepflegt wurde, mit dem Aufkommen des Neuen Bauens aber sehr bald eine eindeutige Tendenzentscheidung zugunsten dieser Bauart fiel. Dem entsprechen ja auch die Verhältnisse bei den öffentlichen Gebäuden[216]. Man wird allerdings klar sagen müssen, daß dort ökonomische und technische Gründe für die »Stil«-Form namhaft gemacht werden[217]. Das entspricht ja gerade dem Stil der Neuen Sachlichkeit und des Funktionalismus: Der von den Genossenschaften und Gemeinnützigen getragene Massenwohnungsbau ist auf rationelle und billige Herstellung ausgerichtet, dem folgt sein Erscheinungsbild. Umgekehrt ist allerdings nur aus Gründen einer eindeutigen geschmacklichen Entscheidung erklärbar, wenn ein Auftraggeber die ökonomisch aufwendigeren »Stil«-Formen expressionistischer oder auch traditionalistischer Art wählt. Um so mehr fällt auf, daß private Eigentümer — obwohl durchaus wiederum stark am »Neuen Bauen« beteiligt — sehr viel größeren Anteil als dort am »Expressionismus« und »Heimatstil«, v. a. aber an einem gemäßigten Traditionalismus zeigen. Gerade letzterer kann als Versuch verstanden werden, zwar billiger zu bauen, aber doch im Bereich vertrauter Bauweisen zu bleiben.

Sowohl von der Wohnungsgröße (also von der Nachfrageseite?) als auch im Hinblick auf die Auftraggeber zeigen sich konvergierende Stiltendenzen, die so zusammengefaßt werden können, daß sich kleinere, traditionell oder expressionistisch gestaltete Häuser mit großen Wohnungen, erbaut von privaten Eigentümern, und große Blocks mit kleinen Wohnungen und einer Gestaltung im Sinne des Neuen Bauens, erbaut von gemeinnützigen Bauträgern, als extreme Möglichkeiten des Mietwohnungsbaus der zwanziger Jahre in Hamburg gegenüberstehen. Allerdings nicht als sich gegenseitig ausschließend, sondern mit praktisch jeder denkbaren anderen Kombination von Bautyp, Wohnungsgröße, Stil und Auftraggeber.

Abb. 152 (oben): Lattenkamp 13ff., F. Steineke 1927–1930.

Abb. 153 (Mitte): Alsterdorfer Str. 59–61, Lattenkamp 2–10, C. Werner 1929–1930.

Abb. 154 (unten): Elligersweg 33–39 usw., 1927–1928 Berg & Paasche.

Die hier wiedergegebenen Angaben zu Verlauf und Tendenz der Stilentwicklung beziehen sich auf Hamburg. In Altona stellt sich die Entwicklung gerade unter dem Aspekt der stilistischen Entwicklung deutlich eigenständig dar; anders ausgedrückt: Die in Hamburg feststellbare Tendenz zugunsten des Neuen Bauens wird hier noch eindeutiger und entschiedener wirksam: Bemerkenswert ist in stilistischer Hinsicht, daß neben vereinzelten Vertretern von Heimatstil, traditioneller Bauweise und ganz wenigen »expressionistischen« Beispielen die große Masse der Bautätigkeit zwischen 1925 und 1931 das »Neue Bauen« repräsentiert. Dabei spielen die städtischen Bauten Oelsners eine bedeutende Rolle, ebenso aber die Meyers vom Altonaer Spar- und Bauverein und die Ostermeyers für die »Selbsthilfe« und — im bürgerlichen Bereich — für Wehowsky. Wie in Alt-Hamburg wird auch in Altona die Tradition des Neuen Bauens nach 1933 mit ihren wenigen Beispielen durch private Bauherren getragen.

In Wandsbek und Harburg sind die Beispiele nicht mehr zahlreich genug, darüber hinaus nicht ausreichend genug datiert, um eine mit Hamburg und Altona vergleichbare differenzierte Betrachtung zu ermöglichen. In beiden Bereichen überwiegen absolut die Objekte im Sinne des »Neuen Bauens«, daneben gibt es traditionalistische und expressionistische Wohnungsbauten unterschiedlicher Größe und ohne einheitliche Tendenz. Auch hier scheint um 1926/27 die weitgehende Ablösung der anderen Stilarten zugunsten des Neuen Bauens in ähnlicher Weise wie in Hamburg und Altona stattgefunden zu haben. Lokstedt, Stellingen und Eidelstedt sind nur als Einzelobjekte zu würdigen, die aber tendenziell wieder dem Gesamttrend entsprechen: Frühe Heimatstilbauten, in der Mitte der zwanziger Jahre Expressionismus, die Hauptbautätigkeit am Ende der zwanziger Jahre im Sinne des Neuen Bauens, wobei der von der Gemeinde Stellingen errichtete Wohnblock am Dörpkamp von 1927 deshalb auffällt, weil sein Architekt Konstanty Gutschow war, der später von Adolf Hitler zur Umgestaltung der Hansestadt Hamburg herangezogen wurde . . .

In Bergedorf ist bemerkenswert, daß die vom Stadtbauamt geschaffenen Miethäuser selbst alle Möglichkeiten der zeitgenössischen Architektur zeigen: Die landhausartigen Häuser am Gojen-

Abb. 155 (oben): Block Bahrenfelder Chaussee 4—8 usw. des Altonaer Spar-und Bauvereins, 1928—1930 H. Meyer. Ansicht Bornkampsweg 7ff.

Abb. 156 (Mitte): Kieler Str. 100—102, 1926 Bruncke u. a.

Abb. 157 (unten): Bahrenfelder Steindamm 37—49, Oelsner 1927—1928 (vgl. Abb. 361).

bergsweg usw. zeigen Heimatstilelemente und Zeichen des Neuen Bauens, eher expressionistische Züge haben die Bauten Chrysanderstraße 31–33 (1925) und Holtenklinkerstraße 115–129 (1924) sowie 139–145 (1926), die übrigen zeigen die Merkmale des Neuen Bauens.

Zusammenfassend muß nun allerdings der Versuch unternommen werden, die bisher gegebene Definition des Neuen Bauens – die ja eher programmatisch-inhaltlich als konkret-formal ist – durch eine dem Denkmälerbestand angemessene Merkmalgruppe zu ersetzen. Dabei ist zunächst festzustellen, daß die Bauten, die hier als dem Neuen Bauen folgend rubriziert wurden, keineswegs eine völlig homogene Gruppe bilden. Vielmehr sind starke Differenzierungen vorzunehmen, bei denen unterschiedliche Merkmale in ihren verschiedenen Varianten beobachtet werden müßten. Es lassen sich auch Entwicklungen feststellen, die innerhalb des Neuen Bauens selbst abliefen. Darauf muß hier allerdings verzichtet werden. Nur als Hinweis möge gesagt sein, daß plastisch durchmodellierte Baukörper wie die Höfe F. Ostermeyers natürlich etwas anderes und – aus radikaler Sicht – immer noch irrational komponierte Kunstobjekte sind gegenüber den streng funktionalistisch und konstruktivistisch gedachten Zeilenbauten, die um 1930 Karl Schneider baute. – Da es um Grundsatztendenzen geht, die zunächst beschrieben werden müssen, so können wohl vorläufig starke Vereinfachungen in Kauf genommen werden. Die erste Definition für das Neue Bauen im hier untersuchten Wohnungsbau ist die Abwesenheit von traditionalistischen Formen und expres-

Abb. 158 (oben): Siemersplatz 3–5/Vogt-Wells-Str. 1–3 in Lokstedt, Block & Hochfeld 1930.

Abb. 159 (Mitte): Dörpkamp 1–5 in Stellingen, Gutschow 1929.

Abb. 160 (unten): Entwurf von F. Ostermeyer für den Friedrich-Ebert-Hof in Altona, 1928 (vgl. Abb. 76, 85, 160, 334 ff., 444).

sionistischen Motiven. Die Konsequenz ist die Reduzierung auf stark vereinfachte, keine pointierten Details außer den funktional notwendigen Bauteilen aufweisende Baukörper. Balkone und Treppenhausachsen, Fenster und Dachzone sowie die Wandfläche selbst werden damit zu den alleinigen Trägern des architektonischen Ausdrucks. Die Ordnungsprinzipien, die bei ihrer Anwendung herangezogen werden, folgen streng der Funktion der Häuser als Geschoßwohnungsbauten; das heißt, es sind horizontale Schichtungen. Je größer der Baukörper ist, d. h. je länger er sich erstreckt, um so deutlicher ergibt sich daraus eine ausgeprägt auf durchlaufende Horizontalen hin ausgerichtete Gliederung der Fassaden, desto ausgeprägter wird die serielle Reihung gleichartiger Elemente zum wesentlichen Ausdrucksmittel. Dementsprechend wird der Dachtrauf oder (bei Flachdachbauten) das Dachbodengeschoß (oft im Sinne einer Art selbständiger Attika) genutzt, um den Eindruck der breiten, horizontal betonten Lagerung noch zu unterstreichen. Extreme und jeweils bewußt genutzte Möglichkeiten der horizontalen Gliederung bieten die Laubengänge der Laubenganghäuser. Bei Backsteinbauten werden regelmäßig wichtigere Bauteile (Ecken, Eingangsachsen, Erdgeschoßzone) durch Vorziehen einzelner Backsteine gebändert. In Fällen äußerster Sorgfalt im Detail (Friedrich-Ebert-Hof) werden die Lagerfugen des Backsteinmauerwerks betont ausgezogen, die vertikalen Fugen dagegen gefärbt und verstrichen, so daß ein durchgehendes Horizontalmuster entsteht. Häufig werden die insgesamt kubisch aufgefaßten Baukörper stufenweise gestaffelt und erhalten Dominanten. In anderen Fällen bilden Symmetrien Ordnungssysteme für Blockwände oder Einzelfassaden, oder sie bilden vertikale Achsensysteme innerhalb der beschriebenen horizontalen Reihungen (Eingangsachsen, Balkongruppen), werden ihrerseits gereiht.

Es muß an dieser Stelle betont werden, daß die Frage des Daches, d. h. der Ersatz ausgebildeter Sattel- und Walmdächer durch das Flachdach offenbar nicht dogmatisch gesehen wurde. In der gebauten Architektur ist auch ohne weiteres zu beobachten, daß Wohungsbauten des Neuen Bauens mit den geschilderten Merkmalen sowohl mit ausgebildetem Dach als auch mit Flachdach vorkommen. Allerdings ist die Tendenz

Abb. 161 (S. 68 oben): Alter Teichweg 169/ Thorner Gasse 12–20, einer der Zeilenbauten im NO-Teil der Dulsberg-Siedlung, erbaut 1930–1931 durch Hinsch & Deimling und R. Friedmann.

Abb. 162 (S. 68 Mitte): Alter Teichweg 7–11, Puls & Richter 1926–1927.

Abb. 163 (S. 68 unten): Barmbeker Str. 73 ff./ Poßmoorweg, K. Schneider 1928 (vgl. Abb. 101 und 107). Hofansicht.

Abb. 164 (links oben): Elligersweg 21 ff. usw., J. Hansen 1929–1931 (vgl. Abb. 199).

Abb. 165 (rechts oben): Dobbelersweg 45 usw., R. Friedmann 1927–1928.

Abb. 166 (Mitte): Fassade des Mundsburg-Hauses (vgl. 72 u. 73), W. Baedeker 1930–1931, zerstört.

Abb. 167 (links unten): Breitenfelder Str. 76 ff. usw., Eickmann & Schröder 1928.

Abb. 168 (rechts unten): Grögersweg 1 ff. usw., A. Krüger 1925–1929 (vgl. Abb. 108–109, 202–203, d222).

Abb. 169 (links oben): Leverkusenstr. 40–52, ein Laubenganghaus in Altona, H. Müller 1930–1931.

Abb. 170 (rechts oben): Teilansicht des Blockes Hanssensweg 10ff. usw. in der Jarrestadt, K. Schneider 1927–1928 (vgl. Abb. 11–12, 288–290).

Abb. 171 (rechts): Das Laubenganghaus Heidhörn 2ff., erbaut durch die Brüder Frank 1926–1927 (vgl. Abb. 38–40).

Abb. 172 (links unten): Dennerstr. 9ff. usw., Ansicht Fuhlsbüttler Str., F. Ostermeyer 1926–1927 (vgl. Abb. 197, 227, 272, 274).

Abb. 173 (rechts unten): Die Köpfe der Zeilenbauten Adolf-von-Elm-Hof 1ff. usw., Berg & Paasche 1928 (vgl. Abb. 379–380).

doch eindeutig: Die »fortschrittlichsten« Bauten haben wirklich weit überwiegend oder eigentlich ausschließlich flache Dächer.

Die Frage des Flachdachs spielt in der architekturtheoretischen Diskussion der zwanziger Jahre eine erhebliche Rolle. Als ein besonders eindeutig feststellbares Merkmal des »Neuen Bauens« war es Zielscheibe konservativer Polemik ebenso wie Gegenstand der Apologie seitens konstruktivistischer und funktionalistischer Kreise[218]. Es kann kein Zweifel daran bestehen, daß angesichts gewisser ungelöster technischer Probleme zumindest ein wesentlicher Teil des Engagements für diese Dachform der Wunsch nach einer künstlerischen und städtebaulichen Aussage durch Reduzierung der Baukörper auf klare Kuben war. Aufgrund des Hamburger Materials kann gesagt werden: Die Entwicklung zum Flachdach setzt hier im Mietwohnungsbau 1925 ein und führt stetig ansteigend zu einer gegenüber anderen Dachformen eindeutig überwiegenden Mehrheit 1930 und 1931. Dabei sind alle Wohnungstypen betroffen. Es zeigt sich aber eine besonders eindeutige Tendenz im Kleinwohnungsbau: Hier hat das Flachdach 1930 den doppelten und 1931 sogar vierfachen Vorzug gegenüber ausgebildeten Dächern.

Der zeitgenössischen Polemik und der feststellbaren Tendenz entspricht die Beobachtung, daß das Flachdach zwar kein unerläßliches Element des Neuen Bauens ist, daß es aber auf jeden Fall nur in seltenen Fällen an Bauten auftritt, die traditionalistische Gliederungsele-

Abb. 174 (oben): Lerchenfeld 48/Oberaltenallee 4, erbaut 1929–1930 durch die Brüder Frank (hinter der Hochbahn das Hammonia-Bad, C. Feindt 1926–1928).

Abb. 175 (Mitte): Elligersweg 2ff. usw., E. Dehmlow 1927–1929.

Abb. 176 (unten): Detail des Friedrich-Ebert-Hofes in Altona, F. Ostermeyer 1928–1929 (vgl. Abb. 76 und 85, 334, 336, 444). Sorgfältig sind die Stoßfugen des Mauerwerks verstrichen und die Lagerfugen betont.

Abb. 177–178 (links oben und Mitte): Straßenseite und Innenhof des Hauses Flotowstr. 20 ff. usw., F. Ostermeyer und C. Wendt 1929–1930.

Abb. 179 (oben): Barmbeker Str. 142/Grasweg 38, 1927–1928 Hinsch & Deimling.

Abb. 180 (unten links): Kieler Str. 144–146, 1927–1928 G. Schmidt.

Abb. 181 (unten): Friedrich-Ebert-Damm 28 usw., Ecke Hinschenfelder Str. 1, 1926–1927 Berg & Paasche (vgl. Abb. 211 und 364–366).

mente in ihrem Fassadensystem besitzen – wobei es sich zudem um Fälle handelt, die auch expressionistische Merkmale aufweisen (z. B. beim Wohnblock »Klinker« an der Schlankreye)[219]. Tatsächlich sind die Fälle häufiger (allerdings mit weniger als 10% des Gesamtbestandes an Bauten mit Flachdach), bei denen Flachdächer an »expressionistischen« Häusern vorkommen. Bei näherem Zusehen handelt es sich dabei aber wiederum um solche Objekte, die auch viele Merkmale des Neuen Bauens aufweisen und nur zusätzlich zu dessen kanonischem Gestaltungssystem im oben geschilderten Sinne dekorative Bereicherungen aufweisen oder ihren Baukörper in eben expressionistischer Weise durch z. B. Altane und Dreiecksvorbauten auflösen (z. B. Friedrich-Ebert-Damm 28, 1926 von Berg & Paasche oder am Gleise 32–40 von Distel & Grubitz 1926). Weiterhin fällt auf, daß sie hauptsächlich auf die Jahre 1926/27 konzentriert sind, so daß man sie auch als eine Übergangserscheinung von den mehr formalistischen Stilen der frühen zwanziger Jahre – eben Traditionalismus und Expressionismus – zum Neuen Bauen ansehen kann, sozusagen ein noch dekoriertes Neues Bauen, das dann in seiner konsequenten Weiterentwicklung zunehmend der im Neuen Bauen angelegten formalen Vereinfachung zum Opfer fällt. – Im übrigen wurde bei dieser Betrachtung nicht unterschieden, ob die betreffenden Objekte als Ganze Flachdächer besitzen oder nur an einem (meist einem turmartig markant hervorgehobenen) Bauteil, während der Rest ein ausgebildetes Dach hat.

Abb. 182 (oben): Teilabschnitt Schlankreye 29 ff. des Hauses Bogenstr. 52 ff. usw., R. Eckmann u. a. 1925–1926 (vgl. Abb. 142 und S. 85 ff.).

Abb. 183 (Mitte): Immanuelplatz 11 ff. usw. auf der Veddel, Ansicht Wilhelmsburger Str., 1926–1927 Elingius & Schramm mit H. Höger (vgl. S. 99 f.).

Abb. 184 (unten): Berner Heerweg 90/90 in Farmsen, G. Meves 1930. – Neues Bauen?

Materialfragen

Die stilistischen Varianten zwischen Heimatstil und Neuem Bauen können kaum weiter gespannt gedacht werden, wenn man an ihre Ideologie denkt (Romantik gegen strenge Rationalität), aber auch in formaler Hinsicht (traditioneller Formenschatz gegen Negieren der Form als Problem angesichts Funktion und Konstruktion). Als die Alternative gestellt war – mitten im Anlaufen der eigentlichen Hauptbautätigkeit um 1925 –, bedeutete das nichts anderes als einen schwerwiegenden Konflikt mit dem städtebaulichen Ziel der großen, geschlossen wirkenden Einheiten. Stilistische und gestalterische Vielfalt war allein mit der Einordnung in ein umfassendes Konzept nach Massenentwicklung und Nutzung nicht aufzufangen. Wie nun freilich das »modellmäßige Bauen« Fritz Schumachers ein verblüffend simples und doch überaus wirksames Mittel zur Steuerung der individuellen Bautätigkeit im großen darstellte, so brachte das andere von ihm propagierte Mittel der Herstellung städtebaulicher Einheit eine verblüffend schlichte und wiederum wirksame Lösung für die Vereinheitlichung der formalen Vielfalt, nämlich die weitgehende Verbindlichkeit des Backsteins als Fassadenmaterial[220]. Fritz Schumacher konnte sich dabei auf den breiten Konsens der führenden Hamburger Privatarchitekten ebenso berufen wie auf eine breite öffentliche Meinung überhaupt. Zu ihrem Entstehen hatte er selbst maßgeblich beigetragen durch die zwischen 1909 und dem Ersten Weltkrieg von ihm als Backsteinbauten errichteten öffentlichen Gebäude wie durch theoretische Schriften über den Backsteinbau, den er als der Hamburger Bautradition angehöriges bodenständiges Material verstand, noch mehr aber als aus praktischen und klimatischen Bedingungen heraus nächstliegende Lösung für die dauerhafte Verkleidung von Fassaden in Hamburg und Norddeutschland[221]. Dabei griff er eine bereits im Gange befindliche Bewegung in der Hamburger Reformarchitektur des beginnenden zwanzigsten Jahrhunderts auf, in die als anderer Exponent auch Fritz Höger gehörte, der auf seine Weise mit vorbildlichen Bauten und lauter Propaganda den Klinker zum idealen norddeutschen Baumaterial erhob[222]; andere maßgebliche Vertreter der Backsteinbewegung in der Hamburger Architektur seien mit Hans und Oskar Gerson, Henry Grell, aber auch schon Albert Erbe nur genannt[223]. Tatsächlich ist unklar, ob alleine schon dieser Konsens und eine allgemeinverbindlich gewordene Bewegung an und für sich dafür ausreichten, die zu beobachtende weitgehende Hinwendung zum Backsteinrohbau in Hamburg nach 1918 zu erklären, oder ob es (wie zum Beispiel im Falle des Kontorhausviertels) auch mehr oder weniger direkte Einflußnahmen des Staates in dieser Hinsicht gab, vermittelt durch die Auflagen der Beleihungskasse und der Behörden; in der Jarrestadt war es so[224]. Tatsache ist, daß praktisch die Gesamtheit der Mietwohnungsbauten in Hamburg Backsteinrohbauten waren. Da dasselbe aber auch in Altona, Harburg und Wandsbek der Fall war, spricht wohl alles für die erste Annahme: Die Architektenschaft war sich als Fazit der Reformbewegung um 1910 einig geworden, daß Backstein das Material der Wahl für das gesamte Bauen in Hamburg und Norddeutschland sei.

Insofern ist es zunächst interessanter, die Frage zu untersuchen, wie es sich mit den ja immerhin auch vorkommenden Putzbauten verhält, wobei nur im Hintergrund noch einmal an die Tatsache erinnert wird, daß Backstein ein Fassadenmaterial an der Schauseite war, während meist die Hof- und Rückseiten ohnehin verputzt waren.

In den Jahren der Inflation bildeten Putzbauten – vor allem in Hamburg, aber auch z. B. in Harburg-Wilhelmsburg – einen erheblichen Anteil an der Bauproduktion. Dafür mögen Gründe der Materialknappheit für Verblendbacksteine und Fassadenklinker eine Rolle gespielt haben. Mindesten ebenso bedeutsam war zweifellos die Traditon der um 1910 noch vorherrschenden Putzbauweise der Reformarchitektur im Etagenhausbau, die vor allem insofern in den frühen zwanziger Jahren fortwirkt, als auch hier eine ähnliche Fassadenauffassung bestand wie um 1910, nämlich eine Konzentration des Schmucks auf applikenhaften Dekor. Dabei ist neben den vorherrschenden traditionalistischen und Heimatstilelementen (Bebauung Hohe Weide zwischen Heymann- und Bogenstraße um 1920/22, Haynstr. 23, 1924, Lehnartzstr. 6, 1925, in Altona die Putzbauabschnitte des Blocks westlich vom Rathenaupark um 1921, der Block Fuhlsbütteler Str. 220ff./Habichtsplatz, 1922–1926) zwischen 1922 und 1927 eine Hinwendung zu expressionistischen Dekorationsmotiven zu beobachten (z. B. Barmbeker Str. 125–133, 1924, von R. Friedmann, Binderstraße 13–15, 1925, in Wilhelmsburg Veringstr. 46–56). Obwohl es bis 1931 vereinzelte Verteter dieser Richtung gibt, kann sie doch seit ca. 1927 gegenüber der Masse der Bauten als geringfügige Minderheit betrachtet werden. In dieser Zeit beginnt aber die Herausbildung einer neuen Gruppe von Putzbauten, die offenbar – abgesehen von der technischen Zusammengehörigkeit – architektonisch völlig unabhängig von der ersten zu sehen ist: Die bewußt jede Tradition leugnende Avantgarde des Neuen Bauens – man denke an die Villenbauten Karl Schneiders seit ca. 1925[225] – griff den Putzbau auf, weil in ihm die Unabhängigkeit von der handwerklichen Produktionsweise stärker gegeben war als im Backsteinmauerwerk, wohl aber mindestens ebensosehr, weil die Klarheit der dann auch meist hell bis weiß gehaltenen Putzflächen die kompromißlose Reduktion des Baukörpers auf Kuben deutlicher auszudrücken erlaubte als jede andere Außenwandoberfläche. Ausgehend von so bedeutenden Bauten wie dem Emelka-Palast in Eimsbüttel (Osterstr. 120, K. Schneider 1927) und dem Daniel-Bartels-Hof in Barmbek (Alter Teichweg 7–11, 1926, von Puls & Richter) bildete sich so eine Gruppe kompromißlos moderner Bauten auch im Mietwohnungsbau, bei denen jede Dekoration abgelehnt wird zugunsten elementarster Blockformen und häufig auch materiell schlichtester Bauweise. Hierher gehören die Zeilenbauten Gustav Oelsners an der Luruper Chaussee 1–123 (nach 1933 Aufstockung und ausgebildete Dächer!) von 1929, der erwähnte Gutschow-Bau in Stellingen (Dörpkamp 1–5, 1930), das bürgerliche Mehrfamilienhaus Elbchaussee 126 (F. Ostermeyer 1930) ebenso wie die Kleinwohnungszeilenbauten von Karl Schneider, Hinsch, Deimling und R. Friedmann sowie O. Billing im östlichsten Bereich der Dulsberg-Siedlung (Alter Teichweg/ Thorner Gasse, 1930) oder die Zeilenbauten Am Lustberg/Niedernstegen (Block & Hochfeld, Bensel & Kamps, K. Schneider, P. A. R. Frank u. a. 1930). Betrachtet man demgegenüber die Masse der Mietwohnungsbauten – wie übrigens der gebauten Architektur überhaupt – in den zwanziger Jahren, so ist es nicht nur der »Backstein« an und für sich, der dabei zur Fasadengestaltung benutzt wird, sondern speziell der »Klinker«, d. h. der bis zur Schmelze gebrannte Backstein, für den eine reiche Farbenskala (von Hellgrau über Gelb bis zu dunklem Violett) charakteristisch ist und von dem bewußt allgemein solche Sorten verwendet wurden, bei denen dieser Farbenreichtum durch Unregelmäßigkeiten im Brand bereits im einzelnen Stein zur Entfaltung kommt. Generell herrschen solche Sorten vor, bei denen dunkle Rottöne das Gesamtbild der betreffenden Bauten charakterisieren; zahlreich – besonders bei höherem allgemeinem Gestaltungsaufwand – sind Bauten mit sehr dunkler bis violetter Farbigkeit. Eine Spezialität Gustav Oelsners war offensichtlich die Verwendung von Klinkern mit vorherrschend graugelber Tönung, in die auch rote bis dunkelviolette Steine eingemischt sind (Wohnblocks an der Schützenstraße und im Ensemble Helmholtz-/Bunsenstraße – siehe Umschlag-Rückseite).

Alleine diese Materialverhältnisse waren geeignet, die verschiedenartigsten Einzelgestaltungen zusammenzuschließen zu einem städtebaulich einheitlich wirkenden Grundkonsens der Gestaltung. Dieser Grundkonsens der Gestaltung reichte aber weiter: Der Backstein mit seinem aus dem Material sich ergebenden Zwang zum schichtweisen Aufbau der Fassaden, zur Anpassung jeder Formabsicht an den Einzelstein als Grundelement und als Modul der Gestaltung, die sich zwangsläufig immer ergebende Flächentextur aus gleichmäßigen »Maschen« eines Stein-/Fugen-

Abb. 185 (oben): Habichtsweg 1–5 in Barmbek-Nord, 1926–1927 A. Plotz.

Abb. 186 (Mitte): Wohnblock Osterstr. 120, ehemals mit eingebautem Kino »Emelka-Palast«, 1927/1928 K. Schneider.

Abb. 187 (unten): Am Lustberg 14–22/Niedernstegen 11–19, 1930–1931 Block & Hochfeld u. a. (vgl. Abb. 21).

systems führte auch dazu, daß letztlich Heimatstil, Expressionismus und Neues Bauen, soweit sie sich diesem Grundkonsens unterwarfen, ihre sonst extremen Distanzen voneinander verloren und sich über weite Strecken eine im Grunde so präzis, wie im Hinblick auf die »Stile« oben suggeriert wurde, nicht mehr differenzierbare breite Menge von — nun, einfach »Backsteinbauten« einstellte, bei denen »Stil« zur sekundären Fragestellung wird[226]. Der oben herausgestellte extreme Horizontalismus des Neuen Bauens und sein Prinzip der seriellen Reihung gleichartiger Elemente wird vom Backstein aus dem Materialzwang heraus auch in den Heimatstil und Traditionalismus, auch in den Expressionismus hineingetragen. Umgekehrt teilte der Backstein als Fassadenmaterial auch den extremsten Vertretern des Neuen Bauens ein Element traditioneller Handwerklichkeit mit, das ihn mehr in die Gesamtheit einzubinden vermochte als in den Stil. Ja, der Backstein erlaubte sogar dem Neuen Bauen Schmuckreichtum, ohne es zur Aufgabe strenger Rationalität zu zwingen. Denn die hier oft beobachtbare Ausnutzung der Mauerwerkschichtung zu dekorativen Flächeneffekten war ja unter ökonomischen, funktionalistischen und konstruktivistischen Aspekten neutral zu bewerten[227].

Der eigentliche Bruch mit dem Grundkonsens, die Überschreitung einer Grenze wird erst sinnlich erfahrbar bei der erwähnten Gruppe von Putzbauten des Neuen Bauens.

Abb. 188 (oben): Alsterdorfer Str. 253, Ansicht Carl-Cohn-Str. 60–64, C. Plötz 1928.

Abb. 189 (Mitte): Teilansicht St. Georgs Kirchhof 21–25, 1925–1926 Andresen/Berg (vgl. Abb. 133).

Abb. 190 (unten): Teilansicht Manstadtsweg 9–11 usw., Berg & Paasche 1926–1928.

Abb. 191 (oben links): Teilansicht Bendixensweg 2ff. usw., F. Ostermeyer 1925 (vgl. Abb. 218 und 276).

Abb. 192 (oben Mitte): Bundesstr. 80ff. usw., R. Laage 1927–1928 (vgl. Abb. 207 und 233).

Abb. 193 (rechts oben): Caspar-Voght-Str. 94–96, Teilansicht Marienthaler Str. 163–165, 1925–1926 W. Fischer (vgl. Abb. 125).

Abb. 194 (Mitte): Alsterdorfer Str. 119–121, 1925–1926 F. Steineke.

Abb. 195 (links unten): Elligersweg 14ff. usw., E. Fink 1927ff. (vgl. Abb. 198, 225, 453).

Abb. 196 (rechts unten): Teilansicht des Beyling-Stifts Schedestr. 13–17, Strohmeyer & Giese 1927 (vgl. Abb. 53).

Die Erkenntnis, daß es sich dabei letztlich gar nicht um eine tektonisch und statisch zwingende Anwendung von Backsteinen handelte, sondern um die Verkleidung von Fassaden, deren tragende Teile aus anderem, zumindest aus anders aussehendem Material bestand (ziegelrote Hintermauerungssteine, gegenüber deren Normformaten die Verkleidungsklinker sogar oft Sonderformate aufwiesen! – Bei manchem Vertreter des Neuen Bauens auch Stahlbetonskelett!), diese Erkenntnis führte übrigens im Neuen Bauen auch zu – seltenen – Versuchen, das »Verkleiden« in neuer Anwendungstechnik ehrlich zum Ausdruck zu bringen; so hatte vor allem Gustav Oelsner durch Aufrechtstellen der Steine in streifigen Zonen die Formensprache des Backsteinbaus erweitert, der Wohnblock Rübenkamp/Grögersweg/Wasmannstr. (A. W. H. Krüger 1925–1929) entwickelte daraus eine schon fast an Kachelverkleidungen erinnernde Verblendungsweise, ebenso das Haus Eppendorfer Landstr. 47–51 (R. Friedmann 1928). Aber auch diese Versuche ordnen sich dem Gemeinsamen immer noch so sehr ein, daß sie allenfalls als eine Bereicherung der Möglichkeiten gelten können, nicht jedoch als ein Infragestellen des Grundkonsens »Backsteinbau«.

Dieser Grundkonsens bedeutete den Zeitgenossen nicht nur eine gestalterische Einheit, sondern so, wie in der Frühzeit der Backsteinbewegung sehr starke emotionale Gründe für eine Bevorzugung dieses Materials eine Rolle gespielt hatten – Handwerklichkeit als Ausdruck von Tradition als solcher, ja von Geschichtlichkeit; Bodenständigkeit, ja Heimatgefühl als assoziative Leistung –, so wirkte sich seine Anwendung gerade bei dem ideologisch an und für sich streng rationalen, funktionalistischen und konstruktivistischen Neuen Bauen – ohne dessen Prinzip zu widersprechen, denn es handelte sich um ein streng konstruktivistisch und funktionalistisch verwendbares Material! – auch emotional so aus, daß in seinen Erzeugnissen nicht ein »Rest« im Sinne von Schumachers Auffassung (s. o.) zu vermissen blieb, sondern daß auch in ihnen etwas »Seelisches« in Erscheinung trat. Durch den Backstein wurden auch inhaltliche Extreme der Bauweisen ausgeglichen. In der »Einheitlichkeit des Eindrucks« offenbarte sich eine »ordnende innere Kraft«; der Backstein »dämpft alle neuartigen Wirkungen durch einen leisen Einschlag von Überlieferung ... Man kann also wohl sagen, daß die revolutionäre Note der neuen Baugesinnung durch die Materialwahl wesentlich gedämpft ist[228].« »Unmerklich spannt sich für unser Gefühl die Brücke zu vertrauten Erscheinungen[229].«

Von den Zeitgenossen wurde die ins Auge fallende Einheitlichkeit des Hamburger Bauens der zwanziger Jahre, wie es durch die Einheit der Backsteinbauweise erzeugt wurde, als eine der entscheidenden Leistungen dieser Stadt angesehen. In dieser Einheitlichkeit des Architekturbildes verwirklichte sie die städtebaulichen Ziele (s. o.) konsequent – und sie gab sich zugleich damit einen einheitlichen, eigenständigen Charakter, der in dieser Weise in Deutschland einmalig war und blieb[230].

Immerhin gab es auch bei Laien gewisse Vorbehalte, sogar bei Förderern der Backsteinbauweise wie dem Staatsrat (und Mitglied der Beleihungskasse für Hypotheken) Leo Lippmann:

»Zum Backsteinbau gehört meines Erachtens ein großes sichtbares Dach. Und in Wohnstraßen müssen meines Erachtens die roten Ziegel der Fassaden, wenn irgend möglich, durch das Grün von Bäumen aufgehellt werden. Leider sind nach dem Kriege in Hamburg viele Wohnstraßen ohne Baumschmuck geblieben, und, einer neueren Mode folgend, sind große Wohnblocks ohne sichtbares Dach erbaut. Infolgedessen wirken die Bauten kasernenhaft, düster und unfreundlich und die neuen Stadtteile stellenweise ebenso als Steinwüste wie andere Großstädte, von denen sich früher das bäumereiche Hamburg vorteilhaft unterschieden hat[231].«

Untrennbar vom Backsteinbau als solchem war von Anfang an die Frage der Fenstergestaltung in seinem Zusammenhang. Sie soll auf Grund ihrer Bedeutung in der denkmalpflegerischen Problematik dieser Bauten im Rahmen eines eigenen Kapitels nachgetragen werden.

Abb. 200 u. 201 (oben): Teilansichten der Wohnanlage Borselstr. 19ff. usw., (»Helmholtzstraße/Bunsenstraße«), G. Oelsner 1926–1927 (vgl. Abb. 82, 106, 337, 338).

Abb. 202 und 203 (rechts Mitte und rechts unten): Grögersweg 1ff. usw., Teilansichten, 1925–1929 A. Krüger (vgl. Abb. 108, 109, 168, 222).

Abb. 204 (links unten): Eppendorfer Landstr. 47–51, R. Friedmann 1928 (vgl. Abb. 252 und 253).

Abb. 205 (links oben): Memeler Str. 3 in der Dulsberg-Siedlung, 1921 F. Schumacher (vgl. Abb. 46/47).

Abb. 206 (oben Mitte): Hohensteiner Str. 7 in der Dulsberg-Siedlung, 1921 A. Löwengard (vgl. Abb. 10).

Abb. 207 (rechts oben): Bundesstr. 80ff. usw., Tür Heymannstr. 3, R. Laage 1927–1928 (vgl. Abb. 192).

Abb. 208 (links Mitte): Holtenklinkerstr. 123, Stadtbauamt Bergedorf 1924 (vgl. Abb. 209, 328, 329).

Abb. 209 (Mitte): Holtenklinkerstr. 117 – (vgl. Abb. 208).

Abb. 210 (rechts Mitte): Suhrsweg 15ff. usw., E. Hentze 1926–1928.

Abb. 211 (links unten): Friedrich-Ebert-Damm 28 usw., 1926–1927 Berg & Paasche (vgl. Abb. 181 und 364–366).

Abb. 212 (unten Mitte): Wasmannstr. 25–27, J. Hoffmann 1926–1927 (vgl. Abb. 281).

Abb. 213 (rechts unten): Adlerstr. 5ff. usw., Tür Wachtelstr. 66, E. & E. Theil 1926–1927 (vgl. Abb. 146, 147, 223, 459).

Abb. 214 (links oben): Am Gleise 32 ff. usw. auf der Veddel, 1926–1927 W. Behrens.

Abb. 215 (oben Mitte): Kieler Str. 100–102, Bruncke u. a. 1926 (vgl. Abb. 156).

Abb. 216 (oben rechts): Baumkamp 81 ff. usw., Tür Krochmannstr. 50, 1929–1931 (vgl. Abb. 59, 60, 129).

Abb. 217 (links Mitte): Erdkampsweg 102, 1928–1929 C. Christens.

Abb. 218 (Mitte): Bendixensweg 2 ff. usw., F. Ostermeyer 1925 (vgl. Abb. 191 und 276).

Abb. 219 (rechts Mitte): Maienweg 281, F. Ostermeyer 1927–1928 (vgl. Abb. 103).

Abb. 220 (links unten): Jean-Paul-Weg 2 ff. usw. in der Jarrestadt, Distel & Grubitz 1928–1929, Eingang Jarrestr. 27 (vgl. Abb. 295 und 445).

Abb. 221 (unten Mitte): Glindweg 30 ff. usw. in der Jarrestadt Block & Hochfeld 1928–1929 (vgl. Abb. 293).

Abb. 222 (rechts unten): Grögersweg 1 ff. usw., Tür Rübenkamp 76, A. Krüger 1925–1929 (vgl. Abb. 108, 109, 168, 202, 203, 222).

Plastischer Schmuck

Ein Sonderproblem im Zusammenhang mit der Backsteinbauweise in ihrer typischen Hamburger Entfaltung seit ca. 1910 ist ihre Ausstattung mit Bauplastik, die v. a. bei öffentlichen Gebäuden und Kontorhausbauten als maßgeblicher Akzent der Gestaltung eingesetzt wurde. Insbesondere ist es die Verwendung von Keramik, v. a. in Klinkerfarbe, die ins System des Backsteinbaus auch materiell eingebunden ist.

Als Dekoration der Wohnbauten über die rein architektonische Form (entweder traditionelle Gesimse und historische Formen oder aber aus dem Backsteinrohbau entwickelte Schmuck- und Gliederungsformen) hinaus wird öfter Bauornament angewandt. Es ist jedoch konzentriert auf Heimatstil und Expressionismus: Anders ausgedrückt, da, wo Ornament über die Sachlichkeit des Neuen Bauens hinaus angewandt wird, ist regelmäßig die gesamte Architekturauffassung so, daß man von mehr oder weniger eindeutigen Expressionismen ausgehen kann.

Nicht ganz selten sind die Häuser, die Freiplastik – meist eine einzelne Figur oder Figurengruppe – in das Bauwerk integrieren. Selbstverständlich ist hier die Plastik jeweils ein entscheidender Blickpunkt für das gesamte Gebäude und erfüllt damit auch einen darüber hinausreichenden städtebaulichen Zweck als Identifikations- und Merkpunkt. Die Künstler – soweit bekannt – gehören zum Kreis der Bildhauer, die auch im öffentlichen Bauwesen dieser Zeit (v. a. zusammen mit Schumacher) häufig begegnen, also v. a. Richard Kuöhl und Ludwig Kunstmann[232].

Abb. 223 (links oben): Adlerstr. 5 ff. usw., Tür Wachtelstr. 68, E. & E. Theil 1926–1927 (vgl. Abb. 146, 147, 213,. 459).

Abb. 224 (rechts oben): Hastedtstr. 34 ff., E. & E. Theil 1926–1928 (vgl. Abb. 377 und Titelbild).

Abb. 225 (Mitte): Plastik von L. Kunstmann am Haus Elligerweg 14 ff. usw., E. Fink 1927 (vgl. Abb. 195, 198, 453).

Abb. 226 (links unten): Plastiken von L. Kunstmann, Breitenfelder Str. 80 usw., 1924–1925 (vgl. Abb. 246).

Abb. 227 (rechts unten): Plastik von R. Kuöhl am Haus Dennerstr. 9 ff. usw., 1926–1927 (vgl. Abb. 172 u. a.).

Die Architekten

Insgesamt konnten im untersuchten Bestand an Mietwohnungsbauten der zwanziger Jahre 155 Architekten bzw. Architektenfirmen als tätig vorgefunden werden (einschließlich Stadtbauämter). Sehr viele davon sind nur mit Einzelobjekten vertreten, manche waren »Spezialisten«, d. h. mit einem Bauherrn fest verbunden, wie z. B. Ernst und Eduard Theil nur die drei Wohnblocks der »Heimat« in Harburg, Barmbek und Lokstedt errichteten; manche sind mit gleichmäßiger Dichte während der Hauptbauzeit vertreten (E. Dehmlow mit ein bis fünf Bauten pro Jahr, E. Dorendorf mit zwei bis elf, Klophaus und Schoch bzw. Klophaus, Schoch, zu Putlitz mit ein bis fünf, ebenso F. Ostermeyer); die Gesamtzahl der Bauten pro Architekt reicht bis zu 49 (E. Dorendorf). Dabei ist es ganz unerheblich, ob der betreffende Architekt zu jener Gruppe dadurch bekannter Namen gehört, daß er in der zeitgenössischen Literatur (Hamburg und seine Bauten, Bauzeitschriften etc.) veröffentlicht wäre (wie bei etwa zwei Fünfteln der gefundenen Architekten), oder ob das nicht der Fall ist. Bemerkenswert ist, daß ein so herausragender Exponent der Hamburger Architektur und des deutschen Expressionismus wie Fritz Höger im untersuchten Bestand nur viermal vorkommt, und zwar mit Großwohnanlagen, die stilistisch eindeutig dem Neuen Bauen zuzurechnen sind (Siedlung Hans-Grade-Weg 1928, Barmbeker Str. 181 1930) bzw. nur noch andeutungsweise expressionistische Dekorationsmotive zeigen (Ohlsdorfer Str. 2–6 1927); dazu kommt der relativ bescheidene Bau Eckerkoppel 2 (um 1926). Im übrigen kann aber gesagt werden, daß die Architekten, die auf Grund ihres Gesamtwerkes, auf Grund zeitgenössischer Würdigungen oder auf Grund neuerer Forschung als besonders wichtig in Hamburgs zwanziger Jahren zu bezeichnen sind, auch regelmäßig im Mietwohnungsbau in Erscheinung traten, dazu gehören (mit Anzahl der Objekte zwischen 1918 und 1933 in Klammer) F. Ascher (1), Bensel bzw. Bensel & Kamps (5), Berg und Paasche (13), Block & Hochfeld (5), Distel u. Grubitz (8), Dyrssen & Averhoff (1), Elingius & Schramm (11), Esselmann & Gerntke (1), P. A. R. Frank (11), R. Friedmann (8), H. u. O. Gerson (12), Grell & Pruter (4), F. Höger (4), H. Höger (6), W. Kallmorgen (2), Klophaus u. Schoch, bzw. Klophaus, Schoch, zu Putlitz (24 – übrigens zwischen 1933 und 1945 nochmals 21!), R. Laage (6), G. Langmaack (1), H. Meyer (6), G. Oelsner (11), F. Ostermeyer (18), K. Schneider (12), C. Winand (2), Zauleck & Hormann (2). Für viel zu wenige von ihnen gibt es Monographien, kein Einzelwerk ist bisher systematisch erforscht[233].

Wie schon oben angedeutet, gibt es sehr unterschiedliche Schwerpunkte in der Tätigkeit der Architekten. E. Dorendorf etwa war engstens verbunden mit Beamtenbauvereinen, E. u. E. Theil mit der »Heimat«, also einer Angestellten-Baugesellschaft. Berg & Paasche, Block & Hochfeld, P. A. R. Frank, H. Höger und K. Schneider bauten schwerpunktmäßig Großwohnanlagen mit kleinen und mittleren Wohnungen für gemeinnützige und »Ehrenteit«-Gesellschaften. Die Brüder Gerson hingegen beschränkten sich ausschließlich auf bürgerliche Mietshäuser mit großen Wohnungen und hohem gestalterischen Anspruch (v. a. in Rotherbaum und Eppendorf). Wie die Bauherren bedürften auch die Architekten einer genauen Untersuchung in dieser Hinsicht, insbesondere in der gegenseitigen Beeinflussung von Auftraggeber und Entwerfer sowie ihren Auswirkungen auf Wohnungsstandard und gestalterische Intention im einzelnen. Das könnte durchaus auch in politischer Hinsicht geschehen: Z. B. standen Klophaus, Schoch, zu Putlitz offensichtlich der von der DVP herkommenden Ehrenteit-Gesellschaft »Freie Stadt« nahe. Andererseits war Friedrich R. Ostermeyer Mitglied der konservativen DNVP; was ihn nicht hinderte, qualitätvolle und mit die qualitätvollsten Wohnblocks der gewerkschaftseigenen Wohnungsbaugesellschaften (Dewog, »Selbsthilfe« Altona u. a.) zu errichten, darunter den klassischen Arbeiterbau schlechthin, den Friedrich-Ebert-Hof[234].

Was bei der Durchsicht des Materials unter dem Aspekt der Autorschaft im einzelnen besonders auffällt, ist die Tatsache, daß die geläufigen (und in die gerade gegebene Namenauswahl eingeflossenen) Urteile über die Bedeutung des einzelnen Architekten nur in sehr bedingtem Umfange direkt an den Bauten abgelesen werden können. Vielmehr ist der beherrschende Eindruck aufs Ganze gesehen der einer erstaunlichen Durchschnittshöhe architektonischer Qualität bei einer großen Zahl von Objekten.

Darin drückt sich zweifellos ebenso die

Abb. 228: Ecke vom Wohnblock »Flughafen«, Hans-Grade-Weg usw., F. Höger 1927–1928. Im Gegensatz zu seinen expressionistischen Hauptwerken (Chilehaus u. a.) ordnet sich F. Höger bei Wohnbauten in das »Neue Bauen« ein (vgl. Abb. 255).

Bedingtheit der Bauaufgabe und ihre Ökonomie wie die Gesamtheit der planerischen, künstlerischen (stilistischen) und materiellen Rahmenbedingungen aus wie allerdings auch die von Fritz Schumacher für Hamburg immer wieder betonte und auch realisierte Rolle des führenden staatlichen Planers als eines »dirigierenden Architekten«.

Die Institution, die konkret hätte auf das Geschehen einwirken können, die Beleihungskasse, verfolgte dagegen trotz Kritik seitens der Architektenschaft die Politik, im allgemeinen müsse es »*Aufgabe der Architekten selbst bleiben, die Verbindung mit dem Bauherren zu suchen und Baufaufträge sich zu verschaffen*«[235]. Nur im Zusammenhang mit der Durchgestaltung des Bebauungsplanes für die spätere Jarrestadt konnte es Fritz Schumacher durchsetzen, daß die Beleihungskasse einen Wettbewerb für die Einzelgestaltung der Blocks durchführte (1925/26), bei dem den zehn besten Architekten die Beteiligung an der tatsächlichen Ausführung ausgelobt war und durch entsprechende Bedingungen gegenüber den Bauherren seitens der Beleihungskasse auch

Abb. 229: Der Architekt Karl Schneider 1927 (Mitte) mit seinem Mitarbeiter Hein Eggerstedt (rechts) und Rolf Spörhase (links), dem damaligen Herausgeber der »Bau-Rundschau«. – Karl Schneider war 1892 in Mainz geboren worden. Dort besuchte er 1909–1911 die Kunstgewerbeschule. Bis 1919 arbeitete er in den Architektenbüros Lossow & Kühne (Dresden), Walter Gropius (Berlin) und Peter Behrens (Berlin). 1920 kam er nach Hamburg, arbeitete kurze Zeit bei Fritz Höger und ließ sich am 1. 5. 1921 als selbständiger Architekt nieder. Seit seinem Landhaus Michaelsen 1923 (vgl. Abb. 452) war er der anerkannte Protagonist der Moderne in Hamburg. 1933 verlor er seine berufliche Existenz. 1938 emigrierte er in die USA. Dort verstarb er 1945. – Vgl. Abb. 11, 12, 19, 23–27, 29–30, 32, 101, 107, 163, 170, 186, 264, 267–271, 288–290, 302, 452.

durchgesetzt wurde[236]. Diese zehn Architekten waren K. Schneider, Distel & Grubitz, F. Ostermeyer, Bomhoff & Schöne, W. Behrens, O. Hoyer, R. Friedmann, E. Neupert, F. Block, R. E. Oppel, also durchgehend zur Gruppe der in Veröffentlichungen erscheinenden zwei Fünftel (s. o.) gehörend, jedoch durchaus nicht nur zur kleineren Spitzengruppe.

Dieser Wettbewerb fand in der zeitgenössischen Presse und Fachliteratur ein breites Echo und entfaltete damit wohl voll seine angestrebte Funktion, nämlich meinungsbildend auf die Architektenschaft einzuwirken.

Alles in allem wird man aber sagen müssen, daß es nicht das Ergebnis steuernder Maßnahmen seitens der öffentlichen Planer und anderer öffentlicher Stellen ist, daß der Mietwohnungsbau in den zwanziger Jahren zu einem Betätigungsfeld auch der wichtigsten Architekten wurde. Das Faktum wird immer wieder hervorgehoben und der Annahme gegenübergestellt, daß der Mietwohnungsbau vor dem Ersten Weltkrieg generell eine Sache der Bauunternehmer und Baumeister, nicht die der Architekten gewesen ist. Das wird man aber weder so verallgemeinert für die Zeit vor dem Ersten Weltkrieg aufrechterhalten können, noch wird die betreffende Architektenschicht völlig verdrängt, denn von den 155 vorgefundenen Namen gehören ihr mit Gewißheit recht zahlreiche an (z. B. Pierstorff, Plötz, Marschall).

Daß auch Fritz Höger und die Brüder Gerson, Karl Schneider u. a. Großwohnanlagen und Siedlungen bauten, lag aber daran, daß es sich bei diesen Baugattungen in einer wirtschaftlichen Notzeit um die eigentliche Masse des Bauvolumens handelte, um das ein ökonomisch denkender Architekt gar nicht herum kam. Daß aber darüber hinaus der Wohnungsbau in dieser Zeit auch »das Thema« der Architektenschaft und ihrer Fachpresse war. Innerhalb der Hierarchie der Bauaufgaben hatte es eine Verschiebung gegeben – allgemein gesprochen als Ausdruck der veränderten politischen Grundverhältnisse nach dem Ersten Weltkrieg –, die dem Mietwohnungsbau einen höheren Rang einräumte.

Eins ist schließlich phänomenal und kennzeichnend für die Hamburger Architektur: Alle, jedenfalls alle der wichtigen Architekten waren Hamburger. Hamburger, die – mit Ausnahme allenfalls Fritz Högers – gar nicht oder nur selten außerhalb Hamburgs bauten. Und kein Auswärtiger von Rang erscheint im gesamten untersuchten Material, kein May, kein Taut, kein Gropius, kein Mendelsohn. Der Grundkonsens ihrer Architektur ist damit nicht nur formal typisch hamburgisch im Backsteinbau, sondern der Mietwohnungsbau in Hamburg ist vor allem auch kunstsoziologisch nur und rein hamburgisch. Leider zum Teil auch mit negativen Auswirkungen für ihren Nachruhm: Die »Wohnbaufibel« von Otto Völckers (1932) nennt keinen Hamburger[237].

Die Wohngebiete

Übersicht

»... vielleicht ist unter allen architektonischen Regungen der Nachkriegszeit die wichtigste, daß der Vorratsbau an Kleinwohnungen, der im Mietshaus seine Erfüllung findet, zu einem maßgebenden Faktor für die architektonische Betätigung und dadurch für die künstlerische Physiognomie der Stadt geworden ist ... Noch heben sich die neuen Erscheinungen vielfach fremd und unzusammenhängend aus den Schlackenfeldern einer überwundenen Epoche hervor; wenn sie einst ganze geschlossene Gebiete in voller Klarheit beherrschen können, wird ihr Wesen sich erst voll zu offenbaren vermögen ...«
(Fritz Schumacher, 1929)[238]

Die zwischen 1918 und 1933 entstandenen Mietwohnungsbauten im heutigen Staatsgebiet der Freien und Hansestadt Hamburg legen sich in einem aus mehr oder weniger großen Einzelquartieren bestehenden Gürtel von 2 bis 7 km Radius rings um die historische Innenstadt, Ergebnis der geschilderten städtebaulichen Voraussetzungen und Zielvorstellungen.

Kartiert man die Bebauung nach gröbsten formalen Kriterien, d. h. nach dem »Stil«, so zeigt sich eine Mischung der verschiedenen Spielarten (s. o.) ohne bestimmte Präferenzen etwa im Sinne einer differenzierteren Ringbildung. Und das entspricht der prinzipiellen Gleichzeitigkeit der Varianten. Gleichwohl wird deutlicher, was sich beim Gesamtüberblick schon nahelegt, daß nämlich Hamburg sich gegenüber seinen Nachbargebieten durch ausgesprochen großflächige Quartiersbildungen mit jeweils eigener formaler Charakteristik auszeichnet.

Hamburg

Im wesentlichen konzentriert sich der Mietwohnungsbau in Hamburg selbst auf ein Dutzend große Bereiche, die ihrerseits fast drei Viertel des genannten Ringes ausmachen[239].

Mit der Bebauung der *Schlankreye* stand mitten im dichtbesiedelten Innenstadtbereich zwischen Eimsbüttel und Harvestehude nach dem Ersten Weltkrieg ein auf Grund schlechter Baugrundverhältnisse noch nicht erschlossenes Gebiet zur Verfügung. Es wurde seit 1920 systematisch für den Mietwohnungsbau geöffnet. Gleichzeitig konnten dort konzentriert öffentliche Gebäude untergebracht werden, die die benachbarten Stadtteile mitversorgen sollten (v. a. Schulen – s. u.)[240]. Charakteristisch ist die von der Führung der Hochbahn und des Isebekkanals bestimmte Längserstreckung der Blocks. Charakteristisch ist aber vor allen Dingen auch die stilistisch bemerkenswert einheitliche Gestaltung der Bauten, die im Bereich Hohe Weide und Schlankreye aufwendige traditionalistische und teilweise expressionistische Formen zeigen. Zusammen mit den ihrerseits anspruchsvollen öffentlichen Gebäuden ergibt sich ein großflächiges, einheitliches Ensemble, das diese Gestaltungsweise in einer sonst in Hamburg nicht mehr wiederkehrenden Weise räumlich erlebbar macht.

Jenseits der Hochbahnlinie liegen entlang der Hohen Weide ausgedehnte Wohnblocks der Genossenschaft »Hoheluft«, z. T. als traditionalistische Putzbauten, eindrucksvoller aber im nördlichen Abschnitt als aufwendige Backsteinbauten ausgebildet.

Nobel entfalten sich die Wohnblocks an der Nordseite der Straße Schlankreye mit ausgedehnten Fronten, groß angelegten Symmetrien und aufwendigen Einzelgestaltungen (Backsteinmuster, Bauplastik). Hier ist aber auch bemerkenswert, daß diese großartigen Wohnblocks von Auftraggebern eigener Art in Auftrag gegeben wurden: Der »Klinker«, Schlankreye 27–73, entstand durch den »Gewerbebauverein«, der für diesen Block als G.m.b.H. aus dem »Gewerbeverein vor dem Dammtor« heraus gegründet worden war: In typischer mittelständischer Weise wurde kleines Kapital von den Gewerbetreibenden der Stadtteile Harvestehude-Rotherbaum aufgebracht. Hier erhielten sie ihr Vereinslokal. Die Mieter der Wohnungen aber erhielten auch die Gelegenheit, auf dem rückwärtigen Werkstättenhof zugleich ihrer Arbeit nachzugehen[241]. Durch die Benennung sollte der Block dem entscheidenden Baumaterial in Hamburgs zwanziger Jahren, dem Klinker, ein Denkmal setzen[242].

Das soziale Engagement im Wohnungsbau, das sich sonst vor allem in den politisch oder gewerkschaftlich orientierten Baugesellschaften geäußert hatte, übertrug sich hier auf den »Mittelstand«; der Gewerbeverein propagierte das Haus entsprechend als »*ein Wahrzeichen der unvergänglichen Kraft des Hamburgischen Mittelstandes ... Nicht das Groß-Kapital ist es, das uns den Bau errichten soll, nein, wir selbst wollen es sein, die uns das Werk schaffen ... für den ganzen deutschen Mittelstand ein leuchtendes Beispiel ...*[243]«

Der Wohnungszuschnitt entspricht der gesellschaftlichen Schicht: Es sind »*schöne, geräumige 3, 4 und 5 Zimmerwohnungen mit Bad und Mädchenzimmer*«[244].

Abb. 230: Lageplan des Baugebietes Schlankreye 1929.

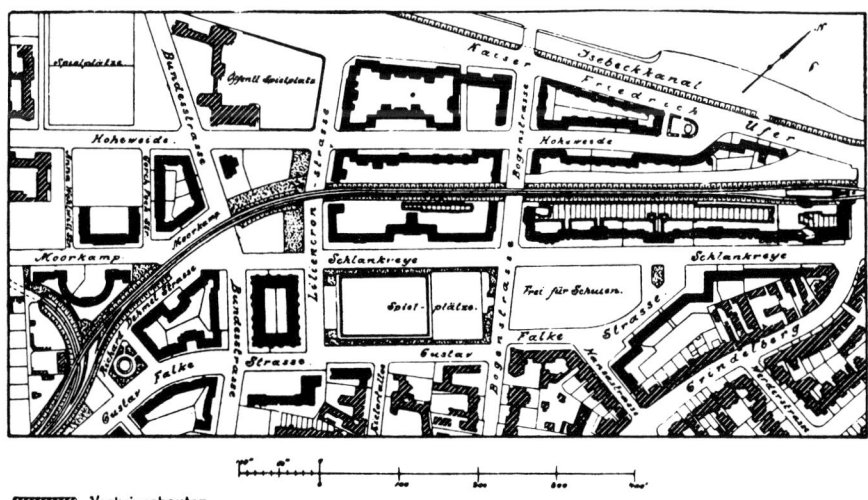

Daß übrigens das Haus ursprünglich ausgebildete Dächer haben sollte und gerade hier die Einflußnahme der Behörden mit zur endgültigen Massengestaltung geführt hat, sei am Rande erwähnt[245].

Der Wohnblock Schlankreye 3–25 wurde – ebenfalls ein soziales Experiment – durch die »Malerei-Gesellschaft« erbaut. Diese war hervorgegangen aus der Sozialisierungsphase der Zeit nach dem Ersten Weltkrieg, die im Baugewerbe eine große Rolle gespielt hatte (Bauhütten s. o.). Auch Malergesellen in Hamburg hatten damals eine freie Genossenschaft gebildet, die dann wie die ganze Bauhüttenbewegung Mitte der zwanziger Jahre in einen gemeinwirtschaftlichen Betrieb überführt und zur »Malerei-Gesellschaft« wurde. Ein florierender Betrieb, der mit dem Wohnblock an der Schlankreye sich auch ein äußeres Denkmal setzte in der sonst in dieser Form in Hamburg nicht mehr vorkommenden Verbindung von Wohnen und Arbeiten, mit Ausbildungseinrichtungen, Werkstätten und Gemeinschaftsräumen[246].

Zur Gesamtanlage gehört übrigens u. a. auch das Altenwohnhaus der »Vaterstädtischen Stiftung«, das mit seinen besonders sorgfältig ausgestatteten Buckelglas-Sprossenfenstern zu den reizvollsten Beispielen der vollendeten Backsteinbauweise zählt.

Abb. 231 und 232 (oben): Bebauung Bogenstr. 56 ff. usw., Hohe Weide, Klophaus & Schoch 1924–1928 (vgl. Abb. 115–117).

Abb. 233 (links, zweites Bild von oben): Bundesstr. 80 ff. usw., R. Laage 1927–1928 (vgl. Abb. 192 und 207).

Abb. 234–236 (rechts, zweites Bild von oben und dritte Reihe von oben): Werkstätten und Fassadenabschnitte des »Klinkers« Bogenstr. 52 ff. usw., Eckmann u. a. für den Gewerbe-Bauverein 1925–1926 (vgl. Abb. 142 und 182).

Abb. 237–242 (rechts und S. 87): Das Haus der »Malerei-Gesellschaft« Bogenstr. 43 ff. usw., Berg & Paasche 1926. – Fassade, Werkstätten im Hof, Innenräume, Tür.

In *Eppendorf* setzte sich der Mietwohnungsbau mit großen Wohnungen für bürgerliche Ansprüche, der sich v. a. zwischen 1900 und 1914 breit entfaltet hatte (Ensembles zwischen Eppendorfer Landstraße und Hochbahnlinie mit Jugendstiletagenhäusern u. a.), auch in den zwanziger Jahren fort. Dabei kamen expressionistische und moderne Gestaltungsweisen zur Anwendung ebenso wie eher traditionalistische. Die Einheiten bilden Blockrandteile oder Einzelhäuser, jedoch auch geschlossene Blockrandbebauungen. Sie schließen sich zwar nicht zu einer homogenen Gesamtfläche zusammen, sondern sind mit bereits bestehender Bebauung verschränkt und später, v. a. in den dreißiger Jahren, mit Neubauten noch ergänzt worden. Es bilden sich jedoch wichtige Teilgruppen aus, und in den meisten Fällen bilden die betreffenden Bauten durch die Besonderheit ihrer Gestaltung (aufwendige Klinkerbauten, teils mit farbig glasierten Elementen, teils mit Plastik) innerhalb älterer (Jugendstil-Putzbauten-)Ensembles bemerkenswerte Blickpunkte. Im nördlichen Bereich, der von Stiftsbauten bestimmt ist, folgen wichtige Beispiele dieser besonderen Gattung.

An Hayns Park und rund um Kellinghusens Park (damals Schröders Park) verschränken sich die Wohnanlagen mit neu entwickelten öffentlichen Parks[247]. Besonders hervorzuheben sind die anspruchsvollen Großanlagen an der Breitenfelder Straße und rund um Kellinghusens Park. Der Vermietungsprospekt von Gustav-Leo-Straße 5–15 zeigt, wie weit man hier vom Wohnungsbau für die »minderbemittelte Bevölkerung« entfernt ist. Er preist die Häuser »*in vornehmster und schönster Lage Hamburg-Eppendorfs*« mit ihren »*hochherrschaftlichen Wohnungen*« von drei bis fünf Zimmern, Wohnhalle, Mädchenzimmer usf. in Worten an, die in gleicher Weise schon vor dem Ersten Weltkrieg für Etagenhäuser in dieser Gegend gewählt wurden[248].

Als ein besonders schönes Beispiel der Backsteinbauweise des »Neuen Bauens« soll – obwohl nicht in ein gleichzeitiges Ensemble eingebunden – hier das Haus Eppendorfer Landstr. 47–51 (R. Friedmann für H. Levy 1928) erwähnt werden.

87

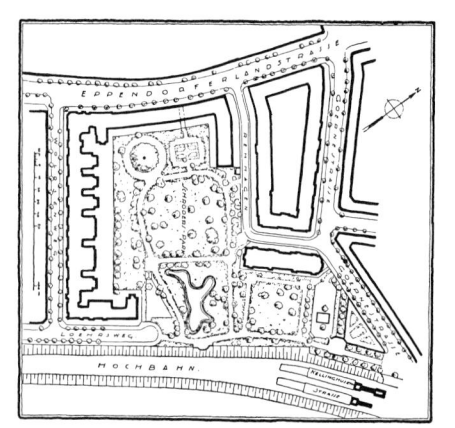

Abb. 243 (links): Bebauungsplan F. Schumachers für Kellinghusens Park (damals Schröders und Knauers Park) in Eppendorf. Vgl. Häuser Gustav-Leo-Str. und Goernestr. (Abb. 110, 111, 244, 439, 455). – Abb. 244: Gustav-Leo-Str. 14–18, E. Gerson 1926 (vgl. Abb. 439).

Abb. 245: Eppendorfer Landstr. 11, Haynstr. 19–21, J. C. Hansen 1927 (vgl. Abb. 113).

Abb. 246: Breitenfelder Str. 80 usw., H. u. O. Gerson 1924–1925 (vgl. Abb. 226).

Abb. 247: Heilwigstr. 121 ff., 1923–1924 Zwinscher & Peters (vgl. Abb. 141).

Abb. 248–249: Faaßweg 4 ff., 1924–1925 A. Ruppert und 1936 Paul Wrage.

Abb. 250: Breitenfelder Str. 68 ff. usw., U. Pierstorff 1929 (vgl. Abb. 251).

Abb. 251: Wie Abb. 250. Eingang Curschmannstr. 32.

Abb. 252–253: Eppendorfer Landstr. 47–51, R. Friedmann 1928 (vgl. Abb. 204).

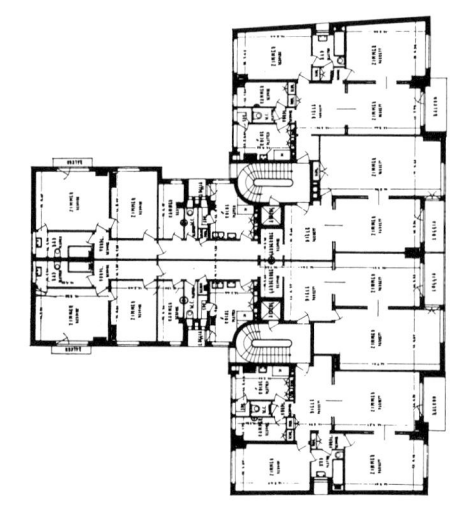

Das nördliche *Winterhude* mit *Alsterdorf* zeigt eine geschlossene Quartiersbildung zwischen Ohlsdorfer Straße und Braamkamp bis zur Hochbahnlinie, in Form eines Sektors zentriert auf die Baugruppe der Winterhuder Stifte in Nachbarschaft des Stadtparks. Diese Stiftsbauten, von denen ja schon die Rede war (s. o. »Altenwohnanlagen«), bilden je für sich besonders anspruchsvolle Beispiele für den Wohnungsbau der zwanziger Jahre mit äußerst qualitätvollen Beispielen für alle Stilvarianten der Zeit; nach Westen sind sie ergänzt durch Mietwohnungsblocks überwiegend moderner Gestaltungsweise, wobei sich eine kleinere Ensemblesituation um den Platz zwischen Lattenkamp und Alsterdorfer Straße bildet. Entlang der Alsterdorfer Straße folgen größere Straßenrandblocks und Eckbebauungen, die in charakteristischer Weise dem Vorortcharakter durch geringere Geschoßzahl und durch landhausartige, eher traditionalistische und expressionistische Gestaltung angepaßt sind.

Auch sonst gibt es in Winterhude – wie in Eppendorf eingestreut in ältere Quartiere – bedeutende Einzelbauten, wie vor allem den Block Ecke Barmbeker Straße/Maria-Louisen-Straße, das Wohnhaus Maria-Louisen-Straße 63–67 und Poßmoorweg 43–69/Ecke Barmbeker Straße.

Abb. 254 (oben): Die Winterhuder Stifte, Luftaufnahme von Nordosten um 1930. (Zu den Einzelbauten vgl. Abb. 59–64, 112, 149, 441–461).

Abb. 255 (Mitte): Ohlsdorfer Str. 2–6 (links) und Winterhuder Marktplatz 10 (rechts), F. Höger 1927–1928 bzw. Esselmann & Gerntke 1927–1928.

Abb. 256 (unten): Alsterdorfer Str. 175 ff. usw., 1927–1929 Steincke & Voth.

Im Dreieck zwischen Alsterkrugchaussee/Flughafen, Erdkampsweg und Alster besitzt *Fuhlsbüttel* eine größere Zahl von Mietwohnanlagen unterschiedlicher Stilhaltung und Größe. Es fallen dabei vor allem die großen Höfe beiderseits der Alsterschleuse und die Blocks an der Kreuzung Alsterkrugchaussee/Sengelmannstraße sowie die Siedlung Flughafen (F. Höger) auf, dazwischen die von einer Gemeinschaft der wichtigsten Vertreter des Neuen Bauens errichteten Zeilen Am Lustberg/Niedernstegen. Hinzu kommt die Bebauung Am Hasenberge. Über diese Gruppen hinaus kommt es zu keinen größeren Ensemblebildungen. Wenn man jedoch die ebenfalls in den zwanziger Jahren entstandene Einzelhaus- und Reihenhausbebauung in die Betrachtung einbezieht, bildet die Gesamtbebauung im umschriebenen Bereich eine bemerkenswert wichtige, fast geschlossene gestalterische Einheit.

Abb. 257 (oben): Die Alsterschleuse Fuhlsbüttel mit den Wohnanlagen von Abb. 258 und 259. Luftbild 1930 von Süden.

Abb. 258 (links oben): Am Hasenberge 45 usw., C. Winand 1927–1936.

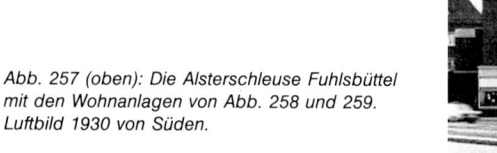

Abb. 259 (rechts oben): Am Hasenberge 47 usw., Krüger/Schrader 1927–1929.

Abb. 260–261 (Mitte): Am Hasenberge 1ff. usw., Klophaus, Schoch, zu Putlitz 1928–1929.

Abb. 262 (unten links): Sengelmannstr. 181–185, Siedlung »Am weißen Berge«, 1930–1931 Klophaus, Schoch, zu Putlitz.

Abb. 263 (unten rechts): Alsterkrugchaussee 418–442, Siedlung »Am weißen Berge«, 1926–1930 Klophaus, Schoch, zu Putlitz.

Abb. 264 (unten): Kleekamp 1/Bergkoppel 26, K. Schneider 1929–1930. Entwurfsperspektive.

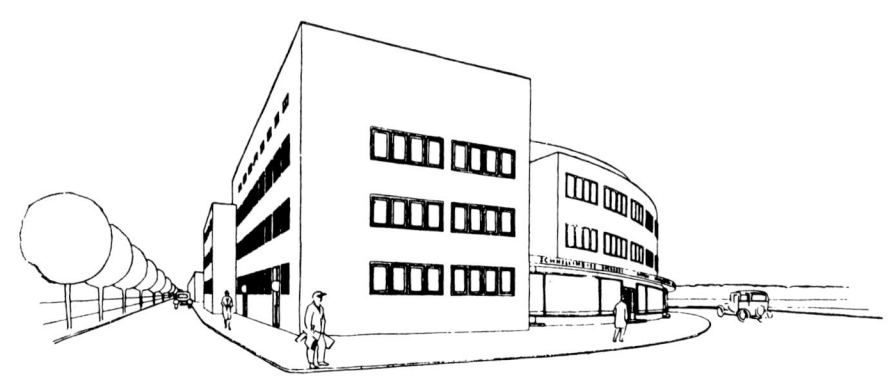

Das größte geschlossene Gebiet des Mietwohnungsbaus der zwanziger Jahre in Hamburg bildet der gesamte Stadtteil *Barmbek-Nord*. Mit einem Blockzuschnitt, der im einzelnen auf die Reform eines älteren Bebauungsplans zurückgeht (s. o.), dabei aber wesentliche Elemente dieses Planes, so diagonale Straßenführungen und damit dreieckige Blocks beibehält, besitzt der Stadtteil ein städtebaulich homogenes Gefüge großer Einzeleinheiten, die sich regelmäßig im Bereich der Diagonalstraßen zu städtebaulich wirksamen Blickpunkten artikulieren (v. a. durch eine entsprechende Massengliederung mit Überhöhung der Ecken)[249]. Stilistisch durchmischen sich mit unterschiedlich großen Einheiten traditionalistische, expressionistische und dem Neuen Bauen in unterschiedlichen Spielarten zuzuordnende Einzelanlagen. Mit größerer Flächenerstreckung und vor allem flächendeckend zeigt sich darin — wie in Eppendorf und Winterhude — nicht zuletzt der Ausdruck des in Hamburg so gewünschten »freien Spiels der Kräfte«, insofern gerade in Barmbek-Nord Bauherren aller Art, von einzelnen Privaten über freie Kapitalgesellschaften bis zu staatlich geförderten gemeinnützigen Gesellschaften, und besonders zahlreiche verschiedene Architekten tätig wurden.

Von den vielen wichtigen Einzelanlagen in diesem ausgedehnten Stadtteil sind einige schon in anderem Zusammenhang genannt oder abgebildet worden. Insbesondere ist zu erinnern an das Frauenwohnheim Schwalbenplatz, das Laubenganghaus Heidhörn, den Wohnblock Rübenkamp/Wasmannstraße u. a.[250].

Hervorzuheben sind vor allem die großen Wohnblocks der gewerkschaftseigenen »Ehrenteit«-Gesellschaft »Gemeinnützige Kleinwohnungsbau-Gesellschaft Groß-Hamburg« (s. o.) an Schwalbenplatz und Habichtstraße, darunter der glänzende Beitrag Karl Schneiders zum Neuen Bauen an der Habichtstraße. Mit seinen halbrund vortretenden Balkonen und der Massengliederung, mit der Eleganz der Verhältnisse und dem Rhythmus der erkeroder risalitartigen Fassadenvorsprünge macht er vergessen, daß hier einer der problematischen Versuche vorliegt, anspruchsvolle Gestaltung und niedrige Mieten zu verbinden: Hier hat man an den Treppenhäusern gespart und einen neuen Dreispänner-Typus entwickelt. — In Barmbek-Nord sind auch Hauptwerke

Abb. 265: Barmbek-Nord von Südwesten, Luftbild von 1932 (vgl. Abb. 1, 96/97, 266). — Bestimmend ist der große Freiraum von Habichtsplatz und Schwalbenplatz. Ganz vorne das Laubenganghaus Heidhörn (vgl. Abb. 38–40 und 171). Der helle Bau links das Frauenwohnheim Schwalbenplatz (vgl. Abb. 48).

Friedrich Ostermeyers vertreten, so vor allem der eindrucksvolle Hof Fuhlsbüttler Straße. Mit abweisend kargem Äußeren, zugleich aber pathetisch eingesetzter Bauplastik demonstriert er einen besonderen Anspruch. Hier sind auch die Hoffronten mit Klinker verkleidet, hier steht die Gemeinschafts-Waschküche wie ein Tempelchen in der Mitte des Hofes. Eine Pfeilerlaube mit dem »Rattenfängerbrunnen« R. Kuöhls bildete einstmals den Abschluß an der Nordspitze (sie fiel später dem Bau der Hochstraße zum Opfer, heute steht der Brunnen im Hof Schwalbenstraße 66). Typisch ist die Verbindung von Neuem Bauen und Hamburger Backsteinarchitektur: Der Horizontalismus des Baukörpers wird betont durch die Rhythmik der Fenster, die schon auf Sprossen verzichten, und durch die Backsteinstreifen im Erdgeschoß. Nur kurz vorher hatte Ostermeyer dort auch den Wohnblock Bendixensweg/Dennerstraße/Mildestieg errichtet: Ein schönes Beispiel für eine schmuckreiche Bauweise zwischen Heimatstil und Expressionismus.

»Eine neue Wohnstadt ist in Nord-Barmbeck entstanden. Große, neuzeitlich eingerichtete Wohnblocks erheben sich an breiten Straßen und Plätzen. Man steht hier mit Bewunderung vor dem weit ausholenden Umfang der Gesamtanlage, vor der Größe des Baugeländes, das sich von der Fuhlsbütteler Straße bis an die Landesgrenze erstreckt. Rund um den Habichtsplatz streben die neuen Wohnblöcke und Großwohnbauten mächtig empor. Wenn man durch diese neu angelegten Straßen schreitet, durch die Otto-Speckter-Straße, Mildestieg, Wittenkamp, Nölkensweg, Eckmannsweg, Habichtstraße und Heidhörn, dann glaubt man fast in einer anderen Stadt zu wandern, so einheitlich und geschlossen ist dieses neue Wohnviertel bebaut worden, das so gänzlich im Gegensatz zu dem gewohnten Bild Alt-Barmbecks steht. Überall in diesen neuen Wohnvierteln sorgen breite Einschnitte zwischen den Häusermassen, geräumige Plätze und Höfe dafür, daß Luft und Sonne in die Häuser eindringen können . . .[251]*«*

»Nord-Barmbeck ist in der Tat zu einer großen, baukünstlerischen und städtebaulichen Sehenswürdigkeit geworden, nicht nur wegen der Massen- und Fassadengestaltung der Wohnblöcke und Großwohnbauten, sondern auch wegen der großzügigen, einheitlichen Gestaltung der Straßen und Freiflächen . . .[252]*«*

Abb. 266 (links): Massenmodell für die Bebauung Habichtsplatz, Schwalbenplatz, Habichtstraße um 1929. – Abb. 267: Habichtstr. 101 ff., Ecke Habichtstraße/Heidhörn, K. Schneider 1928. – Es handelt sich um den Block in Abb. 266 links oben.

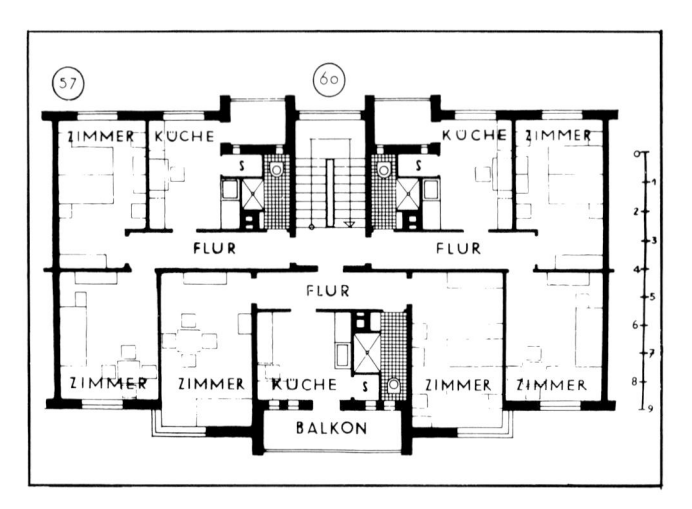

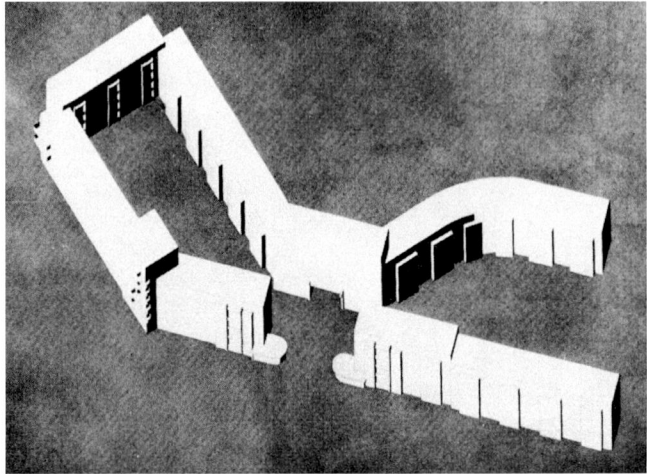

Abb. 268–271: Eckmannsweg 1 ff. usw., Wohnblock Habichtstraße, K. Schneider und Berg & Paasche 1927–1928. Grundriß der Wohnungen (Dreispänner!), Isometrie, Balkon-Detail und Durchfahrt von der Habichtstraße aus.

Abb. 272–274 (oben): Dennerstr. 9ff. usw., F. Ostermeyer 1926–1927, Fassadenteile und Hof mit Wäscherei (vgl. Abb. 15, 16, 172, 197, 227).

Abb. 275 (links): Harzensweg 1 usw., Teilansicht Hellbrookstraße, erbaut 1931(?).

Abb. 276 (rechts): Bendixensweg 2ff. usw., F. Ostermeyer 1925 (vgl. Abb. 191 und 218).

Abb. 277 (links): Wasmannstr. 29ff., E. Dorendorf 1928–1930.

Abb. 278 (rechts): Balkon-Detail von Otto-Speckter-Str. 17dff., 1929–1931 H. Höger.

Abb. 279 (unten links): Schwalbenstr. 6, Suhrsweg 6–14, E. Dorendorf 1927–1929.

Abb. 280 (unten Mitte): Dennerstr. 1 usw., H. Höger 1927.

Abb. 281 (unten rechts): Wasmannstr. 25–27, J. Hoffmann 1925–1926 (vgl. Abb. 212).

Abb. 282: Die Jarrestadt von Nordwesten, Luftbild um 1930. Im Hintergrund die Zeilenbauten (Abb. 300ff.) im Bau.

Die zu Winterhude gehörende Jarrestadt, die (als Ganzes oder mit Einzelbauten) schon in verschiedenen Zusammenhängen immer wieder zitiert worden ist, bildet in gewisser Weise das genaue Gegenstück zu Barmbek-Nord, insofern hier zugleich mit dem Bebauungsplan durch den Wettbewerb der Beleihungskasse von 1926 auch die Architekten festgelegt wurden und durch den Verkauf des Baugrunds durch den Staat an entsprechende Bauherren sichergestellt wurde, daß jeweils einheitliche Einzelblocks entstanden; insofern schließlich durch alle Auflagen und Einfluß- und Abstimmungsmechanismen der Beleihungskasse, der Architektengemeinschaft und der Behörden sowie durch eine zentrale Geschäftsstelle für die Gesamtbebauung im Grunde eine einheitliche Gesamtanlage entstanden ist[253].

Einer der Beteiligten erinnert sich: »Der Jarrestraße-Wettbewerb war ein besonders glückliches Ereignis. Das Programm sah die Ausbildung von zehn Wohnblöcken vor und bestimmte zehn Preisträger, die die Ausführung je eines Wohnblockes erhielten und einen anderen Architekten als Bauführer zu wählen hatten. Auf diese Weise wurden zu einer Zeit, wo die Privatbautätigkeit noch recht schwach war, 20 Architekten oder Architektenfirmen auf einem Male beschäftigt. Jeder Architekt konnte seine eigenen Ideen im Rahmen eines einheitlichen Generalplans durchführen. Gemeinsame regelmäßige Sitzungen unter dem Vorsitz eines erfahrenen Bauunternehmers (Heumann) förderten in verständnisvoller Zusammenarbeit aller Beteiligten die Qualität der Bauten . . .[254]«

Mehr als irgendwo sonst in Hamburg ist hier das ganze Gebiet zur homogenen »Einheit« geworden. In gewisser Weise kann es als ideale Realisierung der städtebaulichen und architektonischen Anliegen der ganzen Wohnungsbaupolitik angesehen werden, als Mustersiedlung schlechthin. Nicht umsonst hat sie einen (inoffiziellen) Namen als eigene Jarre-»Stadt«, abgeleitet von der Jarrestraße, nördlich derer sie liegt.

»Die Jarrestadt steht und ist ein Baudenkmal geworden. Aber es kommt heute nicht darauf an, Denkmäler zu schaffen. Die Jarrestadt ist eine Angelegenheit der Nützlichkeit, eine Aktion gegen die Wohnungsnot gewesen und trotzdem ein Baudenkmal geworden . . .[255]«

Stilistisch folgen alle Bauten den Grundsätzen des Neuen Bauens mit klaren, kubisch aufgefaßten Baukörpern, die durch die zum Flachdach gehörenden Dachbodengeschosse eine erstaunliche Monumentalität gemeinsam entfalten. Ein Sondergebiet bildet der östliche Dreiecksbereich zwischen Wiesendamm und Jarrestraße mit den Zeilenbauten, die als Versuchssiedlung der Reichsforschungsgesellschaft für Wirtschaftlichkeit im Bauwesen mit dem Ziel, traditionelle und neue (Stahl- und Stahlbetonskelett-)Bauweisen sowie verschiedene Haustypen (Laubenganghaus, traditionelles Etagenhaus) zu vergleichen (s. o.).

Nach Westen, Süden und Norden schließen sich im übrigen Bauten und Quartiere an, deren Charakter und Entstehungszusammenhänge dem für Barmbek-Nord Gesagten entspricht und die sich dadurch von der »Jarrestadt« unterscheiden.

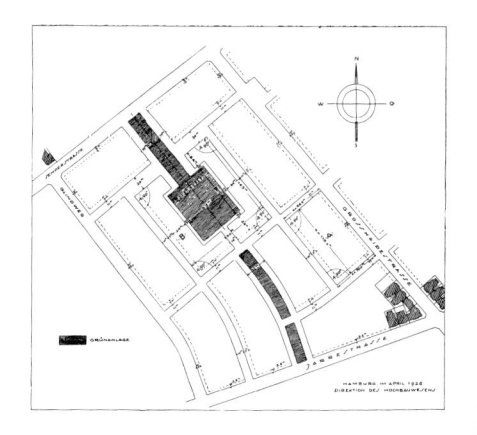

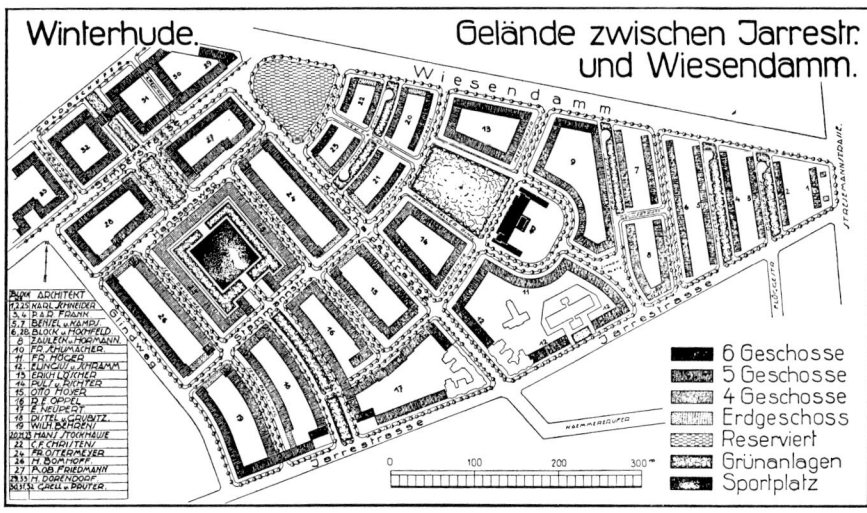

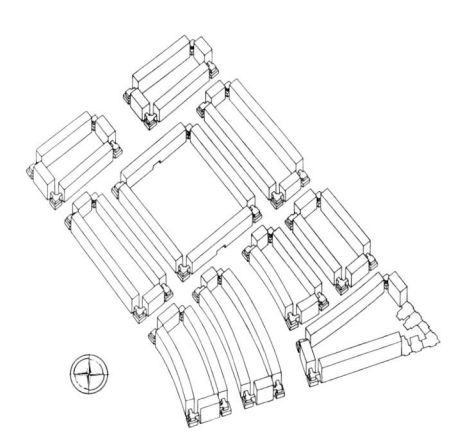

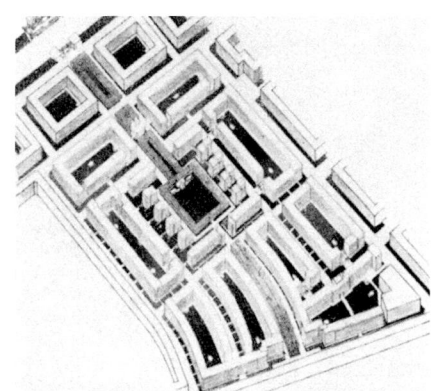

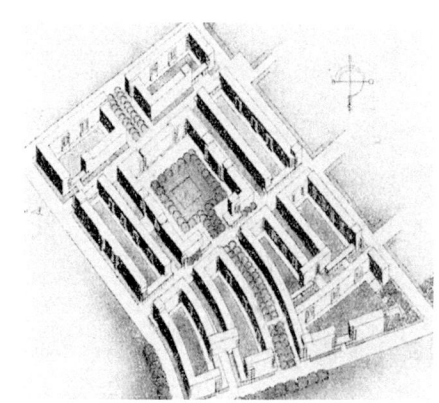

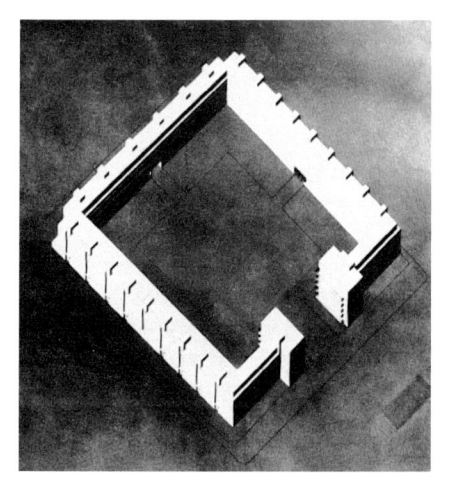

Abb. 283 (oben links): Vorgegebener Straßenplan für den Wettbewerb von 1926.

Abb. 284 (oben rechts): Die Einzelbauten in der Jarrestadt mit Architektennamen.

Abb. 285–287 (zweite Reihe von oben): Wettbewerbsentwürfe von 1927: K. Schneider, Distel & Grubitz, R. Friedmann.

Abb. 288–290 (links und unten): Isometrie und Teilansichten des Zentral-Blocks der Jarrestadt, Hanssensweg 10ff. usw. (vgl. Abb. 11, 12, 170).

Abb. 291 (1. Reihe links): Glindweg 2 ff. usw., W. Behrens 1928–1929.

Abb. 292 (1. Reihe Mitte): Großheidestr. 49 usw., R. Friedmann 1928.

Abb. 293 (1. Reihe rechts): Glindweg 30–32 usw., Block & Hochfeld 1928–1929 (vgl. Abb. 221).

Abb. 294 (2. Reihe links): Großheidestr. 35 ff. usw., »Otto-Stolten-Hof«, F. Ostermeyer 1928–1929 (vgl. Abb. 13, 33–35, 75).

Abb. 295 (2. Reihe rechts): Jean-Paul-Weg 2 ff. usw., Distel & Grubitz 1928–1929 (vgl. Abb. 18, 220, 445).

Abb. 296 (Mitte links): Großheidestr. 2 ff. usw., »Kranzhaus«, Puls & Richter 1930.

Abb. 297 (Mitte rechts): Großheidestr. 21 ff. usw., O. Hoyer 1928.

Abb. 298–299 (unten links und rechts): Hölderlinsallee 6 ff. usw., 1927–1929 R. E. Oppel.

Abb. 300–302 (ganz unten): Versuchsbauten der Reichsforschungsgesellschaft für Wirtschaftlichkeit im Bauwesen. Georg-Thielen-Gasse 1 ff., Bensel & Kamps 1930. – Georg-Thielen-Gasse 2 ff., Frank 1930. – Saarlandstr. 25 ff. K. Schneider 1930.

Der *Dulsberg* als das Gebiet mit dem frühesten Bebauungsplan reformierter Art (s. o.) kann eine der Jarrestadt vergleichbare Bedeutung als homogenes Gebiet beanspruchen, was die städtebauliche und massenmäßige Gesamtsituation betrifft[256]. Hier war jedoch bewußt wiederum der freien Entfaltung der Wohnungswirtschaft Raum gelassen worden. Das Ergebnis ist, daß neben die sehr homogene Gruppe von Höfen im Westbereich zwischen Altem Teichweg und Straßburger Straße, die auf Grund von Typenplänen Fritz Schumachers von privaten Architekten bzw. Baubeamten für die Stadt gebaut worden waren und die ein einheitliches traditionalistisches Gepräge zeigen, im Laufe der zwanziger Jahre große Einheiten jeweils sehr verschiedener Ausbildung nach Typus wie Gestaltungsweise traten: Die als expressionistisch zu bezeichnende südliche Begleitbebauung der Straßburger Straße im Westabschnitt in Blockrandbauweise, die Laubenganghäuser des Neuen Bauens an der Nordschleswiger Straße und der Doppelhof um den Naumannplatz zeigen noch heute den – durch schwere Kriegsverluste allerdings stark verstümmelten – ursprünglichen Gesamtcharakter der Siedlung als einer »*interessanten Ausstellung verschiedenster Formen*«[257].

In verschiedenen Zusammenhängen wurden schon Einzelbauten und die Gesamtanlage besprochen[258].

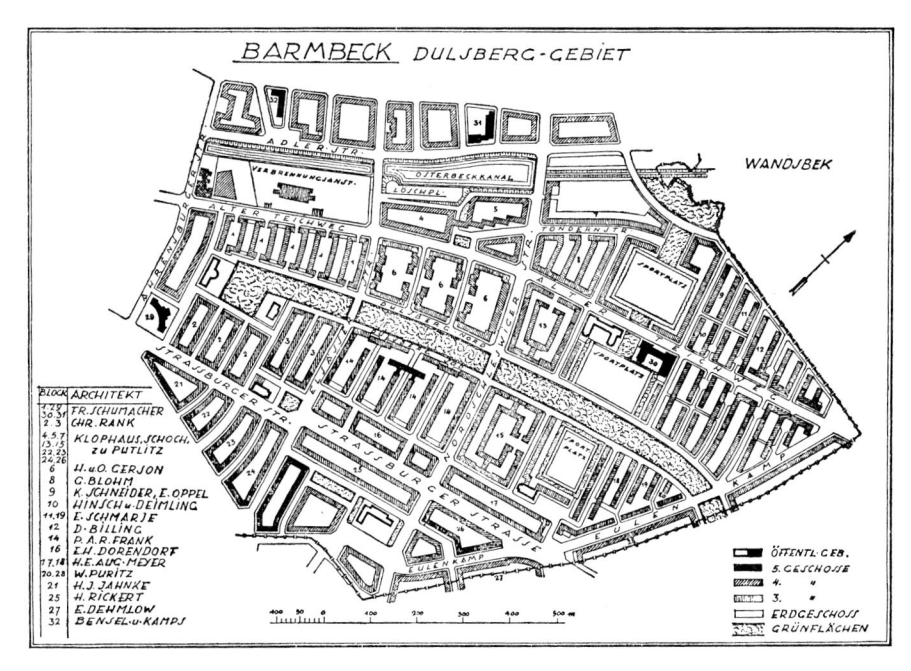

Abb. 303–304: Die Dulsberg-Siedlung von Nordwesten und Südwesten, Luftbilder um 1930. Im Vordergrund die Blocks der Staatsbauten von 1921 ff. und die halbrund angelegte Schule Ahrensburger Straße (jetzt Gymnasium Krausestraße) von Fritz Schumacher.

Abb. 305: Übersichtsplan über die Dulsberg-Siedlung mit Angabe der beteiligten Architekten. – (Vgl. weiterhin die Abb. 9, 87, 88, 94, 95, 105).

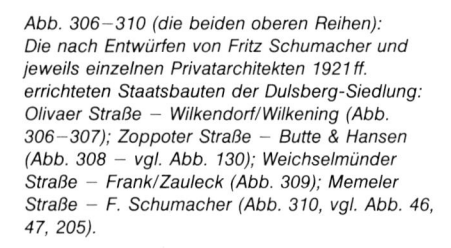

Abb. 306–310 (die beiden oberen Reihen):
Die nach Entwürfen von Fritz Schumacher und
jeweils einzelnen Privatarchitekten 1921 ff.
errichteten Staatsbauten der Dulsberg-Siedlung:
Olivaer Straße – Wilkendorf/Wilkening (Abb.
306–307); Zoppoter Straße – Butte & Hansen
(Abb. 308 – vgl. Abb. 130); Weichselmünder
Straße – Frank/Zauleck (Abb. 309); Memeler
Straße – F. Schumacher (Abb. 310, vgl. Abb. 46,
47, 205).

Abb. 311–312 (zweite Reihe rechts außen und
Mitte links): Dulsberg-Süd 1 ff. usw.,
F. Schumacher/C. Bruncke 1922/23 (zweite
Gruppe der Staatsbauten am Dulsberg).

Abb. 313 (Mitte): Straßburger Str. 2 ff. usw.,
Klophaus & Schoch 1927–1928.

Abb. 314–315 (zweite Reihe von unten):
Dulsberg-Süd 9 ff usw., der Wohnblock
Naumannplatz, Klophaus, Schoch, zu Putlitz 1928
(vgl. Abb. 78, 81, 432–434).

Abb. 316–317 (unten): Laubenganghäuser der
Brüder Frank 1929–1931, Dulsberg-Süd 5 f. usw.
(vgl. Abb. 41–43, 104).

Die ursprünglich geschlossen von *Hamm-Nord* bis *Hamm-Süd* reichende Bebauung mit Mietwohnungsblocks ist durch den Krieg, v. a. im Süden, sehr stark verstümmelt worden. Trotzdem zeigt sich auch dort noch immer ein großflächig einheitlicher Charakter eines mit seinen wesentlichen Merkmalen etwa Barmbek-Nord vergleichbaren Wohngebietes. Auch hier sind durch Bebauungspläne der zwanziger Jahre große Blockbildungen entstanden, die in der Bebauung durch zahlreiche verschiedene Bauherren bei massenmäßiger Geschlossenheit im einzelnen eine große Vielfalt der Bauformen zeigt, wobei hier allerdings grundsätzlich ein bedeutendes Übergewicht des Neuen Bauens festzustellen ist.

Ähnlich war die Entwicklung der Bebauung in *Horn* angelegt, wo südlich und westlich der Horner Rennbahn die Voraussetzung durch eine entsprechende Bebauungsplanung geschaffen wurde. Hier kam zu einer Reihe verstreuter Bauten der zwanziger Jahre die geschlossene Bebauung allerdings erst nach 1933. Auch hier sind schwere Kriegsschäden zu verzeichnen (Wiederaufbau in veränderter Form), trotzdem ergibt sich ein wiederum großflächiger geschlossener Bereich eigener Charakteristik (eben Überwiegen einer Bebauung der dreißiger Jahre – s. u.).

Ein wiederum geschlossenes Gebiet von vergleichbarer Charakteristik wie die Jarrestadt, jedoch nicht so ausgedehnt, ist die Bebauung der *Veddel*[259]. Hier war der Staat Eigentümer der Gesamtfläche und konnte deshalb in weitestgehendem Maße die Gestaltung bestimmen, sowohl durch Verkaufsbedingungen wie durch Auflagen der Beleihungskasse und eine entsprechende Bebauungsplanung. Auch hier kam es deshalb zu einer prototypisch geschlossenen Gesamtgestalt, die im Grunde nichts anderes ist als die Anordnung von Blocks in einer Art Großblockrandbebauung um das gemeinsame Zentrum eines großen Freiraums mit den erforderlichen öffentlichen Gebäuden, in erster Linie Schule und Kirche. Weitgehend einheitlich im Sinne des Neuen Bauens mit einigen expressionistischen Elementen im Einzelfall ist auch hier der stilistische Charakter, wobei der individuellen gestalterischen Behandlung der Einzelblocks im übrigen großer Wert beigelegt worden ist.

Abb. 318: Modell des Bebauungsplans Hamm-Nord 1928 (vgl. Abb. 100). – Abb. 319: Caspar-Voght-Str. 42 usw., erbaut durch E. Dorendorf 1928 ff., nach Kriegszerstörung wiederaufgebaut (vgl. Abb. 436).

Abb. 320: Die Veddel von Norden, Luftbild 1932.

Abb. 321: Bebauungsplan der Veddel.

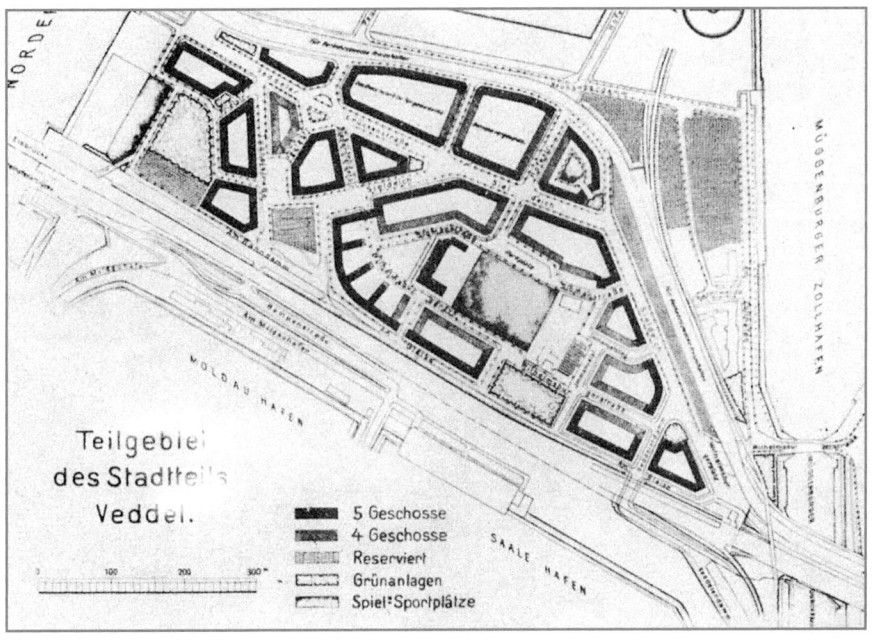

Abb. 322–323 (oben): Immanuelplatz 11–13 usw., erbaut durch Elingius & Schramm mit H. Höger 1926–1927 (vgl. Abb. 183).

Abb. 324 (Mitte links) und 326 (rechts unten): Am Gleise 32 ff. usw., erbaut durch W. Behrens 1926–1927 (vgl. Abb. 214).

Abb. 325 (links unten): Am Gleise 41 ff. usw., W. Behrens 1926–1927.

Ebenfalls hamburgisch, jedoch mit Eigenleben ausgestattet, entstanden in den zwanziger Jahren auch in *Finkenwerder* zwei große Wohnblocks traditionalistischer Stilhaltung. Zu einer großflächigen Ensemblebildung von Miethausbauten kam es aber auch dort erst in den dreißiger Jahren.

Kommunale Selbständigkeit besaß *Bergedorf*. Es nutzte sie aus durch größtenteils vom Stadtbauamt entworfene Mietwohnungsbauten v. a. im Osten, wo sich entlang der Holtenklinkerstraße ein langgestrecktes und in den dreißiger Jahren ergänztes Ensemble entwickelte und auf der Geesthöhe zwischen Heyse- und Justus-Brinckmann-Straße eine Landhaussiedlung und entlang der August-Bebel-Straße eine Zeilenhausgruppe entwickelte.

Abb. 327: Benittstr. 20 ff., Klophaus & Schoch 1925–1927 (vgl. Abb. 127).

Abb. 328: Holtenklinkerstr. 115 ff., Stadtbauamt Bergedorf 1924 (vgl. Abb. 204 und 205).

Abb. 329: Holtenklinkerstr. 139 ff., Stadtbauamt Bergedorf 1926–1927.

Abb. 330: Holtenklinkerstr. 137, Stadtbauamt Bergedorf 1931.
Abb. 332: Bergedorfer Str. 115–117/Vierlandenstr. 3–15, Distel & Grubitz 1930–1931.

Abb. 331: Holtenklinkerstr. 162 ff., Stadtbauamt Bergedorf 1929.
Abb. 333: Eines der landhausartigen Mehrfamilienhäuser August-Bebel-Str. 140 ff. usw., Stadtbauamt Bergedorf 1926–1929.

Altona

Die Zone des Mietwohnungsbaus der zwanziger Jahre in Altona zieht sich von Altona-Nord (Bereich Kieler Straße) bis zum Westrand von Ottensen, dazu kommt die große Zeilenhausgruppe südlich vom Altonaer Volkspark an der Luruper Chaussee[260].

Mit der Größe der Quartiere in Hamburg kann allenfalls das westliche Ottensen zwischen Friedensallee und Bernadottestraße verglichen werden, wo eine homogene Zone von Mietwohnungsanlagen von Süden nach Norden gebaut wurde, darunter als die bedeutendste Einheit der Friedrich-Ebert-Hof[261]. Dieser weist freilich darauf hin, daß charakteristisch für Altona weniger die Quartiersbildung als der Großwohnblock quartierartiger Ausdehnung ist. Dies gilt schon für die noch vor 1923 begonnene Blockrandbebauung westlich vom Rathenaupark ebenso wie für den Friedrich-Ebert-Block wie dann auch für die beiden Höfe des Altonaer Spar- und Bauvereins zwischen Valparaisostraße und Bornkampsweg, die erwähnte Zeilenhaussiedlung im Nordwesten (Luruper Chaussee), die Gesamtanlage Helmholtzstraße/Bunsenstraße sowie die Gesamtanlage zwischen Schützenstraße und Bessemerweg. Diese Gesamtanlagen werden jeweils durch kleinere Einheiten zu Ensembles ergänzt. In Altona-Nord treten sie zu Quartieren zusammen, so die städtischen Wohnblocks Augustenburger Straße/Koldingstraße/Gefionstraße und die Blocks im Bereich Kieler Straße/Lunapark/Ophagen. – Einzelbauten im schon vor 1918 geschlossen bebauten Stadtgebiet kommen hinzu.

Abb. 334–336: Der Friedrich-Ebert-Hof, F. Ostermeyer 1928–1929. Entwurfsskizze, Ansicht des Hofes während des Baus, heutiger Zustand (vgl. Abb. 36, 37, 76, 85, 160, 176, 444).

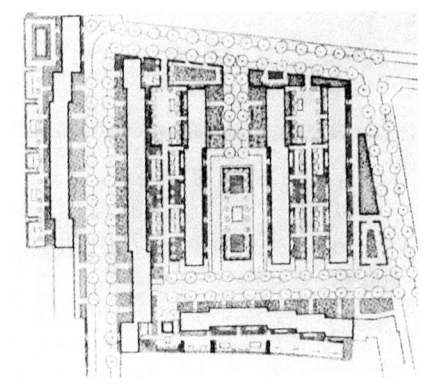

Abb. 337–338 (oben): Die Wohnanlage Borselstr. 19 ff. usw., (»Helmholtzstraße/Bunsenstraße«) von G. Oelsner 1926–1927 (vgl. Abb. 82, 106, 200, 201).

Abb. 339–341 (links und unten): Leverkusenstr. 20 ff., Wohnblock Schützenstraße, G. Oelsner 1925–1927.

Abb. 342: Bahrenfelder Chaussee 16 usw., Wohnblock Valparaisostraße, H. Meyer 1929–1931.

Abb. 343: Hohenzollernring 23–25, A. Soll 1926–1928 (vgl. Abb. 345).

Abb. 344: Goetheallee 17/Julius-Leber-Str. 19, W. Brünicke 1927.

Abb. 345: Tür Hohenzollernring 23 – (vgl. Abb. 343).

Abb. 346: Hohenzollernring 28–32, H. Müller 1930–1932.

Abb. 347: Am Rathenaupark 1 ff. usw., Stadt Altona 1922 ff.

Abb. 348: Bleickenallee 15–17, Hohenzollernring 31–37, F. Ostermeyer 1930.

104

Abb. 349: Arnisstr. 2ff. usw., G. Oelsner 1926–1927.

Abb. 350: Arnisstr. 1ff. usw., G. Oelsner 1925.

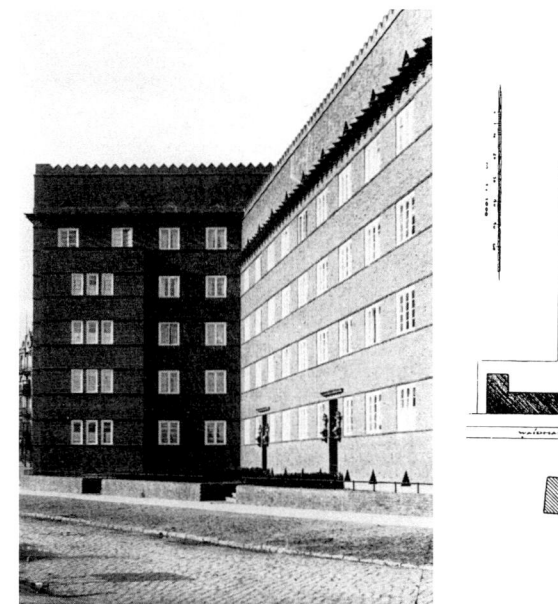

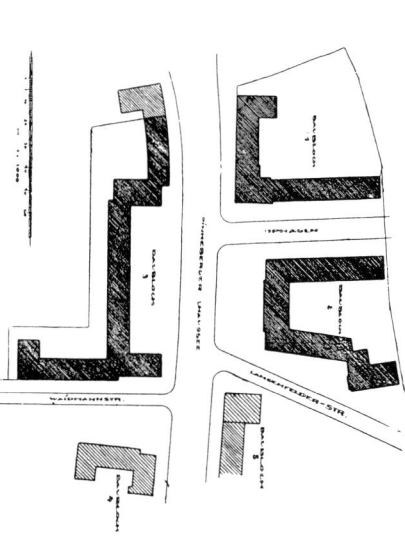

Abb. 351–355: Die Bebauung Kieler Straße/Ophagen: Oben Mitte der Lageplan, daneben Teilansichten Kieler Str. 66–68 usw. (F. Ostermeyer 1925–1926). Unten Teilansichten Kieler Str. 75ff. usw. (F. Ostermeyer 1928). – Vgl. Abb. 356–358.

Abb. 356: Kieler Str. 67ff. usw., F. Ostermeyer 1927–1929. (vgl. Abb. 358).

Abb. 357: Wohnblock Lunapark, Kieler Str. 55 usw., G. Oelsner 1929–1930 (vgl. Abb. 446).

Abb. 358: Eingang Kieler Str. 67 – (vgl. Abb. 356).

Abb. 359 und 360: Bernadottestr. 36–40/Tönsfeldstr. 40, G. Hinrichsen 1928 (vgl. Abb. 362). – Dem äußeren Aufwand der Fassaden entsprechen die großzügigen Wohnungsgrundrisse.

Abb. 361: Bahrenfelder Steindamm 37ff. usw., G. Oelsner 1927–1928 (vgl. Abb. 157 – beachte die inzwischen erneuerten Fenster).

Abb. 362: Bernadottestr. 36–40 – vgl. Abb. 359–360.

Wandsbek

Eine eigenständige Entwicklungslinie für den Mietwohnungsbau in Wandsbek während der zwanziger Jahre ist aus dem heute beurteilbaren Bestand nicht erschließbar. Offensichtlich hat man sich im wesentlichen darauf beschänkt, die Dulsberg-Siedlung nach Osten zweckmäßig fortzusetzen. Eine große Gesamtplanung für den Bereich um die Haltestelle Wandsbek-Gartenstadt wurde nie realisiert. Die Bebauung an Friedrich-Ebert-Damm und Lesserstraße kann jedoch durchaus den Anspruch auf eine städtebaulich als große Einheit gedachte Ergänzung der Dulsberg-Siedlung erheben. Im übrigen kommt es da und dort zu nicht unbedeutenden Einzelbauten und kleinen Gebäudegruppen.

Insbesondere gibt es auch in Wandsbek (wie in Altona) einen von Friedrich R. Ostermeyer entworfenen »Friedrich-Ebert-Hof«.

Abb. 363 (oben): Pillauer Str. 3–19. Mehrfamilienhäuser des Stadtbauamts Wandsbek von 1925 in der »Gartenstadt Wandsbek«.

Abb. 364–366 (Mitte und unten): Friedrich-Ebert-Damm 28 usw., Berg & Paasche 1926–1927 (vgl. Abb. 181, 211).

Abb. 367 (links oben): Ahrensburger Str. 2, Kedenburgstr. 22, um 1930.

Abb. 368 (rechts oben): Wandsbeker Zollstr. 153, um 1930.

Abb. 369 (links): Der Wandsbeker »Friedrich-Ebert-Hof« Eulenkamp 2ff. usw., F. Ostermeyer um 1930.

Abb. 370 (links unten): Rauchstr. 7–9, Tratziger Str. 16, um 1930.

Abb. 371 (rechts unten): Friedastr. 6–12, um 1925.

Harburg-Wilhelmsburg

Im Zentrum von Wilhelmsburg und an den davon ausgehenden, nach Süden führenden Straßen kommt es in den zwanziger Jahren – bedeutend ergänzt in den dreißiger Jahren – zu geschlossenen Mietwohnungskomplexen, von denen einige große Hofbildungen im Bereich Georg-Wilhelm-Straße/Fährstraße ebenso auffallen wie die langgestreckten expressionistischen Putzbauten entlang der Veringstraße. In der Flächenausdehnung ist die Gesamtleistung hier vergleichbar mit einem der Hamburger Gebiete.

In Harburg selbst bilden die Mietwohnungsbauten der zwanziger Jahre einen fächerartig vom alten Zentrum nach Süden und Westen ausstrahlenden Kranz von jeweils in sich geschlossenen Einheiten, unter denen vor allem die Siedlungen am Reeseberg und an der Bremer Straße als relativ schlichte traditionalistische Putzbauten auffallen. Weit bedeutsamer war die (jetzt allerdings entstellte) Zeilenhausgruppe Karl Schneiders an der Hoppenstedtstraße in schlichtester Putzbauweise. Als Ensembles von besonders hohem Anspruch treten aus dem übrigen Bestand heraus der Block Hastedtstraße/Mergellstraße und die Nordseite der Mergellstraße mit aufwendiger, expressionistische Elemente mitverwendender traditionalistischer Bauweise und reicher Bauplastik sowie die dem Neuen Bauen zugehörige Baugruppe des Adolf-von-Elm-Hofes.

Abb. 372 (oben): Fährstr. 2ff. usw., Ende 20er Jahre?

Abb. 373 (Mitte): Fährstr. 10–12 usw., um 1930.

Abb. 374 (unten): Veringstr. 47ff., Stadtbauamt Harburg-Wilhelmsburg 1927.

Abb. 375 (links oben): Nobleestr. 15, um 1930.

Abb. 376 (rechts oben): Julius-Ludowieg-Str. 18, Schwarzenbergstr. 1–9, G. Hinrichs 1928–1930.

Abb. 377 (Mitte rechts): Hastedtstr. 34 ff. usw., E. & E. Theil 1926–1928 (vgl. Abb. 224 und Titelbild).

Abb. 378 (Mitte rechts): Barlachstr. 24 usw., E. Schnell 1927.

Abb. 379–380 (unten): Adolf-von-Elm-Hof 1 ff. usw., Berg & Paasche 1928 (vgl. Abb. 173).

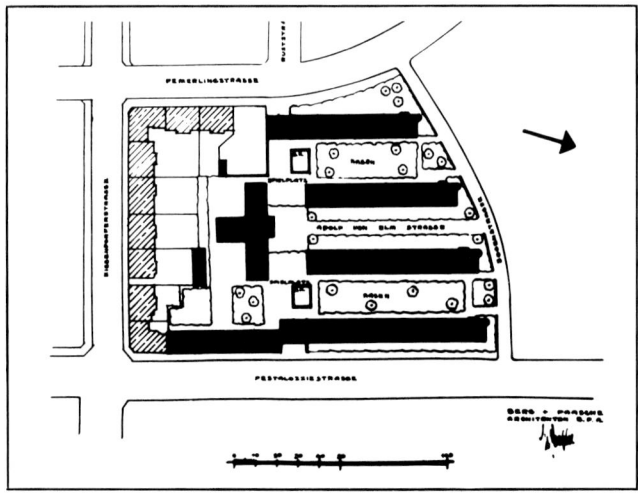

Öffentliche Bauten

Hamburg

Die Verlagerung der Bevölkerung in riesige neue Quartiere brachte zumindest in Hamburg selbst einen akuten Bedarf an Wohnfolgeeinrichtungen, d.h. in erster Linie an Schulen. Parallel dazu ging eine ebenfalls sozialpolitisch motivierte Reform des Volksschulwesens und der Pädagogik überhaupt v.a. in Hamburg[262]. Die Verantwortung für diese Schulbauten wie für überhaupt alle öffentlichen Hochbauten außerhalb des Hafens und des Ingenieurwesens bildete nun die eigentliche Zuständigkeit Fritz Schumachers, der 1909 als Leiter des Hochbauwesens in Hamburg die Nachfolge Carl Johann Christian Zimmermann (1831–1911, im Hamburger Staatsdienst 1872–1908) angetreten hatte[263].

Die bisherige Betrachtung seiner Leistung im Wohnungswesen der zwanziger Jahre würdigte seine Funktion als Städtebauer und übergeordneter »dirigierender Architekt«. Im Bereich des öffentlichen Bauwesens konnte und wollte er selbst bauen und bis ins Detail entwerfen. Nur wenige Ausnahmen der öffentlichen Gebäude, die bis 1933 in Hamburg entstanden, sind nicht auf seine Autorschaft zurückzuführen.

Dabei ist bemerkenswert, daß Fritz Schumacher auch in diesem Bereich – und durch die zunächst eingeschränkte Zuständigkeit zunächst auch nur in diesem Bereich – von Anfang an und in den zwanziger Jahren noch verstärkt städtebauliche Gesichtspunkte als wesentlich für den Entwurf investierte.

Lagen seine Museen, Schulen und Staatsbauten vor dem Ersten Weltkrieg

Abb. 381 (oben): Museum für Hamburgische Geschichte 1914–1923,

Abb. 382 (Mitte links): »Gewerbehaus«, Gebäude der Handwerkskammer, 1912–1915.

Abb. 383 (Mitte rechts): Ehem. Gebäude der Oberschulbehörde, 1911–1913.

Abb. 384 (links unten): Teilansicht des Untersuchungsgefängnisses, 1927–1928.

Abb. 385 (rechts unten): Teilansicht des Erweiterungsbaus zum Ziviljustizgebäude, 1927–1930.

hauptsächlich in den bereits bebauten älteren Quartieren der Stadt, so bildeten sie jetzt in den zwanziger Jahren integrale Bestandteile seiner Stadtteilplanungen sowohl in gestalterischer Hinsicht (als städtebauliche Orientierungs- und Höhepunkte, als ästhetische Maßstäbe setzende Solitärbaukörper) wie vor allem und die besonderen gestalterischen Anstrengungen rechtfertigend als sozialpolitische Kristallisationspunkte, als Zentren einer kulturellen Weiterentwicklung der in den Massenwohnquartieren lebenden Menschen. Insbesondere sind es die Volksschulen, die gleichzeitig mit den Wohnungsbauten entstanden und zugleich den pädagogischen Reformvorstellungen den baulichen Rahmen geben sollten. Wie die Wohngebiete überhaupt von ihm als eine der großen Aufgaben seiner Zeit begriffen wurden, nämlich »*eine neue Menschenschicht organisch einzugliedern in das Gefüge unserer Kultur*«[264], so sah er auch im Schulbau ein Instrument, »*um die große Aufgabe unserer Zeit zu fassen: Lebenskultur in die breiten Massen zu bringen*«[265]. Selbst kleine öffentliche Gebäude wurden unter ähnlichen Aspekten zu Brennpunkten besonderer gestalterischer Anstrengungen Schumachers, um in den neuen Wohnquartieren Punkte besonderer Ausstrahlung zu schaffen, wie z. B. die Polizeiwache am Hartzlohplatz.

Fritz Schumacher hat damit insbesondere in den neuen Wohnquartieren erreicht, was er schon 1919 als Programm formuliert hatte: Die neuen Lebensformen in den neuen Siedlungen, die Lebensgemeinschaft in ihnen sollte ihren Ausdruck finden in »*architektonischen Gebilden gesteigerter Art*«, veranlaßt durch jene prosaischen Einrichtungen, die von der Schule bis zur Polizeiwache in einem Stadtviertel unerläßlich sind: »*Was frühere Zeiten nur in Stein auszudrücken pflegten und in ihren Domen verkörperten, die allem Leben, dem alltäglichen und feierlichen, den Mittelpunkt gaben, das werden wir heute in einer Vereinigung von baukünstlerischen und gartenkünstlerischen Eindrücken auszusprechen haben, die nicht weniger formaler und kultureller Mittelpunkt einer Lebensgemeinschaft werden können*[266].«

Die Bauten Fritz Schumachers genossen seit ihrer Entstehung mehr als irgendein anderer größerer architektonischer Komplex in Hamburg allgemeine und ungeteilte Anerkennung in der breitesten Öffentlichkeit wie in der Fachwelt, bei Architekten wie Historikern. Als Gesamtleistung ebenso wie in jedem Einzelfall zeigen sie eine einmalige Bemühung, einer Stadt das Gepräge einer neuen Epoche mitzuteilen, gestalterisch, aber auch erzieherisch durch Form und Funktion[267].

Zu seinem 60. Geburtstag am 4.11.1929 ehrt ihn das »Hamburger Echo«:

»*Wer heute durch die Straßen Hamburgs geht, um sich die Bauwerke der Stadt anzuschauen, wird neben den Merkmalen vergangener Zeiten, die hier nicht allzuviel Rühmliches hinterlassen haben, immer wieder charakteristische Neubauten erblicken, denen der Stempel einer Künstlerpersönlichkeit ganz unverkennbar aufgeprägt ist. Gleichviel, ob es sich um ein Schulhaus oder um den Sitz einer Behörde, um eine Badeanstalt, eine Brücke, um einen Wohnhausblock, den Wasserturm im Stadtpark, ein Lagergebäude im Hafen, einen Museumsbau oder eine Friedhofskapelle handelt – immer spricht sich die Eigenart dieser Künstlerpersönlichkeit in ihrem Werke so deutlich aus, daß man sie nicht mehr aus dem Gedächtnis verliert . . .*[268]«

Es wird in diesem Zusammenhang darauf verzichtet, die gestalterische Entwicklung Schumachers an seinen öffentlichen Bauten zu verfolgen. Er hat sie selbst öfter dargestellt[269]. Ihre Tendenz ist eindeutig: Nach traditionalistischen Lösungen vor dem Ersten Weltkrieg ist in den zwanziger Jahren eine schnelle und konsequente Hinwendung zur Neuen Sachlichkeit festzustellen in gerade der gemäßigten, durch den Backsteinbau und gestalterische Details von Extremen sich fernhaltenden Bauweise, wie er sie für das Gesamtbild der Stadt propagierte.

Im folgenden wird eine Liste seiner Bauten gegeben, die davon absieht, im einzelnen zu würdigen, wie Erhaltungszustand und besondere bauliche Qualität beschaffen sind. Es wird dabei auch darauf verzichtet, die Entstehungszeit vor und nach dem Ersten Weltkrieg zu unterscheiden. Abgesehen von wenigen Ausnahmen in Eimsbüttel und Eppendorf, sind so gut wie alle Bauten in den Stadtteilen außerhalb Altstadt/Neustadt/St. Pauli/St. Georg in den zwanziger Jahren bis 1932 entstanden[270]. – Die Bezeichnungen geben die zur Erbauungszeit gültige und gegebenenfalls die heutige an.

Abb. 386: Ehem. Wohlfahrtsstelle St. Pauli um 1930.

Abb. 387: Handelsschule Wendenstraße (Hammerbrook) 1929–1930.

Abb. 388: Schule Marienthaler Straße, Treppenhaus (Hamm-Nord), 1928–1929.

Altstadt
Bücherhalle mit Mönckebergbrunnen
Heringskühlhaus Hübnerkai
Kunsthalle (Modifikation der Pläne von Erbe)

Neustadt
Dienstgebäude der Landesjustizverwaltung und der Post am Dammtorwall
Finanzbehörde am Gänsemarkt
Handwerkskammer – Gewerbehaus, Holstenwall
Museum für Hamburgische Geschichte
Stadthaus – Erweiterung, Stadthausbrücke
Stiftungsschule von 1815 am Zeughausmarkt – Anna-Siemens-Schule
Untersuchungsgefängnis am Holstenwall – Erweiterung
Verwaltungsgebäude Drehbahn – Erweiterung
Verwaltungsgebäude der Oberschulbehörde, Dammtorstraße
Finanzbehörde, Kassenabteilung
Ziviljustizgebäude am Sievekingplatz – Erweiterung

St. Pauli
Institut für Schiffs- und Tropenkrankheiten – Bernhard-Nocht-Institut, Bernhard-Nocht-Straße 34
Polizeiwache Spielbudenplatz – Davidswache, Spielbudenplatz 31
Wohlfahrtsstelle 2 – Ortsdienststelle St. Pauli, Wohlwillstr. 35.

St. Georg
Hauptfeuerwache Berliner Tor, Westphalensweg 1
Kaufmännische Fortbildungsschule am Lübeckertordamm – Gewerbeschule Lübecker Straße 2
Lyzeum auf dem Lübeckertorfeld – Klostergymnasium, Westphalensweg 7
Technische Staatslehranstalten – Fachhochschule, Ingenieurschule, Berliner Tor 21

Hammerbrook
Volksschule am Teutonenweg – Gewerbeschule für Transport und Verkehr, Wendenstraße 268
Volksschule an der Wendenstraße – Handelsschule Wendenstraße 164/166

Borgfelde
Volksschule in der Burgstraße (Klaus-Groth-Straße)
Staatl. Gewerbe- und Hauswirtschaftsschule für Gesundheit und Körperpflege, Burgstraße 35

Abb. 389: Schule Osterbrook (Hamm-Süd), 1929–1931.

Abb. 390: Schule Slomanstieg (Veddel), 1929–1931.

Abb. 391: Schule Meerweinstraße (Winterhude), die Schule der Jarrestadt (vgl. Abb. 282), 1928–1930.

Hamm-Nord
Oberrealschule Caspar-Voght-Straße – Caspar-Voght-Gymnasium
Volksschule Marienthaler Straße – Schule Griesstraße 101

Hamm-Süd
Polizeiwache Hammer Deich 57 (kein öffentlicher Bau mehr)
Volksschule Osterbrook – Schule Osterbrook 17–19

Horn
Volksschule »Beim Pachthof«, Bauerberg – Schule Beim Pachthof 15–17

Veddel
Feuerwache auf der Veddel »Am Zollhafen«
Volksschule auf der Veddel – Schule Slomanstieg 1–3

Kleiner Grasbrook
Feuerwache am Hamburger Petroleumhafen

Waltershof
Lotsenhaus am Hamburger Hafen

Finkenwerder
Turnhalle Finkenwerder – Gorch-Fock-Halle

Eimsbüttel
Hilfsschule an der Bundesstraße – Lernbehindertenschule Bundesstr. 94
Lehrerinnenseminar Hohe Weide – Lehrerseminar Hohe Weide 16
Volksschule Lutterothstraße 78–80

Harvestehude
Krugkoppelbrücke
Volksschule Bogenstraße – Jahnschule, Bogenstraße 34–36

Eppendorf
Badeanstalt in Eppendorf – Holthusen-Bad, Goernestraße 21
Schwesternhaus in Eppendorf, UKE

Groß Borstel
Altersheim Groß Borstel, Borsteler Chaussee 301

Alsterdorf
Feuerwache Alsterkrugchaussee 288

Winterhude
Gelehrtenschule des Johanneums, Maria-Louisen-Straße 114
Lichtwarkschule am Voßberg, Gesamtschule Heinrich-Hertz-Schule, Grasweg 72–76

Volksschule Meerweinstraße – Schule Meerweinstraße 26–28 (Jarrestadt)
Stadtpark: Wasserturm/Planetarium
  drei Kanalbrücken,
  »Hafen« (Ufermauern),
  Brücke zur Insel
  Landhaus
  Trinkhalle
  Freilichtbühne
  Bedürfnisanstalten
  Wirtschaftsgebäude
Zerstört: Stadthalle
  Stadtcafé
  Milchwirtschaft
  Kaskade
  Anlage um das Heinedenkmal
  einige Wirtschaftsgebäude, alle Pavillons
  Schutzhütte am Planschbecken

Uhlenhorst
Hilfsschule an der Birkenau – Lernbehindertenschule Finkenau 42
Institut für Geburtshilfe – Frauenklinik Finkenau, Finkenau 35
Kunstgewerbeschule – Staatliche Hochschule für bildende Künste, Lerchenfeld 2
Kleinkinderhaus am Winterhuder Weg – Kinderheim Winterhuder Weg 11

Hohenfelde
Berufsschule an der Angerstraße – Gewerbeschule Angerstraße 4
Polizeiwache Lübecker Straße – Kriminal-Kommissariat 90, Lübecker Str. 54

Barmbek-Süd
Gewerbeschule für Mädchen an der Uferstraße – Gewerbeschule Uferstraße 10
Irrenanstalt Friedrichsberg, Neugestaltung – Allgemeines Krankenhaus Eilbek, Friedrichsberger Straße 60
Realschule an der Uferstraße
Schleidenbrücke (Barmbek-Süd, Barmbek-Nord)

Dulsberg
Schule Krausestraße 53 – Gymnasium Krausestraße 53
Volksschule Alter Teichweg (Graudenzer Weg) – Gesamtschule Alter Teichweg 200
Dulsberg-Siedlung, Block Elsässer Straße 8–10/Memeler Straße 1–16

Barmbek-Nord
Polizeiwache Hartzlohplatz, Lorichstraße 28a

Abb. 392: Wiesendammbrücke (Winterhude), ca. 1925–1930.

Abb. 393: Schule Langenfort (Barmbek-Nord), 1927–1929.

Abb. 394: Gesamtschule Alter Teichweg (Dulsberg), Eingang, 1928–1930.

Schleidenbrücke (Barmbek-Süd, Barmbek-Nord)
Volksschule in der Adlerstraße, »Amalie-Dietrich-Weg« – Schule Lämmersieth 72–72a
Volksschule Langenfort 68
Volksschule am Rübenkamp – Schule Genslerstraße 33
Volksschule Schaudinnsweg – Schule Fraenkelstraße 1–3
Volksschule am Tieloh –
Schule Tieloh 28

Ohlsdorf
Familienbad in Ohlsdorf – Badeanstalt Ohlsdorf
Kapelle XIII, Ohlsdorfer Friedhof
Krematorium Ohlsdorfer Friedhof

Fuhlsbüttel
Realschule Alstertal – Gymnasium Erdkampsweg 89

Langenhorn
Fritz-Schumacher-Siedlung
Volksschule in Langenhorn – Fritz-Schumacher-Schule

Farmsen – Berne
Schule in Berne – Gemeindeschule in Berne, Lienaustraße 32

Volksdorf
Walddörferschule Im Allhorn

Bergedorf
Amtsgericht mit Gefängnis, Ernst-Mantius-Straße
Hansaschule, Hermann-Distel-Str. 25
Mädchenrealschule, Luisenschule – Luisen-Gymnasium, Reinbeker Weg 76

Nicht mehr erhaltene Gebäude:

Altstadt
Johanniskloster, Umbau Statistisches Amt

Neustadt
Arbeitsamt Sägerplatz
Pastorenhaus und Anlagen an der Michaeliskirche

Billbrook
Tierkörper-Verwertungs- und Vernichtungsanlage – Müllverbrennungsanlage

Waltershof
Feuerwache Rugenberger Hafen

Winterhude
Badeanstalt Lattenkamp
Leichenhalle an der Jarrestraße

Abb. 395: Gymasium Krausestraße (als Schule Ahrensburger Straße die Schule der Dulsberg-Siedlung – vgl. Abb. 303 und 304), 1919–1923.

Abb. 396: Die Gorch-Fock-Halle in Finkenwerder, 1929–1930.

Abb. 397: Modell der Walddörferschule in Volksdorf, 1928–1931 ausgeführt.

115

Barmbek-Süd
Realschule an der Uferstraße

Fuhlsbüttel
Flughalle B des Flughafens

Langenhorn
Pavillon-Schule in Langenhorn

Neben der umfangreichen Bautätigkeit Fritz Schumachers wurden wenigstens zwei bedeutende öffentliche Gebäude durch öffentliche Wettbewerbe an freie Architekten vergeben: Das Lyzeum (Gymnasium) Curschmannstraße entwarf Fritz Höger 1926 in einer reich expressionistisch detaillierten Variante des Neuen Bauens; den Wettbewerb für die Handelsschule Ecke Schlankreye/Bundesstraße gewannen die Architekten Hinsch & Deimling 1927 mit einem Entwurf, der in konsequent vereinfachten Formen des Neuen Bauens (aber mit Backsteinfassade) nur durch die eigenwillige aus der Hochbahnkurve entwickelte Baukörpergestaltung wirken und sich in die besondere städtebauliche Situation einfügen will.

Fritz Schumacher entwarf im übrigen auch die meisten öffentlichen Gebäude der zwanziger Jahre in Bergedorf. Dort ist als besonders bedeutsam der Neubau des Rathauses durch das Stadtbauamt (Krüger) daneben zu stellen; es ist vor allem deshalb ungewöhnlich, weil es der einzige bedeutende Putzbau ist, der zwischen 1918 und 1933 in Hamburg als öffentliches Gebäude entstand, nicht zuletzt ein Kulturdenkmal besonderer Bedeutung durch die reiche dekorative Ausstattung in expressionistischen Formen bzw. »art deco« und die Verwendung eines gründerzeitlichen Innenraumensembles.

Abb. 398: Gymnasium Curschmannstraße, F. Höger 1926.

Abb. 399: Handelsschule Schlankreye, Hinsch & Deimling 1927.

Abb. 400: Bezirksamt Bergedorf, ehem. Rathaus, Stadtbauamt (Krüger), 1925–1927.

Altona

Eine Fritz Schumacher im Rang — wenn auch nicht in der Zahl der Bauten — vergleichbare Bedeutung hatte Gustav Oelsner in Altona[271]. Mit seinem Amtsantritt als oberster Baubeamter in Altona 1924 brachte er eine voll entwickelte, in den gestalterischen Mitteln ganz eigentümliche und im Backsteinrohbau aufgehobene Variante des Neuen Bauens zur Anwendung, die in zahlreichen öffentlichen Bauten größeren und meist kleineren Maßstabes teils monumental, teils unscheinbar verwirklicht wurde. Die bedeutendsten Vertreter seiner Bautätigkeit sind das Haus der Jugend, das Arbeitsamt am Lunapark und das ehemalige Schwesternhaus des Allgemeinen Krankenhauses an der Max-Brauer-Allee. Hinzu kommt der Neubau des Altenheims (ursprünglich »Siechenhaus«) Bahrenfeld. Seine einzige Schule an der Kleinen Freiheit (Pestalozzi-Schule) liegt freilich ebenso fern der Wohnungsbauzone (s. o.) wie die drei zuerst genannten Objekte. Sie bilden — allenfalls kann das Arbeitsamt mit den in der Nähe gelegenen Wohnblocks zusammen gesehen werden — also keine konkret als Gebäudegruppen erlebbaren Ensembles mit den gleichzeitigen Wohnsiedlungen (natürlich dafür mit ihrer jeweiligen Umgebung, v. a. im Falle des Schwesternheims und des Hauses der Jugend), gehören aber doch in dem übergeordneten Sinne der oben von Schumacher zitierten Absichten zum Gesamtprogramm der zwanziger Jahre: den breiten Massen, die in die neuen Wohnsiedlungen zogen, nicht nur Wohnraum zu bieten, sondern im allerweitesten Sinne — Kultur. Dies wird besonders anschaulich durch die zahlreichen und weitgestreuten Kleinbauten Oelsners sowie vor allem durch die Hochbauten im Bahrenfelder Volkspark (Stadion verändert, Schwimmbad, Nebengebäude).

Abb. 401: Haus der Jugend in Altona, G. Oelsner, 1928–1931.

Abb. 402: Arbeitsamt Altona, G. Oelsner 1925–1927.

Abb. 403: Ehem. Schwesternhaus des Allgemeinen Krankenhauses Altona, Max-Brauer-Allee 136, 1927.

Wandsbek

Neben dem Ausbau des Allgemeinen Krankenhauses in Wandsbek (Karl Schneider gewann den Wettbewerb 1924) ist im Zuständigkeitsbereich der Kommune die Volksschule von der Rennbahnstraße (jetzt Schule Bovestraße) hervorzuheben, die im Stadtbauamt Wandsbek (Arnold/Wahls) entworfen und errichtet wurde. In klaren Formen des Neuen Bauens gehalten, kann sie den Hamburger Bauten gleichgestellt werden. Wiederum allerdings ohne Ensemble-Zusammenhang mit den gleichzeitigen Siedlungsbauten[272].

Harburg-Wilhelmsburg

Neben zahlreichen Kleinbauten entstanden in Harburg-Wilhelmsburg während der zwanziger Jahre eine Reihe öffentlicher Bauten, die wiederum als Backsteinbauten dieselbe künstlerische Intention vergegenwärtigen wie in Hamburg die Bauten Schumachers und in Altona die Oelsners. Es handelt sich vor allem um den mit Plastik wertvoll ausgestatteten Erweiterungsbau des ehemaligen Allgemeinen Krankenhauses Harburg am Irrgarten, um die Badeanstalt in der Bremer Straße und weiter um den Komplex der Friedrich-Ebert-Halle mit den sie begleitenden Schulbauten. – Wie in Altona und Wandsbek ist auch hier kein Kontext zu den Siedlungs-Ensembles sinnlich erfahrbar, der gleichwohl in inhaltlicher Hinsicht doch gegeben ist (vgl. Altona)[273].

Abb. 404: Schule Bovestraße in Wandsbek, Stadtbauamt Wandsbek 1928–1930.

Abb. 405: Badeanstalt in Harburg, Stadtbauamt Harburg-Wilhelmsburg (K. Lembke) 1928–1929.

Abb. 406: Friedrich-Ebert-Halle in Harburg, Stadtbauamt Harburg-Wilhelmsburg 1929–1930.

Abb. 407–408: Ehem. Allgemeines Krankenhaus Harburg, Am Irrgarten, Stadtbauamt 1926–1927.

Verkehrsbauten

In diesem Zusammenhang ist darauf hinzuweisen, daß in den gleichen Zeitraum wie die Siedlungsbauten und die genannten öffentlichen Gebäude zahlreiche Bauwerke der Infrastruktur gehören, ohne die das städtebauliche Konzept der Trennung der Funktionen und der Ausbildung großer, einheitlicher Wohngebiete nicht funktionsfähig gewesen wäre, nämlich Verkehrsbauten. Dazu gehören Ausbauteile des Hoch- und S-Bahn-Netzes, z. B. Haltestelle Sternschanze und Hallerstraße, Bahnsteigbrücke Kellinghusenstraße, ebenso wie die Hochbauten der Walddörfer- und der Langenhorner Linie der Hochbahn u. v. a.[274]. In Altona wurde leider Gustav Oelsners überaus reizvolle Bushaltestelle Grotiusweg noch kürzlich abgebrochen. Erwähnenswert ist aber auch das Wartehäuschen Hohenzollernring/ Bleickenallee mit seiner liebevoll entworfenen Klinkerarchitektur.

Abb. 409: Fußgängerbrücke über die Hochbahnhaltestelle Kellinghusenstraße, 1930.

Abb. 410: Wartehäuschen mit Kiosk, G. Oelsner um 1925. Unter Waren und Werbung versteckt das reizvolle Klinkermauerwerk.

Abb. 411–412: Bugenhagenkirche Barmbek, E. Heynen 1927–1929.

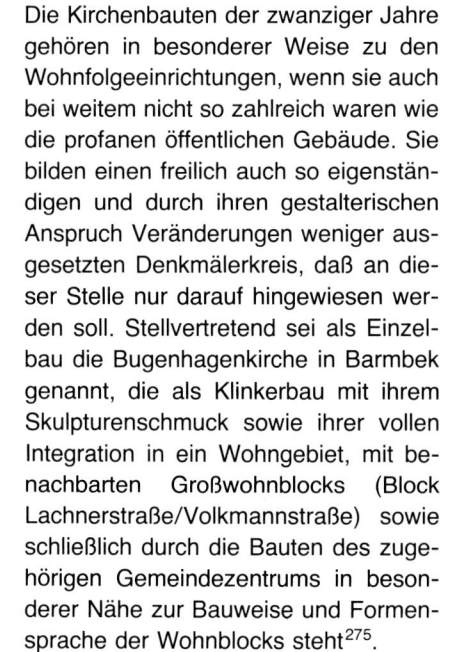

Kirchenbauten

Die Kirchenbauten der zwanziger Jahre gehören in besonderer Weise zu den Wohnfolgeeinrichtungen, wenn sie auch bei weitem nicht so zahlreich waren wie die profanen öffentlichen Gebäude. Sie bilden einen freilich auch so eigenständigen und durch ihren gestalterischen Anspruch Veränderungen weniger ausgesetzten Denkmälerkreis, daß an dieser Stelle nur darauf hingewiesen werden soll. Stellvertretend sei als Einzelbau die Bugenhagenkirche in Barmbek genannt, die als Klinkerbau mit ihrem Skulpturenschmuck sowie ihrer vollen Integration in ein Wohngebiet, mit benachbarten Großwohnblocks (Block Lachnerstraße/Volkmannstraße) sowie schließlich durch die Bauten des zugehörigen Gemeindezentrums in besonderer Nähe zur Bauweise und Formensprache der Wohnblocks steht[275].

Die Gesamtleistung der zwanziger Jahre im hamburgischen Mietwohnungsbau

Die große Menge der Wohnungsneubauten in Deutschland nach dem Ersten Weltkrieg, zumal in den Großstädten. Die in den Großstädten über die Menge hinaus zu neuen städtebaulichen Einheiten geordneten Wohnquartiere. Die allgemein verbindliche Reform im Bauen in wohnungshygienischer, aber auch gestalterischer Hinsicht. All das hatte die gebaute Umwelt am Ende der zwanziger Jahre in Deutschland um ein neues, sozialpolitisch gedachtes, sinnlich anschauliches Element bereichert – dessen Hauptmerkmal nicht sich übertrumpfende Spitzenleistungen waren, sondern eine in großer Zahl und sich zu flächengroßen Einheiten zusammenschließende Menge von Bauten hoher, gleich hoher Qualität[276]. In keiner anderen Stadt Deutschlands wurde dieses Ereignis durch eine so umfangreiche und doch konsequent geordnete Bautätigkeit realisiert wie in Hamburg (nur Berlin baute mehr Wohnungen, aber ihm fehlte eine Hamburg vergleichbare Einheit der Entwicklung)[277]: Im künstlerischen Grundkonsens des Backsteinbaus und in der Beteiligung der Mehrheit der wichtigsten Architekten Hamburgs verbindet alle Einzelbauten eine künstlerische Einheit, die gleichwohl auch für individuelle Avantgarde-Lösungen wie die Bauten Karl Schneiders und P. A. R. Franks Raum ließ. Vor allem aber sind weitaus die meisten dieser Bauten den städtebaulichen Maximen der Zeit entsprechend zu Blocks, zu Quartieren und schließlich zu der beschriebenen ringartigen Zone um den alten Stadtkern geordnet, also letztlich als ein großes, übergreifend stadtbildprägendes Ensemble aufzufassen, das die Innenstadt und die älteren Stadterweiterungsgebiete umschließt.

Schumacher hatte in Köln 1920–1923 die Möglichkeit, auf einem unbebauten ringartigen Freigelände, dem Festungsring des 19. Jahrhunderts, ohne Hemmungen eine fast idealstadtartige Planung vorzunehmen[278]. In ihrem Grundmotiv, der jahresringartigen Zone, mit strahlenartig vom Zentrum ausgehenden Verdichtungen sah er die schlechthin vollkommene Ausbildung der natürlichen Stadtentwicklung in seiner Zeit. In Hamburg gab es dafür nur ungünstige Voraussetzungen. Aber das Ergebnis kommt dem Ideal nahe: Am Ende der zwanziger Jahre bestand tatsächlich jener »Gürtel um Hamburgs alten Leib«, »den man später mehr oder minder deutlich als die Zone wird erkennen können, in der unsere Zeit ihrem Bauwillen Ausdruck gegeben hat«[279]. Und dieser Gürtel wurde damit zu einem große Flächen bestimmenden Element der »künstlerischen Physiognomie der Stadt«[280].

Abb. 413: Die Hamburger Haupt-Wohnungsbaubereiche in der Darstellung F. Schumachers 1928. Der »Gürtel um Hamburgs alten Leib . . .«.

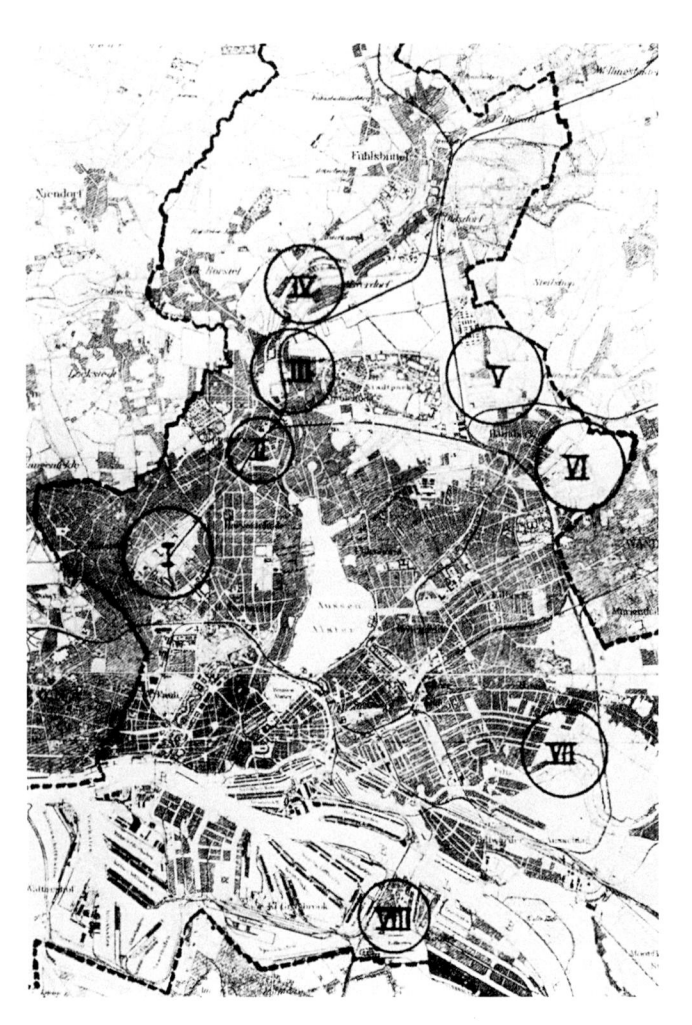

Abb. 414: Schematische Darstellung der Gebiete mit Großwohnanlagen der zwanziger und dreißiger Jahre im heutigen Gebiet der Freien und Hansestadt Hamburg.

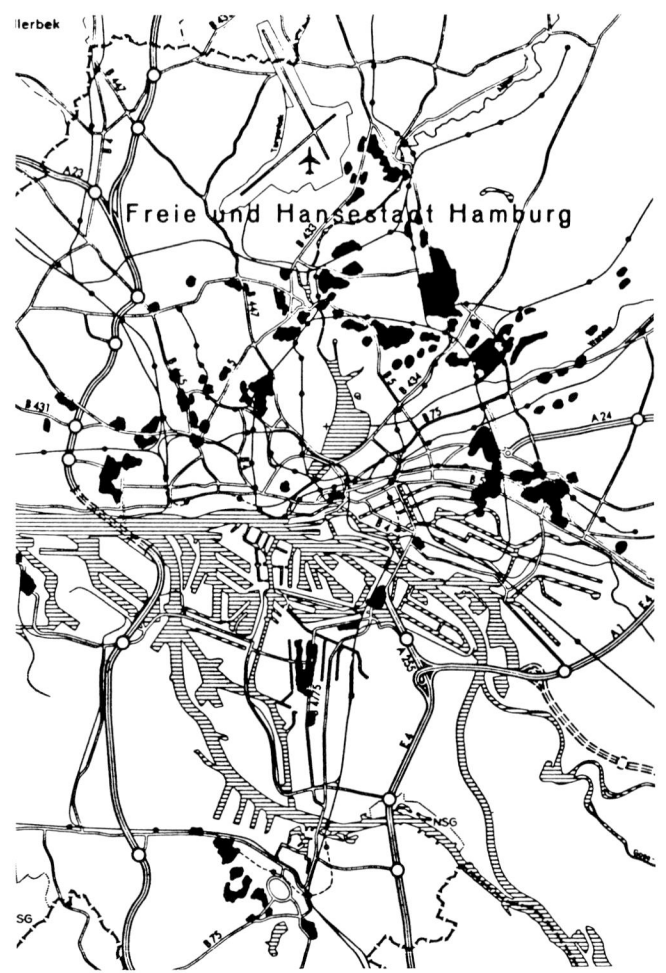

»Drittes Reich«

Die Machtergreifung

Im Jahre 1932 wurde in Hamburg kein Mietshaus mehr in Angriff genommen (wenn auch das eine oder andere noch fertiggestellt), die Mittel der Hauszinssteuer wurden ab 1930 durch Reichsgesetz weitgehend für den allgemeinen Finanzbedarf der öffentlichen Hand in Anspruch genommen[281]. Gleichzeitig entstand eine neue, wiederum wie schon um 1918 stark ideologisierte Kleinhaus-Siedlungsbewegung. Mit dem Pogramm der Erwerbslosensiedlungen konnten 1931/32 immerhin noch einige hundert Wohnungen auch in Hamburg geschaffen werden[282]. Zwar wurden wirtschaftliche Gründe und sozialhygienische Argumente in den Vordergrund gestellt. Aber unüberhörbar ist auch die Kritik an den städtischen Siedlungen mit ihren großen Blocks. Sie bilden zwar Stadtviertel,

»die monumental schön sind, die gesunde Wohnlage auch berücksichtigen, aber dennoch wieder zu massiger Bauweise, zum Kasernen- und Blocksystem geführt haben. Wenn auch die amtlich festgelegte Randbebauung mit der ungesunden Schlitzbauweise aufgeräumt hat, Laubenganghäuser und große Höfe Raum schaffen, so ist dennoch der Charakter des Blocks und der Kaserne immer wieder erhalten geblieben«[283].

Nach der Ernennung Adolf Hitlers zum Reichskanzler am 30.1.1933 und der Reichstagswahl vom 5.3.1933 kam auch in Hamburg die »Machtübernahme« der Nationalsozialisten. Die Freie und Hansestadt verlor ihre Selbständigkeit als Land. Zum Reichsstatthalter wurde Karl Kaufmann ernannt. Die Bügerschaft wurde »gleichgeschaltet« und dann aufgelöst, der Senat neu gebildet, es gab jetzt einen »Regierenden Bürgermeister«, Carl Vincent Krogmann, vom Reichsstatthalter ernannt. In Neuengamme wurde ein Klinkerwerk zum Konzentrationslager, in dem bis 1945 über 50 000 Menschen umkamen. Das »Dritte Reich« herrschte in Hamburg[284]. Die Machtübernahme der NSDAP 1933 mußte ihren Willen zur Umgestaltung aller Lebensverhältnisse gerade auch im Wohnungsbau zum Ausdruck bringen. Und sie konnte angesichts der Situation in der Bau- und Wohnungswirtschaft des Jahres 1932 im wahrsten Sinne des Wortes am Nullpunkt anfangen.

Die geläufige Vorstellung geht davon aus, daß die Interessenlage der neuen Herrschenden sich gerade im Wohnungsbau völlig von der der zwanziger Jahre unterschieden habe, einmal ideologisch durch neue Präferenzen, zum anderen im Hinblick auf die Aufgabe überhaupt.

Werner Hebebrand faßte die Zeit zusammen mit der Feststellung:

»In den Jahren nach 1933 kam der bis dahin in großem Umfang durchgeführte Wohnungsbau bald zum Erliegen, weil infolge der einsetzenden Aufrüstung andere Bauten an die erste Stelle rückten, nämlich Kasernen, Flugplätze, Industriewerke. Wohnungsbauten wurden in größerem Umfang hauptsächlich in Verbindung mit diesen Industriewerken als Siedlungen für die Stammarbeiter gebaut. Bei diesen Siedlungen wurden die guten Ansätze, die in der Reichsforschungsgesellschaft bis zu ihrer Auflösung im Jahre 1933 erarbeitet waren, nicht weiter verfolgt. Man kam vielmehr zurück auf einen romantischen, vom äußeren Straßenraum her bedingten dorfähnlichen Siedlungsbau, der dem aus politischen Gründen propagierten ›Blut- und Bodencharakter‹ des Regimes entsprach[285].«

Die Ideologie

Fritz Schumacher und Gustav Oelsner wurden unmittelbar nach der Machtübernahme aus ihren Ämtern entlassen[286]. Fritz Schumachers Nachfolger wurde der bisherige Harburger Bausenator Karl Köster. In seinen öffentlichen Äußerungen, Reden und Aufsätzen war er ein einseitiger und begeisterter Propagandist des Siedlungsgedankens, d. h. der Weiterführung der weit verbreiteten Wünsche nach dem Einzelhaus im Grünen, wie sie 1918 und ab 1930 schon zahlreich artikuliert worden waren, und doch war er in den Jahren zuvor mitverantwortlich gewesen für die Siedlungsblocks in Harburg-Wilhelmsburg[287]. Daß dabei nationalsozialistische Ideologien, v. a. der Grundsatz von »Blut und Boden« und von der Bindung der deutschen Familie an die »Scholle«, zur Begründung herangezogen wurden, ist selbstverständlich. Es darf aber nicht übersehen werden, daß die Vorbilder, die man gerade in Hamburg dabei aufstellte, eben solche der zwanziger Jahre waren, nämlich v. a. die Siedlung Steenkamp in Altona und die Gartenstadt Berne[288].

Im übrigen blieb die Mehrheit der Baubeamten im Dienst – in Hamburg v. a. Chr. Ranck –, die vorher bereits mit Schumacher und Oelsner zusammen die Wohnungsbautätigkeit gesteuert hatten. Und nach allen vorliegenden Zeugnissen – Bauzeitschriftenveröffentlichungen zum Beispiel – fühlten sie sich durchaus in einer Kontinuität, was Bauen und Planen anging[289]. Schließlich und vor allem muß der zitierten Meinung Hebebrands aber entgegengehalten werden, daß der ideologisch propagierte, Dorf und Kleinstadt zum Vorbild nehmende Flachsiedlungsbau im »Dritten Reich« mit der gleichen Realität ökonomischer Bedingungen zu kämpfen hatte wie schon die Siedlungsbewegung nach 1918, d. h. daß er in einem großstädtischen Raum wie Hamburg zu teuer war oder funktional untragbar. So entstanden zwar eine ganze Reihe von Flachbausiedlungen, z. B. in Langenhorn. In der Gesamtmenge des gebauten Wohnraumes blieben sie aber wohl noch hinter den Flachbausiedlungen der zwanziger Jahre zurück. Übrigens sind vor allem Werksiedlungen von Industrieunternehmungen ausgesprochen selten (Rhenania-Siedlung in Neugraben, Siedlung Essener Straße in Langenhorn).

Mietwohnungsbau in Hamburg nach 1933

Die Gesamtmenge im Dritten Reich in Hamburg gebauter Wohnungen ist nun freilich überhaupt – und im Gegensatz zur zitierten Meinung – so groß, daß der Vergleich mit der Hauptbauzeit der zwanziger Jahre naheliegt. Die Statistik zeigt nämlich ab 1933 ein stetiges Wiederansteigen der Wohnungsneubauten bis auf einen Höhepunkt 1937, der zwar nicht den Höchststand von 1930 erreicht, aber doch dem von 1927 und 1931 gleichkommt. Die Kurve sinkt 1938 wieder, bricht aber erst mit Kriegsbeginn deutlich ab[290].

Betrachtet man vor diesem Hintergrund das für die vorliegende Untersuchung gesammelte Material von Mietwohnungsbauten – also einer Baugattung, die definitionsgemäß im Widerspruch zur Flachsiedlungsideologie stand –, so befinden sich zwar darunter auch weni-

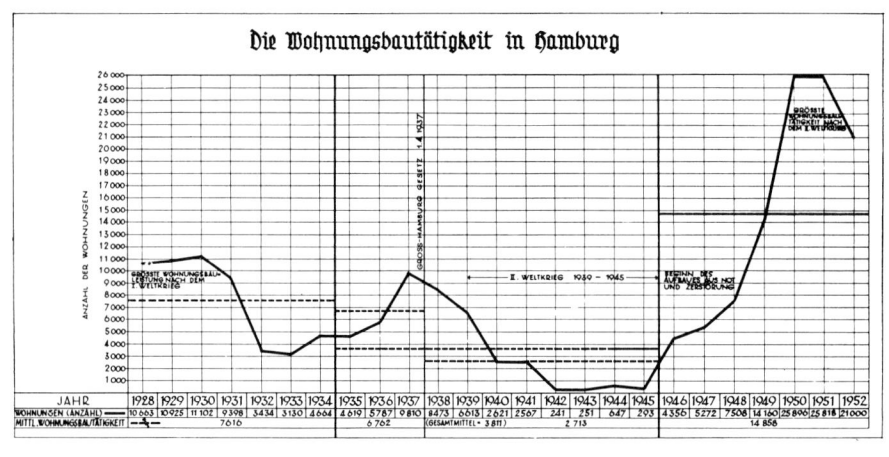

Abb. 415: Die Wohnungsbautätigkeit in Hamburg seit 1928.

Abb. 416: Arnimstraße 1 ff. usw., R. Klophaus 1939. Siedlung für Offiziere.

Abb. 417: Hasencleverstr. 10 ff. usw., Ansicht Washingtonallee, H. Stockhause 1936–1937.

ge Siedlungen mit landhausartigen Typen, die also noch an das Leitbild erinnern (z. B. die Siedlung des Luftgau-Kommandos an der Arnimstraße in Osdorf). Die Hauptmasse wird jedoch durch »gewöhnliche« Mietshäuser und teilweise große, blockfüllende Objekte gestellt. Und solche Objekte entstanden – dem Verlauf der Wohnungskurve entsprechend – in Hamburg, Altona, Wandsbek, Harburg-Wilhelmsburg 1934 bis 1939 wieder so zahlreich, daß sie der Zahl nach 1936 und 1938 fast den Stand der Jahre 1926/29 erreichten. Betrachtet man die Größe der Wohnungen, so setzen die Objekte überwiegend den Trend der zwanziger Jahre zur Kleinwohnung fort. Mietshäuser mit Wohnungen von vier und mehr Räumen (z. B. Rothenbaumchaussee 111) sind seltener als in den zwanziger Jahren.

Bei den Bauherren zeigt sich eine erstaunlich eindeutige Tendenz: Gemeinnützige Gesellschaften und Genossenschaften setzen – jetzt meist personell und organisatorisch »gleichgeschaltet« – ihre Bautätigkeit mit regelmäßigen Neubauten zwar fort, jedoch gegenüber den zwanziger Jahren mit nur noch kleinen Objektzahlen und anteilig mit weniger als einem Viertel der Objekte. Als entscheidende und ausschlaggebende Bauherrenschicht im Mietwohnungsbau treten demgegenüber ab 1935 private Einzelbauherren in großer Zahl auf.

Diese Tatsache entspricht der Beobachtung, daß in der Finanzierung des Wohnungsbaus allgemein im »Dritten Reich« der Anteil öffentlicher Mittel sehr stark zurückgeht und das private Kapital sozusagen auf breiter Front in den Mietwohnungsbau »einsteigt«[291]. Dies wird immer wieder auch in der Presse der dreißiger Jahre als ein entscheidendes – positives und optimistisches – Merkmal des Dritten Reiches hervorgehoben[292].

Städtebau

Generell kann gesagt werden, daß die Verteilung dieser Miethausbauten und -siedlungen im Stadtgebiet ebenfalls dem Trend der zwanziger Jahre folgt, ja ihn sogar konsequent fortsetzt, insofern sie sich größtenteils im bis 1932 entstandenen »Gürtel« um die Innenstadt finden und dort zahlreiche Quartiere komplettieren oder überhaupt erst zur Geschlossenheit auffüllen (z. B. Barmbek-Nord, Hamm und vor allem Horn).

Das Prinzip der großflächigen Einheit und der Blockbebauung wird konsequent auf den Bebauungsplänen der zwanziger Jahre fortgesetzt. Zu einer großflächigen Neuplanung kommt es nur in Finkenwerder und in Wilhelmsburg, wo ausgedehnte Miethaussiedlungen entstehen (und in diesen Fällen allerdings auch für die der Rüstungsindustrie mehr und mehr zugeführten und in ihren Kapazitäten gewaltig ausgebauten Werften des Hafengebietes als Arbeiterwohnstädte)[293]. Gerade die Werftarbeitersiedlung an der Ostfrieslandstraße in Finkenwerder wurde vielfach in der Tagespresse — offenbar mit propagandistischen Zielen — als Mustersiedlung vorgeführt und in allen Einzelheiten besprochen; als schlagender Nachweis für die Leistungsfähigkeit des Dritten Reiches und ganz offenbar, um gerade die Industriearbeiterschaft für dieses Dritte Reich zu gewinnen, waren die Mieten — verglichen mit den Neubauten der zwanziger Jahre — ausgesprochen niedrig: In der Ostfrieslandstraße und ähnlich auch anderswo kostete eine Vierzimmerwohnung mit Duschbad und Wohnküche 35—45 Mark[294].

Sondergruppen bilden die Wohnanlagen, die in den dreißiger Jahren in der Innenstadt entstanden; einmal handelt es sich dabei um die Sanierungsbauten in der Neustadt am Rademacher-, Kornträger- und Breiten Gang, die die formal und gestalterisch sowie städtebaulich (verkehrsberuhigte Zone!) anspruchsvollste Baugruppe der Zeit in Hamburg darstellen; mit ihrem eindrucksvollen und architektonisch wie städtebaulich vorbildlichen Erscheinungsbild trat sie an Stelle eines der letzten Reste jener »Gängeviertel«, in denen in schlechtesten Altbausituationen die schlimmsten Hamburger Wohnverhältnisse herrschten — die Kehrseite der großen Neubauviertel. Aber es war nicht nur die Fortsetzung des Sanierungswerkes, das seit 1892 die Innenstadt veränderte, sondern es ging hier auch darum, eine »Brutstätte des Kommunismus« zu beseitigen; und so sind gerade diese schönen Häuser Denkmäler der Unterdrückung, des »Dritten Reiches«[295].

Zum anderen wurde in den dreißiger Jahren das Kontorhausviertel der Altstadt zwischen Burchardplatz und Steinstraße aufgefüllt, jetzt aber nicht mehr nur mit reinen Geschäftsbauten, sondern mit überwiegend für Mietwohnungen genutzten Blocks. Beide können als programmatische Demonstrativvorha-

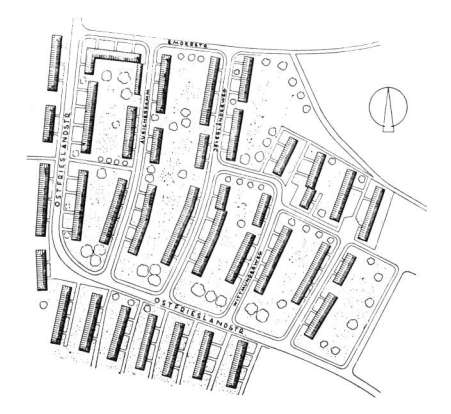

Abb. 418—419: Lageplan und Häuser der Arbeitersiedlung Ostfrieslandstraße in Finkenwerder, Dyrssen & Averhoff, G. Hinrichs und G. Langmaack 1938—1941.

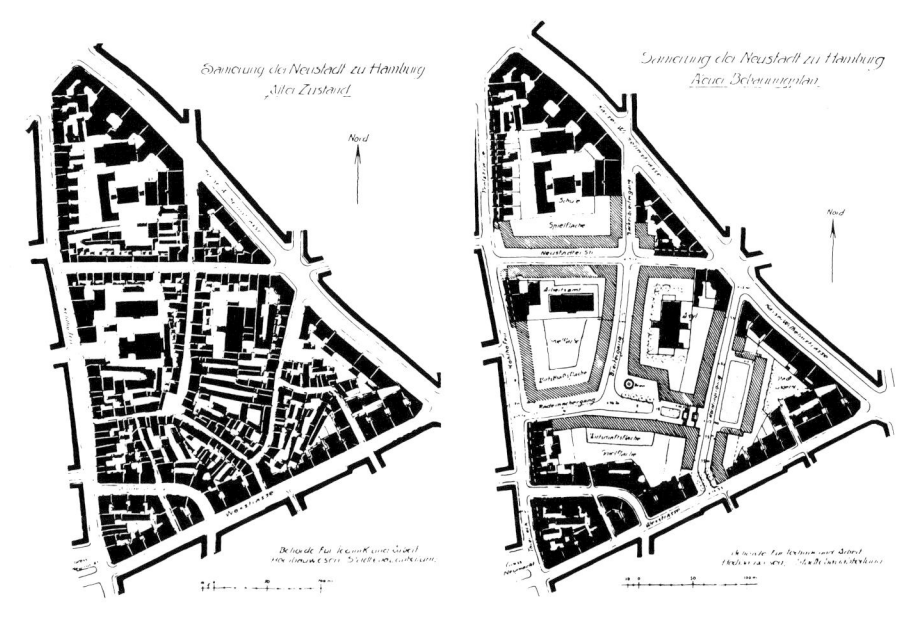

Abb. 420—421: Das Sanierungsgebiet Rademachergang/Breiter Gang in der Neustadt vor und nach der Neugestaltung 1934 ff.

Abb. 422: Der Kreuzungspunkt von Rademachergang und Breiter Gang mit dem »Hummel«-Brunnen von R. Kuöhl 1938, die sichtbaren Wohnbauten von W. Behrens 1935—1936.

ben gewertet werden, die bewußt der Citybildung in den zwanziger Jahren entgegengestellt wurden bzw. die »Neue Zeit« im Ersatz überalterter Altbauten durch vorbildliche neue anschaulich belegen sollten.

Die Architektur

Betrachtet man die Wohnanlagen im einzelnen, so fällt auf, daß sich bei ihnen im Verlauf der dreißiger Jahre die Zeilenbauweise mehr und mehr durchsetzt und daß sie schließlich die ältere Blockrandbebauung völlig ablöst. Auch in dieser Hinsicht setzt sich also ein den zwanziger Jahren wesentlich zugehöriger Trend fort. Die Mehrzahl der Objekte entstand gleichwohl auch in dieser Zeit noch — und eben in Auffüllung von Wohngebieten der zwanziger Jahre — in Form von mehr oder weniger ausgedehnten Blockrandabschnitten.

Die eindeutigste Beobachtung am Gesamtbestand der Miethäuser ist dabei die allgemeine Herabzonung. Sechsgeschossige Miethäuser entstehen überhaupt nicht mehr, fünfgeschossige bilden nur noch sehr kleine Anteile. Die Hauptmasse der Objekte zeigt jetzt vier Geschosse, zunehmend gewinnen Bauten mit drei und weniger Geschossen an Anteil, 1939 stellen sie die Hälfte. Wiederum setzt sich damit ein Trend der zwanziger Jahre fort. Die Eindeutigkeit der Tendenz mag damit zusammenhängen, daß zunehmend die äußeren Bereiche des »Gürtels« (z. B. Horn) bebaut wurden, wo ohnehin die Bebauungspläne der zwanziger Jahre schon geringere Geschoßzahlen vorgesehen hatten. Sie hängt aber zweifellos auch damit zusammen, daß die Machtverhältnisse dem Staat jetzt mehr Mittel gaben, seine Planungsvorstellungen durchzusetzen. So konnte in »Hamburg und seine Bauten« 1953 geradezu das Fazit gezogen werden, daß die Reformbewegung im Wohnungsbau in der Baupolizeiverordnung des Jahres 1938 erst volle Gesetzeskraft erlangte[296].

Auch in gestalterischer Hinsicht setzen sich im »Dritten Reich« in Hamburg grundlegende Tendenzen der zwanziger Jahre fort. Zwar gibt es einen merklichen Anteil von Putzbauten im Miethausbau — wobei es sich meist um die formal schlichtesten und also auch billigsten Häuser mit Kleinwohnungen handelt —, aber die weit überwiegende Zahl der Objekte setzt den Grundkon-

Abb. 423: Breiter Gang 1–13, Rademachergang 14 im Sanierungsgebiet Neustadt, Puls & Richter 1935–1936 mit Bauplastik von R. Kuöhl.

Abb. 424: Kornträgergang 8–18 im Sanierungsgebiet Neustadt, W. Behrens 1934–1935 (vgl. Abb. 426).

Abb. 425: Der »Altstädter Hof« nördlich des Burchardplatzes im Kontorhausviertel, R. Klophaus 1936 (vgl. Abb. 427–428).

Abb. 426: Kornträgergang 8–18 (vgl. Abb. 424).

Abb. 427–428: Bauplastik von R. Kuöhl am »Altstädter Hof« 1936 (vgl. Abb. 425).

sens des Backsteinbaus fort. Geradezu datierende Bedeutung hat dabei der Wechsel des Materials an der Mehrzahl der Bauten – anstelle der dunkleren Klinkersorten der zwanziger Jahre treten jetzt ganz überwiegend ziegelrote einfache Verblendsteine –, durch den geschlossene Quartiere der dreißiger Jahre (z. B. Horn) auch in ihrem städtebaulichen Erscheinungsbild deutlich einen eigenen Charakter erhalten. Übrigens scheinen für diesen Materialwechsel technische Gründe maßgebend gewesen zu sein: Der hartgebrannte Klinker hatte in den zwanziger Jahren durch seine mangelnde Fähigkeit, Feuchtigkeit aufnehmen zu können, zu schweren Bauschäden geführt. Diese ließen sich mit dem weniger scharf gebrannten, porösen und ziegelroten Backstein vermeiden. Aber die im Backstein liegende vereinheitlichende Kraft durch Grundmodul und handwerkliche Ansprüche (s. o.) bewährt sich auch hier.

Diese vereinheitlichende Kraft des Materials, die sich in den zwanziger Jahren auf die damals gegebene stilistische Vielfalt auswirkte, schließt zwanziger und dreißiger Jahre über die Unterbrechung der Bautätigkeit in den Wohnquartieren 1932/33 hinweg zu einer Einheit zusammen.

Die gemeinsame Backsteinbauweise verdeckt damit aber auch den sehr einschneidenden Wandel in den stilistischen Verhältnissen, der von den zwanziger Jahren zum »Dritten Reich« auch im Mietwohnungsbau und hier sehr eindeutig zu beobachten ist: Die Tendenz der zwanziger Jahre, die um 1930 zu einer weit überwiegenden Vorherrschaft des Neuen Bauens geführt hatte, ist nämlich nach 1933 schlagartig abgebrochen.

Beherrschend ist jetzt ein schlichter Traditionalismus, von dem zunächst unklar ist, ob er nun auf programmatischer Retrospektive beruht. Charakterisiert ist er durch die Ausschließlichkeit, mit der ausgebildete Pfannendächer angewandt werden. Charakteristische Einzelformen, geradezu datierende Leitformen werden Stichbogenabschlüsse an Fenstern und Türen, insbesondere auch an Loggien. Unterstützt wird der traditionelle Eindruck, den die Häuser erwecken, durch gelegentliche Verwendung von Kunststeinprofilen als Stockwerksgliederung, häufiger als Türrahmung mit einfachsten Profilen. Charakteristisch ist auch das Vorkommen von Erkern mit Kunststein- oder Zierverbandfassade.

Abb. 429: Georg-Wilhelm-Str. 31–41, Rotenhäuser Damm 23–37, G. Langmaack 1941.

Schließlich kommt eine Reduzierung des Maßstabs durch die allgemeine Abnahme der Stockwerkszahl hinzu. Sie wirkt »verniedlichend« und damit wiederum tendenziell traditionalistisch, ja kleinstädtisch. Auch der rote Backstein unterstützt diesen Eindruck.

Programm ist allerdings nachweisbar zunächst nur der allerletzte Punkt, d. h. das Ziel der Siedlungspolitik im »Dritten Reich«, wie es sich hier realisierte, war offensichtlich eindeutig die Herstellung »kleinstädtisch« wirkender, d. h. nicht durch übertriebenen Maßstab der Einzelbauten, sondern durch überschaubare, bescheiden gestaltete Räume wirkender Quartiere und Steigerung der Wohnqualität durch Herabzonung auf maximal vier Geschosse.

Die Einzelformen scheinen immerhin – wiewohl sie gewiß ins Programm »paßten« – nicht zuletzt aus materiellen Bedingungen begründbar zu sein: Baustoffbewirtschaftung und insbesondere die weitgehende Beschränkung in der Verwendung von Baustahl zugunsten der Schwer- und Rüstungsindustrie ließen Flachdachbauten und tragende, gerade Stürze über Türen, Fenstern und Loggien nicht mehr zu. »Handwerklichkeit« in der Ausbildung von Bauteilen wurde daher notwendig, paßte aber auch ins Prinzip.

Fragt man allerdings, was aus dem aufwendigen »Heimatstil« der zwanziger Jahre geworden ist, so stellt sich heraus, daß die Zahl ihm entsprechender »aufwendig traditionalistischer« oder gar »neoklassizistischer« Bauten im Mietwohnungsbereich praktisch ganz und gar vernachlässigbar ist: Die Strömung insbesondere, die bei den nationalen

125

Repräsentationsbauten und -bauvorhaben in Berlin, Nürnberg und München angestrebt wurde, blieb praktisch unberücksichtigt.

Nicht anders ging es mit dem aufwendigen, pathetischen Expressionismus der zwanziger Jahre – von dem doch zumindest sein Exponent Fritz Höger gehofft hatte, er würde die Baukunst »aus deutschem Blute« schlechthin – sie existiert nach 1931 nicht mehr.

Um so überraschender ist es, wenn man beobachtet, daß eine schwache Tradition des »Neuen Bauens« in die dreißiger Jahre hineinreicht, wobei die betreffenden Bauten durch kubische Baukörperauffassung, Fehlen traditioneller Gliederungsmotive und Architekturformen und in seltenen Fällen sogar durch die Verwendung von flachen Dächern ausgezeichnet sind. In der Mehrzahl handelt es sich aber um die Vollendung in den zwanziger Jahren begonnener Bauten oder um die Einpassung von Einzelbauten in einheitlich durch die zwanziger Jahre geprägte Quartiere.

Bemerkenswert ist die Stilsituation in den dreißiger Jahren auch im Hinblick auf die Auftraggeber: Dort sind nur einzelne Objekte aus dem gemeinnnützigen und genossenschaftlichen Bereich an der »Tradition« des Neuen Bauens beteiligt, die im wesentlichen von privaten Auftraggebern getragen wird. Ebenso gering ist andererseits ihr Anteil an den aufwendig traditionalistischen Objekten.

Die Mehrzahl der gemeinnützigen und genossenschaftlichen Bauten wird im üblichen einfachen Traditionalismus hergestellt. Das kehrt die Verhältnisse vom Ende der zwanziger Jahre geradezu um und bedürfte der detaillierten Interpretation.

Der deutlichste Unterschied zur Situation am Ende der zwanziger Jahre liegt in der fast völligen Aufgabe des Flachdaches im Wohnungsbau zugunsten ausgebildeter Steildächer (wie in den zwanziger Jahren meist rote S-Pfannen). Schon in den zwanziger Jahren hatte es dagegen eine heftige Polemik gegeben. Sie konnte sich jetzt auf der Basis nationalsozialistischer Ideologie restlos durchsetzen: Das Flachdach wurde als »internationalistisch« diffamiert (unter Ausnutzung tatsächlich zahlreicher Baumängel in den zwanziger Jahren als Argumentationshilfe)[297], das ausgebildete Dach als bodenständig, dem »deutschen Wesen« entsprechend propagiert. In Einzelfällen läßt sich dieser eindeutig politisch aufzufassende Wandel konkret nachvollziehen: Das Haus Rothenbaumchaussee 111 wurde bereits vor 1933 durch die Architekten Elingius & Schramm geplant, und zwar kaum anders als dann 1936 von denselben Architekten ausgeführt. Aber an die Stelle des ursprünglichen Flachdachs trat jetzt ein Walmdach. Derselbe Fall ist gegeben bei dem (sehr anspruchsvollen) Mehrfamilienhaus Bernadottestraße 33, das 1932 von Emil Hinrichsen für den Bauunternehmer Wehowsky (der in den zwanziger Jahren auch mit Ostermeyer zuammenarbeitete und völlig dem Trend folgend Häuser des Neuen Bauens errichtete) mit Flachdach geplant war, 1934 jedoch mit Satteldächern ausgeführt wurde. Wehowsky begründete das gegenüber der Baupolizeibehörde ausdrücklich mit seiner Absicht, jetzt »*die Flachdachbauweise zu bekämpfen*«[298].

Damit deckt die Fortsetzung von Trends und die Einheit der Backsteinbauweise, die zwanziger und dreißiger Jahre im Mietwohnungsbau miteinander verbinden, die objektive Unterdrückung des »Neuen Bauens« der zwanziger Jahre im »Dritten Reich« zu. Zwar ist damit nicht die Bedeutung der tatsächlich geschaffenen Bauten in künstlerischer und städtebaulicher Hinsicht in Frage gestellt, aber es offenbart sich der Faschismus als ein System, das vorhandene – an und für sich positiv zu bewertende – Möglichkeiten der Umweltgestaltung integriert und für seine Zwecke in Anspruch nimmt, jede gegenläufige Tendenz aber als nicht lebensberechtigte Minderheit »ausmerzt«.

Betrachtet man die Architekten, die in den dreißiger Jahren die Bautätigkeit trugen, so zeigen sich eindeutige Kontinuitäten in einzelnen Büros, so vor allem bei Klophaus und Schoch, die mit zahlreichen Bauten zwischen 1933 und 1945 (übrigens noch in die fünfziger Jahre hinein!) hervortreten und durch ihre Bevorzugung traditionalistischer Gestaltungsformen in den zwanziger Jahren sich ohne weiteres in die neuen Verhältnisse einpassen konnten. Auch Elingius & Schramm und Hermann Höger sowie zahlreiche andere Architekten setzten ihre Bautätigkeit fort. Hinzu kamen neue Namen einer jüngeren Generation, die meist in der Zeit nach dem Zweiten Weltkrieg ihre Hauptwerke schufen.

Was aber hauptsächlich auffällt, ist, daß die Unterdrückung des Neuen Bauens auch zur Folge hatte, daß dessen Exponenten in der Architektenschaft jetzt – zumindest im Mietwohnungsbau – nicht mehr zum Zuge kamen. Als Beispiel kann auf das Schicksal Karl Schneiders verwiesen werden, der in den USA starb[299]. Im Bestand der untersuchten Objekte kommen nach 1933 unter anderen Block & Hochfeld, R. Friedmann und H. u. O Gerson nicht mehr vor. Fritz

Abb. 430: Rothenbaumchaussee 111–113, Elingius & Schramm 1936.

Block und Ernst Hochfeld, Robert Friedmann und Hans Gerson emigrierten, teilweise erst 1938. Gleich nach der »Machtübernahme« waren sie aus rassischen Gründen aus den Berufsverbänden ausgeschlossen und damit unter Berufsverbot gestellt worden[300].

Zweiter Weltkrieg und Wiederaufbau

Die Zerstörung

Durch den Zweiten Weltkrieg, vor allem die Flächenbombardements des Sommers 1943, wurden in Hamburg insgesamt fast 300 000 Wohnungen, 52,3 % des Bestandes, vernichtet; nur 22,6 % der Wohngebäude blieben unbeschädigt, 35,2 % wurden total vernichtet[301].
Diese Zerstörungen betrafen mit ungefähr diesen Anteilen auch den Bestand der Mietwohnungsbauten und -siedlungen der zwanziger und dreißiger Jahre[302].
Die einzelnen Bereiche des »Gürtels« wurden jedoch dabei nicht in gleicher Weise betroffen. Gebiete flächig schwerster Zerstörungen waren v. a. Hammerbrook und Hamm, Barmbek und Altona-Altstadt. Weitgehend zerstört waren Dulsberg und Barmbek-Nord. Relativ leichte Schäden hatte der Friedrich-Ebert-Hof in Ottensen. Auffälligerweise sind die hier gesammelten Objekte von Zerstörungen sehr unterschiedlich betroffen, wenn man die Wohnungsgröße berücksichtigt: Häuser mit Wohnungen von vier und mehr Zimmern erlitten nur zu etwa 15 % schwerste Schäden, die übrigen zu etwa 50 %. Dahinter steht die Tatsache, daß eher bürgerliche Wohnviertel von den Flächenbombardements 1943 offenbar weniger betroffen waren als ausgesprochene Massenwohnquartiere. Zum Beispiel gab es im untersuchten Bestand in Eppendorf nur einzelne Schäden. Fast unversehrt blieb übrigens auch das Sanierungsviertel Rademachergang in der Innenstadt.

Abb. 431: Teil des Stadtmodells mit den Zerstörungen durch den Zweiten Weltkrieg im Museum für Hamburgische Geschichte. Oben (Hochbahnschleife) Teile von Barmbek-Nord, links Barmbek-Süd, unten Eilbek und Wandsbek, rechts Mitte die Dulsberg-Siedlung (vgl. S. 97 ff.).

Der Wiederaufbau

Es gehört zu den bleibenden Leistungen der unmittelbaren Nachkriegszeit, daß die überragende Mehrzahl der zerstörten Mietwohnungsbauten der zwanziger und dreißiger Jahre bis ca. 1952 wieder in der ursprünglichen Gestalt hergestellt wurden.

»*Soweit die Bauwerke aus der Zeit vor 1914 stammten, wurden diese Ruinen größtenteils niedergerissen. Dagegen war man sehr bedacht darauf, die Ruinen der nach 1918 erstellten Gebäude zu erhalten. In dieser Zeit entstanden die großen derzeit modernen Wohngebiete. Das Mauerwerk der Außenwände und Treppenhäuser war ganz oder teilweise erhalten geblieben und zum Wiederaufbau geeignet. Außerdem waren die Gebiete städtebaulich gesund und modern angelegt, so daß hier der Wiederaufbau zuerst einsetzen konnte*[303].«

Die größte Zahl der hier untersuchten Bauten ist daher durch Plaketten mit »erbaut – zerstört – wiederaufgebaut« markiert, die allerdings weder den genauen Zerstörungsgrad noch die Genauigkeit des Wiederaufbaus widerspiegeln. Es scheint so zu sein, daß in den ersten Jahren bis ca. 1950/52 in der Regel noch weitgehend oder erheblich erhaltene Ruinen in genauer Angleichung an den Bestand bzw. nach den alten Plänen (z. T. von den ursprünglichen Architekten) wiederaufgebaut wurden; spätere Wiederaufbauten verfahren freier mit dem Bestand – Wiederaufbauten von 1953/54 bilden praktisch Neubauten unter spurenweiser Bestandsverwendung; noch später entstanden nur noch Neubauten.

Totalverluste traten durchaus auch recht zahlreich ein. Soweit aus Publikationen zu ersehen, betrafen sie jedoch mit wenigen Ausnahmen keine damals als besonders wichtig angesehenen und veröffentlichten Bauten. Ausnahmen betreffen einige Abschnitte der Dulsberg-Siedlung und vor allem viele Bauten in Hamm-Süd.

Im Hinblick auf die Bewertung des »Gürtels« der Mietwohnungsbauten und -siedlungen kann daher zusammengefaßt gesagt werden, daß im wesentlichen trotz der schweren Kriegszerstörungen die Gesamtleistung jener Zeit nach wie vor und in ihrem Erscheinungsbild weitestgehend intakt vor Augen steht.

Abb. 432–434 (oben): Der wiederaufgebaute Wohnblock Naumannplatz mit Bildern nach der Zerstörung (vgl. Abb. 78, 81, 314, 315).

Abb. 435 (rechts): Wiederaufbauplakette aus der Dulsberg-Siedlung (Zoppoter Str., vgl. Abb. 130 und 308).

Abb. 436 (unten): Caspar-Voght-Str. 42 usw., Ansicht Chapeaurougeweg, E. Dorendorf 1928–1937. 1943 zerstört bis auf die Außenmauern, 1949–1954 in der alten Form wiederaufgebaut (vgl. Abb. 319).

Die Fenster

Auswirkungen von Altbaumodernisierung und Energiesparmaßnahmen

Die in den letzten Jahren – insbesondere durch öffentliche Fördermittel – in Gang gekommene Modernisierungswelle im Altbaubestand hat sich zunehmend negativ auf die äußere Erscheinungsweise der betroffenen Gebäude ausgewirkt. Neben zahlreichen kleineren Maßnahmen in diesem Zusammenhang (z. B. neue Regenfallrohre aus Kunststoff, um nur das Geringste zu nennen) bringen Dacherneuerungen (Zementpfannen in abweichendem Relief und Farbe), Fassadenverkleidungen und Balkonerneuerungen schwerste Schäden für die ursprüngliche Gestaltung der betroffenen Fassaden, da in aller Regel an die Stelle einer auch noch im schlechtesten Falle geschlossenen historischen Gestaltungseinheit das beziehungslose Nebeneinander von alten Resten und materiell sowie formal modernen, d. h. billigsten Massenprodukten tritt.

Die am weitesten verbreitete und ins Auge fallendste Form dieser Zerstörung durch Modernisierung – mittlerweile bereits in vielen Fällen von Stadtbildrelevanz durch Erfassung ganzer Quartiere – ist der Austausch der historischen, geteilten Fenster durch ungeteilte oder grob asymmetrisch geteilte Isolierglasfenster mit sehr breitem, unprofiliertem Rahmenwerk[304].

Die Bedeutung des Fensters

»Das Fenster gehört zugleich dem Außen- und dem Innenbau an. Es ist der Angelpunkt, um den sich der Entwurf des Baumeisters dreht oder drehen soll« (Alfred Lichtwark)[305]. –
Das Fenster ist eines der wesentlichen Mittel architektonischer Gestaltung überhaupt. Durch seine Verteilung und Ordnung gewinnt eine Fassade ihr System (das zeigt sich z. B. im Begriff der »Fensterachse« als einem unentbehrlichen Begriff der Gebäudeanalyse). Das betrifft auch das Verhältnis von Wand zu Öffnung, schließlich und vor allem aber die Gestaltung der Öffnung an und für sich.

Abb. 437–438: Hufnerstr. 36 ff. usw., E. Dorendorf 1927. Bis jetzt ist der hier gezeigte Fensteraustausch noch eine Photomontage ...

*»Die Fensterlöcher unterbrechen die Außenflächen des Hauskörpers; sie beleben ihn durch Farbwirkung und Relief. Beide Wirkungen des Fensters im Äußeren, die farbige und die plastische, übertönen in der Regel jede andere Gliederung der Flächen. Das Fenster wird zum wichtigsten Mittel der Außengestaltung.
Für die maßstäbliche Wirkung des Hauses ist aber im besonderen die Sprossenteilung einflußreich. Die in die helle Hausfläche eingeschnittenen dunklen Fensterlöcher können durch das Netz der hellen Sprossen – namentlich bei kleiner Scheibenteilung – so überspannen werden, daß wieder eine zusammenhängende Fläche im Äußeren und geschlossenere Raumwirkung im Innern entsteht«* (Walther Wickop)[306].

Angesichts dieser generellen Bedeutung des Fensters als Bauglied bedeutet jeder Eingriff in seine Gestalt eine schwerwiegende Gefahr für das Gesamtbild und -gefüge eines Gebäudes. Eine besondere Bedeutung kommt nun aber dem Fenster noch unter den besonderen Bedingungen des Backsteinbaus zu, wie er in Hamburgs zwanziger Jahren zur Grundlage des architektonischen Gestaltens geworden ist. Der Backsteinbau erzeugt durch seine Technik zwangsläufig und überall Flächen oder Bauglieder, die durch den Modul der Backsteingröße in gleichmäßiger Weise durch eine lineare Textur überzogen sind, nämlich das Fugennetz. Dieses Fugennetz kann zwar teilweise differenziert gestaltet werden – z. B. durch Färben oder Unterdrücken der Stoßfugen mit Betonung der Lagerfugen –, und solche Möglichkeiten werden im untersuchten Gegenstandsbereich genutzt[307]. Aber immer ist es wie ein vereinheitlichendes Netz über die Bauten gespannt und macht ihre Außenfläche sinnlich weitaus stärker erfahrbar, als eine neutrale Putzfläche es vermag. Wird diese Fläche unterbrochen – eben vor allem durch die Fensteröffnungen geschieht dies zwangsläufig –, dann geht die Integrität der Flächentextur verloren, die wesentliche ästhetische Leistung des Backsteins (neben Farbe und taktilem Oberflächenreiz der Steine selbst) wird gestört. Der in der Reformperiode um 1910 in Norddeutschland und vor allem in Hamburg entwickelte Backsteinbau legt daher von Anfang an größten Wert auf eine Behandlung des Fensters als ebenfalls

Abb. 439: Gustav-Leo-Str. 14. E. Gerson 1926 (vgl. Abb. 244). Links neben der Tür ein erstes »modernes« Fenster in abweichender Form und Farbe des Rahmenwerkes.

Abb. 440: Sanitasstr. 24, 1924/25. Von der ursprünglichen sorgfältigen Komposition dieser Backsteinfassade zeugen nur noch die Grundformen und die Tür.

Abb. 441: Ein noch intaktes Beispiel für den Zusammenklang von Backstein und Sprossenfenster. Ohlsdorfer Str. 53 ff. (vgl. Abb. 62 und 112).

sinnlich erfahrbare Fläche und – unter Berufung auf das althergebrachte norddeutsche Zargenfenster – auf seine Anbringung an der Außenseite der Fassade, so daß keine Fenster-»Löcher« entstanden, sondern ein gleichmäßiges Kontinuum von Backstein- und Fensterfläche[308]. Das Mittel, die Fenster flächig wirken zu lassen, war dabei in erster Linie die Teilung durch Sprossen. Es ist überaus bemerkenswert, daß dies in der Zeit selbst eigentlich nie im Mittelpunkt bewußter Erörterung stand, insofern die Einteilung von Fenstern in kleine Scheibeneinheiten und die Verwendung eines Sprossennetzes auch aus ökonomischen Gründen eine naheliegende Lösung, ja für zahlreiche Bauten eine Notwendigkeit war. Fritz Schumacher hat in seinem Werk über »Das Wesen des neuzeitlichen Backsteinbaues« (1917) auch die Fenstergestaltung besprochen und deren große Bedeutung für die Flächenwirkung des Backsteinbaus betont – allerdings nur unter dem Aspekt der mit dieser Backsteinfläche bündigen Lage, denn die Teilung an und für sich war auch für ihn eine selbstverständliche Gegebenheit:

»Jeder, der bei Lösung praktischer Aufgaben im Backsteinbau zur Entfaltung schlichter ungegliederter Flächen geführt wird, kann das unmittelbar in dieser Fläche eingebundene Fenster aus Gründen der Wirkung gar nicht missen. Der ganze Reiz der großen zusammenhängenden Flächeneindrücke geht verloren, wenn die Schatten der Fensterlaibungen die Einheitlichkeit zerreißen. Aber es

handelt sich nicht nur um die Einheitlichkeit, auch die Belebung der Fläche ist eine ganz andere, wenn das helle Rahmenwerk mit der Mauer bündig liegt und so nicht der stumpfe Schatten, sondern die andersfarbige Linie das gliedernde Element wird. Auch die Verglasung spielt dann eine wesentlich andere Rolle, ja der Unterschied kann in gewissen Fällen so weit gehen, daß die gleiche Wand, die lustig aussieht, wenn die Scheiben vorn in ihr blinken, trübselig wird, wenn sie hinten aus der Laibung schimmern. Wenn man heute auf diese Fensterwirkung zurückgreift, tut man es nicht um des historischen Vorbildes willen – das wäre ein unmaßgeblicher Grund –, sondern weil ein aus der Natur der Baustoffwirkung entspringendes ästhetisches Bedürfnis vorliegt[309].«

Fenster im Mietwohnungsbau 1918–1945

Überblickt man die Fensterformen des erfaßten Materials innerhalb der zwanziger und dreißiger Jahre, so zeigt sich (dabei sind die Fenstererneuerungen natürlich nicht berücksichtigt) ein ziemlich deutliches Bild in den Anteilen der Fenstersorten:

Die weit überwiegende Zahl der Objekte, deren ursprüngliche Fensterform erhalten oder wenigstens bekannt ist, besaß und besitzt Sprossenfenster. Die größten Anteile hat dabei das Fenster mit einer Kämpferteilung – fast ausnahmslos im oberen Drittel – und einer oder mehreren zusätzlichen Quersprossen in den Flügeln, seltener auch in den Oberlichtern. Diese Fensterform dominiert in der Hauptbauphase in den Jahren zwischen 1924 und 1932.

Sprossenfenster ohne Kämpfer, jedoch mit mindestens drei Quersprossen, sind in derselben Zeit besonders häufig, etwas zeitlich verschoben im gegenseitigen Verhältnis, d.h. ihr relativer Anteil an den Sprossenfenstern insgesamt nimmt zwischen 1926 und 1932 etwas zu.

Sprossenfenster mit nur zwei Quersprossen, d.h. größerem Scheibenformat, haben in den zwanziger Jahren nur geringe Anteile an der Gesamtzahl von Objekten, nehmen aber ständig zu. In den dreißiger Jahren sind sie häufiger als die Fenster mit mehr Quersprossen. Sehr eindeutig ist diese Tendenz im Falle der Fenster mit nur einer Quersprosse, von denen nach nur ganz vereinzelten (auf Erneuerungen der Nachkriegszeit zurückgehenden?) Beispielen zwischen 1930 und 1934 ab 1935 die Mehrzahl aller Sprossenfenster gestellt werden.

Betrachtet man die Korrelation zwischen Fensterformen und den »Stil«-Möglichkeiten der zwanziger Jahre, dann sind die Verhältnisse ganz außergewöhnlich eindeutig: Die »Gestalt«-bezogenen Stilformen von Heimatstil und Traditionalismus sowie Expressionismus besitzen jeweils zu 80% differenzierte Sprossenteilungen mit einem Kämpfer, kleinere Anteile (ca. 10%) mit einfacher Teilung durch 3 und mehr Quersprossen und noch kleinere mit 2 oder (extrem selten und vielleicht erst auf den Wiederaufbau nach 1945 zurückgehend) 1 Quersprosse. »Moderne« Fenster mit Flügelteilungen ohne Quersprossen gibt es nur in wenigen Fällen (ca. 6%) im Falle eines sehr schlichten Traditionalismus, von dem fast gesagt werden kann, daß er auch dem Neuen Bauen zugerechnet werden könnte.

Daraus kann zusammenfassend gefolgert werden, daß das mit Sprossen geteilte Fenster als ein unentbehrlicher Bestandteil jeder formbezogenen Baugestaltung zwischen 1918 und 1933 betrachtet wurde, ganz unabhängig von den real gegebenen Möglichkeiten der Fensterausbildung.

Man muß sich klarmachen, daß ab 1925 auch die Möglichkeit gegeben war, vertikale Flügel ohne Sprossen herzustellen. Diese Möglichkeit ist aber ganz eindeutig beschränkt auf das Neue Bauen: Von den 130 Objekten mit Fenstern ohne Sprossenteilung gehören 124 zum Neuen Bauen.

Bei einer Verlaufsanalyse stellt sich heraus, daß beginnend mit einem Beispiel 1925 die Objekte des Neuen Bauens mit ungeteilten Vertikalflügeln einen immer stärkeren Gesamtanteil an denen des Neuen Bauens insgesamt einnehmen und ab 1930 mehr als die Hälfte davon beanspruchen (1931 62%). Es gibt auch Versuche, die Fenster auf ganz neue Weise aufzuteilen; sie ganz aus der Analyse ihrer Funktion zu gestalten. Dabei entfallen nicht nur die Sprossen, sondern auch die herkömmlichen Fensterflügel. Sie haben erstaunlicherweise nur einen Schwerpunkt 1926/1927 und nehmen dann wieder nur noch Einzelfallcharakter an, zweifellos aus Kostengründen. – Oben wurde festgestellt, daß die Putzbautengruppe der späten zwanziger Jahre im Bereich des Neuen Bauens dessen konsequenteste Ausprägung vergegenwärtigte. Betrachtet man die Verhältnisse nur bei diesen Beispielen, so bestätigt sich die Tendenz: Von 1925 an besitzen diese Bauten überwiegend einfach vertikal geteilte Fenster.

Daß die erwähnten Ansätze, eine von der Tradition gelöste neue Fensterteilung zu finden, hier besonders selten sind, führt übrigens zu der Vermutung, daß solche Fensterteilungen einen Ver-

Abb. 442: Diese teilmodernisierte Fassade zeigt, daß auch Putzbauten unter dem Verlust der Sprossenfenster zu leiden haben. Sie gaben dem Haus Detailreichtum und Wohnlichkeit. – Veringstr. 46–56, ca. 1925 (vgl. Abb. 136).

such darstellen, unabhängig vom herkömmlichen Sprossenfenster horizontale Elemente in die Fensterform einzuführen und dem oben als charakteristisch für das Neue Bauen, v. a. aber für die Backsteinbauten des Neuen Bauens dargestellten Horizontalismus in der Fassadengliederung so gerecht zu werden.

Am Beispiel des Hauses Dorotheenstraße 123/Maria-Louisen-Straße von Karl Schneider (1927–28) ist das anschaulich, wo der an der konvex gekrümmten Fassade durchlaufende Horizontalismus der Wandflächen in den Fenstern selbst durch deren horizontale Teilungs- und Scheiben-Anteile seine Entsprechung findet.

Die überwiegende Zahl von Objekten des Neuen Bauens hat freilich immer noch Sprossenfenster, und die allermeisten davon sind zugleich Backsteinbauten (mit wenigen Ausnahmen von Putzbauten mit Sprossenfenstern). Innerhalb der Typen von Sprossenfenstern ist eine Verteilung zu konstatieren, die wiederum deutliche Unterschiede zu den Verhältnissen bei Expressionismus und Heimatstil bzw. Traditionalismus begründet: 86 Objekte besitzen Sprossenfenster mit Kämpfer (die bei den übrigen Stilvarianten eindeutig im Vordergrund stehende Form!), 73 haben 3 und mehr Quersprossen ohne Kämpfer, 29 zwei Quersprossen und 2 nur eine Quersprosse (wiederum mit der Möglichkeit, daß es sich dabei um eine beim Wiederaufbau eingeführte, von der ursprünglichen Form abweichende Fensterteilung handelt). Damit wird als zweite charakteristisch mit dem Neuen Bauen korrelierende Fensterform das gleichmäßig durch drei und mehr Horizontalsprossen geteilte Fenster faßbar. Das bedeutet, daß wiederum eine Vielzahl von Backsteinbauten des Neuen Bauens ihren ausgeprägten Horizontalismus der Gestaltung auf das Fenster übertragen, denn die formal eindeutig überwiegende Auswirkung auf die Fassade bei den betreffenden Bauten ist die Anreicherung durch gleichmäßige horizontale Linien in Gestalt dieser Fenster. Das bedeutendste und konsequenteste Beispiel ist der Friedrich-Ebert-Hof, der zugleich den Horizontalismus der Backsteinwand durch Betonung der Horizontalfugen und Unterdrücken der Stoßfugen zum Extrem steigert. Gerade diese Fensterform zeigt deutlich, daß auch im Neuen Bauen offenbar mit der Verwendung geteilter Fenster eine bewußte formale Ge-

Abb. 443: Maria-Louisen-Str. 63–67/Dorotheenstr. 123, K. Schneider 1927–1928. – Das traditionelle Sprossenfenster ist verlassen. Dennoch steht die neu entwickelte Fensterform im Einklang mit Backsteinbauweise und Fassadensystem. – Ähnliche Fensterformen in Abb. 80 und 157.

Abb. 444: Der Friedrich-Ebert-Hof in Altona, F. Ostermeyer 1928–1929 (vgl. Abb. 334–336 u. a.).

Abb. 445: Detail vom Haus Jean-Paul-Weg 2 ff., Distel & Grubitz 1928–1929 (vgl. Abb. 18, 220, 295).

staltungsabsicht verbunden war, die die an und für sich mögliche Hinwendung zum ungeteilten Flügel nicht vollzog zugunsten einer nur in der Flächenwirkung des Backsteinbaus verständlich begründeten, horizontal/flächigen Fensterauffassung.

Die Ausgangsthese, daß das Fenster eines der wichtigsten Gestaltungselemente der Architektur sei, bewährt sich dadurch in der Statistik der hier untersuchten Objekte eindeutig.

Nur die Bauten des Neuen Bauens mit ungeteilten Flügeln machen scheinbar eine Ausnahme. Sie setzen eine vertikal betonte Fensterteilung an die Stelle der durch Sprossen horizontal betonten. An die Stelle einer flächenhaften, gleichsam als Gitter aufgefaßten Fensterform stellen sie große Einzelöffnungen als Grundeinheiten. Zusätzlich zur Frage der Fensteraufteilung ist jedoch die des Fensterformats und die der Fensteranordnung in die Betrachtung einzubeziehen.

Dabei stellt man fest, daß die Fensteröffnungen in Heimatstil, Traditionalismus und Expressionismus überwiegend ein mit gleichen Wandanteilen abwechselndes, ungefähr quadratisches Format aufweisen (Grundtyp: zwei bis drei Flügel mit Kämpfer und ein bis zwei Quersprossen), daß im Neuen Bauen aber in zahlreichen Fällen die Fenster breiter (drei und gelegentlich mehr Flügel!) angelegt und die Wandzwischenstücke reduziert werden. Dies trifft insbesondere für die Fenster zu, die ungeteilte Vertikalflügel aufweisen; dadurch wird erreicht, daß die Horizontalgliederung der Backsteinbauten des Neuen Bauens ihre Entsprechung in horizontal angelegten Fenstern als Gesamtform finden. Dem ebenfalls für das Neue Bauen als charakteristisch bezeichneten Phänomen der seriellen Reihung gleichartiger Elemente (s. o.) wird durch die gleichmäßige Reihung der vertikalen Fensterflügel entsprochen. So wird zwar zunehmend die Horizontalsprosse im Backsteinbau des Neuen Bauens aufgegeben. Aber das, was sie leistete, die Fortsetzung des Horizontalismus der Backsteinwand und damit den Zusammenschluß von Wand und Fenster zur gleichmäßigen Flächentextur, das wird nun von horizontal angelegten Fenstern mit gleichmäßiger, horizontal durchlaufender Flügelreihung übernommen (bzw. in den selteneren Fällen der »funktionalistischen Fenster« durch deren Flächenwirkung). Selbst für diese von der Tradition sich abkehrenden Bauten bleibt also die Einheit des die Wohnungsbauten der zwanziger Jahre verbindenden Prinzips Backsteinbau mit seinem bestimmten »*aus der Natur der Baustoffwirkung entspringenden ästhetischen Bedürfnis*« erhalten (siehe das Schumacher-Zitat oben). Seine konsequente Verwirklichung hätte bedeutet, konstruktivistische Bedingungen zu vernachlässigen. Denn nach wie vor waren die Häuser traditionelle Mauerwerksbauten. Durchlaufende Fensterreihen hätten daher zu Konflikten mit den auf die Außenwand treffenden Teilungswänden geführt; sie mußten als formalistisch vermieden werden. – Aber sie wurden doch gebaut: Der Wohnblock Lunapark von Gustav Oelsner (1929–1930) trennt jeweils fünfflügige Fenstergruppen an der Teilungswand der Wohnungen durch einen etwas verbreiterten Pfosten und erreicht dadurch ohne Konflikt zehnteilige Fenster, die mit Balkonnischen abwechseln und zusammen mit den durchlaufenden Brüstungsflächen in idealtypischer Weise den Horizontalismus des Neuen Bauens mit der auch hier angewandten Backsteinbauweise verschmelzen. Der Putzbau Elbchaussee 126 (F. Ostermeyer 1930) wechselt schichtweise durchlaufende Brüstungsflächen mit Fensterreihen ab, bei denen fünfflügige Fenstergruppen mit flügelbreiten Backsteinflächen abwechseln, auf die die Teilungswände auftreffen (und nicht zuletzt sind die Stoßfugen verstrichen und die Lagerfugen betont!).

Bemerkenswert ist die Entwicklung im »Dritten Reich«: Obwohl das »Neue Bauen« in seinen charakteristischen

Abb. 446: Kieler Str. 55 usw., Wohnblock Lunapark, G. Oelsner 1929–1930 (vgl. Abb. 357).

Abb. 447: Elbchaussee 126, F. Ostermeyer 1928–1930.

Ausprägungen (Flachdach, kubische Großform, betonter Horizontalismus) schlagartig endet (mit wenigen, charakteristischen Nachzüglern), bleibt der Anteil an »modernen« Flügelfenstern ohne Sprossen groß, bei den Sprossenfenstern vermindert sich die Zahl der Quersprossen. Die Begründung ist nicht ohne weiteres aus dem Material heraus zu finden. Alles spricht aber dafür, daß ein Element der für das »Dritte Reich« typischen Verhaltensstruktur, nämlich einerseits eine stark reaktionäre Ideologie und deren Umsetzung in die Baugestaltung durch den generellen Traditionalismus, sich hier verschmilzt mit einem anderen, ebenso typischen, nämlich einer systematischen Anwendung moderner Produktionsweisen. Die im Neuen Bauen deutlich gewordene Tendenz zum einfach geteilten Flügelfenster entspricht ja einer Entwicklung der Produktionstechnik im Glasbereich (s. u.) und wurde deshalb zunehmend rezipiert, wenn nur die schlimmsten Elemente des verpönten »Internationalismus«, wie das Flachdach, eliminiert waren. Es bedarf kaum der Erwähnung, daß die Fensterformate wieder ungefähr quadratisch werden und betonte Flügelreihungen völlig fehlen.

Entwicklungsgeschichte der Fensterformen

Fensterglas wurde bis in die ersten Jahrzehnte des zwanzigsten Jahrhunderts hinein im Zylinderziehverfahren hergestellt, d. h. einem handwerklichen Prozeß, der erst nach 1900 stärker mechanisiert wurde[310]. Die so erzeugten Einzelscheiben hatten naturgemäß eine begrenzte Größe. Je größer die Einzelscheibe, desto höher der handwerkliche Aufwand und desto größer die Kosten. Weit ins neunzehnte Jahrhundert hinein wurden daher die meisten Fenster aus kleinen Einzelscheiben zusammengesetzt. Die Gestaltungsabsicht spätestens seit dem Klassizismus ging freilich zur monumentalen, große Einheiten aufweisenden oder gar ungeteilten Scheibe. Die Auseinandersetzung mit der technisch-ökonomischen Begrenztheit führte zu den dann real angewandten Fensterformen. Spätestens ab ca. 1850 wurde gleichwohl in Hamburg das großflächige, Flügel aufweisende Fenster mit hochrechteckigem Format und Kreuzstock als Teilung üblich und vorherrschend bis in kleinbürgerliche Bereiche (Mietshaus!) hinein. Nur in untergeordneten Bauaufgaben und zum Beispiel im bäuerlichen Bereich blieb das kleinteilige Fenster vorherrschend. Lichtwark hat die herrschende Fensterform ironisch als »Palastfenster« und damit als fehlgeleitete Nachahmung italienischer Vorbilder charakterisiert[311]. Tatsächlich hängt sie auf das engste mit der im Wohnungsbau überwiegenden Verwendung von Fassaden- und Innenraumgestaltungen aus dem Formenschatz des Palastbaus aus Renaissance und Barock zusammen, die die Hamburger Architektur zwischen 1860 und 1900 charakterisiert[312].

Die Hinwendung des Jugendstils zu einer neuen, bewußt die ganze Fassadenbildung als flächiges Ornament auffassenden Gestaltung ergriff auch das Fenster und führte wieder die kleinteilige Versprossung – allerdings zumeist nur in den Oberlichtern des als Grundform beibehaltenen Kreuzstockfensters, teilweise mit ornamentaler Sprossenausbildung – ein. – Historismus wie Jugendstil folgen dadurch in ihrer Fenstergestaltung bewußt formalen Ansprüchen und nehmen den angesichts der technisch-ökonomischen Bedingungen erhöhten Aufwand für deren Realisierung in Kauf. – Daß beiläufig in derselben Zeit für hervorragende Bauaufgaben und z. B. Geschäftshäuser in Hamburg in großem Umfange die weitaus kostbareren, in Gußverfahren hergestellten Spiegelglasscheiben größten Formats zur Anwendung kamen, sei nur am Rande erwähnt.

Es war die Reformperiode um 1910, die sich von den großen Kreuzstockfenstern wieder abwandte und kleinteilige, flächig unterteilte Fenster wieder bevorzugte. Auch hier stand das formale Prinzip an erster Stelle: Man wollte wieder anknüpfen an die Tradition der Zeit vor dem Historismus »um 1800« und vor allem in der Heimatstilbewegung an den bodenständigen Backsteinbau und übernahm von den Vorbildern die Fensterform mit, die dort rein technisch bedingt war (s. o.). Bemerkenswerterweise fand diese »Reaktion« auf das großflächige Fenster des Historismus gerade zu der Zeit statt, als das Zylinderziehverfahren in der

Abb. 448: Johnsallee 26, um 1870. – Das Haus hat die einfach geteilten Fenster, die in Hamburg für den Wohnbau bis 1900 typisch sind.

Abb. 449: Feldbrunnenstr. 3, G. Radel 1900–1901. – Charakteristisch für Jugendstilfassaden sind die kleinsprossig unterteilten Oberlichter und die freie Gestaltung der Rahmen.

Abb. 450: Nonnenstieg 1, E. Michahellis 1911. – Die gleichmäßige Sprossenteilung von Reformarchitektur und Heimatstil bevorzugt um 1910 hochrechteckige Scheiben.

Glasproduktion industrialisiert und mechanisiert wurde, wodurch jetzt auch große Scheiben kostengünstig hergestellt werden konnten. Auch diese Epoche erweist sich daher als »formalistisch« in der Fenstergestaltung, insofern sie der Entwicklung der Produktionsmöglichkeiten nicht sofort folgt. Gleichwohl ist zu konstatieren, daß nach wie vor kleine Scheiben im Sprossenfenster die preiswerteste Form der Fensterverglasung darstellten. Damit konnte auch das in der Reformperiode um 1910 wesentliche Prinzip der Werkgerechtigkeit und handwerklichen »Wahrheit« in der Architektur (Werkbundzeit!) mit dem kleinteiligen Fenster als eingelöst angesehen werden.

Unter dem Druck der ökonomischen Verhältnisse nach dem Ersten Weltkrieg, bei allgemeiner Materialknappheit im Baustoffbereich sowie vor allem auch bei großer Knappheit an Energierohstoffen mußte daher das Fenster mit kleinen Einzelscheiben als verbindlicher Ausdruck der wirtschaftlich-technischen Verhältnisse im Fensterbau angesehen werden. Zugleich setzten sich ja zunächst die vor dem Ersten Weltkrieg angelegten Gestaltungsmöglichkeiten (»Stile«) fort, nämlich Heimatstil und Traditionalismus, und es entfaltete sich der ebenfalls schon um 1910 erste Vorboten aufweisende Expressionismus. Beide Strömungen trugen die damals vollzogene bewußte Hinwendung zum kleinteiligen Fenster weiter, insbesondere im norddeutschen und im Hamburger Backsteinbau.

Um die Bauproduktion und vor allem den Wohnungsbau möglichst weitgehend zu rationalisieren und zu verbilligen, wurden seit 1918 verschiedene Normen von Bauteilen entwickelt, zunächst auf Länderebene, dann durch den Deutschen Normenausschuß auf Reichsebene. Alle dabei entwickelten Fensternormen gehen ausschließlich und konsequent von kleinen Scheibengrößen aus. Die abschließende DIN 1240–1248 für Blendrahmenfenster (wie sie in Norddeutschland ausschließlich verwendet wurden) von 1928 kann als Zusammenfassung der älteren Normen verstanden werden, das Ergebnis (vgl. DIN-Taschenbuch 18, 1931) ist eine von drei Scheibengrundmaßen (320 x 300 mm, 440 x 300 mm, 560 x 300 mm) ausgehende Typenreihe von 189 Sprossenfenstern[313].

Diese Entwicklung wird ganz offensichtlich im Bestand an Sprossenfenstern bei

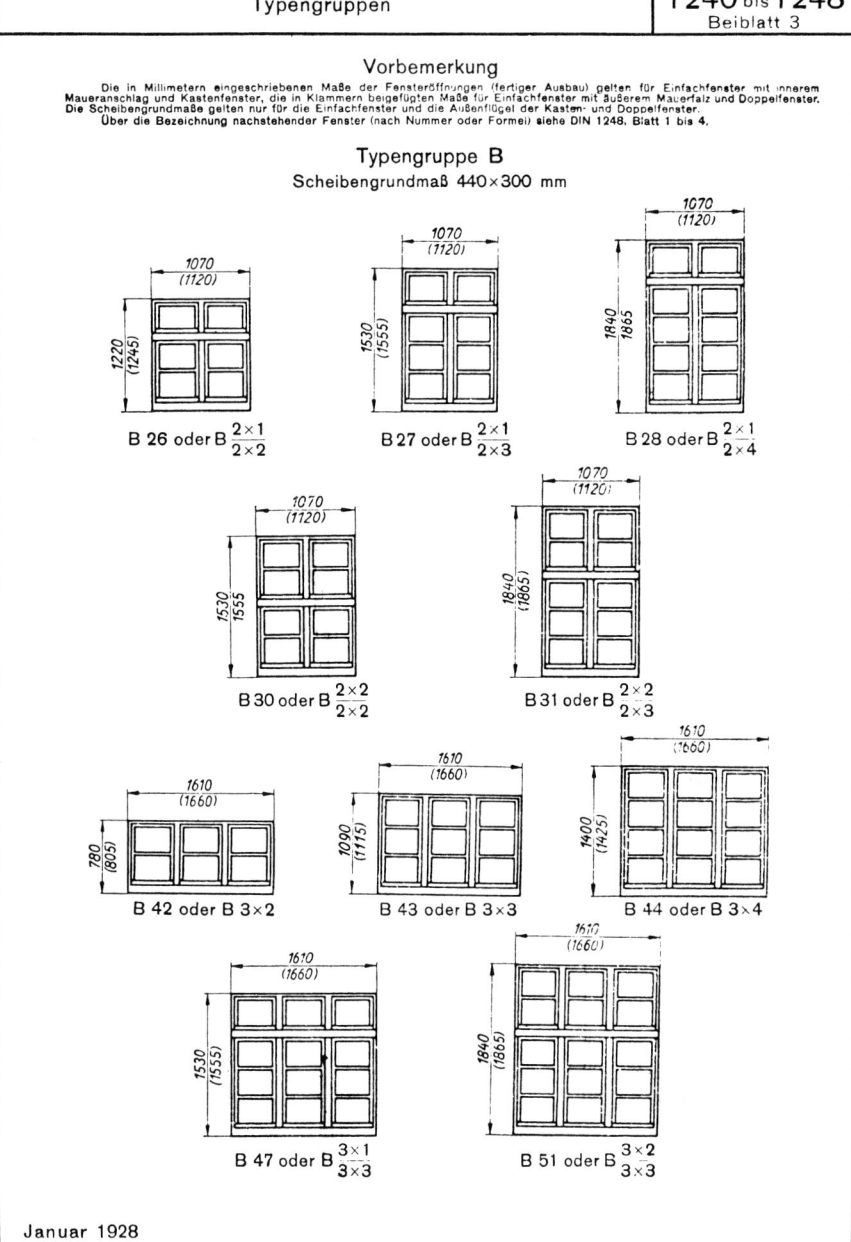

Abb. 451: Eine Tafel aus dem DIN-Taschenbuch 18, 1931.

den hier untersuchten Objekten widergespiegelt.

In der Taschenbuch-Veröffentlichung der Normen von 1928 im Jahre 1931 wird jedoch bereits die Möglichkeit berücksichtigt, auf Quersprossen zu verzichten. Die Normen für die Gesamtform und die Flügelgrößen der Fenster bleiben erhalten, die ungeteilten Scheiben erhalten ihre Maße aus der Addition der kleinen Grundmaße und der entsprechenden Sprossenbreiten[314]. Auch dies entspricht dem Befund im Hamburger Mietwohnungsbau, wo genau in diesen Jahren das Vordringen des ungeteilten Fensters im Neuen Bauen zu beobachten ist.

Die technische Grundlage für das ungeteilte Fenster ist dabei die in der Mitte der zwanziger Jahre in großtechnischem Maßstab (nach verschiedenen Versuchen in den vorausgehenden Jahrzehnten) möglich gewordene Herstellung von Fensterscheiben in einem Flachglasziehverfahren, das – verkürzt ausgedrückt – die Produktion praktisch beliebig breiter (jedenfalls beliebig im Rahmen des praktisch Erforderlichen und Brauchbaren), endloser Glasbänder und damit beliebig großer Scheiben ermöglichte. Das so neu auf den Markt kommende »Maschinenglas« oder »Tafelglas« konkurrierte auf Grund seiner niedrigen Kosten erfolgreich mit den bisher üblich gewesenen Fensterarten da, wo die letzteren nicht aus gestalterischen Gründen beibehalten wurden, das heißt also im Bereich des Neuen Bauens, wo ja konstruktivistische und funktionalistische Ideologie mehr oder weniger zwingend diese wohlfeilste, wohl auch am stärksten industrialisierte und damit »modernste« Fensterscheibenart forderte.

In diesem Zusammenhang ist es übrigens nicht ohne Belang, daß im Neuen Bauen die große Scheibe durchaus nicht *nur* aus ökonomischen Gründen angewandt wurde, sondern wiederum wesentlich vom formalen Prinzip der Gestaltungsweise mindestens mitgetragen, wenn nicht gar vorrangig gefordert wurde: Kristalline Klarheit großer Kuben und Flächen als sinnliche Umsetzung der Ideologie im Neuen Bauen sollten sich offenbar auch in der Fensterform ausdrücken. Bei zahlreichen Villenbauten wurde daher – entgegen aller ökonomischen Vernunft – mit Kristallspiegelglasscheiben gearbeitet, teilweise sogar gekrümmten Scheiben, die durch ihren Herstellungsprozeß weitaus höhere Kosten als jede andere Fensterform erforderten – und übrigens in der Herstellung damals noch am wenigsten im Sinn von rationeller Großserienproduktion industrialisiert waren (vgl. Landhaus Michaelis von Karl Schneider, Grotiusweg 79)[315].

Die ökonomische Überlegenheit des neuen Tafelglases und seiner großen Scheiben konnte sich (s. o.) sogar im traditionalistischen Bauen der dreißiger Jahre deutlich durchsetzen, seit den fünfziger Jahren ist keine andere Scheibenform mehr angewandt worden. Um so bemerkenswerter ist, daß unmittelbar nach dem Zweiten Weltkrieg noch einige Jahre lang in einer betont traditionalistischen Gruppe von Wohnungsbauten, die zeitweise (um 1948/50) das Feld beherrschte, das in den zwanziger Jahren nur selten vorkommende und dort in den Normen nicht berücksichtigte Kreuzsprossenfenster verwendet wird. Dabei werden die hochrechteckigen Flügel je durch eine waagerechte und eine senkrechte dünne Sprosse geteilt (mit dem daher ungewöhnlichen, schmalhochrechteckigen Scheibenformat). Die konstruktiven Schwächen dieses Fenstertyps (statische Probleme am Knotenpunkt der dünnen Sprossen) ebenso wie die technische Entwicklung der Glasherstellung erweisen diese Fenster als offenbar bewußt aus formalen Gründen gewählt.

Gefühle

In der Reformarchitektur um 1910, insbesondere in der Heimatschutzbewegung, wurde das damals wieder propagierte und dann in die Architektur allgemein eingeführte kleinteilige Sprossenfenster bewußt als Träger emotionalen Ausdrucks verstanden. Bereits E. L. Lorenz-Meyer sah im Wiederanknüpfen der Architektur an die Tradition vor dem Historismus das Ziel und in der Gemeinsamkeit von Backstein, Sprossenfenster und ausgebildetem Pfannendach das Mittel einer Bauweise, die als bodenständig norddeutsch wieder die »seelischen« Bedürfnisse des norddeutschen Menschen befriedigen könne – im Gegensatz zu der »fremden« und nicht einmal den klimatischen Bedürfnissen des Nordens gerecht werdenden gründerzeitlichen Renaissance-Nachahmung[316]. Alfred Lichtwark als der bedeutendste Sprecher der Reformbewegung in Hamburg widmete der Abkehr vom historischen Fenster seine Aufsätze »Palastfenster und Flügeltür« und »Breitfenster und Hecke«, wo er ähnlich argumentiert[317].

Mit dem Wiederanknüpfen an die ältere Tradition war zugleich verbunden die Annäherung an den Bauernhausbau, aus dem viele Motive – Backsteinschmuckverband, Fachwerk – in die Heimatstilarchitektur eingingen und in dem das kleinteilige Fenster ja immer seinen Platz behauptet hatte, wenn auch nur aus materiellen Gründen. Und wie mit »Tradition« überhaupt, so floß auch aus dieser Richtung in den schließlich entwickelten Backsteinbau traditionalistischer Bauweise in Hamburg und Norddeutschland über alle gestalterischen und praktischen Vorzüge, die ihm beigelegt wurden, vor allem auch ein Komplex assoziativ-emotionaler Inhalte zu, die vage blieben, aber doch berechtigt als »Heimat-Gefühle« zusammengefaßt werden konnten: Der entwickelte traditionalistische Backsteinbau versammelte alle die Signale, die noch heute und unter dem Vorzeichen der »Nostalgie« ebenso wie zum Beispiel in der naiven Kinderzeichnung »Behausung« und »Haus« besser charakterisieren als alle inzwischen die Umwelt beherrschenden Gestaltungsmöglichkeiten, die das Neue Bauen geschaffen hat: ausgebildete Dächer, Backsteine, geteilte Fenster.

Es wurde aus dem Bestand abgeleitet, daß in den zwanziger Jahren geteilte Fenster zum Backsteinbau und seiner gestalterischen Leistung – der gleichmäßigen, betont horizontalistischen Flächentextur – unabdingbar gehörten. Über die ästhetisch-gestalterische Notwendigkeit hinaus begründen die skizzierten Inhalte aber – im Sinne von Schumachers Hinweis auf das »Seelische« des Backsteinbaus – auch eine Interpretation, die sagen könnte, daß es solche konzentrierten Symbole waren, die innerhalb der städtebaulichen Konzeption großer Einheiten und einheitlicher Maßstäbe, die den Großsiedlungsbau der zwanziger Jahre prägt und völlig

Abb. 452: Das Landhaus Michaelsen von K. Schneider 1923 (Aufnahme ca. 1925). Das erste Fanal des Neuen Bauens in Hamburg. Teil der kubisch-kristallinen Struktur ist die gebogene Panorama-Scheibe aus Spiegelglas im Wohnraum.

neue Maßstäbe für das Leben von Menschen setzt, daß in den architektonischen Details das Menschliche also nicht nur funktions-, sondern auch gefühlsgeprägt zum Ausdruck kommt. Gerade im Neuen Bauen mit seinem Abstreifen aller Tradition einschließlich des ausgebildeten Daches reduziert sich am Ende der Inhalt »Heimat«, »Haus« auf das Traditionelle in Backstein und Fenster. Und nur so – nicht aus Unfähigkeit, die künstlerischen Konsequenzen aus der technisch fortgeschrittenen Scheibenproduktion zu ziehen, denn sie wurden ja durchaus gezogen –, nur so ist letzten Endes die nur zögernde Abwendung vom Sprossenfenster im Neuen Bauen zu verstehen.

Tatsächlich fällt es aus heutiger Sicht schwer, die extremsten Konsequenzen des Neuen Bauens im Wohnungsbau – z. B. die Putzbau-Zeilenhäuser mit ungeteilten Fenstern und Flachdächern am Dulsberg oder in Harburg – als Realisierung einer neuen Qualität menschlichen Lebens ohne weiteres zu verkraften. Was im spiegelglasgesättigten Landhaus, mit ambitionierten Verhaltensformen einer stilisierten bürgerlichen Avantgarde der zwanziger Jahre verbunden, durchaus auch neue emotionale Werte produziert (vgl. die Hamburger Landhäuser Karl Schneiders oder von Bensel, Kamps, Amsinck), ist im Wohnbau der Massen für heutige Augen allzuoft schon um 1930 nichts weiter als – trivial.

Diese Betrachtung bezieht sich auf den Außenbau. Nicht übersehen werden darf aber die mindestens gleichwertige Rolle des Fensters für den Innenraum, die seit Lorenz-Meyer und vor allem Lichtwark ebenfalls immer wieder betont wird: Die flächige Einheit des geteilten Fensters macht die Grenze eines Raumes als Kontinuum erlebbar, ohne daß dadurch die funktionale Leistung des Fensters zur Belichtung vernachlässigt würde. Darüber hinaus werden die emotionalen Werte auch auf das Innenraumerlebnis übertragen, es entsteht das intime Heimatgefühl der Einzelwohnung, »Behaglichkeit«.

Soziale Bedeutung

Vollends trivial wurde die Idee des Neuen Bauens bei der Ausprägung in kleiner Münze und massenhafter Verbreitung seiner Versuche in der Architektur

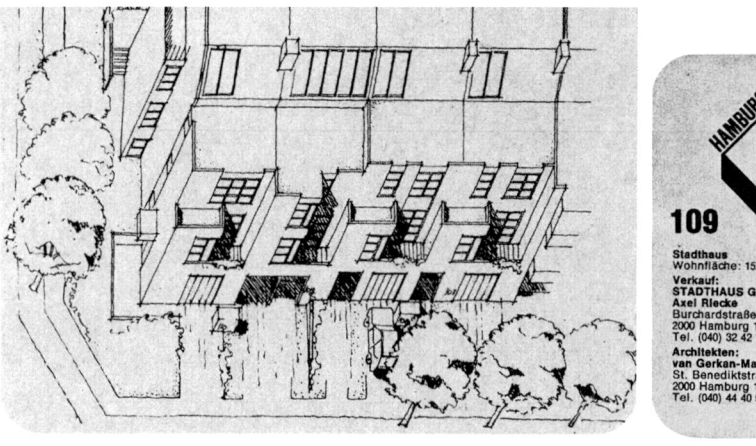

Abb. 457: Gaststätte »Friesenhof«, Hamburger Str./Winterhuder Weg, 1975 in das Sockelgeschoß eines Hochhauskomplexes eingebaut.

Abb. 458: Aus dem »Hamburger Abendblatt« 1979.

seit den fünfziger Jahren. Die seit einigen Jahren allgemein gewordene Kritik daran braucht hier nicht referiert zu werden. Sie hat inzwischen zahlreiche Ansätze einer neuen, betont wieder menschlichen Architektur provoziert und bekanntlich auch die Wertschätzung des architektonischen Erbes in materieller wie in analytisch-inhaltlicher Hinsicht auf eine ganz neue Basis gestellt. Und es braucht kaum gesagt zu werden: Zu diesen Ansätzen gehören regelmäßig auch geteilte Fenster. Es ist nicht *nur* das Sprossenfenster – das gleichwohl eine Renaissance feiert. Es gibt auch andere moderne Möglichkeiten, ein Fenster als Fläche zu charakterisieren und damit Gestaltwerte und Raumgrenzen zu erzeugen. Aber die Gesamttendenz ist eindeutig. Als Hinweis sei nur die Musterschau neuer Wohnungsbauten auf der »Hamburg-Bau« des Jahres 1978 genannt. Daß es sich bei diesem Trend nicht um die Vorliebe einer Avantgarde handelt, sondern offensichtlich um die Artikulation eines sozialen Bedürfnisses, wird freilich mehr als bei den Spitzenerzeugnissen der Gegenwart in trivialeren, aber unübersehbaren Anzeichen anderwärts deutlich.

An erster Stelle kann die erstaunliche Tatsache herangezogen werden, daß da, wo emotionale Werte in der Bau- und Raumgestaltung eine ökonomische Funktion erfüllen, also sozusagen Produktionsfaktor sind, daß da eine ausgesprochene Vorliebe zum Sprossenfenster (neben vielen anderen »nostalgischen« Formsymbolen) zu beobachten ist, nämlich in der Gaststättengestaltung. Beispiele wie der »Friesenhof« (Hamburger Straße/Winterhuder Weg, 1975) finden inzwischen zahlreiche Nachahmer. Gemeinsam ist ihnen, daß in meist »moderner«, und das heißt, emotionsloser Architektur der jeweiligen Umgebung die betreffende Gaststätte durch das simple Mittel eines weiß gestrichenen Sprossenfensters Gemütlichkeit, fast möchte man sagen (Ersatz-) »Heimat« signalisiert.

Hinzu kommt die ebenso eindeutige Tendenz, daß im gehobenen bürgerlichen Einzelhaus- und Eigentumswohnungsbau das Sprossenfenster zunehmend zu einem gefragten Statussymbol wird, mit dem offenbar der betreffende Eigentümer den Lebensstil traditioneller bürgerlicher Landhauskultur zum Ausdruck bringen will. Zugleich wird es zum Element des »Schönen Wohnens«, das kaum mehr in einer Möbelwerbung oder themenbezogenen Zeitschrift ausgelassen wird. Zahlreiche Immobilienanzeigen machen hier den Beweis leicht. Das geht so weit, daß »Sprossenfenster« bereits im Altbaumarkt als aufwertendes und werbendes Element ausdrücklich hervorgehoben werden.

Das Sprossenfenster als Ausdruck eines sozialen Bedürfnisses wird also hauptsächlich da realisiert, wo man es sich leisten kann (im gehobenen Wohnungsbau), oder da, wo es als Produktionsfaktor nutzbar gemacht werden kann (in der Gastronomie).

Fritz Schumacher sah in den Bemühungen seiner Zeit die Aufgabe, den Massenwohnungsbau auch gestalterisch und nicht nur quantitativ anspruchsvoll zu bewältigen:

»*Für den gehetzten Menschen unserer Zeit dürfte auch darin ein Stück Hygiene liegen, Hygiene der Nerven, ein Kapitel gesundheitlicher Pflege, das in der Großstadt vielleicht noch am meisten im argen liegt*[318].«

Ökonomie und Armut

Wie die Entwicklung der Fensterformen immer wieder durch die industriellen Produktionsmöglichkeiten mitbestimmt wurde, so ist auch der Austausch der alten Fenster bei den Wohnungsbauten der zwanziger und dreißiger Jahre, von denen diese Untersuchung ihren Ausgang nahm, in ganz direkter Weise ökonomisch und technisch determiniert: Um Energie zu sparen, werden Isolierglasfenster eingesetzt; um dabei Kosten zu sparen, werden die billigsten Massenprodukte, die die Industrie dafür anbietet, verwendet.

Das Ergebnis sind Ganzglasscheiben, die aus einer differenzierten Fenstergestaltung ein amorphes Loch machen, oder geteilte Fenster, bei denen fast immer ein schmaler und breiter Flügel nebeneinanderstehen, so daß an die Stelle einer gleichmäßigen Flächentextur oder seriellen Flügelreihung (im Neuen Bauen) ein hinkender, das ganze Fassadensystem dissonant übertönender Flächenrhythmus tritt. Bei alledem werden an die Stelle der fein profilierten und sparsam dimensionierten historischen Teilungen äußerst vergröberte und balkenartig grobschlächtige Rahmen und Pfosten in die Fassade eingeführt, die keinen der dort vorhandenen Maßstäbe aufnehmen, die vom Backstein und vom Fugennetz als Grundmodul ausgehen.

Es wurde oft gesagt, daß damit den

Abb. 459: Adlerstr. 5ff. usw.,E. & E. Theil 1926–1927 (vgl. Abb. 146, 147, 213, 223). – Dieses Haus hat immer noch seine alten Sprossenfenster. Diese Photomontage konstruiert die üblichen Modernisierungsfolgen: Große Scheiben lassen das Haus formal verarmen, der Wechsel breiter und schmaler Flügel in asymmetrischer Teilung zerstören sogar die verbleibende Wirkung der architektonischen Grundstruktur mit ihren Symmetrieachsen.

Häusern die Augen ausgestochen wurden, daß die Fassaden geblendet würden[319]. Das Ergebnis dieser Untersuchung zeigt, daß tatsächlich die Gestaltung der Bauten dadurch in einer schwerwiegenden Weise beeinträchtigt, ja – durch Aufbrechen der Flächentextur – zerstört wird. Und das trifft um so mehr zu, wenn es sich um Backsteinbauten des Neuen Bauens handelt, wo die Fensterteilung und das Backsteinnetz überhaupt die letzten Detailwerte in dem vereinfachten Bau bilden.

Allgemein kann gesagt werden, daß die so »modernisierten« Häuser formal verarmen. Mit dem Begriff der Armut ist freilich noch ein ganz anderer, menschlich schwerwiegender Aspekt getroffen: Gerade die als besonders sensibel erkennbar gewordenen Häuser des Neuen Bauens sind ja überwiegend (s. o.) für die Wohnbedürfnisse der breiten Bevölkerungsschichten geschaffen worden, in ihnen überwiegen deutlich Kleinwohnungen einfachen Standards. Zwar waren sie zu ihrer Erbauungszeit dem größeren Teil der Menschen, denen sie zugedacht waren, wegen der hohen Mieten unerreichbar. Gerade das hat sich aber heute geändert: Längst gehören diese Bauten selbst zum preiswerten Altbaubestand (gegenüber heute wiederum sehr hohen Neubau-Sozialmieten . . .). Heute ist die Identität von Absicht und Nutzung objektiv erreicht. Jetzt also wird durch die formale Verarmung eine Bevölkerungsschicht getroffen, deren Umwelt und deren Möglichkeit der Lebensgestaltung ohnehin weniger formalen Reichtum aufweist als die anderer Bevölkerungsschichten. Angesichts der Gefahr des Verlustes einer differenziert gestalteten Umwelt durch scheinbar – und jedenfalls ökonomisch tatsächlich – nützliche Modernisierungsmaßnahmen erhält die »sozialästhetische« Gestaltungsabsicht, die Fritz Schumacher neben der funktionalen »sozialhygienischen« der Wohnungsreform in die Großwohnanlagen der zwanziger Jahre investiert sah, ihr volles Gewicht: Auch die Modernisierungsmaßnahmen wirken sich »sozialästhetisch« aus, nämlich als Aufgabe von Reichtum zugunsten der Armut. Die aus ökonomischen Gründen gesuchte billige Fensterlösung macht auch die Architektur als Ganzes »billig«.

Die Modernisierung bringt in die historischen Wohnquartiere der zwanziger Jahre an die Stelle gestalterischer Qualität und assoziativer Werte, an Stelle von »Heimat« und »Hygiene für die Nerven« soziale Depravation, Abwertung der architektonischen und städtebaulichen Qualität und Entzug der emotionalen Werte. Und dabei sind »*die sozial Schwächeren auch wieder einmal die Ärmsten*«[320].

Sie werden genau zu dem Zeitpunkt ihres ästhetischen Kapitals beraubt, wo privilegierte Bauherren es sich verschaffen.

Bezieht man die Tatsache in die Betrachtung mit ein, daß es sich bei den Mietwohnungsbauten und -vierteln der zwanziger Jahre ja nicht nur um private Lebensbereiche handelt, sondern um ein für Hamburg überwältigend bedeutsames städtebauliches Ereignis, so dehnt sich diese Verarmung auf die Allgemeinheit aus: Ein gesellschaftlicher Besitz wird hier aus ökonomischen Gründen verschleudert. Nur im privaten Bereich Bevorzugter und als »Ersatz« in der Gastronomie wird er bewahrt.

Denkmalschutz

Um sich Klarheit über den Bestand, seinen Umfang und seine Bedeutung zu verschaffen, hat die Kulturbehörde (Denkmalschutzamt) 1979 eine umfassende Inventarisation der Mietwohnungsbauten aus der Zeit zwischen den Weltkriegen durchgeführt und dabei die Objekte ermittelt, in denen künstlerische, städtebauliche und sozialpolitische Leistung, also die historische Bedeutung des Mietwohnungsbaus der zwanziger Jahre verdichtet und mit besonderer ästhetischer Qualität wirksam wird. Das gilt für etwa ein Viertel der insgesamt knapp 1100 Objekte. Sie sind der Bestand, der sich auch in der Auswahl der in diesem Band genannten und abgebildeten Objekte darstellt. Sie werden zur Zeit in die Denkmalliste eingetragen.

Diese Häuser in einem angemessenen, das heißt die Bedeutung anschaulich erhaltenden Zustand zu bewahren, bedeutet im Augenblick vor allem anderen, die ursprüngliche Fensterteilung als Bestandteil ihres Erscheinungsbildes zu sichern. Das heiß aber, daß von den schutzwürdigen Objekten wiederum etwa die Hälfte weiterhin ihre kleinteiligen Sprossenfenster trotz Modernisierungs- und Energiesparmaßnahmen behalten sollen. Der Senat der Freien und Hansestadt Hamburg hat beschlossen, daß dies freilich nicht zur Überwälzung der erheblichen Mehrkosten auf die Mieten führen darf[321]. Die Mehrkosten für die Erneuerung der Sprossenfenster sollen daher bei den als denkmalschutzwürdig ausgewählten Bauten durch die öffentliche Hand übernommen werden. In einem bis 1985 reichenden Programm bedeutet das insgesamt Zuschüsse von 16,5 Mio. DM. Ein scheinbar banales und schon zum Überdruß reizendes Thema »Sprossenfenster« hat damit in Hamburg zur seit langer Zeit umfangreichsten Denkmalpflegeaktion geführt und zugleich die städtebauliche und architektonische Leistung der zwanziger Jahre in dieser Stadt ins Bewußtsein gebracht.

Abb. 460 und 461: Zwei Wohnblocks der zwanziger Jahre mit neuen Fenstern, Isolierverglasung mit Sprossenteilung (1981). – Helmholtzstraße oben (vgl. Abb. 106, 200 und 201, 337), Friedrich-Ebert-Hof Altona unten (Abschnitt Behringstraße, vgl. Abb. 454).

Anhang

Methodische Hinweise

Ziele

Gegenstand der vorliegenden Untersuchung war der Großsiedlungsbau der »zwanziger Jahre« im Gebiet der Freien und Hansestadt Hamburg.

Ihr Ziel sollte es sein, aus dem Gesamtbestand die Objekte auszuwählen, deren historische Fensterform – insbesondere, soweit es sich um kleinteilige »Sprossenfenster« handelt – bei Modernisierungsmaßnahmen zu erhalten ist. Das bedeutete aber nichts anderes, als daß Einsichten gewonnen werden mußten, die eine Auswahl im Sinne der Kriterien des Denkmalschutzgesetzes für Denkmalschutzwürdigkeit ermöglichen würden.

Erforderlich war diese Auswahl, da von vornherein klar erschien, daß nicht etwa die Gesamtleistung nach den Kriterien des Denkmalschutzes wird behandelt werden können.

Konkret sollte die Untersuchung auch erbringen:
Klarheit über den quantitativen Umfang (Zahl der betroffenen Wohnanlagen, Verbreitung im Stadtgebiet),
Klarheit über den Umfang des Problems »Sprossenfenster« (wie viele Bauten haben noch ihre ursprüngliche Fensterform, welche Erneuerungsarten gibt es an wie vielen Objekten).

Dies konnte nur geleistet werden auf Grund einer komplexen und weit über die ,,Fensterfrage" hinausgehenden Gesamtbestandsaufnahme.

Methode

Das Denkmalschutzamt hat mit diesen Vorgaben im Juli, August und September 1979 eine *Begehung* der Gebiete durchgeführt, in denen während der zwanziger und dreißiger Jahre Großwohnanlagen entstanden sind. Das Bestreben war lückenlose Vollständigkeit der Erfassung. Insbesondere sind alle in der zeitgenössischen und in der neueren Literatur erwähnten Einzelbauten aufgesucht worden.

Der untersuchte *Bereich* ist das heutige Staatsgebiet der Freien und Hansestadt Hamburg. Ehemals zu Hamburg gehörende Territorien, insbesondere Cuxhaven, Geesthacht und Großhansdorf blieben außerhalb der Betrachtung.

Gesammelt wurden die *Siedlungen und Einzelbauten,* deren Gebäude mehr als ein Geschoß und Geschoßwohnungen zur Vermietung enthalten. Außer Betracht blieben damit die Flachbau-Siedlungen der zwanziger und dreißiger Jahre mit Einfamilienhäusern als Grundeinheit (in der Reihe oder als freistehende Häuser), unabhängig, ob es sich dabei um Eigen- oder Mietobjekte handelt.

Außer Betracht blieb auch der freie Einfamilienhausbau bzw. Eigenhäuser mit einer Miet-(Einlieger-)wohnung.

Diese Einengung des *Untersuchungsgegenstandes* auf Miethäuser war um so mehr gerechtfertigt, als sie bei weitem den Hauptanteil der Wohnungsproduktion der zwanziger Jahre stellten und – z. B. in Schumachers Selbstverständnis – schon damals mit der »Wohnstadt« Hamburg schlechthin identifiziert wurden. Sie war aber auch geboten, da das denkmalpflegerische Problem der Modernisierung sich hier zuspitzt: Die großen städtebaulichen Komplexe und die Bedeutung der Einzelbauten in qualitativer und quantitativer Hinsicht, ihre Rolle in der Gestaltung des Stadtraumes machen die Miethäuser und Miethaussiedlungen der zwanziger Jahre in Hamburg besonders empfindlich gegenüber Veränderungen z. B. durch Fensteraustausch. Schließlich war eine Konzentration auf diesen Bereich geboten, da erkennbar wurde, daß bei Einzelhäusern die Interessen der Eigentümer häufig bereits auf eine Bewahrung des Erscheinungsbildes auch bei Erneuerungsmaßnahmen hinführten, daß andererseits aber bei den Miethäusern die Kosten für eine denkmalgerechte Erhaltung oft auf Mieter umgewälzt werden müßten, für die dadurch soziale Härten entstünden. Schließlich war es die Überzeugung der Beteiligten, daß gerade diese Gruppe einen besonderen Anspruch auf die Erhaltung der ästhetischen und emotionalen Qualität ihrer gebauten Umwelt haben.

Als *Objekt* galt eine planerische Einheit, sei es ein Einzelhaus, sei es eine einheitlich geplante Gebäudegruppe.

Für die statistische Auswertung wurde je Objekt ein *Datum* angenommen, nämlich das der Einreichung der Bauanzeige. Nur in Fällen, wo der Baubeginn in das nächste Kalenderjahr fiel (z. B. Bauanzeige Mitte Dezember, Baubeginn Anfang Januar), wurde dieses Jahr als Datum genommen. Nicht berücksichtigt in der statistischen Auswertung wurde die Bauzeit, die sich jedoch in aller Regel auf ein Jahr, gelegentlich auf zwei und selten drei Jahre erstreckte (bei abschnittsweise ausgeführten Großwohnanlagen). Dies gilt nicht für Objekte, bei denen während des Baues ein wesentlicher Planwechsel eintrat: für solche Fälle wurde ein neues Objekt angenommen.

Der *zeitliche Rahmen,* innerhalb dessen die Bestandsaufnahme sich bewegte, wurde bestimmt durch das Ziel, die zwanziger Jahre im engeren Sinne zu erfassen, im weiteren Sinne aber auch zu bewerten. Von daher erschien es zwar einerseits zulässig, als Beginn des zu untersuchenden Zeitraumes das Ende des ersten Weltkrieges anzunehmen, währenddessen der Wohnungsbau praktisch ruhte; auf der anderen Seite ergab jedoch bereits eine flüchtige Übersicht über die Wohngebiete, daß ein wichtiger Strang der Tradition – der Großsiedlungsbau an und für sich und vor allem die dabei angewandte Backsteinbauweise – sich so in die Zeit zwischen 1933 und zweiten Weltkrieg hinein fortsetzte, daß erst in dieser Zeit viele Wohngebiete ihren geschlossenen Charakter erhielten, aber auch so, daß eine Abgrenzung nur auf Grund der Bestandsauswertung selbst ableitbar erschien. Darüber hinaus wurde deutlich, daß auch in dieser Zeit bauten und Siedlungen entstanden waren, die »besondere Bedeutung« im Sinne des Denkmalschutzgesetzes beanspruchen und darüber hinaus besondere Zuwendung im Zusammenhang mit dem »Sprossenfenster«-Problem erwarten konnten. Die Untersuchung wurde daher angelegt auf Bauten aus der Zeit zwischen Ende des ersten und Ende des zweiten Weltkriegs.

Nicht berücksichtigt wurden solche Wiederaufbauten nach 1945, die offensichtlich völlig neue Substanz zeigen (keine Zerstörungsspuren) und eindeutige Formen der frühen 50er Jahre zeigen, also das ursprüngliche Erscheinungsbild nicht mehr in Erinnerung halten.

Es ist – ausgehend von der definierten Zielsetzung der vorgelegten Untersuchung – davon abgesehen worden, die Auswahl auf die fünfziger Jahre auszudehnen. Dafür spricht auch die noch mangelnde Forschungsgrundlage für die Bewertung des damaligen Baugeschehens in kunstgeschichtlicher Hinsicht, Hier kann nur hingewiesen werden auf die Tatsache, daß gleichwohl auch hier wertvolle Bereiche geschaffen wurden, die besonderer denkmalpflegerischer und baupflegerischer Zuwendung bedürfen; um ein Beispiel zu nennen, sei auf die einheitliche Bebauung von Wohn- und Geschäftshäusern nebst Postamt und Kirchenensemble im Ortskern Volksdorf (Claus-Ferck-Straße/Weiße Rose – Kirchenbereich) hingewiesen. Oder auch auf den überaus anmutigen Backsteinbau Heilholtkamp 5–29 von 1950. Damit blieben auch zahlreiche Objekte mit Sprossenfenstern außerhalb der Untersuchung.

Als Grundlage für die Bearbeitung der Einzelobjekte dienen aus den *Bauakten* in den Bauprüfabteilungen der Bezirks- und Ortsämter erhobene Daten. Allgemein ist dort die Aktenlage für den Untersuchungszeitraum sehr gut. Stärkere Ungenauigkeiten müssen auf Grund von Aktenverlusten im Bezirk Harburg in Kauf genommen werden, insbesondere im Ortsamt Wilhelmsburg. Weitgehend verloren sind die Bauakten aus den zwanziger und dreißiger Jahren im Bezirk Wandsbek.

Die wichtigsten *Schrift- und Bildquellen,* die für die Untersuchung herangezogen wurden, sind in den Anmerkungen (s. u.) genannt. Darüber hinaus ist insbesondere ein großer Teil der in Frage kommenden zeitgenössischen Bauzeitschriften ausgewertet worden. Die große Menge der Einzelzitate hätte diese Veröffentlichung überfrachtet. Es werden daher in den Anmerkungen nur spezielle Einzelaspekte zitiert. Die reichen Bestände des Staatsarchivs der Freien und Hansestadt Hamburg zum Wohnungsbau der zwanziger Jahre wurden nur stichprobenweise auf Grund der Bestandsverzeichnisse für besondere Einzelfragen und für Querschnittsmaterial sondiert. Insbesondere wurden die in den verschiedenen Einzelbeständen enthaltenen Zeitungsausschnittsammlungen durchgesehen.

Auswertung

Das gesamte Material – es handelt sich um insgesamt etwa 1100 Objekte – konnte als Grundlage für statistische Auswertungen zu zahlreichen Einzelaspekten dienen, einmal durch quantitative und qualitative Auszählungen, zum anderen durch Darstellung in analytischen Karten. Insbesondere wurde ein Baualtersplan, ein Plan der Objekte nach »Stil«-Zugehörigkeit und ein Plan zu den Fensterformen bzw. zum Erneuerungsstand der Fenster je im Maßstab 1:10000 und 1:50000 angefertigt.

Statistiken und analytische Karten dienen als die wesentlichen Grundlagen für die oben wiedergegebenen Beobachtungen zu Verlauf und Charakter des Wohnungsbaus und seiner Merkmale.

Die ermittelten Statistiken wurden in der Regel korreliert zu den amtlichen Statistiken der zwanziger Jahre, soweit zu den betreffenden Fragestellungen entsprechende Auswertungen vorliegen. Insbesondere die Statistischen Jahrbücher sowie die anderen Veröffentlichungsreihen des Statistischen Landesamtes wurden dafür herangezogen.

Auf Grund der Quellenlage (s. o.) sind nicht für alle Objekte alle erforderlichen Angaben bekannt. In die statistische Auswertung sind daher immer nur diejenigen Objekte eingeflossen, für die jeweils erforderliche Daten vorliegen. Gegenüber der Gesamtzahl tritt daher ein Schwund durch Unvollständigkeit der verfügbaren Daten ein. Er hält sich in einem Rahmen von ca. 10% (je nach Fragestellung wechselnd). Damit können sehr eindeutige statistische Beobachtungen als einigermaßen zuverlässig angesehen werden. Im übrigen wird darauf hingewiesen, daß für die Auszählungen jeweils ein Objekt unabhängig von seiner Größe (Wohnungszahl) als Einheit behandelt wurde.

Anmerkungen

Vorbemerkung

Die folgenden Anmerkungen geben nur knappe Hinweise zu Sachverhalten, die fast durchweg mit umfangreichen Literatur- und Quellenangaben besetzt werden können. Sie sollen keine erschöpfende wissenschaftliche Dokumentation darstellen, sondern Fundstellen für Einzelangaben nachweisen und dem Leser Anhaltspunkte für weiterführende Lektüre geben.

StA = Staatsarchiv der Freien und Hansestadt Hamburg

1. Fritz *Schumacher:* Hamburgs Wohnungsbaupolitik. *Die Baugilde* 10, Berlin 1928, S. 395–399. – Zitat S. 397.
2. Fritz *Schumacher:* Vom Werden einer Wohnstadt, Bilder vom neuen Hamburg. Hamburg 1932 (Hamburgische Hausbibliothek).
3. Vgl. dazu das erste Standardwerk des neuzeitlichen Städtebaus: R. *Baumeister:* Stadt-Erweiterung in technischer, baupolizeilicher und wirtschaftlicher Beziehung, Berlin 1876. Insbesondere S. 1 ff. und 12 ff.
4. Rolf *Spörhase:* Bau-Verein zu Hamburg Aktiengesellschaft, Entstehung und Geschichte im Werden des gemeinnützigen Wohnungswesens in Hamburg seit 1842. Hamburg 1940. – Rolf *Spörhase:* Wohnungs-Unternehmungen im Wandel der Zeit. Hamburg 1946. – Grundlegend für die Geschichte des Wohnens seit dem 19. Jahrhundert: Hermann *Funke:* Zur Geschichte des Mietshauses in Hamburg. Hamburg 1974 (Veröffentlichungen des Vereins für Hamburgische Geschichte 25). – Mit erheblichen Verzerrungen in der Gewichtung und mangelnder Quellenkritik, jedoch reichem Material weiterhin: Hans-Jürgen *Nörnberg* /Dirk *Schubert:* Massenwohnungsbau in Hamburg. Berlin 1975 (Analysen zum Planen und Bauen 3). – Zu den Bemühungen des Architekten- und Ingenieur-Vereins zu Hamburg im Hinblick auf den Arbeiterwohnungsbau vgl. z. B. die *Deutsche Bauzeitung* 26, 1892 (S. 122–124, 286–287, 399), 27, 1893 (S. 115), 30, 1896 (S. 41, 55–57), 37, 1903 (S. 26), 35, 1901 (S. 102, 199 f.), 45, 1911 (S. 230 f.). – Die Entwicklung des gemeinnützigen Wohnungswesens in Hamburg seit der Jahrhundertwende geht sehr anschaulich aus der *Zeitschrift für Wohnungswesen* hervor (1 ff., Berlin seit 1902, passim).
5. Zu Vorbereitung und Praxis des Kleinwohnungsgesetzes ist noch das reiche Archivmaterial im einzelnen zu bearbeiten (StA Hamburg Senat Cl. VII Lit. Fd No. 1 Vol. 26 Fasc. 1 ff. u. v. a.). – Zur Planung seit 1892 vgl. *Hamburg und seine Bauten* 1914 Bd. 2, S. 192 ff.
6. Fritz *Schumacher:* Hamburgs Wohnungspolitik von 1818 bis 1919, ein Beitrag zur Psychologie der Großstadt. Hamburg 1919 (Großhamburgische Streitfragen 4/5). – Die dort vorgetragene Kritik an der Großstadt des 19. Jahrhunderts ist eingebunden in eine damals reich vertretene Literaturgattung der »Kriegserklärung an die Großstadt« (Schumacher ebd. S. 1), die sich gegen die städtische Lebensform schlechthin wandte und dabei zu Übertreibungen des Urteils neigte. Vgl. dazu Ludwig *Pohle:* Die Wohnungsfrage I – das Wohnungswesen in der modernen Stadt. Leipzig 1910 (Sammlung Göschen 495) passim und S. 61 ff.
7. Clemens *Wischermann:* Zum Wandel von Stadtstruktur und Wohnbedingungen in der Urbanisierung: Hamburg im Städtevergleich, Hamburg 1982 (Vervielf. Manuskr. zur Tagung »Arbeiter in Hamburg« Hamburg 1982).
8. Vgl. neuerdings über die Entwicklung der Wohnviertel und Wohnhaustypen in Hamburg (und ihre Abhängigkeit von Bau- und Planungsgesetzgebung) Egbert *Kossack:* Wohnquartiere in Hamburg. *Neue Heimat Monatshefte* 28, 1981, H. 9 S. 22–45. Dort wird auf die Schlitzbauten als »relativ funktionstüchtigen Bautyp« hingewiesen (S. 35). – Selbst die vielgeschmähten »Wohngänge« schneiden erstaunlich positiv ab bei Rudolf *Eberstadt:* Handbuch des Wohnungswesens und der Wohnungsfrage, Jena 1920[4]. Trotz der objektiv schlechten Wohnverhältnisse in den »Gängevierteln« Hamburgs meint er (S. 247 f.): »Die Ursache der Mißstände liegt auch hier, wie sich dies im Städtebau häufig zeigt, nicht in der Anlage selbst – die vielmehr viele Vorzüge aufweist – sondern in der fehlerhaften späteren Ausnützung.« Daß übrigens auch dieses Handbuch eine einzige Polemik gegen die städtische »Mietskaserne« und im Grunde gegen die städtische Lebensform schlechthin ist, sei nur am Rande vermerkt (vgl. Anm. 6).
9. Zur Frage der Wohnungsnot nach dem ersten Weltkrieg vgl. unter vielen anderen: Albert *Gut:* Der Wohnungsbau in Deutschland nach dem Weltkriege, seine Entwicklung unter der unmittelbaren und mittelbaren Förderung durch die deutschen Gemeindeverwaltungen. München 1928. S. 24 ff. – Ludwig *Preller:* Sozialpolitik in der Weimarer Republik. Kronberg/Düsseldorf 1978 (Athenäum-Droste-Taschenbücher 7210 – Nachdruck der Ausgabe von 1949) S. 286. – Mechthild *Stratmann:* Wohnungsbaupolitik in der Weimarer Republik. *»Wem gehört die Welt – Kunst und Gesellschaft in der Weimarer Republik«* (Ausst.-Kat.) Berlin 1977. S. 40–49. Hier S. 40.
10. *Stratmann,* Wohnungsbaupolitik 1977 (vgl. Anm. 9) passim.
11. *Stratmann,* Wohnungsbaupolitik 1977 (vgl. Anm. 9) S. 41 – Auch in Hamburg hatte die Bürgerschaft einen Ausschuß zur Sozialisierung des Bauwesens eingesetzt. Vgl. z. B. Fritz *Schumacher:* Über Sozialisierung des öffentlichen Hochbauwesens. *Die Volkswohnung* 2, Berlin 1920, S. 193–197.
12. *Stratmann,* Wohnungsbaupolitik 1977 (vgl. Anm. 9) S. 41. – *Gut,* Wohnungsbau 1928 (vgl. Anm. 9) S. 37 ff. – *Handwörterbuch des Wohnungswesens,* Jena 1930. S. 515 ff. u. a.
13. Das Überblickswerk von *Gut,* Wohnungsbau 1928 (vgl. Anm. 9) war von der kommunalen Vereinigung für Wohnungswesen unter Förderung des deutschen und preußischen Städtetages, des Reichsstädtebundes und des deutschen Landkreistages herausgegeben worden und rückte die kom-

munale Leistung im Wohnungswesen der Weimarer Republik in den Mittelpunkt.
14. *Gut,* Wohnungsbau 1928 (vgl. Anm. 9) S. 98 ff. (*Greven,* die Finanzierung des Wohnungsneubaus). – *Handwörterbuch* 1930 (vgl. Anm. 12) S. 239 ff.
15. *Hamburg und seine Bauten mit Altona, Wandsbek und Harburg-Wilhelmsburg 1918–1929,* Hamburg 1929. S. 19 ff.
16. Vgl. z. B. *Das neue Frankfurt,* Frankfurt 1926 ff. – Auswahl-Reprint: *Werkberichte PT, Reihe Planungsgeschichte* 1, Aachen 1977 (bearbeitet von Juan *Rodríguez-Lores* und Günter *Uhlig*).
17. Aus der zeitgenössischen Literatur sei genannt: Jakob *Schallenberger*/Erwin *Gutkind* (Hsg.): Berliner Wohnbauten der letzten Jahre, Berlin 1931. – Überblick, Katalog und Quellenangaben: *Berlin und seine Bauten* IV A, Berlin/München/Düsseldorf 1970, passim. *Berlin und seine Bauten* IV B, Berlin/München/Düsseldorf 1974, passim.
18. Ein Beispiel für die Propaganda des Kleinsiedlungsgedankens ist das umfangreiche Sammelwerk Carl Johannes *Fuchs* (Hsg.): Die Kleinwohnungs- und Siedlungsfrage nach dem Kriege. Ein Programm des Kleinwohnungs- und Siedlungswesens. Stuttgart 1918. – Hermann *Sörgel:* Wohnhäuser. Leipzig 1927[2] (Handbuch der Architektur IV, 2, 1) S. 27 ff. und 113 ff. – Zu dieser Propaganda vgl. auch Fritz *Schumacher:* Strömungen in deutscher Baukunst seit 1800. Köln 1955[2]. S. 174. – Der Propagandacharakter dieser Bewegung wurde auf der Seite der Arbeiterschaft und ihrer Vertreter klar erkannt. Vgl. dazu z. B. Albert *Sigrist:* Das Buch vom Bauen, Wohnungsnot, neue Technik, neue Baukunst, Städtebau. Berlin 1930. S. 80. – Sigrist ist Pseudonym für Alexander *Schwab* (Nachdruck unter diesem Namen als *Bauwelt Fundamente 42,* Düsseldorf 1973).
19. Für die Hamburger Beispiele vgl. *Hamburg und seine Bauten,* Hamburg 1953, S. 168 f.
20. Über die Wohnsituation in Hamburg geben die verschiedenen Veröffentlichungsreihen des Statistischen Landesamtes, insbesondere die *Statistischen Jahrbücher* regelmäßig Auskunft. – Vgl. auch Jürgen *Brandt:* Die Wohnungsnot in Hamburg. *Bau-Rundschau* 10, Hamburg 1919. S. 63–64. – *Ders.:* Der Wohnungsmarkt in Hamburg. *Zeitschrift für Wohnungswesen* 17, Berlin 1919, S. 244–245. – *Ders.:* Eine Erhebung über das Wohnungselend in Hamburg. *Zeitschrift für Wohnungswesen* 19, Berlin 1921. S. 229–230. – *Ders.:* Die Wohnungsfürsorge in Hamburg, in: *Hygiene und soziale Hygiene in Hamburg,* Hamburg 1928. S. 623–628. – Reiches detailliertes Material bieten die jährlichen Berichte des Wohnungsamtes in StA Senat Cl. I Lit. T No. 22 Vol. 23 Fasc. 3.
21. Zählung der Wohnungssuchenden in Hamburg. *Zeitschrift für Wohnungswesen* 23, Berlin 1925, S. 275–276.
22. Alle wesentlichen Vorgänge für die aus dem ersten Weltkrieg heraus sich entfaltenden staatlichen Ansätze in der Wohnungsfrage sind zu finden in den Akten des Senats über die Förderung des Wohnungsbaus 1916 ff.: StA Senat Cl. VII Lit. Fd No. 1 Vol. 26 Fasc. 24 Inv. 1a ff. sowie in den Akten der gemischten Senats- und Bürgerschaftskommission für den Wohnungsbau ebd. Inv. 1 und 11a. – Zu den Reformüberlegungen der Patriotischen Gesellschaft vgl. *Bau-Rundschau* 5, Hamburg 1914, S. 60 und ausführlich Rudolf *Bendixen:* Förderung des Kleinwohnungsbaues in Hamburg. *Bau-Rundschau* 8, Hamburg 1917, S. 101–108 sowie ebd. die weitere Diskussion S. 109 ff., 127 ff. 130, 139 ff.
23. Das Kleinwohnungsgesetz wurde in der zweiten Hälfte des Jahres 1918 formuliert und am 18./20. 12. 1918 von Senat und Bürgerschaft verabschiedet. – StA Senat Cl. VII Lit. Fd No. 1 Vol. 26 Fasc. 24 Inv. 3. – Vgl. im übrigen unten mit Anm. 37.
24. Zur Beleihungskasse für Hypotheken vgl. *Tätigkeitsbericht der Hamburgischen Beleihungskasse für Hypotheken für die Jahre 1925 bis 1928,* Hamburg 1930. – *Bericht über die Tätigkeit der Hamburgischen Beleihungskasse für Hypotheken im Geschäftsjahr . . .,* Hamburg 1930 ff. – Paul de *Chapeaurouge:* Staatliche Neubautätigkeit in Hamburg nach dem Kriege, Hamburg 1926 (Zeitschrift für Miete-, Wohnungs- und Grundstücksrecht, Buchreihe Bd. 4). – Emil *Maetzel*/Carl *Schümann:* Die Mitwirkung der Hamburgischen Beleihungskasse für Hypotheken beim Wohnungsbau. In: *Hamburg und seine Bauten* 1929 S. 19–26. – Leo *Lippmann:* Mein Leben und meine amtliche Tätigkeit, Erinnerungen und ein Beitrag zur Finanzgeschichte Hamburgs, aus dem Nachlaß herausgegeben von Werner Jochmann, Hamburg 1964 (Veröffentlichungen des Vereins für Hamburgische Geschichte 19). S. 266 ff. und öfter, v. a. S. 338 ff.
25. *Bau-Rundschau* 18, Hamburg 1927, S. 118–119. – Ebd. 19, 1928, S. 263. – Offenbar sollte auf diesem Wege vor allem Auslandskapital beschafft werden.
26. Zusammenfassende Darstellung bei Heinrich *Peters:* Die Wohnungswirtschaft Hamburgs vor und nach dem Kriege, Hamburg 1933 (Kommunale Vereinigung für Wohnungswesen H. 16).
27. *Jahresbericht der Verwaltungsbehörden der Freien und Hansestadt Hamburg 1925,* S. 173 ff. – *Hygiene* 1928 (vgl. Anm. 20) S. 620 f.
28. Vgl. die in Anm. 22 zitierten Archivbestände.
29. Auf Dulsberg wird noch mehrfach zurückzukommen sein. Zu Langenhorn vgl.: *Bau-Rundschau* 1919, S. 201–209 und S. 213–217 sowie Anzeigenteil Nr. 49/52. – Alfred *Hahn:* Die Kleinsiedlung Langenhorn bei Hamburg, Med Diss. Hamburg 1920. – E. G. *Friedrich:* Die Kleinhaussiedlung in Hamburg-Langenhorn. *Die Volkswohnung* 2, Berlin 1920, S. 131–138. – *Jahresbericht der Verwaltungsbehörden der Freien und Hansestadt Hamburg 1925,* S. 121 und 125–27. – Georg *Clasen:* Die Hamburger Staatssiedlung Langenhorn und ihre Schule, die Geschichte einer Siedlung zwischen den Kriegen, Hamburg 1947. – Manfred F. *Fischer:* Fritz Schumacher, das Hamburger Stadtbild und die Denkmalpflege, Hamburg 1977 (Arbeitshefte zur Denkmalpflege in Hamburg 4). S. 62 ff.
30. Die Wohnungsbautätigkeit in der Stadt Hamburg nach dem Kriege. *Aus Hamburgs Verwaltung und Wirtschaft* 7, Hamburg 1930. S. 221–231. – Dazu *Statistisches Jahrbuch für die Freie und Hansestadt Hamburg* 1930/31 und ff. – Die Zunahme durch Neubauten betrug 1919–1932 brutto 65633, der Nettozugang (unter Berücksichtigung von An- und Umbauten sowie Abbrüchen) 65745. – Vgl. *Funke,* Miethaus 1974 (vgl. Anm. 4) S. 116.
31. Statistische Angaben der hier gegebenen Art beziehen sich im folgenden – wenn auch ohne speziellen Nachweis – auf die Ergebnisse der Bestandsaufnahme 1979 (vgl. oben S. 142 ff.).
32. Vgl. *Hahn,* Langenhorn 1920 (vgl. Anm. 29) passim mit nicht nur medizinischen sondern auch sozialpolitischen Beobachtungen zur Lage und Struktur dieser Flachbausiedlung.
33. StA Senat Cl. VII Lit. Fd No. 1 Vol. 26 Fasc. 24 Inv. 1a, Protokoll Baudeputation vom 28. 9. 1916; ebd. Inv. 2 Protokoll Baudeputation vom 7. 2. 1918.
34. Unter diesem Aspekt wurden die seit 1919 entstandenen Bauten der Dulsberg-Siedlung bei einer großen Pressebesichtigung 1923 von Fritz Schumacher vorgestellt. Vgl. StA Staatliche Pressestelle I–IV 2141 (Einzelne Wohnungsbauten). Zeitungsausschnitte vom September 1923 mit ausführlicher Berichterstattung über die Pressebesichtigung. Z. B. *Hamburger Fremdenblatt* 15. 9. 1923 »Das Dulsberg-Gelände, eine Reform des Miethauses«.
35. *Schumacher,* Wohnungspolitik 1919 (vgl. Anm. 6) passim.
36. Schumachers Autorschaft für die folgenden Bestimmungen ergibt sich aus einem Protokoll vom 14. 11. 1918 in StA Senat Cl. VII Lit. Fd No. 1 Vol. 26 Fasc. 24 Inv. 11a. – Mit Händen zu greifen ist die Vorbereitung durch Fritz *Schumacher:* Die Kleinwohnung, Leipzig 1917 (Wissenschaft und Bildung 145).
37. Gesetz betreffend die Förderung des Baues kleiner Wohnungen, *Zeitschrift für Wohnungswesen* 17, Berlin 1919, S. 30–31. – Fritz *Schumacher:* Das Hamburger Gesetz vom 20. Dezember 1918, betreffend die Förderung des Baues kleiner Wohnungen. *Die Volkswohnung* 1, Berlin 1919, S. 79–81. – *Ranck* in *Hamburg und seine Bauten* 1929 S. 13 f. – *Spörhase,* Bauverein 1940 (vgl. Anm. 4) S. 333. – Vgl. auch Anm. 23.
38. *Funke,* Miethaus 1974 (vgl. Anm. 4) S. 122.
39. Otto *Völckers:* Wohnbaufibel, Stuttgart 1932 (Die Baubücher 12) S. 7.
40. *Völckers* ebd. S. 15 ff. – Vgl. den Zweiten Internationalen Kongreß für Neues Bauen 1929 in Frankfurt unter dem Thema »Die Wohnung für das Existenzminimum«: *CIAM – Internationale Kongresse für Neues Bauen, Dokumente 1928–1939* herausgegeben von Martin *Steinmann,* Basel/Stuttgart 1979, S. 36 ff. – Vgl. auch die Beiträge S. 87 ff. in *Probleme des Bauens,* herausgegeben von Fritz *Block,* Potsdam 1928. – Gisela *Stahl:* Von der Hauswirtschaft zum Haushalt oder wie man vom Haus zur Wohnung kommt. *»Wem gehört die Welt – Kunst und Gesellschaft in der Weimarer Republik«* Ausst.-Kat.) Berlin 1977. S. 87–108. V. a. S. 96 ff. – Vgl. *Huse,* Neues Bauen 1975 (Vgl. Anm. 212) S. 87. ff.
41. *Das neue Frankfurt,* Frankfurt 1926 ff. (vgl. Anm. 16).
42. Nur ein Hinweis: Wolfgang *Köcher:* Sind Wohnbedürfnisse planbar? *Bauwelt* 71, Berlin 1980, S. 626–628. – Vgl. auch *Stahl,*

Hauswirtschaft 1977 (vgl. Anm. 40) S. 105f.
43. Bebauung der staatlichen Grundstücke an der Jarrestraße in Hamburg. *Bau-Wettbewerbe* 11, Karlsruhe 1927. S. 2.
44. Ebd. S. 4ff.
45. *Tätigkeitsbericht Beleihungskasse* 1925/28 (vgl. Anm. 24) S. 27.
46. Der Hamburger Wettbewerb – vorbildliche Grundrisse der Kleinstwohnungen. *Bauwelt* 19, Berlin 1928, S. 137–146. – Fritz *Schumacher:* Kleinstwohnungen, ein Hamburger Wettbewerb. *Deutsche Bauzeitung* 62, Berlin 1928, Beilage »Wettbewerbe« S. 49–57.
47. Erinnerungen an die Tätigkeit dieses Büros hat Herr Ernst Hochfeld dem Denkmalschutzamt zur Verfügung gestellt.
48. *Hamburger Fremdenblatt* 6. 1926 (Morgen-Ausgabe).
49. Vgl. Anm. 40.
50. Dittmar *Machule:* Die Wohngebiete 1919–1945. *Berlin und seine Bauten* IV A, Berlin/München/Düsseldorf 1970. S. 139–199. Hier S. 171ff. – Ebd. Objekt 131 S. 286f. – Roman *Heiligenthal:* Der Wettbewerb um Vorentwürfe für die Forschungssiedlung Haselhorst. *Städtebau* 24, Berlin 1929, S. 29–96. – Friedrich *Huth:* Die Siedlung der Reichsforschungsgesellschaft. Vom Ergebnis des Wettbewerbes I. *Deutsche Bauhütte* 33, Hannover 1929, S. 75–77 (ebenso: *Bauamt und Gemeindebau* 11, Hannover 1929, S. 69–71).
51. *Die billige, gute Wohnung – Grundrisse zum zusätzlichen Wohnungsbau-Programm des Reiches,* Berlin o. J. (ca. 1931). S. 74. Dort auch weitere Grundrisse von Block & Hochfeld.
52. StA Wohnungsamt I, 42.
53. Drucksache für die Sitzung des Senats am 4.3.1930: Bericht der Senatskommission zur Prüfung der Möglichkeiten der Senkung der Neubaumieten und der Frage der Kleinstwohnungen (StA Staatliche Pressestelle I–IV, 2003 Bd. 5).
54. *Ranck* bedauert diese Entwicklung in *Hamburg und seine Bauten* 1929, S. 16. – Zum Allgemeinen vgl. *Stratmann,* Wohnungsbaupolitik 1977 (vgl. Anm. 9) S. 47 und schon *Spörhase,* Wohnungsunternehmen 1946 (vgl. Anm. 4) S. 119.
55. *Hamburger Echo* 30.10.1928.
56. Ebd.
57. *Hamburger Anzeiger* 14.11.1930.
58. *Stahl,* Hauswirtschaft 1977 (vgl. Anm. 40) S. 100ff. – Günther *Uhlig:* Kollektivmodell »Einküchenhaus«, Wohnreform und Architekturdebatte zwischen Frauenbewegung und Funktionalismus 1900–1933. Gießen 1981 (Werkbund Archiv 6). S. 103ff. – Erna *Meyer:* Die Wohnung als Arbeitsstätte der Hausfrau. *Probleme des Bauens* 1928 (vgl. Anm. 40) S. 164–175.
59. Grete *Lihotzky:* Rationalisierung im Haushalt. *Das neue Frankfurt* 1, Nr. 5, 1927, S. 120–123. (Reprint: vgl. Anm. 16, S. 58ff.). – Bericht über die Versuchssiedlung in Frankfurt a. M. – Praunheim (Frankfurter Montagebauverfahren). *Reichsforschungsgesellschaft für Wirtschaftlichkeit in Bau- und Wohnungswesen* 2, 1929, Sonderheft Nr. 4 (Gruppe IV, Nr. 1).
60. *Völckers,* Wohnbaufibel 1932 (vgl. Anm. 39) S. 13.
61. *Hamburgischer Correspondent* 22.2. 1927.
62. *Hamburgischer Correspondent* 6.2. 1927.
63. Hermann *de Fries:* Karl Schneider. Berlin/Leipzig/Wien 1929 (Neue Werkkunst). S. 46–49. – Leo *Adler:* Neuzeitliche Miethäuser und Siedlungen, Berlin-Charlottenburg 1931. S. 233–236.
64. *Hamburger Echo* 18.9.1927.
65. Vgl. z. B. *Hamburgischer Correspondent* 18.2.1928 und 1.12.1928.
66. *Hamburgischer Correspondent* 10.7. 1929.
67. Ursula *Schneider:* »Wie richte ich meine Wohnung ein?«. »*Vorwärts und nicht vergessen«, Arbeiterkultur in Hamburg um 1930,* Berlin 1982 (Ausst.-Kat. Hamburg 1982). S. 73–87.
68. Siegfried *Giedion:* Befreites Wohnen. Zürich/Leipzig 1929 (Schaubücher 14) geht aus vom Kleinwohnungsbau als sozialer Aufgabe und bildet ausschließlich Villeninterieurs ab. – *Huse,* Neues Bauen 1975 (vgl. Anm. 212) S. 64ff.
69. Das Hamburger Adreßbuch verzeichnet jedenfalls für diesen Wohnblock nur Bewohner, die der Mittelschicht angehören (Kaufleute, Ingenieure, höhere Beamte usw.).
70. *De Fries,* Karl Schneider 1929 (vgl. Anm. 63) S. 75.
71. Herbert *Eulenberg:* Robert Friedmann. Berlin/Leipzig/Wien 1930 (Neue Werkkunst) S. 25.
72. *Tätigkeitsbericht Beleihungskasse* 1925/ 28 (vgl. Anm. 24) S. 28.
73. Ella *Briggs:* Laubenganghaus. *Handwörterbuch* 1930 (vgl. Anm. 12) S. 500–503. – *Brandt:* Das Hamburger Laubenganghaus. *Die Bauwelt* 18, Berlin 1927, H. 45 Kunstbeilage S. 1–5. – Paul *Wittko:* Eine neuartige Grundrißaufteilung, das Laubenganghaus Heidhörn in Hamburg. *Deutsche Bauhütte* 31, Hannover 1927, S. 338–339. – An dieser Stelle möchte ich Helga *Stachow* danken für ihr Referat über die Brüder Frank (Univ. Hamburg, kunstgeschichtliches Seminar, SS 1981).
74. *Eulenberg,* Friedmann 1930 (vgl. Anm. 71) S. 24 u. a.
75. Hamburger Fremdenblatt 3.5.1927 (Abend-Ausgabe), *Hamburger Nachrichten* 27.8.1927, 4.4. und 14.4.1928, *Hamburger Anzeiger* 20.4.1927 u. v. a.
76. *Hamburger Correspondent* 28.8.1927.
77. *Völckers,* Wohnbaufibel 1932 (vgl. Anm. 39) S. 41.
78. *Hamburger Anzeiger* 20.1.1931.
79. Paul *Bröcker:* Was uns das Gängeviertel erzählt. Hamburg 1910 (Fragen an die Heimat 1). – Oscar *Bögel*/V. *Dirksen:* Hamburgs sterbende Altstadt. Hamburg 1928. – Hamburg, Gängeviertel der Neustadt. Hamburg 1934 (Bilder der Niederdeutschen Heimat 1). – Die Kleinwohnungen aus dem 17. und 19. Jahrhundert in den Gängevierteln wurden dokumentiert bei Friedrich *Winkelmann:* Wohnhaus und Bude in Alt-Hamburg, die Entwicklung der Wohnverhältnisse von 1250 bis 1830. Berlin 1937. – Wolfgang *Rudhard:* Das Bürgerhaus in Hamburg. Tübingen 1975 (Das deutsche Bürgerhaus 21). S. 111ff., v. a. 129ff. – Vgl. auch *Nörnberg/Schubert,* Massenwohnungsbau 1975 (vgl. Anm. 4) S. 25ff.
80. *Uhlig,* Einküchenhaus 1981 (vgl. Anm. 58) passim. – *Stahl,* Hauswirtschaft 1977 (vgl. Anm. 40) S. 93ff.
81. StA Senat Cl. VII Lit. Fd No. 1 Vol. 26 Fasc. 24 Inv. 5–7. – StA Baudeputation B 987 und B 989. – Eva *Hachmann:* Dulsberg – eine Kleinwohnungssiedlung der 20er Jahre in Hamburg, Hamburg 1981 (Diplomarbeit Univ. Hamburg, vervielf. Manuskr.).
82. StA Baudeputation B 987 60/64, Bericht vom 11.2.1920. – Fritz *Schumacher:* Das Zentralküchensystem – ein Versuch des Hamburger Staates. Die Volkswohnung 3, Berlin 1921. S. 83–87. – *Uhlig,* Einküchenhaus 1981 (vgl. Anm. 58) S. 82 und 83.
83. StA Baudeputation B 987 82/86, Protokoll vom 11.3.1920.
84. StA Handschrift DC I (601) 1230. – Zu den Sozialisierungsvorschlägen des Bauarbeiterverbandes vgl. auch *Stratmann,* Wohnungsbaupolitik 1977 (vgl. Anm. 9) S. 41.
85. *Hamburgischer Correspondent* 8.5. 1931.
86. StA Wohnungsamt I 107.
87. *Hamburger Anzeiger* 29.8.1927 und 6.9.1930, *Hamburger Nachrichten* 6.9.1930 und 6.3.1931, *Hamburger 8-Uhr-Abendblatt* 6.9.1930, *Hamburgischer Correspondent* 6.9.1930, *Hamburger Fremdenblatt* 13.9. 1930 und 1.2.1931, *Hamburger Echo* 6.3.1931.
88. *Brandt:* Das Heim für alleinstehende Frauen und Mädchen in Hamburg. *Baugilde* 11, 1929, S. 1078–1080. – *Brandt* in *Hamburg und seine Bauten* 1929 S. 31.
89. *Brandt:* Skizzen für die Teilung von leerstehenden Großwohnungen. *Deutsche Bauzeitung* 66, Berlin 1932, S. 164 und 173–175. – Die Aufteilung großer Altbauwohnungen. *Der deutsche Architekt* 4, Hamburg 1932, S. 10–11 Dez.
90. Hermann *Joachim:* Handbuch der Wohltätigkeit in Hamburg, Hamburg 1909 (2. Aufl.).
91. Übersicht in *Hamburg und seine Bauten* 1929, S. 30f.
92. V. *Sonnenschein*/G. R. *Welm*/J. C. *Andresen:* Braamkamp – Efeuweg, Gestaltungsrahmen für ein Milieugebiet in Hamburg Winterhude, Hamburg o. J. (1981). Vervielf. Manuskr. (Untersuchung im Auftrag des Bezirksamtes Hamburg-Nord).
93. *Hamburger Fremdenblatt* 20.2.1930, *Hamburgischer Correspondent* 13.9.1931, *Hamburger Nachrichten* 18.7.1931.
94. *Hamburger Nachrichten* 18.7.1931.
95. *Hamburger Echo* 2.10.1929.
96. Beruf und soziale Stellung in den Bezirken und Gemeinden des hamburgischen Staates am 12.6.1907. *Statistische Mitteilungen über den hamburgischen Staat,* 2. Sonderheft, Hamburg 1910. S. 2. – Die Volks-, Berufs- und Betriebszählung vom 16.6.1925, 2. Teil: Die Berufszählung. *Statistik des Hamburgischen Staates* 33, Hamburg 1928. S. 35ff.
97. *Hachmann,* Dulsberg 1981 (vgl. Anm. 81) S. 125.
98. Vgl. Anm. 96.
99. *Hamburg und seine Bauten* 1929 S. 21.
100. *Funke,* Miethaus 1974 (vgl. Anm. 4) S. 121ff. – Auskunft über die Wohnungsstruktur bei den Neubauten gab jährlich das *Statistische Jahrbuch für die Freie und Hansestadt Hamburg* 2. B. 1925 S. 113, 1928/ 1929 S. 117). – Die Wohnbautätigkeit in der Stadt Hamburg nach dem Kriege. *Aus Hamburgs Verwaltung und Wirtschaft* 7, Hamburg 1930. S. 221–31.

101. *Hachmann,* Dulsberg 1981 (vgl. Anm. 81) S. 125 ff.
102. Die örtliche Verteilung der Wähler großer Parteien im Städtebaukomplex Hamburg auf Grund der Reichstagswahl vom 14.9.1930. *Aus Hamburgs Verwaltung und Wirtschaft 8,* Hamburg 1931, S. 177. — F. *Schwieker:* Politik und Stadtlandschaft, das Beispiel Hamburg. *Die Tide/Niederdeutsche Heimatblätter 5,* Bremen 1928. S. 467—477. — Friedrich *Schwieker:* Hamburg, eine landschaftskundliche Stadtuntersuchung, Hamburg 1925.
103. *Hamburger Fremdenblatt* 5.8.1931.
104. *Statistisches Handbuch für den Hamburgischen Staat,* Hamburg 1920, S. 142.
105. *Statistisches Jahrbuch für die Freie und Hansestadt Hamburg,* Hamburg 1931/1932 S. 78.
106. *Tätigkeitsbericht Beleihungskasse* 1930/1931 (vgl. Anm. 24) S. 7.
107. *Hachmann,* Dulsberg 1981 (vgl. Anm. 81) S. 104 ff.
108. *Hamburger Fremdenblatt* 15.2.1926 und 14.11.1926, *Hamburger Anzeiger* 30.10.1929.
109. Die Lebenshaltung von Arbeiterfamilien in Hamburg und im Reich im Jahre 1927. *Aus Hamburgs Verwaltung und Wirtschaft 6,* Hamburg 1929. S. 300—306. — Die Lebenshaltung der wirtschaftlich schwachen Bevölkerung in Hamburg in den Jahren 1925 bis 1929, insbesondere im Jahre 1927. *Statistische Mitteilungen über den hamburgischen Staat 26,* Hamburg 1931.
110. *Hamburger Fremdenblatt* 29.4.1927.
111. Drucksache Nr. 438 für die Sitzung des Senats am 16.10.1928 (StA Staatliche Pressestelle I—IV 2003 Bd. 4). — Vgl. *Jahresbericht der Verwaltungsbehörden der Feien und Hansestadt Hamburg 1927.* S. 102 ff.
112. Drucksache Nr. 438 wie Anm. 111.
113. *Gut,* Wohnungsbau 1928 (vgl. Anm. 9) S. 34 ff. — *Spörhase,* Wohnungsunternehmen 1946 (vgl. Anm. 4) S. 118. — *Preller,* Sozialpolitik 1978 (vgl. Anm. 9) S. 484 und 493. — *Stratmann,* Wohnungsbaupolitik 1977 (vgl. Anm. 9) S. 48. — Für die Berliner Verhältnisse höchst aufschlußreich die Ausführungen über Mieten bei *Schallenberger/Gutkind,* Wohnbauten 1931 (vgl. Anm. 17) S. 25 ff.
114. *Hachmann,* Dulsberg 1981 (vgl. Anm. 81) S. 125 ff. — Ähnliche Ergebnisse wie dort für Bauten der Dulsberg-Siedlung haben auch Stichproben bei verschiedenen anderen Wohngebieten der zwanziger Jahre in den Adreßbüchern um 1930 erbracht, die im Rahmen der vorliegenden Untersuchung unternommen wurden.
115. Friedrich Wilhelm *Hermes:* Aus der Geschichte der »Wichern«-Baugesellschaft m.b.H. 1927—1977. Hamburg 1977. S. 11.
116. *Hamburger Fremdenblatt* 27.10.1931 (Morgen-Ausgabe).
117. *Hamburger Anzeiger* 14.1.1930. Vgl. auch *Hamburger Fremdenblatt* 11.1.1928 (Morgen-Ausgabe).
118. *Hamburger Anzeiger* 14.1.1930.
119. Der Gesamtwohnungsbestand in der Stadt betrug Ende 1931 334 728, 1919 bis Ende 1931 wurden insgesamt 62 468 Wohnungen neu gebaut, ergibt 18,7% des Gesamtbestandes. Vgl. Wohnungsbautätigkeit 1930 (Vg. Anm. 30) und *Statistisches Jahrbuch für die Freie und Hansestadt Hamburg 1931/32* S. 77.

120. Der Wohnungswechsel innerhalb der Stadt Hamburg im Jahre 1931. *Aus Hamburgs Verwaltung und Wirtschaft 9,* Hamburg 1932, S. 29—31.
121. *Spörhase,* Bauverein 1940 (vgl. Anm. 4) S. 351.
122. *Peters,* Wohnungswirtschaft 1933 (vgl. Anm. 26) S. 53 u. 110.
123. *Schumacher,* Wohnungsbaupolitik 1928 (vgl. Anm. 1) S. 395).
124. *Chapeaurouge,* Neubautätigkeit 1926 (vgl. Anm. 24) S. 10.
125. Ebd. passim. — *Tätigkeitsbericht Beleihungskasse 1928 (vgl. Anm. 24) S. 10 ff.*
126. *Statistisches Jahrbuch für die Freie und Hansestadt Hamburg 1930/31* S. 125. — Statistisches Jahrbuch . . . 1931/32 S. 75.
127. Vgl. auch *Spörhase,* Bauverein 1940 (vgl. Anm. 4) und *ders.,* Wohnungs-Unternehmen 1946 (vgl. Anm. 4) passim.
128. *Peters,* Wohnungswirtschaft 1933 (vgl. Anm. 26) S. 110.
129. *Spörhase,* Bauverein 1940 (vgl. Anm. 4) S. 350 ff.
130. Adolf *Goetz:* Mietergesellschaftswohnhäuser in Hamburg. *Deutsche Bauhütte* 29, Hannover 1925, S. 258—259. — *Ders.:* Mietgesellschaftswohnhäuser in Hamburg, ein Kapitel über Bauwirtschaft, Kunst und farbige Architektur. *Tonindustrie-Zeitung* 49, Berlin 1925, S. 699—701.
131. *Franz Potenberg Bauunternehmen:* Unser Weg zum Erfolg, Hamburg 1969.
132. *Gut,* Wohnungsbau 1928 (vgl. Anm. 9) S. 108 und passim. — *Preller,* Sozialpolitik 1978 (vgl. Anm. 9) S. 484.
133. Paul Th. *Hoffmann:* Neues Altona 1919—1929, zehn Jahre Aufbau einer deutschen Großstadt, Jena 1929 (2 Bde). Bd. 1 S. 75 ff.
134. *Hamburger Echo* 17.5.1928 und 16.5.1929 zum Beispiel.
135. *Handwörterbuch* 1930 (vgl. Anm. 12) S. 13 ff. — *Stratmann,* Wohnungsbaupolitik 1977 (vgl. Anm. 9) S. 44. — *Fünfzig Jahre NEUE HEIMAT. Unternehmensgruppe NEUE HEIMAT Städtebau- und Wohnungsgesellschaften, Jahresbericht 1975/76,* Hamburg 1976. Teil A.
136. *Hamburger Echo.* 5.8.1929. — Vgl. auch *Vorwärts* 15.9.1928.
137. *Hamburger Echo* 31.10.1928.
138. *Peters,* Wohnungswirtschaft 1933 (vgl. Anm. 26) S. 111.
139. *Lippmann,* Leben 1964 (vgl. Anm. 24) S. 458 ff. und öfter.
140. *Chapeaurouge,* Neubautätigkeit 1926 (vgl. Anm. 24) passim.
141. *Chapeaurouge* im *Hamburgischen Correspondenten* am 1.1.1928.
142. *1922—1972, fünfzig Jahre Gemeinnützige Baugenossenschaft freier Gewerkschafter e.G.m.b.H.,* Hamburg 1972.
143. *Fünfzig Jahre NEUE HEIMAT* 1976 (vgl. Anm. 135) S. A 3. — *Lippmann,* Leben 1964 (vgl. Anm. 24) S. 466 ff.
144. StA Handschrift DC I (601). — StA ZAS A 755.
145. StA Senat Cl. VII Lit. Cc No. 21 Vol. 35.
146. *Tätigkeitsberichte Beleihungskasse* passim (vgl. Anm. 24). — *Lippmann,* Leben 1964 (vgl. Anm. 24) S. 466 ff. — *Peters,* Wohnungswirtschaft 1933 (vgl. Anm. 26) S. 110. — Vgl. auch *Hamburger Echo* 18.1.1928.
147. *Hermes,* Geschichte 1977 (vgl. Anm. 115) passim.

148. Albert *Henckell:* Vierzig Jahre Freie Stadt, Hamburg 1966, übergeht leider diesen politischen Hintergrund völlig.
149. *Hamburger Anzeiger* 20.5.1927, *Hamburger Fremdenblatt* 25.5.1927 (Abend-Ausgabe).
150. *Hamburger Fremdenblatt, Hamburgischer Correspondent, Hamburger Anzeiger* und *Hamburger Nachrichten* am 8.9.1929.
151. *Hamburger Fremdenblatt* 4.1.1928.
152. Alexander *Garbai:* Die Bauhütten, ihre Vergangenheit und Zukunft, der Weg zum gemeinwirtschaftlichen Aufbau der Arbeitsorganisation im Baugewerbe, Hamburg 1928. — August *Ellinger:* Zehn Jahre Bauhüttenbewegung, eine kurze Geschichte des Verbandes sozialer Baubetriebe, Berlin 1930.
153. Soziale Baubetriebe Groß-Hamburgs. *Soziale Bauwirtschaft 9,* 1929, S. 371 ff.
154. Vgl. Anm. 131.
155. Der Firma Franz Potenberg habe ich für die Möglichkeit zur Auswertung der Photoalben im Firmenarchiv zu danken, in denen gerade der Bau des Mundsburg-Hauses ausführlich dokumentiert ist.
156. Vgl. die Firmenanzeigen in Friedrich *Schmidt*/Martin *Ebel* (Hsg.) Wohnungsbau der Nachkriegszeit in Deutschland, Berlin o. J. (1929 ?), z. B. S. 203 Philipp Holtzmann A. G. und S. 204 Dyckerhoff & Widmann A. G.
157. Vgl. z. B. Carl J. H. *Westphal* (Hsg.): Fritz Höger, der niederdeutsche Backstein-Baumeister, Wolfshagen-Scharbeutz 1938. S. 16 ff. usf.
158. *Tätigkeitsbericht Beleihungskasse* 1925—1928 (vgl. Anm. 24) S. 28.
159. Fritz *Schumacher* in Hamburg und seine Bauten 1929, S. 2 ff.
160. Aus der umfangreichen zeitgenössischen »Groß-Hamburg-Literatur« sei nur die Aufsatzfolge in *Die Volkswohnung 4,* Berlin 1922, S. 185 ff. genannt. — Vgl. *Hamburg und seine Bauten 1953* S. 15 ff.
161. *Hoffmann,* Neues Altona 1929 (vgl. Anm. 133) passim.
162. *CIAM* 1979 (vgl. Anm. 40) S. 74 ff. und 113 ff. — *Ehlgötz* in *Gut,* Wohnungsbau 1928 (vgl. Anm. 9) S. 64 ff. — *Handwörterbuch* 1930 (vgl. Anm. 12) S. 675 ff. — *Schumacher,* Wohnstadt 1932 (vgl. Anm. 2) S. 16.
163. Zum Begriff »Citybildung« vgl. *Handwörterbuch* 1930 (vgl. Anm. 12) S. 179 ff. — Für die Hamburger Stadterweiterung im 19. Jahrhundert vgl. Hermann *Hipp:* Harvestehude-Rotherbaum, hamburg 1979 (Arbeitshefte zur Denkmalpflege in Hamburg 3).
164. *Hamburg und seine Bauten* 1929 S. 47—69. — Für die Hamburger Verkehrssysteme und -bauten ist ein Band in der »Themenreihe« des »Hamburg-Inventars« geplant.
165. *Handwörterbuch* 1930 (vgl. Anm. 12) S. 459 ff. — *Ehlgötz* 1928 (vgl. Anm. 162) S. 81.
166. Dabei standen lange noch die Ideen der Reformepoche in Architektur und Städtebau um 1910 im Hintergrund, wie sie z. B. historisch-analytisch begründet sind bei Walter Curt *Behrendt:* Die einheitliche Blockfront als Raumelement im Stadtbau, Beitrag zur Stadtbaukunst der Gegenwart, Berlin 1911. — Vgl. *Platz,* Baukunst 1930 (vgl. Anm. 167) S. 156. — *Ehlgötz* 1928 (vgl. Anm. 162) S. 81.
167. *Handwörterbuch* 1930 (vgl. Anm. 12) S. 459 ff. — Gustav Adolf *Platz:* Die Baukunst

der neuesten Zeit, Berlin 1930². S. 157. – *Schumacher*, Strömungen 1955. (Vgl. Anm. 18) S. 174 ff., v. a. S. 177.
168. *Schumacher*, Wohnstadt 1932 (vgl. Anm. 2) S. 27.
169. Ebd. S. 37.
170. Fritz *Schumacher*: Statik und Dynamik im Städtebau. *Probleme des Bauens* 1928 (vgl. Anm. 40) S. 9–16. – S. 9 f.
171. *Hellweg* (der Hamburger Baupfleger!) in *Gut*, Wohnungsbau 1928 (vgl. Anm. 9) S. 140 ff. – *Handwörterbuch* 1930 (vgl. Anm. 12) S. 459–472).
172. *Schumacher*, Wohnungsbaupolitik 1928 (vgl. Anm. 1) S. 397.
173. *Ehlgötz* 1928 (vgl. Anm. 162) S. 72 ff. – *Handwörterbuch* 1930 (vgl. Anm. 12) S. 255 ff.
174. *Hamburg und seine Bauten* 1929 S. 8 und 32 ff. – *Schumacher,* Wohnstadt 1932 (vgl. Anm. 2) 23 ff. und passim. – Fritz *Schumacher*: Grünpolitik der Großstadt-Umgebung. *Internationale Städtebautagung*, Amsterdam 1924, Bd. 1 S. 89–102. – *Hoffmann*, Neues Altona 1929 (vgl. Anm. 133) Bd. 1, S. 144 ff.
175. *Handwörterbuch* 1930 (vgl. Anm. 12) S. 679 ff.
176. *Ehlgötz* 1928 (vgl. Anm. 162) S. 86. – Vgl. die Analyse der Verkehrswege in der Dulsberg-Siedlung in Abb. 88. – *Architekten Contor/Bezirksamt Hamburg-Nord*: Erhaltungs- und Gestaltungskonzept Milieugebiet Dulsberg, Hamburg 1981. S. 22 ff. (Abb. 88 entspr. S. 24).
177. *Schumacher*, Wohnungspolitik 1919 (vgl. Anm. 6) passim. – *Funke*, Miethaus 1974 (vgl. Anm. 4). – *Kossack*, Wohnquartiere 1981 (vgl. Anm. 8).
178. *Schumacher*, Wohnungspolitik 1919 (vgl. Anm. 6) S. 55. – *Schumacher*, Wohnstadt 1932 (vgl. Anm. 2) passim, v. a. S. 26 f. und S. 47 ff. – *Hamburg und seine Bauten* 1929. S. 8 ff.
179. *Fischer*, Fritz Schumacher 1977 (vgl. Anm. 29) passim. Dort ist auch die wichtigste Literatur über Fritz Schumacher zitiert. Eine Fritz-Schumacher-Bibliographie, bearbeitet von Werner *Kayser*, ist in Vorbereitung.
180. *Jahresbericht der Verwaltungsbehörden der Freien und Hansestadt Hamburg* 1925. S. 122.
181. Fritz *Schumacher*/Wilhelm *Arntz*: Köln, Entwicklungsfragen einer Großstadt, Köln 1923. – Henriette *Meynen*: Die Kölner Grünanlagen, Düsseldorf 1979 (Beiträge zu den Bau- und Kunstdenkmälern im Rheinland 25). S. 55 ff.
182. *Jahresbericht* 1925 (vgl. Anm. 180) S. 122 und 129 ff. – *Jahresbericht der Verwaltungsbehörden der Freien und Hansestadt Hamburg 1927* S. 61 ff.
183. *Hoffmann*, Neues Altona 1929 (vgl. Anm. 133) passim. – Christoph *Timm* wird demnächst eine Oelsner-Monographie als kunstgeschichtliche Dissertation (Univ. Hamburg) vorlegen.
184. Vgl. künftig die umfangreiche Bibliographie von Werner *Kayser* (vgl. Anm. 179). – Den Umfang einer Schumacher-Bibliographie erreicht nach fast der Literaturnachweis bei *Meynen*, Grünanlagen 1979 (vgl. Anm. 181) S. 133 ff.
185. Ernst *Hochfeld*: Hamburgs Architektur in den 20er Jahren, 1981 (Manuskript im Besitz des Denkmalschutzamtes, vgl. Anm. 47).

186. *Schumacher*, Wohnstadt 1932 (vgl. Anm. 2) S. 37 – Charakteristischerweise kommen bei *Gut*, Wohnungsbau 1928 (vgl. Anm. 9) für die Aspekte öffentlicher Einflußnahme auf das Bauen Hamburger Autoren zum Zuge (ebd. S. 119 ff. und S. 140 ff.).
187. *Schumacher* ebd.
188. Dafür sprechen die Protokolle des Ausschusses für Wohnungs- und Siedlungswesen in StA Wohnungsamt I 28. – Vgl. auch *Peters* in *Gut*, Wohnungsbau 1928 (vgl. Anm. 9) S. 119 ff. und v. a. S. 126.
189. *Chapeaurouge*, Neubautätigkeit 1928 (vgl. Anm. 24) S. 22.
190. *Hamburg und seine Bauten* 1914 Bd. 2 S. 192 ff.
191. Fritz *Schuhmacher* in *Hamburg und seine Bauten* 1929 S. 9. – Vgl. auch *Schumacher*, Wohnstadt 1932 (vgl. Anm. 2) passim.
192. *Schumacher*, Wohnstadt 1932 (vgl. Anm. 2) S. 43 ff. die einzelnen Neubaugebiete. – Vgl. unten S. 85 ff.
193. Zur Dulsberg-Siedlung vgl. die in Anm. 81 genannten Quellen. Dazu *Schumacher*, Wohnstadt 1932 (vgl. Anm. 2) S. 51 ff., und Fritz *Schumacher*: Die Neugestaltung eines Bebauungsplanes (Dulsberg-Gelände in Hamburg). *Der Städtebau* 20, Berlin 1925, S. 132–134. – Zu den Aktivitäten der Patriotischen Gesellschaft vgl. S. 11 mit Anm. 22.
194. Vgl. oben S. 44 mit Anm. 70.
195. Vgl. Abb. 93 und unten S. 94 ff.
196. StA Senat Cl. VII Lit. Fd No. 1 Vol. 26 Fasc. 24 Inv. 2 (95).
197. Ludwig *Wagner*: Grundlagen modellmäßigen Bauens, ein stadtbaukünstlerisches Zeitprogramm, Berlin 1918.
198. *Schumacher* in *Hamburg und seine Bauten* 1929 S. 11 f. – Ebd. S. 17. – *Schumacher*, Statik 1928 (vgl. Anm. 170) passim. – *Jahresbericht der Verwaltungsbehörden der Freien und Hansestadt Hamburg* 1927 S. 62 f.
199. *Schumacher*, Wohnungsbaupolitik 1928 (vgl. Anm. 1) S. 398.
200. Ebd. S. 397. – *Schumacher*, Statik 1928 (vgl. Anm. 170) S. 9 f. – *Schumacher*, Strömungen 1955 (vgl. Anm. 18) S. 177.
201. Fritz *Schumacher*: Architektonische Regungen der Nachkriegszeit. *Hamburg und seine Bauten* 1929 S. 124–130. – *Schumacher*, Statik 1928 (vgl. Anm. 170). – Fritz *Schumacher*: Statik und Dynamik im Städtebau. *Der Kreis* 4, Hamburg 1927, S. 635–640.
202. Vgl. die angekündigte Dissertation von Christoph *Timm* (vgl. Anm. 183).
203. Vgl. die Berichte über den Wettbewerb in Anm. 46.
204. Vgl. oben Anm. 50 für Haselhorst. – Günter *Uhlig*: Stadtplanung in der Weimarer Republik: Sozialistische Reformaspekte. »Wem gehört die Welt – Kunst und Gesellschaft in der Weimarer Republik«, Berlin 1977 (Ausst.-Kat.), S. 50–71. Hier S. 57 ff.
205. Catherine *Bauer*: Modern Housing, Boston/New York 1934. S. 178 ff.
206. *CIAM* 1979 (vgl. Anm. 40) S. 74 ff. – *Rationelle Bebauungsweisen*, Ergebnisse des 3. Internationalen Kongresses für Neues Bauen (Brüssel, November 1930), Frankfurt a. M. 1931 (Reprint Nendeln 1979).
207. *Schumacher*, Wohnstadt 1932 (vgl. Anm. 2) S. 56.
208. Vgl. Abb. 82, 106, 337, 338. – *Hoffmann*, Neues Altona 1929 (v. a. S. 116–117) (vgl. Anm. 133) Bd. 1 S. 104 ff. und Bd. 2 S. 17. – Fr. *Huth*: Neue Wohnhausbauten in Altona. *Deutsche Bauhütte* 31, Hannover 1927, S. 244–245. – *Hamburg und seine Bauten* 1929 S. 114 f.
209. Vgl. z. B. *Hoffmann*, Neues Altona 1929 (vgl. Anm. 133) Bd. 2 S. 576.
210. Vgl. Jobst *Siedler* in *Baugilde* 10, Berlin 1928, S. 1300. – Vgl. auch die Entschuldigung bei *Adler*, Miethäuser 1931 (vgl. Anm. 63) S. X. – *Huse*, Neues Bauen 1975 (vgl. Anm. 212) S. 91 ff.
211. *Funke*, Miethaus 1974 (vgl. Anm. 4) S. 128.
212. Z. B. Walter Curt *Behrendt*: Vom neuen Bauen. *Zentralblatt der Bauverwaltung* 48, Berlin 1928, S. 657–662. Ders.: Vom neuen Bauen. *Deutsche Bauzeitung* 63, Berlin 1929, S. 265–267. – Norbert *Huse*: »Neues Bauen« 1918 bis 1933, moderne Architektur in der Weimarer Republik, München 1975.
213. Die Debatte über den Stilbegriff und seine Anwendung auf die moderne Architektur seit 1918 könnte sehr ausgedehnt geführt werden. Das Folgende wird diese Debatte jedoch nicht aufnehmen, sondern versuchen, aus dem Bestand heraus nützliche Hilfen für eine formal differenzierte Betrachtung der Häuser und Fassaden zu gewinnen. – Vgl. immerhin für Hamburg *Schumacher*, Regungen 1929 (vgl. Anm. 201). – Im übrigen: *Platz*, Baukunst 1930 (vgl. Anm. 167) S. 160 ff. – *Bauer*, Housing 1934 (vgl. Anm. 205) S. 212 ff. – Klaus Konrad *Weber*: Form und Gestalt. *Berlin und seine Bauten* IV A, Berlin/München/Düsseldorf 1970. S. 64–92.
214. Wolfgang *Pehnt*: Die Architektur des Expressionismus, Stuttgart 1973. – F. *Borsi*/G. K. *König*: Architettura dell'Espressimo, Genua/Paris 1967.
215. *Schumacher*, Regungen 1929 (vgl. Anm. 201) S. 127.
216. Auch diese »stilbildende« Rolle der maßgebenden Beamten im Hamburg der zwanziger Jahre geht aus den Protokollen des Ausschusses für Wohnungs- und Siedlungswesen hervor (vgl. Anm. 188).
217. So begründet jedenfalls seine Hinwendung zur Architektur des Neuen Bauens Fritz *Schumacher*: Neue Schulbauten in Hamburg. *Wasmuths Monatshefte für Baukunst* 13, Berlin 1929, S. 140–146.
218. Vgl. den knappen aber eindeutigen Artikel »Flachdach« in *Wasmuths Lexikon der Baukunst* 2, Berlin 1929, S. 482 f. – Von der ausgedehnten Diskussion in der zeitgenössischen Bauzeitschriftenliteratur seien hier nur erwähnt: *Hager*: Das flache Dach. *Deutsche Bauzeitung* 60, Berlin 1926, S. 151–152; *Gropius*: Das flache Dach. Ebd. S. 188 ff.; Paul *Schultze-Naumburg*: Zur Frage des schrägen und des flachen Daches bei unseren Wohnhausbauten. Ebd. S. 761–766 und 777–781.
219. Und dort auf Vorschlag der Beamten im Ausschuß für Wohnungs- und Siedlungsfragen! – Vgl. Anm. 216. – StA Wohnungsamt 1 95.
220. Zum Hamburger Backsteinbau vgl. Lutz *Tittel*: Backsteinbau in Hamburg, Hamburg 1977 (Hamburg Porträt 7/77).
221. Fritz *Schumacher*: Die neuen Regungen des Hamburger Backsteinbaus in der Mitte des 19. Jahrhunderts. *Zentralblatt der Bauverwaltung* 43, Berlin 1923, S. 61–65,

73–78, 85–86, 133–138. – Fritz *Schumacher:* Das Wesen des neuzeitlichen Backsteinbaues, München 1917.
222. Vgl. Anm. 157.
223. Henry *Grell:* Die Entwicklung des Hamburgischen Backsteinbaues. *Deutsche Töpfer- und Ziegler-Zeitung* 43, Halle 1912, S. 239–244.
224. *Bebauung Jarrestraße* 1927 (vgl. Anm. 43) S. 2, § 2 des Wettbewerbsprogrammes. – Vgl. zur Einflußnahme im allgemeinen *Lippmann,* Leben 1964 (vgl. Anm. 24). S. 184.
225. *De Fries,* Karl Schneider 1929 (vgl., Anm. 63) passim. – Vgl. unten S. 84 und 126.
226. *Platz,* Baukunst 1930 (vgl. Anm. 167) S. 180.
227. Die konsequenteren Vertreter des »Neuen Bauens« verwarfen diese Bauweise freilich als formalistisch und »modernistisch«: *Völckers,* Wohnbaufibel 1932 (vgl. Anm. 39) S. 102f. – Hans *Eckstein:* Neue Wohnbauten, ein Querschnitt durch die Wohnarchitektur in Deutschland, München 1932, Vorwort.
228. *Schumacher,* Wohnstadt 1932 (vgl. Anm. 2) S. 83f.
229. *Schumacher,* Regungen 1929 (vgl. Anm. 201) S. 129.
230. *Platz,* Baukunst 1930 (vgl. Anm. 167) S. 56f. und 180. – *Schumacher,* Strömungen 1955 (vgl. Anm. 18) S. 177.
231. *Lippmann,* Leben 1964 (vgl. Anm. 24) S. 184.
232. Keiner der beiden Künstler wurde bisher einer nennenswerten Werkmonographie gewürdigt. Vgl. immerhin: Keramische Architekturplastik. *Tonindustrie-Zeitung* 51, Berlin 1927, S. 1211–1213 (meist Beispiele von L. Kunstmann). – Otto *Riedrich:* Neue Architekturplastiken, zu Arbeiten des Bildhauers Ludwig Kunstmann, Hamburg. *Deutsche Bauzeitung* 63, Berlin 1929, S. 849–855. – Rudolf *Schmidt:* Großplastiken Richard Kuöhls, Hamburg. *Deutsche Bauzeitung* 63, Berlin, 1929, S. 225–229. – Hans *Bahn:* Ein Meister deutscher Bauplastik, *Tonindustrie-Zeitung* 52, Berlin 1927, S. 1707–1710. – Rolf *Spörhase:* Architektur und Skulptur, zu Arbeiten von Richard Kuöhl, Hamburg. *Deutsche Bauzeitung* 75, Berlin 1941, S. 221–228 im Kunstdruckteil. – Rudolf *Schmidt:* Architekurplastik, Bildhauer Richard Kuöhl, Berlin/Leipzig/Wien (ca. 1928) (Neue Werkkunst). – Einen Überblick über die Hamburger Architekturplastik der zwanziger Jahre gibt Lutz *Tittel:* Zur Verwendung von Bauplastik an Schumachers Staatsbauten in Hamburg (1909–1933). *Uni HH Forschung* 8, Hamburg 1976, S. 179–190.
233. Im Rahmen der Inventarisation der Bau- und Kunstdenkmale wird im Denkmalschutz seit längerem eine systematische Architektenkartei geführt, die aber nach wie vor große Lücken v. a. im Hinblick auf die Werke und auch auf die Lebens- und Berufsdaten der einzelnen Architekten aufweist. Neben den sehr zahlreichen Einzelnennungen in der Bauzeitschriftenliteratur usw. sind folgende zeitgenössische Monographien hervorzuheben: Werner *Hegemann:* Die Architekten Brüder Gerson, Berlin/Leipzig/Wien 1928 (Neue Werkkunst). – *Ders.:* Klophaus, Schoch, zu Putlitz, Berlin/Leipzig/Wien (Neue Werkkunst). – *De Fries,* Karl Schneider 1929 (vgl. Anm. 63). – Herbert *Eulenberg:* Robert Friedmann, Berlin/Leipzig/Wien 1930 (Neue Werkkunst). – *Westphal,* Fritz Höger 1938 (vgl. Anm. 57).
234. Mitteilung Rolf Spörhase.
235. *Chapeaurouge,* Neubautätigkeit 1926 (vgl. Anm. 24) S. 21.
236. Vgl. Anm. 43. Dazu *Schumacher,* Wohnstadt 1932 (vgl. Anm. 2) S. 64ff.
237. *Völckers,* Wohnbaufibel 1928 (vgl. Anm. 39) S. 110ff. »Literatur zum zeitgemäßen Wohnbau«.
238. *Schumacher,* Regungen 1929 (vgl. Anm. 201) S. 129.
239. *Schumacher,* Wohnungsbaupolitik 1928 (vgl. Anm. 1). – *Schumacher,* Wohnstadt 1932 (vgl. Anm. 2) S. 43ff.
240. Rudolf *Bendixen:* Die Schlankreye. *Bau-Rundschau* 9, Hamburg 1918, S. 69–73. – Wilhelm *Melhop:* Historische Topographie der Freien und Hansestadt Hamburg von 1895–1920 mit Nachträgen bis 1923, Hamburg 1923, Bd. 1 S. 319f.
241. StA Wohnungsamt I 95.
242. *Hipp,* Harvestehude-Rotherbaum 1976 (vgl. Anm. 163) S. 103.
243. *Dammtor-Zeitung* 26, Hamburg 1924, November-Heft »Baunummer«.
244. Ebd.
245. StA. Wohnungsamt I 95, Protokoll vom 18. 7. 1924. Vgl. Anm. 216.
246. Soziale Baubetriebe 1929 (vgl. Abb. 153) S. 379f.
247. *Schumacher,* Wohnstadt 1932 (vgl. Anm. 2) S. 43f.
248. Vermietungsprospekt aus der Zeit der Baufertigstellung im Besitz von H. Leppien.
249. *Schumacher,* Wohnstadt 1932 (vgl. Anm. 2) S. 47ff. – Zur Planung vgl. oben S. 50.
250. Vgl. die Verweise in den Abbildungsunterschriften.
251. *Hamburger Nachrichten* 13. 1. 1930.
252. *Hamburger Anzeiger* 31. 10. 1929.
253. Siehe oben S. 6 mit Anm. 43, S. 50 mit Anm. 195 und Abb. 93. – Einzelbauten und Gesamtanlage sind in zahlreichen zeitgenössischen Bauzeitschriftenaufsätzen und -berichten dargestellt. – Neuere Bearbeitungen bieten: A. K. Beisert-Zülch (Architektengruppe Planen + Bauen »apb«, Hamburg): Gutachten Milieugebiet Jarrestadt, Hamburg 1981 (Vervielf. Manuskr. Bezirksamt Hamburg-Nord) sowie Sylvaine *Hänsel*/Beate *Kruger*/Sabine *Noack*/Holger *Priese*/Michael *Scholz*/Ursula *Sdunnus*: Die Jarrestadt, eine Hamburger Wohnsiedlung der 20er Jahre, Hamburg 1981.
254. *Hochfeld,* Architektur 1981 (vgl. Anm. 185) S. 11.
255. *Hamburger Anzeiger* 28. 7. 1931.
256. *Schumacher,* Wohnstadt 1932 (vgl. Anm. 2) S. 51ff. – Vgl. die Quellen in Anm. 81 und 193, siehe auch oben S. 6, 25, 45 und 49f. sowie *Fischer,* Fritz Schumacher 1977 (vgl. Anm. 29) S. 59f.
257. *Schumacher,* Wohnstadt 1932 (vgl. Anm. 2) S. 58.
258. Vgl. die Verweise in den Abbildungsunterschriften.
259. *Schumacher,* Wohnstadt 1932 (vgl. Anm. 2) S. 60ff.
260. *Hoffmann,* Neues Altona 1929 (vgl. Anm. 133) S. 75f.
261. Ebd. S. 142. – Siehe oben S. 38f. sowie die Verweise in den Abbildungsunterschriften.
262. Fritz *Schumacher:* Stufen des Lebens, Erinnerungen eines Baumeisters, Stuttgart/Berlin 1935. S. 301ff.
263. Siehe oben S. 46f. – Zu seinen Bauten in Hamburg vgl. Werner *Kallmorgen:* Schumacher und Hamburg, eine fachliche Dokumentation zu seinem 100. Geburtstag, Hamburg 1960. – Die ältere Gruppe ist bereits 1919 publiziert als *Hamburger Staatsbauten von Fritz Schumacher,* Berlin 1919. – Vgl. im übrigen *Hamburg und seine Bauten* 1914, 1929 und 1953 passim sowie z. B. *Jahresbericht der Verwaltungsbehörden der Freien und Hansestadt Hamburg* 1925 S. 121ff und 1927 S. 63ff. Vgl. auch Anm. 217.
264. *Schumacher,* Wohnstadt 1932 (vgl. Anm. 2) S. 8.
265. Fritz *Schumacher:* Neue Regungen im Schulbau der Nachkriegszeit. *Die Baugilde* 11, Berlin 1919, S. 925–927. Hier S. 925.
266. *Schumacher,* Wohnungspolitik 1919 (vgl. Anm. 6) S. 73.
267. *Fischer,* Fritz Schumacher 1977 (vgl. Anm. 29).
268. *Hamburger Echo* 3. 11. 1929.
269. Vgl. Anm. 179, 184, 217.
270. Fritz *Schumacher:* Hamburgs staatliche Baupolitik in der Nachkriegszeit. *Zeitschrift für Kommunalwirtschaft* 22, 1932, Sp. 1022–1028.
271. Erich *Lüth:* Gustav Oelsner, Porträt eines Baumeisters, Hamburg 1960. – Vgl. auch Anm. 183 und oben S. 42f. und 46f.
272. *Hamburg und seine Bauten* 1929 S. 119ff.
273. Ebd. S. 116ff.
274. Ebd. S. 47–69.
275. Ebd. S. 205ff.
276. *Gut,* Wohnungsbau 1928 (vgl. Anm. 9), Vorwort S. 13ff.
277. *Machule,* Wohngebiete 1970 (vgl. Anm. 50) passim, z. B. S. 159 und 163.
278. *Schumacher/Arntz,* Köln 1923 (Vgl. Anm. 181). – *Meynen,* Grünanlagen 1979 (vgl. Anm. 181) S. 133ff.
279. *Schumacher,* Wohnungsbaupolitik 1928 (vgl. Anm. 1) S. 397.
280. *Schumacher,* Regungen 1929 (vgl. Anm. 201) S. 129 – Vgl. in *Hamburg und seine Bauten* 1929 S. 11.
281. In Hamburg flossen immerhin 1931 noch Mittel in den Wohnungsbau: *Lippmann,* Leben 1964 (vgl. Anm. 24) S. 400ff.
282. Vgl. Anm. 19. – *Spörhase,* Wohnungsunternehmen 1946 (vgl. Anm. 4) S. 122.
283. Adolf *Goetz:* Über Organisationsaufgaben des deutschen, insbesondere hamburgischen Siedlungswesens. *Bau-Rundschau* 22, Hamburg 1931, S. 187–189. Hier S. 187.
284. Aus der Sicht des Betroffenen: *Lippmann,* Leben 1964 (vgl. Anm. 24) S. 614ff. – Bernhard *Studt*/Hans *Olsen:* Hamburg, die Geschichte einer Stadt, Hamburg 1951. S. 196ff. – Eckart *Klessmann:* Geschichte der Stadt Hamburg, Hamburg 1981. S. 539ff. – Werner *Johe:* Neuengamme, zur Geschichte der Konzentrationslager in Hamburg, Hamburg 1981.
285. *Hamburg und seine Bauten* 1953 S. 63.
286. *Schumacher,* Stufen 1935 (vgl. Anm. 262) S. 387. – *Lüth,* Oelsner 1960 (vgl. Anm. 271) S. 16 und 65.
287. Aus dem Programm Karl Kösters, Elemente und Instrumente, Inhalt und Form deutscher Siedlung. *Bau-Rundschau* 24,

Hamburg 1933. – Im selben Band der Bau-Rundschau übrigens Rolf *Spörhase:* Vom Werk Fritz Schumachers (S. 49–54) als gleichsam offizielle Würdigung der Hamburger Fachgenossen zu Schumachers Amtsenthebung... – Übrigens blieb Schumacher die allgemeine Anerkennung bewahrt und er hatte im »Dritten Reich« unter keinen Verfolgungen zu leiden (im Gegensatz zu Gustav Oelsner).

288. StA Architekt Gutschow A 44 D 25 und D 33 (Vorträge über diese Siedlungen im Büro des »Architekten zur Umgestaltung der Hansestadt Hamburg« aus den Kriegsjahren). Zum nationalsozialistischen Wohnungs- und Siedlungsbau im allgemeinen vgl. Ute *Peltz-Dreckmann:* Nationalsozialistischer Siedlungsbau, Versuch einer Analyse der die Siedlungspolitik bestimmenden Faktoren am Beispiel des Nationalsozialismus, München 1978 (Minerva-Fachserie Geisteswissenschaften. – Insbesondere S. 417ff. »Ideologie und Gestaltung«.

289. Vgl. z. B. Chr. *Ranck:* Gesundung der Städte. *Der deutsche Architekt,* Hamburg 1935, Beilage »Gartenrundschau« S. 46–47.

290. *Hamburg und seine Bauten* 1953, S. 137.

291. *Nörnberg/Schubert,* Massenwohnungsbau 1975 (vgl. Anm. 4) S. 186. – Walter *Ambrock:* Die Wohnwirtschaft im nationalsozialistischen Staat, Gegenwartsfragen des Haus- und Grundbesitzes, Berlin 1937 (Haus und Wohnung 1).

292. *Hamburger Nachrichten* 1.12.1935. – *Hamburger Anzeiger* 18.4.1936.

293. Rolf *Spörhase:* Industrie-Arbeiter-Wohnstadt in Hamburg-Finkenwerder. *Deutsche Bauzeitung* 75, Berlin 1941, Kunstdruckteil S. 173–179.

294. *Hamburger Tageblatt* 8.6.1938, 30.4.1939. – *Hamburger Fremdenblatt* 30.4.1939.

295. *Ockert:* Altstadtsanierung in Hamburg unter Mithilfe gemeinnütziger Wohnungsbauunternehmen. *Zeitschrift für Wohnungswesen* 34, Berlin 1936, S. 165–169. Auch Erwin Ockert gehörte zu Fritz Schumachers engsten Mitarbeitern in den zwanziger Jahren (vgl. S. 121). – Baugenossenschaft weiht Hamburger Memelhaus. *Zeitschrift für Wohnungswesen* 34, Berlin 1936, S. 156–158. – Elke *Pahl:* Die Zerstörung des Gängeviertels – ein Versuch, Hamburger Hafenarbeiter über ihre Wohnungen zu kontrollieren. *Autonomie* 3, Hamburg/Tübingen 1980, S. 83–97.

296. *Hamburg und seine Bauten* 1953 S. 55.

297. Z. B. über Karl Schneiders Zeilenbauten an der Hoppenstedtstraße in Eißendorf (Harburg-Wilhelmsburg) von 1929/1930: Georg *Hinrichs:* Ruinen der Baukunst. *Der deutsche Architekt* 4, Hamburg 1932, S. 5–8. – Übrigens führte diese Siedlung wie viele andere in ähnlicher Weise den Spitznamen »Neu-Marokko« im Hinblick auf das kubische Erscheinungsbild und den weißen Anstrich (ebd. S. 5).

298. Bauakte im Bezirksamt Altona.

299. Vgl. oben Abb. 229.

300. Hochfeld, Architektur 1981 (vgl. Anm. 185) S. 20ff.

301. *Hamburg und seine Bauten* 1953 S. 31.

302. Funke, Miethaus 1974 (vgl. Anm. 4) S. 135. – Besonders gut dokumentiert sind Zerstörung und Wiederaufbau in *75 Jahre Altonaer Spar- und Bauverein e.G.m.b.H.,* Hamburg 1967, S. 32ff.

303. *Hamburg und seine Bauten* 1953 S. 32.

304. Peter *Zlonicki:* Modernisierung von Wohnsiedlungen der 20er und 30er Jahre in Nordrhein-Westfalen – Gestaltungsfragen, Düsseldorf (1980). – Für Fenster vgl. S. 6f. und 36ff.

305. Alfred *Lichtwark:* Palastfenster und Flügeltür, Hamburg 1905 S. 7

306. Walther *Wickop:* Fenster, Türen, Tore aus Holz und Eisen, eine Anleitung zu ihrer guten Gestaltung, wirtschaftlichen Bemessung und handwerksgerechten Konstruktion, Berlin 1943 (1. Aufl. 1935 – Sammlung Göschen 1092). S. 12ff.

307. Adolf *Goetz:* Farbige Fugung und Farbe im Stadtbild. *Tonindustrie-Zeitung* 50, Berlin 1926, S. 521–523.

308. Alfred *Lichtwark:* Briefe an die Kommission für die Verwaltung der Kunsthalle, Hamburg 1923 (2 Bde.). Bd. 2 S. 353f.

309. *Schumacher,* Wesen 1917 (vgl. Anm. 221) S. 119.

310. Dieses Kapitel stützt sich neben der Auswertung der Fachlexika usw. vor allem auf Otto *Völckers:* Glas und Fenster; ihr Wesen, ihre Geschichte und ihre Bedeutung in der Gegenwart, Berlin 1939.

311. *Lichtwark,* Palastfenster 1905 (vgl. Anm. 305).

312. Vgl. *Hipp,* Harvestehude-Rotherbaum 1976 (vgl. Anm. 163) S. 90f.

313. *Sander:* Normung im Hochbau, in *Gut, Wohnungsbau* 1928 (vgl. Anm. 9) S. 563–567. – Auch *Hochfeld,* Architektur 1981 (vgl. Anm. 185) S. 10 weist auf die Schlüsselrolle der Entwicklung von Normen im Massenwohnungsbau der zwanziger Jahre hin. – DIN-Taschenbuch 18, Berlin 1931: Wohnungsbau, Normen des Rohbaues and Ausbaues. S. 137ff. DIN 1240ff. u. a. (Normen für Blendrahmen- und Zargenfenster).

314. DIN-Taschenbuch 1931 (vgl. Anm. 313) S. 142.

315. *De Fries,* Karl Schneider 1929 (vgl. Anm. 63) S. 4ff. – Hermann *de Fries:* Junge Baukunst in Deutschland, Berlin 1926. S. 96ff.

316. Ed. *Lorenz-Meyer:* Architektonische Betrachtungen. *Der Lotse* 2/1, Hamburg 1901–1902, S. 498–503. Hier S. 502.

317. *Lichtwark,* Palastfenster 1905 (vgl. Anm. 305) S. 7. – Ed. *Lorenz-Meyer*/E. *Janda*/Alfred *Lichtwark:* Breitfenster und Hecke, ein Bilderbuch alter hamburgischer Häuser und Gärten, Hamburg 1906.

318. *Schumacher,* Wohnstadt 1932 (vgl. Anm. 2) S. 82.

319. Vgl. dazu die plastischen Ausführungen bei Dieter *Wieland:* Bauen und Bewahren auf dem Lande, München/Stuttgart 1978 S. 23ff.

320. J. *Schreiber* in der *Frankfurter Rundschau* 10.10.1979 S. 16.

321. Mitteilung des Senats an die Bürgerschaft 24.6.1980, Drucksache 9/2358.

Verzeichnis
der Häuser und Wohnanlagen
von besonderer Bedeutung

Im folgenden sind die Häuser und Wohnanlagen aufgeführt, die innerhalb des Gesamtbestandes der Mietshäuser aus den zwanziger und dreißiger Jahren eine besondere Bedeutung in wissenschaftlicher, künstlerischer, geschichtlicher oder städtebaulicher Bedeutung beanspruchen können. Für viele von ihnen sind die Verfahren zur Eintragung in die Denkmalliste eingeleitet oder schon abgeschlossen (siehe oben »Denkmalschutz« und »Methodische Hinweise«). Das Verzeichnis enthält demgemäß nur die noch bestehenden Gebäude. Sie sind in der Reihenfolge der Hamburger *Bezirke* geordnet und innerhalb der Bezirke in der Reihenfolge der einzelnen *Stadtteile*. Im jeweiligen Stadtteil folgen die Objekte in *alphabetischer* Reihe aufeinander. Soweit ein Objekt mehrere Adressen hat, sind diese alphabetisch aufgeführt. Zu jedem Objekt werden untereinander angeführt: *Adresse(n), Architekt, Bauherr, Baudaten;* außerdem sind Hinweise auf die *Abbildungen* in dieser Veröffentlichung beigefügt.

BEZIRK HAMBURG-MITTE

Hamburg-Altstadt

Altstädter Str. 11–23
Altstädter Twiete 1–3, 2–4
Mohlenhofstr. 1–7
Springeltwiete 5–9
Steinstr. 13–19a
»Altstädter Hof«

R. Klophaus
1936
Abb. 425, 427, 428

Burchardstr. 16–20
Mohlenhofstr. 2–10
Steinstr. 21

R. Klophaus
1935

Neustadt

Breiter Gang 1–13
Rademachergang 14

Puls & Richter
Allgemeine Deutsche Schiffszimmerergenoss.
1935–1936
Abb. 423

Breiter Gang 15
Neustädter Str. 49

R. Klophaus
A. Ohl
1936

Breiter Gang 2–6
Korntragergang 15–21
Rademachergang 2–10

W. Behrens
Bauverein zu Hamburg
1935–1936
Abb. 422

Breiter Gang 8–18
Neustädter Str. 45

R. Klophaus/E. Puls
H. Jahn/W. Krause
1936–1937

Kohlhöfen 16–18

Ludwig u. Puls
B. Groß
1935

Kohlhöfen 20

R. Klophaus
B. Groß
1935

Korntragergang 9–13
Rademachergang 1–19

R. Klophaus
Baugenoss. Freie Gewerkschafter
1934–1936

Korntragergang 23–27

H. Ludwig
Kleinwohnungsbauges. Sorbenstr.
1936–1937
Abb. 424, 426

Korntragergang 8–18

W. Behrendt
Bauverein zu Hamburg
1934–1935

Rademachergang 16–22
Kohlhöfen 14

R. Klophaus
H. Jahn
1935

St. Georg

Nagelsweg 10–14
ehem. »Heimstätte«

W. Schröder
Allgemeiner Deutscher Gewerkschaftsbund
1926
Abb. 32, 52

Nagelsweg 16

Distel & Grubitz
Allgemeiner Deutscher Gewerkschaftsbund
1927–1928
Abb. 49–52

St. Georgs-Kirchhof 21–25

Andresen/Berg
Volksfürsorge
1925–1926
Abb. 133, 189

Hamm-Nord

Caspar-Vogt-Str. 42
Chapeaurougeweg 23–39
Sievekingsallee 92–96a

E. Dorendorf
Kanne Söhne u. a.
1928–1937
Abb. 319, 436

Caspar-Vogt-Str. 94–96
Marienthaler Str. 163–165

W. Fischer
K. Duwe
1925–1926
Abb. 125, 193

Chateauneufstr. 7–9

Weber
?
1926–1927
Abb. 144, 145

Chateauneufstr. 11–13
Am Hünenstein 11

Eickmann & Schröder
Hamburger Lehrerbaugenossenschaft
1927
Abb. 148

Hammer Steindamm 115–117

H. Schöttler
R. Kloth, C. Schmidt
1926–1927
Abb. 135, 137

Hamm-Mitte

Dobbelersweg 45
Droopweg 16–18
Wackerhagen 2–12

R. Friedmann
Sanierungsbaugesellschaft Hammerbrook
1927–1928
Abb. 165

Eitzensweg 2
Wicherns Garten 2–8
Wichernsweg 17–31

H. Schöttler
Eisenbahner-Bauverein Hamburg-Billwerder
1928–1930

Horn

Auersreihe 7
Grosseweg 8–10

um 1930

Hasencleverstr. 10–14
Stengelstr. 21–25
Von-Elm-Str. 1–14
Washingtonallee 34–52

H. Stockhause
G. Lüning u. a.
1936–1937
Abb. 417

Billstedt

Billstedter Mühlenweg 21–31 ff.
Kapellenstr. 6–12

Berg & Paasche
»Selbsthilfe« Altona
1928–1930
Abb. 79, 80

Rothenburgsort

Billhorner Brückenstr. 1

W. Wegner
Eggers, Lass
1926–1928

Veddel

Am Gleise 41–45
Veddeler Damm 5–9
Wilhelmsburger Platz 13–14
Wilhelmsburger Str. 92–94
W. Behrens
Bauverein zu Hamburg
1926–1927
Abb. 325

Am Gleise 32–40
Immanuelplatz 19
Veddeler Damm 10
Wilhelmsburger Str. 76–90
W. Behrens
Bauverein zu Hamburg
1926–1927
Abb. 214, 324 326

Immanuelplatz 11–13
Immanuelstieg 2–8
Veddeler Damm 2–6
Veddeler Brückenstr. 158–162
Wilhelmsburger Str. 77–87
Elingius & Schramm, H. Höger
Gemeinn. Kleinwohnungsbaugesellschaft
Groß-Hamburg
1926–1927
Abb. 183, 322, 323

Kleiner Grasbrook

Harburger Chaussee 57–119
Vicenz
Bauverein zu Hamburg
1919–1921
Abb. 119, 120

Finkenwerder

Benittstr. 20–26
Finksweg 2–6
Focksweg 1–5
Schloostr. 1–7
Klophaus & Schoch
Baugenossenschaft Finkenwerder
1925–1927
Abb. 127, 327

Focksweg 13–17, 19–23
J. Dethlefs u. F. Schultze
Deutsche Werft AG
1922
Abb. 45

Nordmeerstr. 4–6, 14–46, 13–47
Nordmeertwiete 2–8
Wikingstr. 6–18, 7–19
G. Hinrichs
Neue Heimat
1940

BEZIRK ALTONA

Altona-Nord

Arnisstr. 1–3
Augustenburger Str. 11–17
Düppelstr. 22–24
Gefionstr. 24–26
G. Oelsner
Stadt Altona
1925
Abb. 350

Arnisstr. 2–8
Augustenburger Str. 3–9
Gefionstr. 16–20
G. Oelsner
Stadt Altona
1926–1927
Abb. 349

Goetheallee 17
Julius-Leber-Str. 19
W. Brünicke
W. Lindner
1927
Abb. 344

Kieler Str. 55
Lunapark 2–12
Memellandallee 14–24
Waidmannstr. 5
G. Oelsner
Stadt Altona
1929–1930
Abb. 357, 446

Kieler Str. 67–71
Waidmannstr. 1–3
F. Ostermeyer
Bauverein Selbsthilfe
1927–1929
Abb. 356, 358

Kieler Str. 75–89
Waidmannstr. 2–8
F. Ostermeyer
Bauverein Selbsthilfe
1928?
Abb. 354, 355

Kieler Str. 66–68
Langenfelder Str. 121–125
Ophagen 21–25
F. Ostermeyer
Bauverein Selbsthilfe
1925–1926
Abb. 351, 353

Kieler Str. 70–74
Ophagen 18–22
F. Ostermeyer
Bauverein Selbsthilfe
1925

Stresemannstr. 242–244
G. Georg
Fr. Prien
1929–1930

Stresemannstr. 254–262
H. Meyer
?
1927–1929

Ottensen

Am Rathenaupark 1–11, 13–15
Bernadottestr. 70–72
Bleickenallee 41–45
Griegstr. 2–18
Grünebergstr. 1–5
Othmarscher Kirchenweg 1–11
Stadt Altona
1922–1925
Abb. 347

Bernadottestr. 36–40
Tönsfeldstr. 40
G. Hinrichsen
F. Wehowsky
1928
Abb. 359, 360, 362

Bleickenallee 15–17
Hohenzollernring 31–37
F. Ostermeyer
F. Wehowsky
1930–1936
Abb. 348

Borselstr. 19–29
Bunsenstr. 3–13, 2, 8, 12
Helmholtzstr. 9–23, 4–22
Ohmstr. 1–11, 2–12
G. Oelsner
Stadt Altona
1926–1927
Abb. 82, 106, 200, 201, 337, 338, 460

Elbchaussee 126
F. Ostermeyer
F. Wehowsky
1928–1930
Abb. 447

Friedensallee 249–261
Friedrich-Ebert-Hof 1–27, 2–22
Griegstr. 92–120
Otawiweg 12–14
»Friedrich-Ebert-Hof« 1
F. Ostermeyer
Bauverein Selbsthilfe
1928–1929
Abb. 36, 37, 76, 85, 160, 176, 334–336, 444

Behringstr. 84–110
Griegstr. 52–60
»Friedrich-Ebert-Hof« 2
F. Ostermeyer
Bauverein Selbsthilfe
1929
Abb. 461

Hohenzollernring 23–25
A. Soll
J. Reimers
1926–1928
Abb. 343, 345

Hohenzollernring 28–32
H. Müller
Hagemann
1930–1932
Abb. 346

Hohenzollernring 92–94
Brünicke, Neugebauer
A. Pein
1929–1930

Bahrenfeld

Bahrenfelder Chaussee 4–8
Bornkampsweg 5–29
Langbehnstr. 1–3
Reichardtstr. 2–26

H. Meyer
Altonaer Spar- und Bauverein
1928–1930
Abb. 155

Bahrenfelder Chaussee 16
Langbehnstr. 5–7
Reichardtstr. 3–23
Valparaisostr. 2–20
H. Meyer
Altonaer Spar- und Bauverein
1929–1931
Abb. 342

Bahrenfelder Steindamm 37–49
Thomasstr. 1–9
G. Oelsner
Stadt Altona
1927–1928
Abb. 157, 361

Bessemerweg 1–27
Leverkusenstieg 2–32
Leverkusenstr. 30–38
Stresemannstr. 301–303
H. Meyer
Altonaer Spar- und Bauverein
1921–1928

Leverkusenstieg 1–29
Leverkusenstr. 28
Schützenstr. 50–74
Stresemannstr. 305–307
H. Meyer
Altonaer Spar- und Bauverein
1913–1920

Leverkusenstr. 20–26
Schützenstr. 53–69
Stresemannstr. 309–311
G. Oelsner
Stadt Altona
1925–1927
Abb. 338–340, Rückentitel

Leverkusenstr. 40–52
H. Müller
Baugesell. Gärtgens
1930–1931
Abb. 169

Groß-Flottbek

Kreisstr. 6
C. Bassen
J. Bassen
1927–1928

Osdorf

Arnimstr. 1–13, 2–14
Bettinastieg 1, 2
Friedensweg 5–7
Gustav-Schwab-Str. 1–3, 2–4
Langelohstr. 34–38
Platenstr. 1–3, 2–4
Wüstenkamp 1–5, 2–4
R. Klophaus
SAGA
1939
Abb. 416

Bockhorst 9–11
Köhlerstr. 1–5, 2–6
Kronprinzenstr. 26–32
Tietzestr. 20–30, 23–29
Wildenbruchstr. 1–5
R. Klophaus
SAGA
1939–1941

BEZIRK EIMSBÜTTEL

Eimsbüttel

Bogenstr. 43–47
Heymannstr. 6–10
Schlankreye 3–25
Berg & Paasche
Malerei-Gesellschaft
1926
Abb. 237–242

Bundesstr. 80–86
Gustav-Falke-Str. 17
Heymannstr. 1–7
Schlankreye 2–4
R. Laage
Grundstücksges.
1927–1928
Abb. 192, 207, 233

Kieler Str. 100–102
Bruncke, Liedtke, Meyer, Müller, Zöllner, Soll
(Arch.-Gemeinschaft)
Genoss. f. Bauausführungen
1926
Abb. 156, 215

Kieler Str. 144–146
Gustav Schmidt
J. Tiedemann
1927–1928
Abb. 180

Kielortallee 25, 26
Dyrssen & Averhoff
Vaterstädtische Stiftung
1926–1928
Abb. 54

Osterstr. 120
K. Schneider
Norddeutsche Immobilien-Gesellschaft
1927/28
Abb. 186

Rotherbaum

Binderstr. 13–15
Rothenbaumchaussee 49
1925

Rothenbaumchaussee 111–113
Elingius & Schramm
S. Boysen
1936
Abb. 430

Rothenbaumchaussee 26
H. u. O. Gerson
Mietergesellschaft m.b.H.
1921–1922

Schlüterstr. 6
H. u. O. Gerson
Mietergesellschaft m.b.H.
1921–1923

Harvestehude

Bogenstr. 52–54
Bogenstr. 54aff. (Hofbebauung)
Grindelberg 81–83
Schlankreye 27–73
»Klinker«
E. u. R. Eckmann, Chr. H. L. Strelow
Gewerbe-Bauverein vor dem Dammtor
1925–1926
Abb. 142, 182, 234–236

Bogenstr. 56–62
Hohe Weide 39–53, 58–88
Kaiser-Friedrich-Ufer 15–28
Klophaus, Schoch
Baugenoss. Hoheluft
1924–1928
Abb. 115–117, 231, 232

Lokstedt

Gazellenkamp 80–84
Heimat 1–8
Stellinger Chaussee 40–42
E. u. E. Theil
»Heimat«
1929
Abb. 70

Siemersplatz 3–5
Vogt-Wells-Str. 1–3
Block & Hochfeld
Bauges. »Nordmark«
1930
Abb. 158

Vogt-Wells-Str. 5
Karas
HaWeGo
1925
Abb. 121

Vogt-Wells-Str. 7
Karas u. Feininger
Gemeinde Lokstedt
1921–1922
Abb. 121

Eidelstedt

Elbgaustr. 94–100
Heimstättenstr. 1–17, 6–8
Redingskamp 1–23
Heimstätte Schleswig-Holstein
Wohnungsbauges. f. Heimsparer
1930–1931

Stellingen

Dörpkamp 1–5
Kieler Str. 426
K. Gutschow
M. Göttsche
1929
Abb. 159

Dörpkamp 2—6
Stellinger Steindamm 2

Gemeindebauamt
Gem. Stellingen
1927—1928

BEZIRK HAMBURG-NORD

Eppendorf

Breitenfelder Str. 68—70
Curschmannstr. 30—32

U. Pierstorff
Stoob, Pierstorff
1929
Abb. 250, 251

Breitenfelder Str. 76—78
Husumer Str. 31—35
Sudeckstr. 1—5

C. Eickmann + H. Schröder
Hamb. Lehrerbaugenoss.
1928
Abb. 167

Breitenfelder Str. 80
Haynstr. 29—33
Husumer Str. 37
Sudeckstr. 2—6

H. u. O. Gerson
Wohnungsbauges.
1924—1925
Abb. 226, 246

Breitenfelder Str. 82—90
Haynstr. 40—44
Lenhartzstr. 31—33
Robert-Koch-Stieg 1—7

A. Ruppert
A. Ruppert
1933—1938

Eppendorfer Landstr. 11
Haynstr. 19—21

J. C. Hansen
J. Fahrenkrug
1927
Abb. 113

Eppendorfer Landstr. 47—51

R. Friedmann
H. Levy
1928
Abb. 204, 252, 253

Eppendorfer Landstr. 58—64
Gustav-Leo-Str. 2—4

H. u. O. Gerson
W. Herr
1928

Eppendorfer Landstr. 148—170

C. Petzold
W. Herr
1934

Faaßweg 4—6

Paul Wrage
Paul Wrage
1936

Faaßweg 8
Kellinghusenstr. 16—18

A. Ruppert
J. W. Ruppert
1924—1925
Abb. 248—249

Goernestr. 4—12
Gustav-Leo-Str. 5—15

E. Gerson,
G. Ahrens, H. Jahn u. a.
1926
Abb. 110, 111, 455

Gustav-Leo-Str. 14—18

E. Gerson
P. u. E. Meyer
1926
Abb. 244, 439

Haynstr. 23

J. C. Hansen
Gebrüder Haupt
1924

Haynstr. 2—4

H. u. O. Gerson
Grundstücksges. »Haynstraße«
(Mietergesellschaft m.b.H.)
1923
Abb. 71, 74, 140

Haynstr. 32
Lenhartzstr. 19

U. Pierstorff
U. u. M. Pierstorff
1936

Haynstr. 34—38

G. Meves
H. Burmeister
1935

Heilwigstr. 121—125
Kellinghusenstr. 20

Zwinscher & Peters
Hammonia-Baugesellschaft
1923—1924
Abb. 141, 247

Kunhardtstr. 6

A. Ruppert
J. H. Ruppert
1926

Lenhartzstr. 21—23

U. Pierstorff
H. Arriens
1936—1937

Lenhartzstr. 25—29

A. Ruppert
M. Sanmann
1937

Lenhartzstr. 6

Puls & Richter
J. Burdan
1925
Abb. 134

Lenhartzstr. 16—20
Robert-Koch-Str. 1

U. Pierstorff
K. Eichemeyer
1936

Robert-Koch-Stieg 2—4

U. Pierstorff
H. Arriens
1937—1938

Schedestr. 13—17

Strohmeyer & Giese
Beyling-Stiftung
1927
Abb. 53, 196

Schedestr. 18—24

Strohmeyer & Giese
Kampe-Stift
1928
Abb. 57

Groß-Borstel

Alsterkrugchaussee 387—421

Klophaus & Schoch
»Am weißen Berg«
1925

Borsteler Chaussee 301
Altenheim

F. Schumacher
Freie und Hansestadt Hamburg
1927—1929
Abb. 65, 132

Alsterdorf

Alsterdorfer Str. 175—205
Wilh.-Metzger-Str. 2
Wolffsonweg 1

Steincke & Voth
Harmening & Voth
1927—1929
Abb. 256

Alsterdorfer Str. 253
Carl-Cohn-Str. 60—64

C. Plötz
C. Plötz
1928
Abb. 188

Alsterdorfer Str. 182—192

F. Ascher u. a.
Baugenoss. Freie Gewerkschafter
1930—1931

Alsterkrugchaussee 418—442

Klophaus & Schoch
»Am weißen Berg«
1926—1930
Abb. 263

Alsterdorfer Str. 466—482
Bodelschwinghstr. 13

R. Wagner
R. Wagner
1928—1929
Abb. 131

Heilholtkamp 4–6, 14–16
Wilkening
Schumacher-Stift
1926–1927
Abb. 58

Sengelmannstr. 181–185
Klophaus, Schoch, zu Putlitz
»Am weißen Berg«
1930–1931
Abb. 262

Winterhude
(ohne Jarrestadt)

Alsterdorfer Str. 59–61
Lattenkamp 2–6, 8–10
C. Werner
G. Koche
1929–1930
Abb. 153

Alsterdorfer Str. 119–121
F. Steineke
J. Krutzmann
1925–1926
Abb. 194

Barmbeker Str. 73–77
Poßmoorweg 43–69
Gootschedstr. 2–6
Heidberg 44–66
(»Wohnblock Poßmoorstraße«)
K. Schneider
Gemeinn. Deutsche Wohnungsbaugesell. m.b.H.
1928
Abb. 28–30, 101, 107, 162

Barmbeker Str. 125–133
Maria-Louisen-Str. 120–122
R. Friedmann
»Stadtpark« G.m.b.H.
1924–1928
Abb. 138

Barmbeker Str. 142
Grasweg 38a–c
Hinsch & Deimling
E. Neubauer
1927–1928
Abb. 179

Barmbeker Str. 146, 146a
Grasweg 30–36
F. Steineke u. E. Werner
Rötger & Hertig
1928

Baumkamp 81–97
Braamkamp 48–76
Efeuweg 41 ff., 56 ff.
Fiefstücken 1–13, 2–14
Krochmannstr. 38–48
Ohlsdorfer Str. 61
Klophaus, Schoch, zu Putlitz
»Kleinrentner-Speisung« e.V.
1929–1931
Abb. 59, 60, 129, 216, 254

Baumkamp 88 ff.
Baumtwiete
Bussestr. 53 ff.
Puls & Richter
Parkheim d. Detaillistenkammer Hamburg
1926–1927
Abb. 61, 149

Beim Jacobistift 2
Efeuweg 35–39
Krochmannstr. 41–45
O. H. Strohmeyer
Hamburger Heim
1929–1930
Abb. 63

Beim Jacobistift 6
Distel & Grubitz
Johann-Carl-Jacobi-Stift
1928–1929
Abb. 64

Braamkamp 34–44
Krochmannstr. 47
O. H. Strohmeyer
Senator-Erich-Soltow-Stift
1929–1931
Abb. 63

Gryphiusstr. 8–10
Grell & Pruter
Wohnungsbau GmbH
1923
Abb. 143, Umschlaginnenseite hinten

Hudtwalckerstr. 24–30
Winterhuder Marktplatz 1–2
J. Hansen
Fahrenkrug u. Sohn
1928–1929
Abb. 150, 151, Umschlaginnenseite vorne

Hudtwalckertwiete 1–7, 2–8
E. Franck
Fahrenkrug u. Sohn
1935–1936

Lattenkamp 3–5, 7–9
Lattenkampstieg 1–3
E. Dorendorf
Beamten-Wohnungsverein
1929
Abb. 69, 126

Lattenkamp 13–29
Lattenkampstieg 2–4
F. Steineke
J. Krutzmann
1927–1930
Abb. 152

Maria-Louisen-Str. 1–3
Hohnholt & Dethlefs
F. Bösch
1928–1929
Abb. 118

Maria-Louisen-Str. 63–67
Dorotheenstr. 123
K. Schneider
F. Burmeister
1927–1928
Abb. 443

Ohlsdorfer Str. 53–55
C. Bruncke
Georg-Buchecker-Stift
1922–1923
Abb. 62, 112, 441

Ohlsdorfer Str. 2–6
F. Höger
Gebr. Dransfeld
1927–1928
Abb. 255

Ulmenstr. 37/39
Hohnholt & Dethlefs
F. Bösch
1929–1930

Winterhuder Marktplatz 10
Esselmann & Gerntke
K. Backhold
1927–1928
Abb. 255

Winterhude – »Jarrestadt«
Abb. 98, 282–287

Glindweg 2–12
Jarrestr. 21–25
Jean-Paul-Weg 1–17
Stammannstr. 2–6
W. Behrens
Gemeinn. Kleinwohnungsbauges. Groß-Hamburg
1928–1929
Abb. 291

Glindweg 14–28
Hanssensweg 2–8
Jean-Paul-Weg 19–35
Stammannstr. 1–7
Bomhoff & Schöne
Wohnungsbauges. Glindweg
1928–1929

Glindweg 30–32
Hanssensweg 1–9
Semperplatz 2
Semperstr. 66–78
Block & Hochfeld
Mass u. a.
1928–1929
Abb. 221, 293

Großheidestr. 19
Meerweinstr. 12–16
E. Neupert
W. Ohning
1928–1929

Großheidestr. 21–33
Meerweinstr. 5–7
Novalisweg 2–14
Stammannstr. 16–18
O. Hoyer
C. Rebien
1928
Abb. 297

Großheidestr. 35–47
Hanssensweg 22–28
Novalisweg 24a–h
Stammannstr. 17–23
»Otto-Stolten-Hof«

F. Ostermeyer
Allgemeine Deutsche Schiffszimmerergenoss.
1928–1929
Abb. 13, 33–35, 75, 294

Großheidestr. 49
Hanssensweg 11–19
Semperplatz 1–5
Semperstr. 80–90

R. Friedmann
F. Potenberg
1928

Großheidestr. 2–30
Martin-Haller-Ring 19–22
Meerweinstr. 9–13
Stammannstr. 20–24
»Kranzhaus«

Puls & Richter
Allgemeine Deutsche Schiffszimmerergenoss.
1930
Abb. 296

Hanssensweg 10–20
Jean-Paul-Weg 22–38
Novalisweg 1–15
Stammannstr. 9–17

K. Schneider
Wohnungsbauges. »Raum«
1927–1928
Abb. 11, 12, 169, 288–290

Hölderlinsallee 2–4
Jarrestr. 37–41

E. Neupert
A. Ruppert
1929

Hölderlinsallee 6–22
Meerweinstr. 1–3
Novalisweg 1–11
Stammannstr. 12–14

R. E. Oppel
»Bürgerbau«
1927–1929
Abb. 298, 299

Jean-Paul-Weg 2–18
Jarrestr. 27–29
Hölderlinsallee 1–17
Stammannstr. 8–10

Distel & Grubitz
Gemeinn. Kleinwohnungsbauges.
Groß-Hamburg
1928–1929
Abb. 18, 220, 295, 445

Meerweinstr. 2–10

E. Neupert
W. Nieschley
1928

Winterhude – »Jarrestadt«
Versuchsbauten der
Reichsforschungsgesellschaft für
Wirtschaftlichkeit im Bau- und
Wohnungswesen

Georg-Thielen-Gasse 1–15

Bensel & Kamps
»Rationell«
1930
Abb. 300

Georg-Thielen-Gasse 2–4

Brüder Frank
»Rationell«
1930
Abb. 301

Groothoffgasse 1–3

Brüder Frank
»Rationell«
1929–1930

Groothoffgasse 2–10

K. Schneider
»Rationell«
1930

Hauersweg 2–20

Block & Hochfeld
»Rationell«
1929–1931

Saarlandstr. 25–29

K. Schneider
»Rationell«
1928–1930
Abb. 302

Uhlenhorst

Hebbelstr. 6–8
Schenkendorfstr. 26–30
Winterhuder Weg 55–63

E. Dehmlow
Wilken, Wöhler
1926–1928
Abb. 128

Oberaltenallee 4
Lerchenfeld 48

Brüder Frank
P. Hofschneider
1929–1930
Abb. 174

Barmbek-Süd

Alter Teichweg 7–11
Daniel-Bartels-Hof

Puls & Richter
Grundverwertung GmbH
1926–1927
Abb. 162

Brucknerstr. 18
Osterbekstr. 101
Sentastr. 40–52

C. Man
Bauver. »Zukunft«
1924–1926
Abb. 123

Flotowstr. 20–22
Imstedt 22–24
Stradelakehre 2–6
Weidestr. 111 ff.

F. Ostermeyer u. C. Wendt
Gemeinn. Hausbaugesellschaft m.b.H.
1929–1930
Abb. 177, 178

Kraepelinweg 25–31
Pinelsweg 9–11
Reyesweg 26–32
Heinrich-Grosz-Hof

F. Ostermeyer
Allg. Deutsche
Schiffszimmerergenossenschaft
1928
Abb. 67

Mozartstr. 2
Winterhuder Weg 114–116

C. Wendt
Suhr, Rocke
1927–1928

Dulsberg

Abb. 9, 19, 31, 87, 88, 94, 95, 105, 303, 304, 305

Alter Teichweg 169
Graudenzer Weg 11–19
Thorner Gasse 12–20

Hinsch, Deimling, Friedmann
»Freie Stadt«
1930–1931
Abb. 161

Bredstedter Str. 21–25, 26
Dithmarscher Str. 51, 60
Elsässer Str. 30–36
Schwansenstr. 15, 12–18
Straßburger Str. 2–32

Klophaus & Schoch
»Freie Stadt«
1927–1928
Abb. 313

Dulsberg-Süd 1–4
Elsässer Str. 12–28
Gebweiler Str. 1–15, 2–18
Straßburger Platz 1–11
Weißenburger Str. 6–20

C. Bruncke (Vorentwurf F. Schumacher)
Freie und Hansestadt Hamburg
1922–1923
Abb. 312

Dulsberg-Süd 5–6
Elsässer Str. 15–19
Mülhäuser Str. 1–9, 2–10
Oberschlesische Str. 1–9
Schlettstadter Str. 3–5, 2–4

Brüder Frank
Siedlungsges. P. u. H. Frank
1929–1931
Abb. 41–43, 104, 316, 317

Dulsberg-Süd 9–14
Königshütter Str. 2–24
Naumannplatz
Nordschleswiger Str. 41–59
Oberschlesische Str. 17–27

Klophaus, Schoch, zu Putlitz
»Freie Stadt«
1928
Abb. 78, 81, 314, 315, 432–434

Elsässer Str. 8–10
Memeler Str.
C. Bruncke (Vorentwurf F. Schumacher)
Freie und Hansestadt Hamburg
1921
Abb. 46, 47, 205

Forbacher Str. 1–11, 2–12
Lothringer Str. 2–12
Metzer Str. 1–11, 2–12
Straßburger Str. 1–17
Vogesenstr. 2–18
Weißenburger Str. 1–11
C. Ranck (Vorentwurf F. Schumacher)
Freie und Hansestadt Hamburg
1921
Abb. 311

Hohensteiner Str.
A. Löwengard (Vorentwurf F. Schumacher)
Freie und Hansestadt Hamburg
1921
Abb. 10, 206

Olivaer Str.
Wilkendorf u. Wilkening
(Vorentwurf F. Schumacher)
Freie und Hansestadt Hamburg
1921–1923
Abb. 306, 307

Weichselmünder Str.
Frank & Zauleck
(Vorentwurf F. Schumacher)
Freie und Hansestadt Hamburg
1921–1922
Abb. 309

Zoppoter Str.
Butte & Hansen
(Vorentwurf F. Schumacher)
Freie und Hansestadt Hamburg
1921–1923
Abb. 130, 308

Barmbek-Nord
Abb. 1, 96, 97, 265, 266

Adlerstr. 5–19
Dohlenweg 17–23
Lämmersieth 46–54
Wachtelstr. 62–68
E. & E. Theil
»Heimat«
1926–1927
Abb. 146, 147, 213, 223, 459

Bendixensweg 2–10
Dennerstr. 6–18
Mildestieg 11–23
F. Ostermeyer
Milde-Stift
1925
Abb. 191, 218, 276

Burmesterstr. 1–11
Wiesendamm 41–47
Stockhausenstr. 3–11
Witthof 2–10
J. Lehmann
Baugen. »Wiesendamm«
1927–1931

Dennerstr. 1
Fuhlsbütteler Str. 228–230
Habichtsplatz 9–15
Mildestieg 2–10
H. Höger
Bauverein »Alstertal«
1927
Abb. 280

Dennerstr. 9–19
Fuhlsbütteler Str. 236–256
Mildestieg 3–9
F. Ostermeyer
Wohnungsfürsorge Reichsbund Deutscher Mieter
1926–1927
Abb. 15, 16, 172, 197, 227, 272–274

Eckmannsweg 1–11
Herbstweg 2–14
Habichtsplatz 2–6
Habichtstr. 114–124, 126–130

Wittenkamp 2–6
Berg & Paasche/K. Schneider
Gemeinn. Kleinwohnungsbaugesellschaft
Groß-Hamburg
1927–1928
Abb. 268–271

Elligersweg 21–31
Meister-Francke-Str. 7–15
Münstermannsweg 2–8
J. Hansen
F. Potenberg
1929–1931
Abb. 164, 199

Elligersweg 33–39
Matthias-Scheits-Weg 4–6
Rungestr. 11–17
Schmachthägerstr. 21–23
Berg & Paasche
Baugenossenschaft der
kinderreichen Familien
1927–1928
Abb. 429

Elligersweg 2–6
Fuhlsbütteler Str. 458–460
E. Dehmlow
Jahn u. Bohnewald
1927–1929
Abb. 175

Elligersweg 14–26
Funhofweg 9–17, 12–16
Hartzlohplatz 1–11
Lorichsstr. 30–44
Meister-Francke-Str. 1–5
E. Fink
Baugenoss. Hartzlohplatz
1927
Abb. 17, 195, 198, 225, 453

Fritz-Neubers-Weg 1–3
Hardoffsweg 1a–3a
Hellbrookstr. 13–17
R. Laage
Wohnungsbaugen. Heimstätte
1929–1930

Fritz-Neubers-Weg 2–6
Hardoffsweg 4–6
Hellbrookstr. 19–23
Vollmersweg 1–9
R. Laage
Wohnungsbaugen. Heimstätte
1926–1929

Fuhlsbütteler Str. 220–222
Habichtsweg 2–6, 3–5
A. Plotz
P. Meier
1926–1927
Abb. 124

Fuhlsbütteler Str. 224–226
Habichtsweg 1
P. Marshall
G. Lüchting
1922–1926
Abb. 185

Grögersweg 1–9
Rübenkamp 74–80a–c
Wasmannstr. 26–32
A. Krüger
G. Süchting, A. Krüger
1925–1929
Abb. 108, 109, 168, 202, 203, 222

Habichtsplatz 1–7
Schwalbenplatz 17–19
A. Plotz
P. Meier
1924–1926

Habichtstr. 35
Meisenstr. 25 ff.
Brüder Frank
H. u. C. Köster Testament-Stift
1931–1932
Abb. 56

Habichtstr. 101–113
Heidhörn 11–15
Lißmannseck 6
Rosamstwiete 2–10
K. Schneider
Gemeinn. Kleinwohnungsbaugesellschaft
Groß-Hamburg
1928
Abb. 267

Habichtstr. 115–125
Lißmannseck 1–9
Schwalbenplatz 12–18
Berg & Paasche
Gemeinn. Kleinwohnungsbaugesellschaft
Groß-Hamburg
1930–1931

Harzensweg 1
Hellbrookstr. 71–79
Schwalbenstr. 62–64

Gen. »Hamburg«
1931?
Abb. 275

Heidhörn 3–7
Schwalbenplatz 1–13
R. Diedrich
Gemeinn. Baugenossenschaft
1927–1928

Heidhörn 9
Lißmannseck 2–4
Rosamstwiete 1–7
Schwalbenplatz 2–10
K. Schneider, H. Höger
Gemeinn. Kleinwohnungsbaugesellschaft
Groß-Hamburg
1927–1930

Heidhörn 2–4
Schwalbenstr. 73–75
Brüder Frank
Gemeinn. Kleinwohnungsbauges.
(Brüder Frank)
1926–1927
Abb. 38–40, 171

Hufnerstr. 36–44
Hufnertwiete 2–6, 1–3
Roggenkamp 6–8
E. Dorendorf
Joh. Kanne Söhne
1927
Abb. 437, 438

Manstadtsweg 9–11
Meister-Bertram-Str. 12–16
Meister-Francke-Str. 31–39
Prechtsweg 12–20
Berg & Paasche
Baugenoss. »Forsthof«
1926–1928
Abb. 190

Otto-Speckter-Str. 17d–33
H. Höger
Bauverein »Alstertal«
1929–1931
Abb. 278

Poppenhusenstr. 5–7
Roggenkamp 1–5
E. Dorendorf
Bauverein d. Wohnungssuchenden
1925–1926

Schwalbenplatz 15, 15d
Brüder Frank
Siedlungsges. P. + H. Frank
1929–1930
Abb. 48

Schwalbenstr. 53
Suhrsweg 6–14
E. Dorendorf
T. Isensee
1927–1929
Abb. 279

Suhrsweg 15–25
Harzensweg 9–15
Peiffersweg 10–13
Schwalbenstr. 68–74

E. Hentze
Gemeinn. Wohnungsbauges. Schwalbenstr.
1926–1928
Abb. 210

Wasmannstr. 25–27
J. Hoffmann
F. Bogler
1925–1926
Abb. 212, 281

Wasmannstr. 29–35
E. Dorendorf
H. Lange
1928–1930
Abb. 277

Ohlsdorf

Am Hasenberge 1–11, 13, 15
Auf dem Kamp 2–14
Bimweg 1–5, 2
Fuhlsbütteler Damm 80–82
Rübenhofstr. 1–3
Klophaus, Schoch, zu Putlitz
Grundstücksgesellschaft Sophienburg
1928–1929
1933–1934
Abb. 260, 261

Am Hasenberge 45
Maienweg 272–304
Woermannstieg 1–5
Woermannsweg 1–14
C. Winand
Gemeindebau
1927–1930
Abb. 258

Am Hasenberge 47
Im Grünen Grunde 2–6
Justus-Strandes-Weg 2–8
Krüger/Schrader
Gem. Bauverein Alster/Albingia-
Lebensversicherungs-AG.
1927–1929
Abb. 259

Maienweg 281
F. Ostermeyer
Deutscher Baugewerkbund
1927–1928
Abb. 103, 219

Fuhlsbüttel

Alsterkrugchaussee 463–493
Zeppelinstr. 2–8
Klophaus, Schoch, zu Putlitz
»Nordring«
1926–1930
Abb. 114

Alsterkrugchaussee 591 ff.
Hermann-Löns-Weg 56
Elingius & Schramm
H. Doss
1927–1931

Am Lustberg 14–22
Niedernstegen 11–19
Block, Hochfeld, Kamps, Bensel, Frank,
Schneider (Arch.gemeinschaft)

»Rationell«
1930–1931
Abb. 21, 187

Bergkoppel 26
Kleekamp 1
K. Schneider
Schäfer
1929–1930
Abb. 264

Erdkampsweg 12
Hummelsbütteler Landstr. 10
C. Christens
Ramuncke
1928–1929

Erdkampsweg 102
Hummelsbütteler Kirchenweg 4
C. Winand
Lukas-Kirchengemeinde
1926–1927
Abb. 217

Hans-Grade-Weg
Lilienthalplatz
Lilienthalstraße
F. Höger
Bauverein Flughafen
1927–1928
Abb. 228

Preetzer Str. 25–33
Schmarje
Baugenossenschaft der kinderreichen
Familien
1929–1932

BEZIRK WANDSBEK

Eilbek

Wandsbeker Chaussee 5–7
E. Dehmlow
Rosengarten Wohnhaus G.m.b.H.
1925
Abb. 102

Wandsbek

Ahrensburger Str. 3
Mitte zwanziger Jahre?

Ahrensburger Str. 2
Kedenburgstr. 22
Um 1930?
Abb. 367

Eulenkamp 2–14
Lengerckestr. 43, 45a–e, 47
Walddörfer Str. 2–12
»Friedrich-Ebert-Hof«
F. Ostermeyer
Um 1930
Abb. 369

Hinschenfelder Str. 1
Lesserstr. 26–52
Friedrich-Ebert-Damm 28
Berg & Paasche
Baugenoss. Freie Gewerkschafter
1926–1927
Abb. 181, 211, 364, 366

157

Pillauer Str. 3–19
Stadtbauamt
Stadt Wandsbek
1925
Abb. 363

Wandsbeker Zollstr. 153
Um 1930
Abb. 368

Wandsbeker Zollstr. 154–160
Um 1930

Marienthal

Friedastr. 6–12
Um 1925
Abb. 371

Kielmannseggstr. 30–34
Um 1925

Rauchstr. 7–9
Tratziger Str. 16
Um 1930
Abb. 370

Farmsen–Berne

Berner Heerweg 111
Eckerkoppel 2
F. Höger
1926

Berner Heerweg 90–90a
Vorder- und Hinterhaus
G. Meves
Kleinwohnungsbaugesellschaft Farmsen
1930
Abb. 184

Volksdorf

Farmsener Landstr. 60
»Stresow-Stift«
Distel & Grubitz
Stresow-Stift
1927
Abb. 65

BEZIRK BERGEDORF

Bergedorf

August-Bebel-Str. 140–144
Gojenbergsweg 73–83
Heysestr. 1–15
Justus-Brinckmann-Str. 37–51
Stadtbauamt
»Freie Stadt«
1926–1929
Abb. 333

Bergedorfer Str. 115–117
Vierlandenstr. 3–15
Distel & Grubitz
GAGFAH
1930–1931
Abb. 332

Holtenklinkerstr. 115–129
Stadtbauamt
Stadt Bergedorf
1924
Abb. 208, 209, 328

Holtenklinkerstr. 137a–d
Stadtbauamt
1931
Abb. 330

Holtenklinkerstr. 139–145
Stadtbauamt
»Freie Stadt«, Bergedorfer Eisenwerke
1926–1927

Holtenklinkerstr. 162–172
Polhof 72
Stadtbauamt
»Freie Stadt«
1929
Abb. 331

Rektor-Ritter-Str. 18–22
Stadtbauamt Bergedorf
Stadtbauamt Bergedorf
1930

Vierlandenstr. 2–4
Distel & Grubitz
1931

BEZIRK HARBURG

Harburg

Julius-Ludowieg-Str. 18
Schwarzenbergstr. 1–9
G. Hinrichs
Zentrumshaus G.m.b.H.
1928–1930
Abb. 376

Hastedtstr. 34–48
Hirschfeldstr. 2–8
Mergellstr. 1–19
E. & E. Theil
»Heimat«
1926–1928
Abb. 224, 377, Titelbild

Barlachstr. 24
Hirschfeldstr. 10–12
Mergellstr. 8–20
E. Schnell
Bauring GmbH
1927
Abb. 378

Eißendorf

Adolf-von-Elm-Hof 1–12
Mehringweg 1–19
Berg & Paasche
Baugen. Wohnungskultur
1928
Abb. 173, 379, 380

Heimfeld

Nobleestr. 15
Um 1930
Abb. 375

Wilhelmsburg

Fährstr. 2–8
Georg-Wilhelm-Str. 26–44
Mannesallee 1–7
Zeidlerstr. 5–17
Um 1925
Abb. 373

Fährstr. 10–12
Georg-Wilhelm-Str. 13–25
Rotenhäuser Damm 1–9
Um 1930
Abb. 372

Georg-Wilhelm-Str. 31–41
Rotenhäuser Damm 23–37
G. Langmaack
Dewog
1941
Abb. 429

Mannesallee 33–36
Sanitasstr. 20–26
1924/25
Abb. 139, 440

Veringstr. 47–91
Stadtbauamt
Stadt Wilhelmsburg
1927
Abb. 374

Veringstr. 46–56
Um 1925
Abb. 136, 442

Abbildungsnachweis

Denkmalschutzamt
– Sammlung von Aufnahmen aus der Zeit um 1930: 13, 15, 16, 27, 29, 30, 31, 34–37, 49, 50, 52, 67, 75, 79, 80, 85, 106, 160, 163, 170, 181, 197, 200, 237–241, 267, 270–272, 274, 334–335, 337, 351–355, 364–366, 369, 379.

– Eigene Aufnahmen 1979: 21, 58, 103, 108, 109, 114, 121, 122, 124, 137, 138, 143, 146, 147, 149, 157–159, 168, 184, 199, 201, 203, 207, 211–213, 216–220, 222, 223, 242, 262, 263, 275, 277, 278, 319, 333, 345, 360, 371, 414, 435, 443, 448–449, 454, 456, 458, 460, 461.

– Bildarchiv: 1, 12, 14, 42, 45, 53, 54, 57, 60–65, 69–71, 110–113, 115–117, 119, 120, 125–127, 129, 131–135, 141, 142, 144, 145, 148, 150–153, 155, 156, 165, 167, 169, 171–173, 176, 180, 182, 183, 185, 186, 188, 189, 192–194, 196, 208, 209, 214, 215, 226, 227, 231–236, 247–251, 254–256, 265, 273, 280, 282, 289–290, 303, 316, 317, 320, 322–331, 336, 338, 339, 341–344, 346–349, 356–359, 361, 362, 378, 380, 400, 416–417, 422–424, 426, 436, 441, 444, 446, 450.

– Nachlass Hans Bahn: 104, 204.

– Aufnahmen Bärbel Zucker 1979–1982: 33, 46, 48, 55, 56, 102, 118, 123, 128, 130, 136, 139, 154, 162, 174, 177, 178, 187, 190, 195, 202, 205, 206, 210, 221, 224, 225, 258, 259, 279, 291–302, 306–313, 332, 363, 370, 372–377, 401–403, 405–412, 425, 427–429, 439, 440, 442, 445, 453, 455.

– Aufnahmen Peter Lemke 1979: 10, S. X.

– Aufnahmen Friedhelm Grundmann: 367, 368.

Staatsarchiv Hamburg: 6, 7, 8, 9, 99.

– Bestand Baubehörde – Lichtbildnerei: 91, 431.

– Bestand Baubehörde – Vermessungsamt: 4, 257, 304.

Staats- und Universitätsbibliothek Hamburg, Nachlass Fritz Schumacher: 384–394, 396, 397.

Archiv der Firma Potenberg, Hamburg: 41, 72, 73, 81, 164, 166, 314.

Archiv Rolf Spörhase: 76, 229.

Hansa Baugenossenschaft eG Hamburg: S. XVI.

Gert Kähler: S. VII, VIII, XVIII, XIX.

Keystone Pressedienst, Hamburg: 82.

SAGA GWG: S. XIV, XIX.

Hubertus Schulze/Studio Reinhart Wolf: Farbbilder auf dem Umschlag, 437/438, 459.

Wolfgang Woessner: Photomontagen 438 und 459.

Hans Meyer-Veden: 381–383, 395.

Leo Adler (Hrsg.), Neuzeitliche Mietshäuser und Siedlungen, Berlin-Charlottenburg 1931: 11, 18, 23–26, 28, 101, 107, 268, 269, 288.

Architekten Contor/Bezirksamt Hamburg-Nord, Erhaltungs- und Gestaltungskonzept Milieugebiet Dulsberg, Hamburg 1981: 88.

Baugilde 10, Berlin 1928: 318, 413.

Bau-Rundschau 12, Hamburg 1921: 5.

Bau-Rundschau 20, Hamburg 1929: 179.

Bauwelt 16, Berlin 1925: 140.

Bauwelt 18, Berlin 1927: 38, 276.

Bauwelt 21, Berlin 1930: 404.

Bau-Wettbewerbe 11, Karlsruhe 1927: 283, 285–287.

Hermann de Fries, Junge Baukunst in Deutschland, Berlin 1926: 452.

Hermann de Fries, Karl Schneider, Berlin/Leipzig/Wien 1929 (Neue Werkkunst): 19, 32, 264, 266.

Deutsche Bauhütte 31, Hannover 1927: 191, 398.

Die billige, gute Wohnung – Grundrisse zum zusätzlichen Wohnungsbau-Programm des Reiches, Berlin (1931): 20.

DIN-Taschenbuch 18, Berlin 1931: 451.

Herbert Eulenberg: Robert Friedmann, Berlin/Leipzig/Wien 1930 (Neue Werkkunst): 252, 253.

25 Jahre Gemeinnütziges Wohnungsbauunternehmen Neues Hamburg G.m.b.H., Hamburg 1953: 432–434.

Albert Gut, Der Wohnungsbau in Deutschland nach dem Weltkriege, München 1928: 39, 350.

Hamburg Bau '78, Wohnen im Einfamilienhaus, Hamburg 1978 (Ausst.-Kat.): 455.

Hamburg in naturwissenschaftlicher und medizinischer Beziehung, Hamburg 1901: 3.

Hamburg und seine Bauten, Hamburg 1890: 2.

Hamburg und seine Bauten, Hamburg 1914 (2 Bde.): 93.

Hamburg und seine Bauten, Hamburg 1929: 43, 51, 84, 86, 87, 89, 90, 98, 230, 281, 321, 340, 352.

Hamburg und seine Bauten, Hamburg 1953: 83, 415, 418, 419, 430.

Bärbel Hedinger / Roland Jaeger / Brigitte Meißner/Jutta Schütt / Lutz Tittel / Hans Walden, Ein Kriegsdenkmal in Hamburg, Hamburg 1979, S.10: 77.

Werner Hegemann, Die Architekten Brüder Gerson, Berlin/Leipzig/Wien 1928 (Neue Werkkunst): 74.

Werner Hegemann, Klophaus, Schoch, zu Putlitz, Berlin/Leipzig/Wien 1930 (Neue Werkkunst): 59, 78, 260, 261, 315.

Jahresbericht der Verwaltungsbehörden der Freien und Hansestadt Hamburg 1927: 100.

Anke und Volkwin Marg, Hamburg, Bauen seit 1900, ein Führer zu 120 ausgewählten Bauten, Hamburg 1969: 399.

Reichsforschungsgesellschaft für Wirtschaftlichkeit im Bau- und Wohnungswesen 2, Berlin 1929, Sonderheft Nr. 4 (Gruppe IV Nr.1): 22.

Wolfgang Rudhard, Das Bürgerhaus in Hamburg, Tübingen 1975 (Das deutsche Bürgerhaus 21): 44.

Fritz Schumacher/Wilhelm Arntz, Köln, Entwicklungsfragen einer Großstadt, Köln 1923: 92.

Fritz Schumacher, Vom Werden einer Wohnstadt, Bilder vom neuen Hamburg, Hamburg 1932 (Hamburgische Hausbibliothek): 94–97, 243, 284, 305.

Statistisches Jahrbuch für die Freie und Hansestadt Hamburg 1931/1932: 66, 68.

Die Volkswohnung 3, Berlin 1921: 47, 105.

Zeitschrift für Wohnungswesen 34, Berlin 1936: 420, 421.

Ziegelwelt 60, Halle 1929: 198, 228.

Gert Kähler:

Denkmalschutz versus Rettung der Welt

Veränderung ist ein Teil der Stadt

Wenn man heute das Wort »Klinker« in eine Internet-Suchmaschine eingibt, dann findet man dort sehr schnell etwas über Wärmedämmung, »Isolierklinker« oder gar über »wärmegedämmte Fassaden mit echten Klinker-Riemchen«. Das ist nicht ganz das, was die Architekten der 20er-Jahre mit dem Begriff verbanden – nicht ganz: Sie dachten an ein Material, das konstruktiv sinnvoll verwendbar, norddeutsch-hart und regendicht war. Sie wollten ein Material, das in seiner – aus ästhetischen Gründen erwünschten – farblichen Variationsbreite aufgrund des nicht einfachen Brennvorganges auch noch als regional typisch und vielfältig farbig galt. Dass das Material darüber hinaus auch noch kleinteilig und so mit geringem Aufwand ornamental verwendbar war, machte es für viele Architekten jener Zeit unwiderstehlich, falls sie nicht ohnehin vom damaligen Hamburger Baudirektor zu dessen Verwendung genötigt wurden.

Die in Platten verlegten »echten Klinker-Riemchen« hingegen (sofern man verstanden hat, was das Wort »echt« in diesem Zusammenhang bedeutet; was wäre ein »unechtes Klinker-Riemchen«?) sind weder zur Konstruktion eines Hochbaus verwendbar noch haben sie die angestrebte Kleinteiligkeit und dekorative Wirkung, weil die industrielle Fertigung Abweichungen kaum erlaubt, es sei denn, man hätte sie vorher programmiert; Typ-Bezeichnungen wie »Manchester rot, Formback-Struktur« lassen eher an Keksherstellung denken als an ein ortstypisches Material.

Das System – und es handelt sich um ein WDVS, zu Deutsch: ein Wärmedämmverbundsystem, nicht um ein einziges, definierbares Material – hat dennoch einen unzweifelhaften Vorteil, den die Webseite so beschreibt: »Das Dämmklinker-System ist eine besonders wirtschaftliche Maßnahme zur Herstellung hochwärmedämmender Fassaden, senkt dadurch drastisch hohe Heizkosten und erhöht die Lebensqualität in den eigenen vier Wänden durch ein besonders behagliches Raumklima. [...] Unser Unternehmen ist Mitglied im BUND und leistet so einen weiteren Beitrag zum Schutz der Umwelt«.

Lassen wir beiseite, ob die Logik richtig ist – wer Mitglied im BUND[1] ist, leistet per se einen Beitrag zum Umweltschutz: Tatsache ist, dass Wärmedämmung gerade bei Altbauten eine der Schlüsselstellen einer sinnvollen Klima-

Klinkertapete an einem Balkon des Adolf-von-Elm-Hofes

Original und »Fälschung«: Glanz und wechselvolles Farbenspiel alten Klinkermauerwerks neben stumpf und leblos wirkendem Surrogat

politik durch Energieersparnis ist – was man schon daran sehen kann, dass einige Hamburger Wohnungsbauunternehmen ihre Klinkerbauten mit den schönen, neuen Materialien dämmen. Dass das so entstandene heutige Erscheinungsbild sich nicht ganz mit dem höchst unregelmäßigen alten deckt – was soll's? Die Architektur hat immer schon mit dem Schein zu tun gehabt; auch eine barocke Marmorsäule bestand meist aus einer Holzstütze mit Marmorputz oder -malerei, die das gemeinte Material, den Marmor, täuschend echt nachahmten.

Wir haben es also mit einem grundsätzlichen Problem zu tun, das heute nur deshalb so stark im Blickfeld liegt, weil die *Außen*haut, das öffentliche Erscheinungsbild der Bauten betroffen ist. Eigentlich aber ist es grundsätzlicher Natur: Wir haben es mit der Frage zu tun, wie sich ein Bau verändern darf, der im Laufe seiner Existenz neuen Nutzungen oder neuen Anforderungen an die vorhandene Nutzung angepasst werden muss. Das Problem wird im Falle der Hamburger Klinkerbauten der 20er-Jahre des vorigen Jahrhunderts dadurch verschärft, dass diese Wohnbauten und Stadtquartiere schon durch ihre große Zahl stadtbildprägend sind: Die »Wohnstadt Hamburg« ist zum Teil der Identität der Stadt geworden, wie Hafen, Alstersee oder Michel; viele ihrer Bauten stehen unter Denkmalschutz.

Aber diese Bauten stellen auch ein Problem dar, eines, mit dem gerade der Denkmalschutz häufig zu kämpfen hat. Zur Zeit ihrer Entstehung waren sie hervorragende Wohnbauten für eine breite Bevölkerungsschicht, die sonst unter sehr viel schlechteren Bedingungen gewohnt hätte; man würde sie heute als »untere Mittelschicht« bezeichnen: untere Beamte und Angestellte und Aufsteiger aus der Arbeiterklasse. Für diese bedeuteten die Bauten einen ungeheuren qualitativen Fortschritt in der Wohnungsversorgung: Querlüftung, eigenes Bad und WC, Zentralheizung, vielfach Gemeinschaftseinrichtungen wie Waschküchen oder Ähnliches, Lage *innerhalb* des Stadtrandes, aber *außerhalb* der lauten und umweltverschmutzten Stadt zu – für diese Schicht – tragbaren Mietkosten. Diese Siedlungen und Bauten waren eine große soziale Errungenschaft.

Heute sind sie die *Erinnerung* an eine große soziale Errungenschaft. Tatsächlich aber haben sich die Ansprüche an eine Wohnung verändert. Wenn die durchschnittliche Wohnfläche pro Person um die 40 Quadratmeter liegt, wenn bei vier oder fünf Stockwerken der Aufzug üblich, wenn fließendes Wasser aus der Einlochmischbatterie und die Elektroinstallation für einen Elektroherd Standard ist, die Einbauküche fast selbstverständlich gefordert wird, wenn nicht zuletzt die Eigentümer der Wohnung eine angemessene Miete erwirtschaften wollen, dann muss die 80 Jahre alte Wohnung renoviert, modernisiert, umgebaut, angepasst werden. Vor allem aber: Wenn die steigenden Energiekosten den Mieter belasten, und die drohende Klimakatastrophe eine wärmetechnische Sanierung von Altbauten unausweichlich macht, dann muss die bauliche Substanz verbessert werden. Und dann sind Konflikte mit der äußeren Erscheinung der Bauten unvermeidlich. Denkmalschutz hier, Rettung der Erde da – eine lächerliche Alternative; wie soll das schon ausgehen – also her mit dem WDVS?

Entsprechend haben viele Eigentümer der Wohnungen und Häuser bereits gehandelt, ohne Rücksicht auf gestalterische Verluste; schließlich bietet – siehe oben! – die Industrie geeignete Systemkomponenten an, die nicht nur fast genauso aussehen wie der originale Klinker, sondern auch noch dem potenziellen Mieter zeigen, dass hier etwas Neues gemacht worden ist, das sich nicht nur rechnet, sondern auch noch die Welt rettet.

Das Problem: Sie sehen nur fast genauso aus.

Deshalb regt sich in den letzten Jahren Widerstand in der Öffentlichkeit: »Mit einem Memorandum warnen Architektenverbände, Hochschulen und Städtebaugesellschaften vor einer Verschandelung des Hamburger Stadtbildes.

Anlass sind städtebaulich nicht abgestimmte Gebäudemodernisierungen, die vor allem die für die Hansestadt typischen Klinkerquartiere der Vorkriegszeit beeinträchtigen. Jetzt droht eine neue Sanierungswelle im Zuge der Energiesparmaßnahmen. Denn immer häufiger setzen Eigentümer auf die Dämmung von Fassaden. Dabei verschwindet der Klinker unter einer öffentlich geförderten Thermohaut, obwohl die Energieeinsparungen auch durch Haustechnik zu erreichen wären«, schrieb »Die Welt« am 19.2.2008. Inzwischen hat das Thema auch die Politik erreicht; so will die kleinere Regierungspartei »Klima und Backstein versöhnen« und hat mit der CDU-Fraktion den Senat aufgefordert, »Maßnahmen zur Auflösung des Zielkonflikts zwischen der Bewahrung der Stadtgestalt einerseits und der Steigerung der Energieeffizienz andererseits zu ergreifen«.[2]

»Fenster sind die Augen der Stadt«

Aber das Thema der Veränderung von Bauten im Zeitverlauf, ihre Anpassung an heutige Wünsche und Vorstellungen ist ein Dauerthema. Hermann Hipp, damals Mitarbeiter im Denkmalschutzamt, hatte in einer Stellungnahme vom 22.1.1980 bereits die Probleme genannt: »Die materielle Fassadenbeschaffenheit [...] ist leider energietechnisch problematisch: Sie ist für Feuchtigkeitsaufnahme und damit eine Erhöhung der Wärmeleitfähigkeit anfällig. Verkleidungen mit anderem Material – z.T. schon vorgenommen – müssen aus gestalterischen Gründen unbedingt vermieden werden. Eine befriedigende Alternative ist nicht bekannt. Sinnvoll erscheint bisher alleine eine Hydrophobierung [...]«. Von der allerdings wusste man auch damals, dass sie nur wenige Jahre die Probleme mit feuchten Wänden eindämmen konnte.

Auslöser der Frage nach Wärmeschutz und Energieeinsparung war ein Gesetz, das 1976 vom Deutschen Bundestag verabschiedet worden war: das Energieeinsparungsgesetz (EnEG). Das hatte weniger mit dem Schutz vor Klimaveränderungen zu tun als mit steigenden Energiekosten. Die erste sogenannte Ölkrise hatte es 1973 gegeben, und man erkannte so langsam die Abhängigkeit von außen liegenden Mächten (OPEC) und die Endlichkeit der Ressourcen: 1972 war der Report des Club of Rome über die »Grenzen des Wachstums« erschienen. Dem Gesetz folgte die erste »Wärmeschutzverordnung« oder, mit vollem Namen, die »Verordnung über einen energiesparenden Wärmeschutz bei Gebäuden«, die am 1.11.1977 in Kraft trat und damals alle Architekten mächtig erschreckte; sie vermuteten, man könne jetzt nicht mehr mit großen Fensteröffnungen bauen – die Forderung nach möglichst geringen Außenflächen und möglichst geringen Wandöffnungen würde zu einer Architektur geschlossener Würfel führen. In Architektenkreisen galt die Wärmedämmung damals als Erfindung der Dämmindustrie.

Der Sinn der Wärmeschutzverordnung, die 1984 und 1995 in ihren Anforderungen verschärft wurde, war klar: Nicht nur bei Neu-, sondern auch bei Altbauten mussten bei Bau oder Sanierung höhere Standards der Wärmeisolierung eingehalten werden – heute eine Selbstverständlichkeit. Die Verordnung wurde am 1.2.2002 durch die Energieeinsparverordnung (EnEV) abgelöst, die auch die Wärmeerzeugung, also die Heizung, in eine Gesamtrechnung einbezieht. Am 1.10.2007 ist die EnEV überarbeitet und verschärft worden; seit 2008 ist ein »Energiepass« bei Neubauten und unter bestimmten Bedingungen auch für Altbauten zwingend vorgeschrieben, der eine Gesamtbilanz der Energiekosten erlaubt. Mit den nächsten Neufassungen der EnEV 2009 und 2012 stehen abermals Verschärfungen der Energiekennwerte ins Haus.

Überlagert wurde die über 30-jährige Diskussion um Wärmedämmung und Fassaden in Hamburg noch durch ein weiteres Thema, nämlich das der Sprossenfenster. Ein Teil der Energieeinsparung konnte ja auch dadurch erreicht werden, dass anstelle der historisch korrekten, klein-

Wie tote Augen machen sich die einflügeligen Fenster neben den Sprossenfenstern aus.

teiligen einfach verglasten Fenster der Wohnbauten eine doppelscheibige Thermopaneverglasung eingebaut wurde, die weniger Wärme durchließ und zudem den Vorteil besaß, hausfrauenfreundlicher zu sein; kleinteilige Scheiben sind wegen der vielen Ecken schwieriger zu putzen. Die Mieter waren also in der Regel von den neuen, großen Verglasungen begeistert. Dass sich das »Gesicht« eines Hauses, dass sich in der Summe das Stadtbild dadurch veränderte, fiel zunächst den wenigsten auf.

Es fiel aber den Hamburger Denkmalschützern auf, und die erreichten etwas, das in der Rückschau als nachgerade sensationell bezeichnet werden kann: Sie steuerten nämlich ziemlich viel Geld aus einem Programm bei, das den Fensterumbau so gestalten sollte, dass die Kleinteiligkeit der originalen Sprossenfenster erhalten bleiben konnte. Das Sensationelle lag dabei nicht nur darin, dass das Denkmalschutzamt überhaupt über derart viel Geld verfügen sollte – immerhin 16,5 Millionen DM über fünf Jahre! –, sondern vor allem darin, dass es für etwas so Banales wie Fenstersprossen ausgegeben werden konnte, und

zwar Fenstersprossen im Wohnungsbau. Es ging also nicht um die Fenstersprossen bei einer der Hauptkirchen oder beim Rathaus, sondern um ganz normale Wohnungen. Es ging nicht um den Einzelbau, sondern um das Stadtbild als Ganzes! Mit der Freude darüber schließt Hipps »Wohnstadt Hamburg«: »Ein scheinbar banales, und schon zum Überdruß reizendes Thema ›Sprossenfenster‹ hat damit in Hamburg zur seit langer Zeit umfangreichsten Denkmalpflegeaktion geführt und zugleich die städtebauliche und architektonische Leistung der zwanziger Jahre in dieser Stadt ins Bewußtsein gebracht«!

130 Objekte sollten, entsprechend der Senatsdrucksache vom 24. 6. 1980, als »Objekte von besonderer Bedeutung« gefördert werden – bei mehr als 1000 insgesamt untersuchten (davon rund einem Viertel aus den 30er-Jahren, die wir hier außer Betracht lassen) ist das nicht einmal besonders viel. Das schlechte Gewissen plagte denn auch den Senat (oder denjenigen, der den Text verfasst hat); am Schluss der Drucksache heißt es: »Die Auswahl der Objekte von besonderer Bedeutung repräsentiert zwar die

Spitzenleistungen, nicht aber die Gesamtbedeutung des Siedlungsbaus der 20er und 30er Jahre in Hamburg. Diese Gesamtbedeutung drückt sich vielmehr nur in der großen Zahl, in der Ausdehnung und im Zusammenschluß der damals entstandenen Wohnquartiere zu dem beschriebenen ›Gürtel‹ selbst aus. Gerade bei den Großwohnanlagen der 20er und 30er Jahre bedeutet die Isolierung von Objekten besonderer Bedeutung die Gefahr, ihnen unangemessen allein einen Kunstwert im traditionellen Sinne beizulegen, der am historischen und sozialpolitischen Wert vorübergeht. Der Senat hat daher die Baubehörde, die Bezirksämter und die Kulturbehörde beauftragt, das Erscheinungsbild der Siedlungsgebiete der 20er und 30er Jahre auch über die denkmalschutzwürdigen Bauten hinaus durch entsprechende Maßnahmen der Wohnumfeldgestaltung und der Baupflege im Rahmen des Möglichen angemessen zu bewahren.«

Nun kann man trefflich über den »Rahmen des Möglichen« und das »Angemessene« diskutieren; ein wenig zieht dieser Text die Bilanz aus der schönen Absicht.

Eine erste Bilanz ist aber schon sehr viel früher zu ziehen, denn die Verabschiedung des Senatsprogrammes bildete nur die eine Seite der Medaille ab. Das Förderprogramm war ja keineswegs unumstritten, zumal es damit einherging, die entsprechenden Bauten unter Denkmalschutz zu stellen. Dagegen gab es zunächst zahlreiche Einsprüche; deren Begründungen entsprachen zu einem Teil denjenigen, die gern bei »drohender« Unterschutzstellung hinzugezogen werden: zum Beispiel dem »enteignungsgleichen Eingriff« in privates Eigentum. Aber sie gingen teilweise auch auf die Besonderheit der Sprossenfenster ein, die als »nicht zeitgemäß« beschrieben wurden, die Förderung wurde als »unsinnige Ausgabe von Steuermitteln« bezeichnet oder es wurde behauptet, »durchgehende Scheiben passen besser zu Sozialbauwohnungen«.[3] Das kritisierte gleichsam den stilistischen Aufwand, den die Architekten der 20er-Jahre diesen Sozialbauwohnungen mit ihren Sprossenfenstern hatten angedeihen lassen und postulierte eine Fenster-Klassengesellschaft: wenn Sprosse, dann gehobene Gesellschaftsschicht, beides im Stadtbild ablesbar.

Das Sprossenfensterprogramm lief dennoch zunächst wie geplant an. Im Januar 1984 hatte das Denkmalschutzamt Förderungserklärungen für 63 der vorgesehenen 130 Objekte mit rund 16 000 Fenstern ausgestellt. Im gleichen Jahr aber gab es die ersten Auseinandersetzungen um das Programm als solches, nachdem der seinerzeit zuständige Senator Wolfgang Tarnowski durch Helga Schuchardt abgelöst worden war. Schwerwiegender war aber wohl, dass Eugen Wagner, genannt »Beton-Eugen« (was sich nicht nur auf sein Lieblingsmaterial bezog!), immer noch Bausenator war: Er hatte »keine Einwendungen« gegen eine Streichung der Investitionsansätze des Programms im Jahr 1984 geäußert. Die Kulturbehörde stellte daher in einer vertraulichen Drucksache für den Senat fest: Das »Programm bezüglich der Siedlungsbauten der 20er und 30er Jahre wird seitens der Baubehörde seit Februar 1984 blockiert«. Die Finanzbehörde zog übrigens ebenfalls in diese Richtung, wohingegen sich der Schulsenator Joist Grolle persönlich gegenüber dem Ersten Bürgermeister Klaus von Dohnanyi für das Programm einsetzte.

Das Ergebnis der Blockade durch die Baubehörde war, dass der Senat im September 1984 beschloss, »angesichts der schwierigen Haushaltslage« (wann ist eine Haushaltslage jemals nicht schwierig gewesen?) keine Mittel mehr für das Programm zur Verfügung zu stellen. Schön, dass man wenigstens noch »zum Ausdruck« brachte, »daß eine Fortsetzung des Programms ab 1986 erfolgen solle, falls die Haushaltslage es zuläßt«! Ergebnis: 1984 und 1985 wurden keine Haushaltmittel für die Bezuschussung von Fenstersanierungen durch Einbau von Sprossenfenstern bei denkmalgeschützten Bauten zur Verfügung gestellt.

Das änderte sich, als in den folgenden beiden Jahren Mittel aus einem anderen Topf, dem Städtebauförderungsprogramm des Bundes verwendet werden konnten, zu denen die Stadt nur 50 % aus eigenen Mitteln zuschießen musste. Aber spätestens 1987 war das Programm beendet; von ursprünglich geplanten 16,5 Millionen DM wurden insgesamt nur etwa 10,5 Millionen verbaut. Nach einer Bilanz des Denkmalschutzamtes vom 28. 9. 1987 wurden im Zeitraum von 1980 bis 1987 133 Objekte untersucht, tatsächlich aber nur 42 unter Beteiligung des Amtes mit Fördermitteln bezuschusst. Bei exakt der gleichen Zahl von Objekten wurden die Fenster ohne Zuschüsse modernisiert – immerhin 26 davon wiederum mit Sprossenfenstern.

Eine nachträgliche Bewertung des gesamten Programms ergibt keine eindeutigen Antworten. Auf der einen Seite war das über fünf Jahre mit einer zweijährigen Unterbrechung laufende Programm an sich gewiss ein Erfolg unter dem Aspekt, dass das Thema ins Bewusstsein des Senates und der städtischen Öffentlichkeit gelangte. Die vergleichsweise geringe Zahl der schließlich bezuschussten Bauten deutet allerdings eher auf negative Erfahrungen in der Umsetzung hin; ein kompliziertes Bewilligungsverfahren half nicht gerade. Für die geförderten Bauten – und das ist unstrittig – hat sich der Aufwand jedenfalls gelohnt.

Von der Familie zum Single – Veränderungen im Wohnen

Zwischen 1919 und 1932 wurden 64 000 neu gebaute Wohnungen in Hamburg von der »Beleihungskasse für Hypotheken« gefördert. Drei Viertel davon waren Zwei- und Dreizimmerwohnungen; es waren Wohnungen, die ganz überwiegend einer Art unausgesprochenem Standardgrundriss folgten: Bautiefe rund 10 Meter, Treppenhaus an der straßenseitigen Außenwand, eine (im Vergleich zur standardisierten »Frankfurter Küche«) große Wohnküche, Bad mit fließendem Wasser, Speisekammer, sowie häufig Balkon, dazu mit Abstellraum im Keller oder auf dem Boden ausgestattet. Die zwei bis drei Wohnräume waren (anders als in den berühmten Frankfurter Siedlungen Ernst Mays) nicht in ihrer Funktion definiert als Schlaf- oder Wohnzimmer; sie waren meist zwischen 10 und 15 Quadratmetern groß und wenig differenziert.

Unter diesen Vorgaben sehen die Wohnungsgrundrisse weitgehend einheitlich aus: Vom Treppenpodest wird links und rechts je eine Wohnung erschlossen. Jede hat einen unbelichteten Flur, zu dessen beiden Seiten die Zimmer liegen. Das repräsentative Wohnzimmer als großen, zentralen Raum einer heutigen Wohnung gab es in den 20er-Jahren nicht. Stattdessen wurde meist an der Wohnküche festgehalten, die in Frankfurt gleichzeitig als Zeichen der zu überwindenden Proletarierwohnung abgelehnt wurde. Merkmal unterprivilegierten Wohnens war die Wohnküche aber nur dann, wenn die anderen Räume aus Platzgründen nur Schlafzimmer sein konnten. Wenn zur Wohn*küche* aber noch ein Wohn*raum* hinzukommt, dann verschiebt sich ihre Bedeutung und ihr sozialer Wert: Die Aufteilung verbindet die proletarische Wohnküche mit dem Salon der bürgerlichen Wohnung.

Der soziale Gewinn der neuen Wohnung in den 20er-Jahren war unbestreitbar. Das Wohnen für die Masse erreichte eine neue Qualität: Die Wohnung wurde fast zum Teil der städtischen Infrastruktur (als welche sie im sozialdemokratischen Wien der Zwischenkriegszeit angesehen wurde), die von allen geschaffen und finanziert werden musste wie Krankenhäuser, Straßenbahn oder Hafen. So dachten auch die Planer, obwohl die Neubauwohnung für das eigentliche Proletariat zu teuer war.

Aber diese Wohnung ist heute nicht mehr zeitgemäß. Die gesellschaftliche Schichtung hat sich verändert – es gibt kein Proletariat mehr, keine klassenbewusste Arbeiterschaft, es gibt nicht mehr die Idee eines gesellschaftlichen Aufstiegs, der (auch) durch eine neue Wohnung mit neuer Einrichtung manifest wird, es gibt nicht mehr die gesellschaftliche Verantwortung der Gesamtgesellschaft für die Versorgung möglichst Vieler mit einer menschenwürdigen Wohnung, wie sie im sozialen Wohnungsbau nach dem Zweiten Weltkrieg noch eindrucksvoll bewiesen wurde. Heute ist auf der einen Seite ein im Vergleich zu früheren Zeiten unerhörter Luxus in der Wohnfläche und der Ausstattung festzustellen, der dazu führt, dass die Wohnraumversorgung der Masse, um die spätestens seit Mitte des 19. Jahrhunderts erbittert gestritten wurde, kein Diskussionsthema mehr ist. Auf der anderen Seite führt die Tatsache, dass das »Soziale« im Wohnungsbau verschwunden ist, zu einer Veränderung der Stadt insofern, als sich eine neue soziale Teilung in den Wohnquartieren der 20er- wie auch denen der 50er- bis 70er-Jahre abzeichnet. Was in den 20er-Jahren der Stolz der Arbeiterfamilie war: »es geschafft zu haben« mit der neuen Wohnung, das wird heute zum sozialen Ghetto der Hartz IV-Gesellschaft oder der Migrantenfamilien. Die Bürger stellen heute keine homogene städtische Bevölkerung mehr dar, wie es die Utopie der 20er-Jahre und der Zeit nach dem Zweiten Weltkrieg wollte. Es war zum ersten Mal in der Geschichte der Versuch einer demokratischen Teilhabe aller, die sich im Städtebau ausdrückte. Heute werden gerade die Quartiere, die diese Gleichheit verwirklichen sollten, die Viertel des »sozialen Wohnungsbaus«, zu den Orten »an den Rändern der Städte«, die die wachsende Ungleichheit städtebaulich abbilden.

Was klingt wie eine allgemeine soziale Feststellung, hat erhebliche Auswirkungen auch auf die hier betrachteten Wohnungen der 20er-Jahre. Denn die verschieden Entwicklungen stoßen zusammen: Die Erstbewohner sind in Dulsberg, Barmbek-Nord oder auf der Veddel aus Altersgründen nicht mehr da, wer aber zieht jetzt in die Wohnungen, die immerhin rund 80 Jahre alt sind und deren bauliche Qualität nicht nur im Hinblick auf die klimapolitischen Anforderungen, sondern auch auf Schallschutz und technische Ausstattung nicht zum Besten steht? Wer wohnt heute in Dulsberg, Barmbek-Nord, auf der Veddel oder in der Jarrestadt?

Natürlich lässt sich die Frage ohne soziologische Bestandsaufnahme nicht eindeutig und pauschal beantworten, weil sie von der Lage des Quartiers ebenso abhängt wie vom Umfeld, der Miethöhe und der Qualität der laufenden Erneuerung; Wohnungen, die sich heute noch im Originalzustand von, sagen wir: 1928 befinden, dürfte es kaum noch geben. Sicher ist, dass eine ständige Erneuerung notwendig ist, um die Wohnungen auf dem Markt zu halten, und dass der Stolz auf die neue Wohnung, der in den 20er-Jahren stark ausgeprägt war, heute nicht mehr vorausgesetzt werden kann. Eigeninitiative, Pflege durch Bewohner, die sich mit dem Quartier identifizieren, dürften inzwischen selten geworden sein.

In diesem Zusammenhang hat die Stadt Hamburg ein ebenso spannendes wie – das kann man inzwischen sagen – erfolgreiches Experiment gemacht, als sie ein Programm auflegte, einen Teil der auf der Veddel leer stehenden Wohnungen der Eigentümerin SAGA GWG durch Subventionierung über die Kreditanstalt für Wiederaufbau an Studenten der Universität Hamburg zu vermieten. Das Quartier war eines der Vorzeigeprojekte Fritz Schumachers: eine gebaute städtische Nachbarschaft mit Platz, Kirche und Schule im gemeinschaftsbildenden Zentrum. Verkehrsbelastung und die Lage südlich der Elbe – dorthin zieht kein traditionsbewusster Hamburger – ließen es in den letzten Jahrzehnten zum Ausländerghetto werden. Hier hatte die GWG seit 1994 rund 71 Millionen Euro in die Erneuerung der Wohnungen gesteckt. Aber im Kern ging es weniger um Modernisierung oder bauliche Anpassung an heutige Bedürfnisse, stattdessen darum, Mieter zu finden, die den problematischen Charakter des Quartiers mit einem Ausländeranteil von über 60 % ansatzweise verändern. Was 2004 begann mit der Perspektive, rund 200 Studenten anzusiedeln in der Hoffnung, diese würden die Veddel zu einem lebendigen Quartier wie Ottensen oder das Schanzenviertel machen, ist inzwischen bei einer Zahl von rund 350 neuen Bewohnern angelangt. Das reicht zwar noch nicht für den gewachsenen Charme von Ottensen, verändert aber den Charakter des Quartiers – im Zusammenhang auch mit entsprechenden Aktivitäten der IBA 2013 – durchaus, selbst wenn sich das im Straßenbild noch nicht recht ablesen lässt. Entsprechend klopft sich die SAGA GWG heute stolz auf die Brust: »Eine besondere Herausforderung ist für die Unternehmen dabei, ihre Investitionen mit Prozessen der Stadtteilentwicklung zu vernetzen sowie Nachbarschaft und sozialen Frieden in ihren Wohngebieten nachhaltig zu sichern«, heißt es im Geschäftsbericht 2006.

Die von der Eigentümerin angestellte Rechnung ist auch für finanzpolitische Laien nachvollziehbar: Investitionen in die Pflege und Modernisierung von unternehmenseigenen Wohnungen sowie Investitionen in die Qualität des Wohnumfeldes kosten in der Summe kein Geld, sondern bringen welches, weil sie die Mieten auf einem vernünftigen Niveau halten, die Auslastung der Quartiere sicherstellen und Zerstörung und Vandalismus begrenzen. Mit Denkmalschutz hat das Programm zunächst nichts zu tun, außer vielleicht indirekt, weil die Quartiere überhaupt weiterhin genutzt und nicht einer (durchaus drohenden) schleichenden Verslumung überlassen werden.

Die dem Programm zugrunde liegende Idee, durch Veränderung der Bewohnerstruktur auch die Sozialstruktur aufzubrechen, ist sicher richtig, kann aber nur begrenzt angewendet und nicht verallgemeinert werden: Man kann Bewohner nicht zwangsweise um- oder ansiedeln, man kann allenfalls Angebote von modernisierten Wohnungen oder Subventionen machen (die »sozialgerechte Bodenordnung« in München, mit der ein Anteil von Sozialwohnungen in jedem neuen Wohnungsquartier sichergestellt wird, versucht etwas Ähnliches). Die Erkenntnis auf der Veddel bleibt: Man muss bei der Erneuerung nicht beim Einbau einer Dusche haltmachen (wie es zum Beispiel in den kleinen Wohnungen der Laubenganghäuser der Gebrüder Frank in Dulsberg geschehen ist); Sanierung, Erneuerung ist vielmehr ein umfassender Prozess, der auch die Bewohner einbeziehen muss.

Große Wohnungen, kleine Wohnungen

Die laufende Anpassung an den technischen Standard von Elektroinstallation oder Wasserver- und Abwasserentsorgung ist der eine Ansatzpunkt einer Modernisierung, die Veränderung und Erneuerung der Sozialstruktur der andere. Letzteres setzt die Frage nach einem Wohnungsgrundriss voraus, der heutigen Anforderungen gerecht wird; wer wohnt noch gern in Räumen von 15 Quadratmetern, es sei denn, er ist Single? Der Architekt Karl Schneider hatte 1927 einen Grundriss entwickelt, der vom originalen Vierspänner am Laubengang, der »Wohnung für das Existenzminimum«, ohne großen Aufwand zum Zweispänner umgebaut werden konnte[4]: Ist das jemals geschehen? Das Denkmalschutzamt hat über diese und andere Eingriffe in die originalen Grundrisse keine systematische Kenntnis, weil Veränderungen im Zuschnitt der Räume nicht angezeigt werden, wenn man es vermeiden kann; selbst bei eingetragenen Denkmälern, bei denen eigentlich die Genehmigung verpflichtend ist, wird nicht immer ein Bauantrag vorgelegt.

Immerhin: Es gibt Beispiele für Wohnungszusammenlegungen oder -verkleinerungen. Gerade nach dem Zweiten Weltkrieg, in den Zeiten größter Wohnungsnot, erwiesen sich die Grundrisse der oben beschriebenen Standardwohnungen als überaus flexibel. So wurden im Vorzeigeprojekt »Jarrestadt« zahlreiche Wohnungen in der unmittelbaren Nachkriegszeit von Zweispännern zu Dreispännern umgebaut, indem zwei dem Treppenhaus gegenüberliegende Räume der Wohnungen links und rechts zu einer neuen Wohnung verändert wurden. Diese Einteilungen wurden in den letzten Jahren im Zuge der Modernisierung rückgängig gemacht, wobei der Umbau sich nicht nur auf den Grundriss bezog, sondern, fast selbstverständlich, auch auf die technische Erneuerung.

Besonders spannend ist ein weiterer Schritt, der von der Baugenossenschaft »Hansa« gegangen wurde, in de-

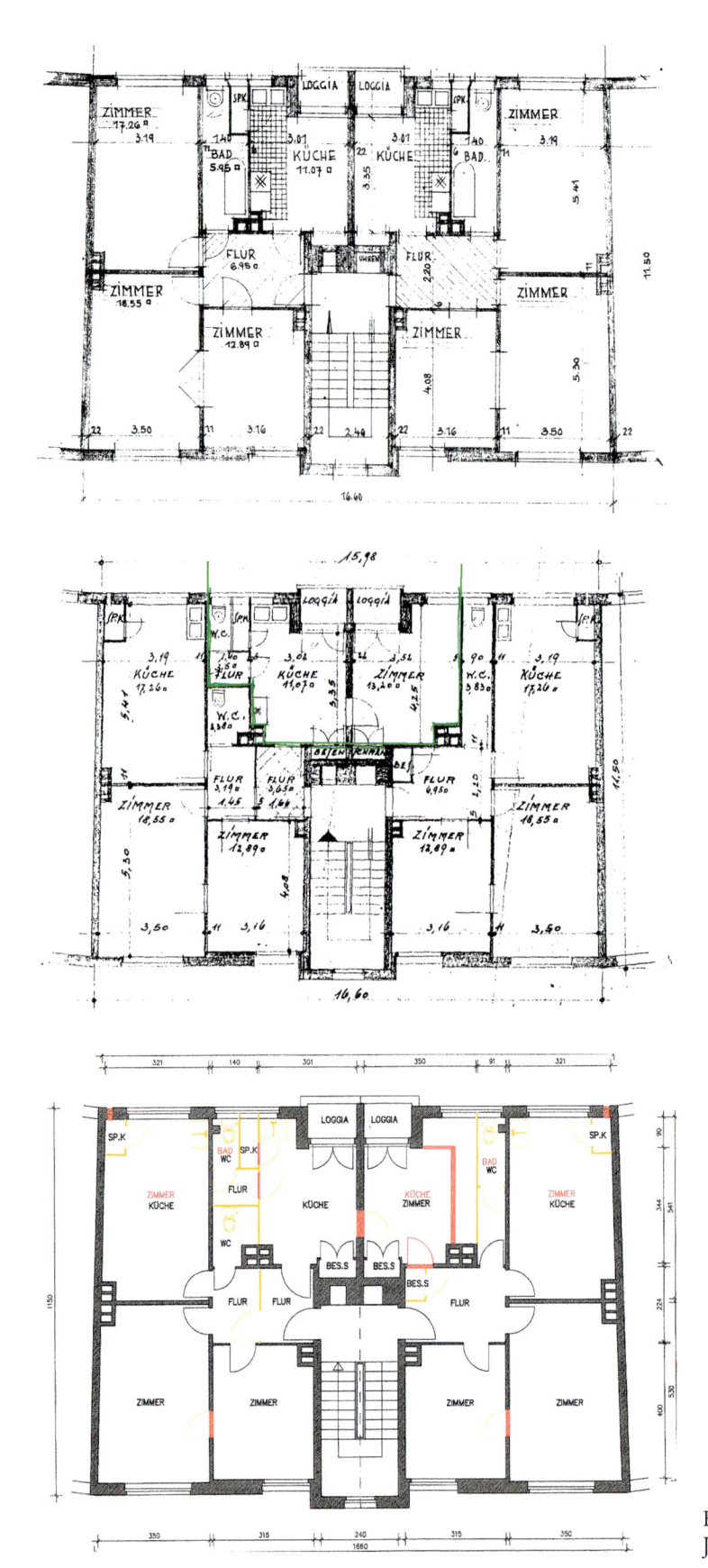

Entwicklung von Wohnungsgrundrissen in der Jarrestadt 1927, 1947 und heute

ren Eigentum drei Blocks der Siedlung Dulsberg liegen. Dort wurden nicht nur in den letzten Jahren umfangreiche Modernisierungen auch in den Grundrissen vorgenommen, die sehr viel differenziertere Größen erlaubten (statt zwei gleich großer Wohnungen entstanden eine kleine und eine sehr große, um einer differenzierten Nachfrage nachkommen zu können); im Haus Lothringer Straße 6 wurde sogar das oberste Normalgeschoss mit einem ausgebauten Dachgeschoss zu Maisonette-Wohnungen zusammengefasst, also Wohnungstypen realisiert, die es in den 20er-Jahren in Hamburg noch gar nicht gab. (Dass die Eigentümer eine energetische Sanierung betreiben, die die alten Klinkerfassaden zumindest zur Straße hin aus ästhetischer Überzeugung nicht antastet und dennoch vertretbare Verbesserungen erreicht, sei dabei besonders hervorgehoben.)

Wo da der Denkmalschutz der alten Grundrisse bleibt? Ich denke, es gibt nur die Alternative, entweder aus den Wohnungen ein Museum zu machen oder sie zu verändern, um sie heutigen Anforderungen anzupassen. Zumindest sollte es aber gelingen, wenigstens die eine oder andere Musterwohnung im Originalzustand bzw. -zuschnitt dokumentarisch zu erhalten, die gegen eine entsprechend günstigere Miete bewohnt werden könnte.[5]

Fassadensanierung

Veränderungen der Grundrisse und andere technische Modernisierungen sind zwar für die Denkmalpflege von Bedeutung, aber letztlich unvermeidlich, um die Bauten in ihrer Substanz zu erhalten. Veränderung, Anpassung, Umnutzung sind wesensmäßiger Teil von Bauten und gehören zu ihrer Geschichte, also auch zum Denkmal, umso mehr, wenn sie, wie diese historischen Wohnsiedlungen, von Menschen unmittelbar genutzt werden. Mag so der alte Wohnungszuschnitt auch mit Zustimmung der Denkmalschutzbehörde heutigen Wohnbedürfnissen angepasst werden, ohne dass dies das Denkmal in seinem Erscheinungsbild nach außen tangiert, ist die Veränderung der Gebäudehülle sehr viel gravierender. Die Außenwand eines Hauses erfüllt schließlich zwei Funktionen: Sie ist Begrenzung der privaten Wohnung im Inneren, Raumabschluss und technische Hülle, sie ist aber auch »Gesicht« des Hauses in die Öffentlichkeit hinein, ist Ausdruck und Zeichen für etwas.

Genau an diesem Schnittpunkt setzt die Diskussion ein, die in den letzten Jahren besonders heftig geführt wird. Auf der einen Seite steht der Charakter der Häuser und Siedlungen der 20er-Jahre: der (meist) dunkelrote Klinker, der erkennbar den »Gürtel um Hamburgs alten Leib« bildete, wie ihn Fritz Schumacher seinerzeit suchte und realisierte. Der war ja nicht nur notwendiger technischer Wandabschluss, sondern architektonisches Programm in seiner demonstrativen Gegenposition zum Putzbau des 19. und beginnenden 20. Jahrhunderts; die Architektur der Wohnbauten sollte als einheitliche Hintergrundfolie wirken, vor der sich die öffentlichen Bauten der Stadt abheben konnten – »die orchestrale Wirkung des Zusammenklangs der Einzelleistungen« sei schließlich das »höchste Ziel«, das Schumacher in seiner Rolle als stadtbauendem Dirigenten vorschwebte und in einer Bilanz am Ende der 20er-Jahre, in »Hamburg und seine Bauten« 1929, darstellte.[6] Denn, wie er an anderer Stelle sagte, die »Zurückhaltung, die Einheitlichkeit erzeugt, ist der eigentliche Maßstab einer wirklich gefestigten Allgemeinkultur, das Zeichen einer inneren Sicherheit, die keinerlei nur äußerlichen Effekte bedarf«.[7]

Dieser rote Klinker, häufig bewusst schlechter Qualität, hatte seine materialbedingten Vorteile: So musste er über 70, 80 Jahre nicht gepflegt werden und konnte doch gut dabei altern. Er war belastbar, frostsicher und brannte nicht, und er konnte auf vielfältige Weise verarbeitet werden: Immer dominierte das Material, nicht der architektonische Stil. Die Kontinuität, die daraus für das Stadtbild entstand, war Teil seiner Qualität.

Auf der anderen Seite steht die Forderung nach Energieeinsparung, die auf einen materialbedingten Nachteil des Klinkers trifft, nämlich sein schlechtes Wärmedämmvermögen aufgrund der fast porenlosen Masse des Steines. Das fiel viele Jahre lang kaum ins Gewicht. In Zeiten dramatisch steigender Energiekosten und der Versuche, den Kohlendioxid-Ausstoß von Heizungen zu begrenzen, wird das Material, nach rund 80 Jahren hervorragender Bewertung, zum Problemfall. Als ein weiteres, altersbedingtes Problem kommt hinzu, dass die baukonstruktive Verarbeitung, aufgrund mangelnder bauphysikalischer Kenntnisse, an vielen Stellen problematisch war (Kältebrücken, Rissfugen an Balkonen und Laubengängen); dort konnte trotz des dichten Klinkers Feuchtigkeit in die Wohnungen eindringen – je experimenteller der Bau (und deswegen in unseren Augen und denen des Denkmalschutzes umso wertvoller in der geschichtlichen Betrachtung), desto feuchter waren die Räume.

Spätestens 2006, also noch vor der neuen Energieeinsparverordnung, wurde die Diskussion öffentlich geführt, wie das Bild der Stadt der 20er-Jahre am besten geschützt werden könne. Der Umbau hatte nämlich längst begonnen, wobei das Denkmalschutzamt die Probleme ebenfalls seit Langem erkannt hatte und selbstverständlich im Sinne der Bewahrung der Originale arbeitete, bis hin zur Entwicklung technisch sauberer Lösungen. Denn viele Eigen-

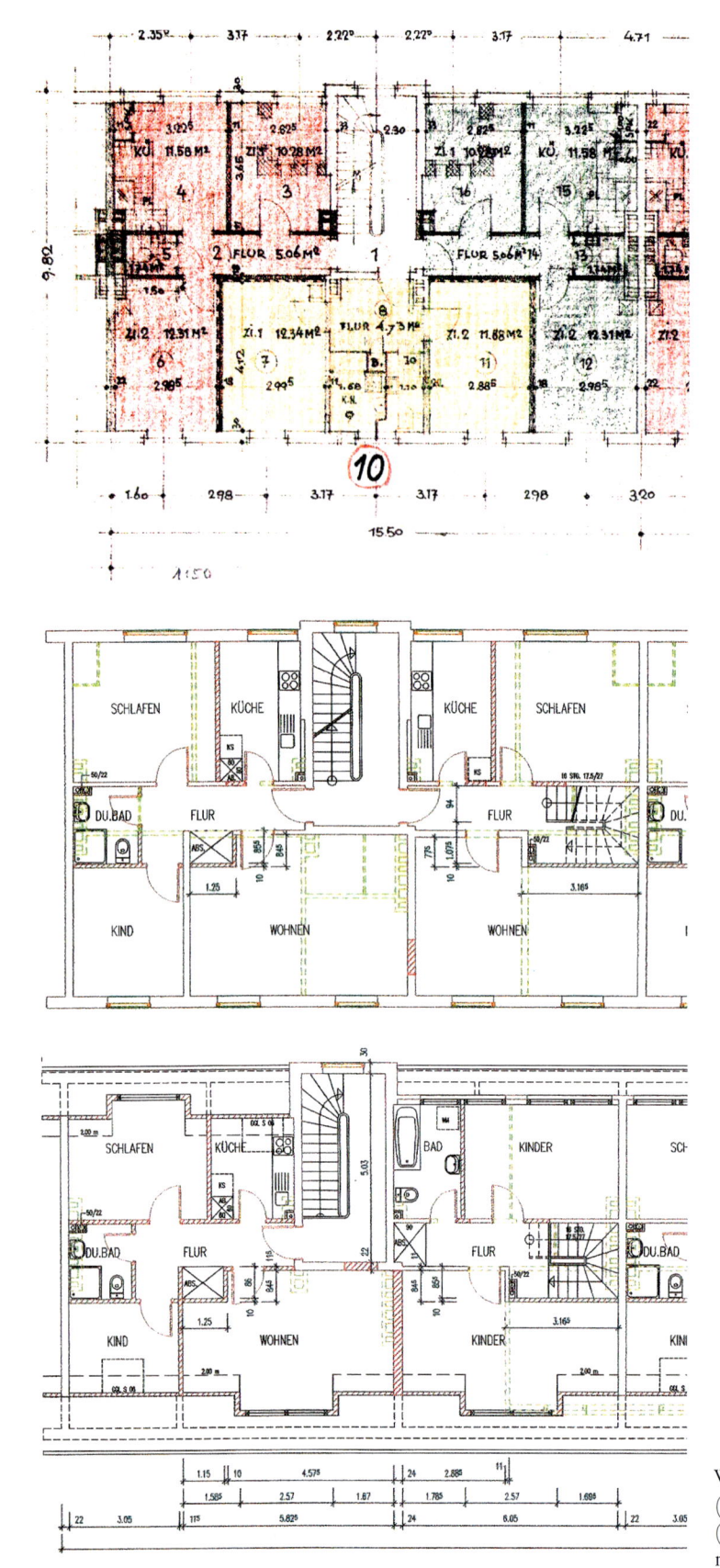

Wohnungsgrundriss Lothringer Straße 6 1950 (oben). Normalgeschoss (Mitte) und Dachgeschoss (unten) sind zu einer Maisonette-Wohnung zusammengelegt (2007/2008).

tümer der Wohnungen, vor allem die großen Wohnungsbaugesellschaften und Genossenschaften, hatten weniger das »Bild der Stadt« vor Augen als die Vermietbarkeit ihrer Wohnungen, die auch von der Höhe der Betriebskosten abhing. Das Ergebnis war, wie Olaf Bartels 2006 in der Deutschen Bauzeitung schrieb: »Immer mehr Backsteinbaufassaden verschwinden hinter Wärmedämmverbundsystemen, die den expressiven Ausdruck, die handwerkliche Besonderheit und die Reliefstruktur der stadtbildprägenden Außenwände verkleben. Mancherorts werden die neuen Oberflächen wie eine Tapete mit Steinmustern nach dem fotografischen Abbild des Originals erstellt oder mit einem Gemisch aus Kunststoff und Ziegelmehl nachgebildet. Dort, wo die Denkmalpflege oder bewegte Bürger als Wächter der Stadtgestalt nicht mitreden können oder mitreden wollen, wird die Backsteinstadt Hamburg sogar gnadenlos im Weißputz erstickt. [...] Ausgerechnet das städtische Wohnungsunternehmen SAGA schreitet bei dieser von ihr so genannten ›bewahrenden Modernisierung‹ allen Entscheidungsträgern voran.«[8]

Damit war zumindest öffentlich gemacht, was bei vielen Wohnbauten der 20er-Jahre, die Hermann Hipps Publikation noch als Beispiele dienen konnten, inzwischen geschehen war: Ihr Aussehen und damit ihre Wirkung in der Stadt hatte sich radikal geändert – vom stadtbildprägenden Element zum langweiligen Abbild seiner selbst; das Benjamin'sche »Kunstwerk im Zeitalter seiner technischen Reproduzierbarkeit« bekommt eine ganz neue Bedeutung. Denn selbst wenn die Bauten nicht hinter Putz verschwanden – dafür gab es nur wenige Beispiele: Der Ersatz der in Würde gealterten Klinkerfassade durch industriell hergestellte, quadratmeterweise verklebte Klinkerriemchen, die den individuellen Charakter des einzelnen Steines vermissen lassen, oder gar der Ersatz durch fototapetenähnliche Systeme verändert den Charakter der Bauten. Die Fenster bekommen durch den Vorbau von Wärmedämmplatten tiefere Laibungen (worauf schon Bartels hingewiesen hatte), die Fassade wurde langweilig und leblos.

Die Fritz-Schumacher-Gesellschaft in Hamburg hatte im Jahr 2008 zwei Memoranden verabschiedet, die von anderen Institutionen und Einzelpersonen gestützt wurden.[9] Im zweiten Memorandum wurden konkrete Forderungen wie die Ernennung eines »Beauftragten für die Erhaltung von Backsteinfassaden«, ein technisches Handbuch, in dem denkmalverträgliche Methoden der Sanierung dargestellt würden, und die »Entwicklung eines spezifischen Hamburger Förderprogramms für denkmalgeschützte, modernisierungsbedürftige Gebäude« gestellt – womit wir wieder am Punkt 1982 angekommen sind, dem Erscheinungsjahr der »Wohnstadt Hamburg«: Erhalt braucht Geld. Das ist bei Sprossenfenstern nicht anders als bei ganzen Fassaden.

Denn die technische Lösung des anstehenden Problems ist nur einfach, wenn die ästhetische Lösung nicht berücksichtigt wird. Unstrittig ist ja, dass die Wärmedämmung der Bauten verbessert werden muss, aus klimapolitischen wie aus Kostengründen für die Mieter. Insofern befindet sich der Denkmalschutz in einer schwachen Position: Denkmalschutz versus Rettung der Erde?

Wie kann man das Ziel einer Ertüchtigung der Bauten heute erreichen? Tatsächlich erweist sich heute der Klinker als großes Problem, weil er das Bild der Fassade prägt. Der Bauphysiker wird nämlich zunächst immer auf einer zusätzlichen Dämmung auf der Außenseite des Gebäudes bestehen. Dass Temperaturschwankungen der Außenluft gar nicht erst in die Wand dringen, ist immer die erste und beste Lösung; Tauwasser innerhalb der Wandkonstruktion muss vermieden werden. Das lässt sich nun einmal am leichtesten mit Hilfe einer außen liegenden Wärmedämmung und innen liegenden, dampfbremsenden Schichten erreichen. Im Hinblick auf die Klinkerwände der 20er-Jahre aus Kalksandsteinmauerwerk und der verzahnten Klinkerschicht heißt also die einfachste und preiswerteste Lösung: Wärmedämmung außen anbringen (meist geklebt, was auch ausschließt, dass man später bei neuen technischen Lösungen den alten Zustand ohne Aufwand wiederherstellen könnte), darauf eine Vormauertapete, deren Aussehen und Qualität wärmetechnisch nicht relevant ist. So weit, so scheußlich.

Denn auch die Wohnungsbaugesellschaften sollen sich nichts vormachen: Selbst ihre Mieter sehen den Unterschied zwischen einer gemauerten Wand und einer vorgeklebten »Tapete« – genau so, wie sie vor gut 20 Jahren den Unterschied zwischen einem Sprossenfenster und einem auf die Panoramascheibe geklebten Tesastreifen oder den Kunststoffsprossen zwischen den neuen Thermopanescheiben erkennen konnten. Man möge doch nicht so tun, als ob das Auge eines jeden nicht Schattenkanten, Profilstärken von Fenstersprossen oder den Unterschied zwischen »filigran« und »klobig« unterscheiden könne! (Die Frage ist nur, ob er es sich bewusst macht. Aber seit Sigmund Freud weiß man doch um die Bedeutung des Unbewussten – hoffentlich auch bei den Wohnungsbaugesellschaften.)

Die Frage ist also nicht, ob man etwas verändern darf an den Fassaden eines Klinkerbaus der 20er-Jahre; man muss es. Die Frage ist nur, wie man damit verträglich umgehen kann. Dazu gibt es technische wie ästhetische Antworten. Die technischen sagen: Die Außenwand ist nicht alles. Nach den Vorschriften der Energieeinsparverordnung darf ein bestimmter Höchstwert des Energieverbauchs und

Trotz allen Bemühens: Man sieht's doch.

Wärmeverlustes für ein Haus nicht überschritten werden. Diese Vorschriften besagen aber nicht, wie dies erreicht werden soll. Heizungsanlagen, Sonnenkollektoren (auch diese gestalterisch häufig nicht unproblematisch), Wärmerückgewinnung und andere intelligente technische Systeme oder auch die Wärmedämmung auf den – oft schon in den 20er-Jahren verputzten – Hofseiten können zumindest Teile der Last übernehmen, ein 80 Jahre altes Gebäude zukunftstauglich zu machen. Außerdem gibt es inzwischen auch die Möglichkeit innen liegender Wärmedämmsysteme, die bauphysikalisch sinnvoll aufgebaut sind. Allerdings haben diese mindestens zwei praktische Nachteile: Man kann schlechter haltbare Nägel in die Wand schlagen. Und eine innen liegende Wärmedämmung von, sagen wir, 10 Zentimeter Dicke verringert die Wohnfläche eines 15 Quadratmeter großen Raumes um immerhin rund einen halben Quadratmeter. Das summiert sich und schmerzt den Vermieter!

Die sicherlich technisch beste, schönste, aber genauso sicher auch aufwendigste Form, mit zusätzlichen Wärmedämm-Maßnahmen die Qualität eines Klinkerbaus zu verbessern, ist das Aufbringen einer außen liegenden Wärmedämmung mit einer neu vorgemauerten, in Ziegelformat und -qualität vergleichbaren Vormauerklinkerschicht. Das Material dazu gibt es auch heute noch – es ist nicht billig. Die Schwierigkeit ist jedoch noch nicht einmal der Materialpreis, auch nicht die aufwendige handwerkliche Verarbeitung. Die eigentliche Schwierigkeit liegt darin, dass konsequenterweise auch das gesamte alte Dekor in der neuen Vormauerschicht nachgebaut werden muss – jede vorspringende Ziegelschicht, jeder Fenstersturz, jeder Wechsel im Mauerverband muss schließlich kopiert werden, wenn das aufwendige Unternehmen denkmalpflegerischen Sinn machen soll. Und wenn man das alles berücksichtigt hat, dann müssen auch noch die Fenster wieder angepasst werden, um die Ansicht der Fassade im alten Zustand (und nicht mit neuen Laibungstiefen) erstehen zu lassen! Dass das im Rahmen einer »normalen« Wohnungs- oder Hausrenovierung oder entsprechend den Förderrichtlinien der energetischen Sanierung nicht geleistet werden kann, dass dazu zusätzliche Fördermittel erforderlich sind, scheint offensichtlich. Das Ergebnis aber, praktisch der Beginn eines neuen Lebenszyklus' des Hauses, rechtfertigt die beträchtliche Anstrengung.

Auch der gestalterische Kompromiss, wie er z. B. bei den Oelsner-Bauten in der Schützenstraße durchgeführt wurde, bei dem nur die Rückseiten gedämmt und dann ehrlicherweise auch in Putz ausgeführt wurden, mag in vielen Fällen helfen, zumal besondere Backsteinverbände oder Zierrat auf den Rückseiten in der Regel nicht zu finden sind oder, wie bei einer Reihe von Bauten, ohnehin auf den Hofseiten von vornherein die Fassade geputzt wurde. Beim modernen Zeilenbau allerdings wie z. B. im Dulsberg oder in der Borsel- und Helmholtzstraße in Ottensen ist das aufgrund der meist zwei Schauseiten der Bauten nicht möglich.

Verluste und Veränderungen – Fallbeispiele ohne Vorbildcharakter

Das Denkmalschutzamt hat im Jahr 2007 – 25 Jahre nach Herausgabe der »Wohnstadt« – eine fotografische und textlich bewertende Bestandsaufnahme der Häuser und Ensembles zu der Frage durchführen lassen, wie sich die Bauten heute darstellen; sie orientiert sich an dem »Verzeichnis der Häuser und Wohnanlagen von besonderer Bedeutung«, das Hermann Hipp seiner Publikation angefügt hat. Es umfasst nur 255 von über 1100 derartiger Anlagen und repräsentiert also nur knapp ein Viertel der Klinkerwohnbauten der 20er-Jahre. Die der heutigen Bestandsaufnahme zugrunde liegenden Kriterien fehlen bei Hipp, sodass nicht verbindlich gesagt werden kann, ob die ablesbaren Veränderungen an den Bauten *seitdem* stattgefunden haben oder ob sie schon vor 1982 vorgenommen worden sind (der Zustand gegenüber dem Original war schon 1982 in vielen Fällen verändert worden, wie die Betrachtung der bei Hipp gezeigten Fotos beweist).

Immerhin, einige Feststellungen lassen sich dennoch treffen: So sind drei Objekte inzwischen gar nicht mehr vorhanden, darunter sogar ein Ensemble von Fritz Höger, das dem Ausbau des Flughafens zum Opfer fiel. Schlimmer ist, dass 31 Objekte von 253 insgesamt, also knapp 13%, nicht in das Denkmalverzeichnis nach § 7a Hamburgisches Denkmalschutzgesetz aufgenommen wurden, weil ihr heutiger Zustand den Eintrag als Denkmal nicht mehr rechtfertigen ließ. Wohlgemerkt: Wir reden nicht von 31 Bauten und Ensembles, die aus dem Gesamtbestand von Klinkerbauten der 20er- und 30er-Jahre fehlen, sondern von den Anlagen besonderer Bedeutung, die nicht als Denkmäler ins Verzeichnis aufgenommen wurden! Was umgekehrt jedoch keineswegs den Schluss zulässt, dass die anderen Bauten sämtlich verschont worden wären; auch dort gibt es zum Teil beträchtliche Veränderungen, meist zum Schlechteren.

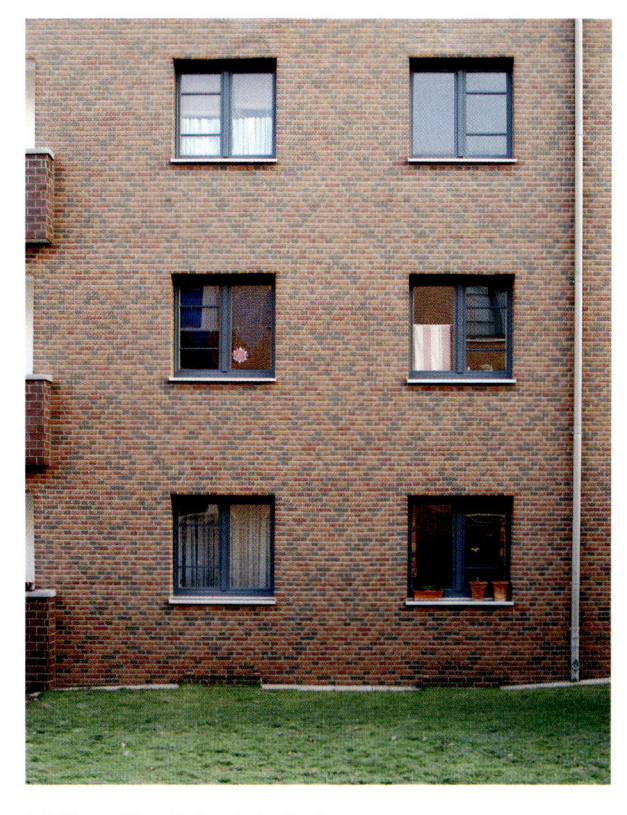

Adolf-von-Elm-Hof nach der Sanierung

Sicher eines der fragwürdigsten Beispiele ist die »Sanierung« des Adolf-von-Elm-Hofes in Harburg von Berg & Paasche aus dem Jahre 1928. Fragwürdig gerade deswegen, weil noch Reste eines Bemühens zu erkennen sind, das Bild der 20er-Jahre nachzustellen (Balkonteilungen, Variation der Klinkertapeten; man hätte schließlich auch den ganzen Bau verputzen können – vermutlich hätte es ihm im Vergleich zu heute gut getan!). In der Gegenüberstellung des Fotos aus Hipps Buch (S. 110, Abb. 380) und heute sieht man die Vergröberung, die in jedem Detail ablesbar ist. Warum haben die Fenster andere Rahmenfarben (die heutige hat es in den 20er-Jahren nicht gegeben!)? Warum wurden die Fenster asymmetrisch geteilt, ein Flügel mit Sprossen, einer ohne? An diesen Details, die nichts mit Wärmedämmung zu tun haben, sieht man, wie das Verständnis der Verantwortlichen fehlt – das ist keine Frage von finanziellen Ressourcen, das ist eine Frage von architektonischem und denkmalpflegerischem Sachverstand. Dass sich die Klinkertapete spätestens dann selbst entlarvt, wenn man sie an den Balkonunterseiten sieht, ist dann nur noch eine Marginalie.

»Sorgfältig sind die Stoßfugen des Mauerwerks verstrichen und die Lagerfugen betont«, schreibt Hermann Hipp zu einer Detailansicht eines der schönsten Wohnensembles der 20er-Jahre, zu Friedrich Ostermeyers Friedrich-Ebert-Hof in Altona aus den Jahren 1928–29. Tatsächlich macht die präzise Detaillierung des Mauerwerks, das ohne jeden dekorativen Schnörkel auskommt, einen großen Teil der geschlossenen Qualität des Ensembles aus. Aber bei genauem Hinsehen sieht man eben auch, dass das Mauerwerk heute vielfach geflickt ist – was besonders im Bereich der Fensterstürze aufgrund korrodierter Stahlträger notwendig ist –, dass das aber häufig ohne die notwendige Sorgfalt und das Verständnis für den unter Denkmalschutz stehenden Bestand geschah. Auch hier ist das keine Frage von Klimaschutz oder notwendiger Wärmedämmung, kaum eine der Kosten, sondern nur eine von erhaltungsbewusster Sorgfalt und ästhetischer Intelligenz.

Das ist bei den Laubenganghäusern der Gebrüder Frank in Dulsberg anders; dort geht es zunächst um Bautechnik, zumal die originale sich als höchst problematisch herausstellte; die Laubengänge sind mit Eisenträgern direkt über die Außenwände in die Geschossdecken eingebunden. 1985 hatte ich über diese geschrieben, »mit der Orientierung der Laubengänge zueinander« besitzen die Häuser »tatsächlich etwas von dem (in Frankfurt nur behaupteten) gemeinschaftsbildenden Potential [...]. Die Anlage gemeinschaftlich zu nutzender Flächen und ihre Darstellung nach außen hin – der halbrunde Abschluß – drücken es darüber hinaus als Zielvorstellung architektonisch aus«.[10]

Heute (wie im Übrigen auch schon 1985) stellt sich heraus, dass die Laubengänge eher ein technisches Problem darstellen als eine gemeinschaftsfördernde Lösung; die schönen halbrunden Abschlüsse werden spätestens seit der Erfindung des elektrischen Wäschetrockners nicht mehr benötigt. Dass die regenabweisenden Schrägdächer über dem Laubengang, erst recht aber die plumpe Verglasung der halbrunden Gemeinschaftsbalkone keine ästhetische Verbesserung darstellen, steht außer Frage; der (an den Lösungen beteiligte) Denkmalschutz kämpft auf verlorenem Posten, wenn er nicht den finanziellen Mehraufwand für elegantere Lösungen tragen kann (Fenster des Ladens im Erdgeschoss!). Das ist aber eine Frage dessen, was die Stadt Hamburg für derartige Maßnahmen investieren will – also schlussendlich eine politische Frage.

Und ein letztes, besonders schlimmes Beispiel: der Friedrich-Ebert-Hof im damals noch nicht zu Hamburg gehörenden Wandsbek, auch er von Friedrich Ostermeyer um 1930 errichtet: Eine großformatige Komposition aus Kopfbau und dahinter liegendem Block, im Original wunderbar proportioniert und gegliedert und bis ins Detail durchgearbeitet. Und nach der wärmedämmenden Behandlung: grob verunstaltet, tot wirkend.

Wollen wir hoffen, dass es die Bewohner wenigstens warm haben.

Was kann man aus den Beispielen schließen? Um eine vernünftige, weitreichende Energieeinsparung bei den betroffenen Bauten und Ensembles, zu der auch eine wirksame Wärmedämmung beitragen kann, kommen wir nicht herum. Die nötige Sorgfalt bei Reparaturen, die die Feinheiten der Konstruktion und Ästhetik berücksichtigt, ist für die kulturelle Werterhaltung dieser Bauten unverzichtbar. Die Kosten dafür muss der Eigentümer zu einem großen Teil selbst tragen, einen Teil wird er auf seine Mieter abwälzen können – das hängt von den anderen Faktoren ab, die die Miethöhe einer Wohnung beeinflussen. Kann man aber dem Mieter zumuten, die »Schönheits«-Reparaturen in nicht unbeträchtlicher Höhe zu tragen?

Es bleibt – wie so oft – der Ruf nach dem Staat, wenn es um Geld geht. Er hat schon einmal, zögerlich und unvollständig, aber mit der richtigen Begründung und einem gewissen Erfolg, Finanzmittel bereitgestellt. Er, und das sind seine verantwortlichen Politiker wie auch die Bürger, muss sich fragen lassen, ob er die Qualität des Stadtbildes für wichtig hält oder nicht. Denn es geht nicht um den einzelnen Bau, das einzelne Ensemble: Es geht um das Stadtbild, das zu einem großen Teil durch die Klinkerbauten der 20er-Jahre geprägt wurde. Das Stadtbild ist keine feststehende Größe; Veränderung ist Teil der Stadt. Man kann die weißen Putzbauten um die Alster herum rot oder schwarz anstreichen, und die Stadt wird sich verändern. Nicht anders bei den Klinkerbauten: Sie schleichend zu einem verlogenen Brei aus Tapete zu machen, ist ein ästhetisches Verbrechen; dann lieber Wärmedämmung plus Putz, dann waren die Klinkerbauten eine Episode der Stadtgeschichte.

Es hat den Vorschlag gegeben, die Hamburger Wohnsiedlungen der 20er-Jahre als Weltkulturerbe schützen zu lassen. Berlin ist das mit einigen Siedlungen der architektonischen Moderne gelungen. Hamburgs Klinkerensembles, qualitätvoller, sozial engagierter Massenwohnungsbau der 20er-Jahre, hätte mit einer Auswahl seiner Spitzenobjekte ebenfalls gute Chancen gehabt.

Hätte gehabt.

Aber auch ohne Welterbestatus gibt es eine baukulturelle Verantwortung. Die ist kein Selbstzweck; es geht gar nicht primär um den Erhalt der einen oder anderen Fassade. Karl Marx meinte, »das Sein bestimmt das Bewusstsein«. Man kann den Satz auch auf die gebaute Umgebung, auf das »Sein« der Stadt anwenden. Die Veränderung des Stadtbildes hin zum erkennbar Billigen, Standardisierten, weg von seiner Geschichtlichkeit, die nicht mehr ablesbar ist – soll das das Bewusstsein der Stadtbewohner bestimmen? Denkmalschutz, Baukultur – sie sind leere Worthülsen, wenn man sich nicht ständig klarmacht, dass deren Ziel ist, den Stadtbewohnern eine schönere gebaute Umgebung zu schaffen, die sich im Verlauf von Geschichte entwickelt hat. Es geht nicht um Bauten. Es geht um Menschen in und um Bauten.

1 Bund Umwelt und Natur Deutschland e.V., 1975 gegründete nichtstaatliche Natur- und Umweltschutzorganisation.

2 Bürgerschaft der Freien und Hansestadt Hamburg, Drucksache 19/929. Antrag der Abgeordneten Horst Becker, Dr. Eva Gümbel, Jenny Weggen, Jens Kerstan, Antje Möller (GAL) und Fraktion der Abgeordneten Hans-Detlef Roock, Klaus-Peter Hesse, Rüdiger Kruse, Jörn Frommann, Hans Lafrenz, Jörg Hamann (CDU) und Fraktion. Betr.: Stadtgestalt und Klimaschutz.

3 Zitiert aus einem Widerspruch gegen die Eintragung in die Denkmalliste.

4 Vgl. Abb. 19

5 In Berlin wird z. B. in der zum Welterbe gehörenden Siedlung Carl Legien (Bruno Taut und Franz Hillinger, 1928 bis 1930) eine Wohnung in Taut'schen Originalfarben bewohnt, in der Welterbe-Siedlung Siemensstadt wird eine Musterwohnung von Hans Scharoun im Originalzuschnitt zur Besichtigung vorgehalten.

6 Architekten- und Ingenieur-Verein zu Hamburg (Hg.): Hamburg und seine Bauten mit Altona, Wandsbek und Harburg-Wilhelmsburg 1918–1929. Hamburg 1929, S. 127.

7 Fritz Schumacher: Kulturpolitik. Jena 1920, S. 141.

8 Olaf Bartels: Backsteinstadt Hamburg – bald nur noch als Fototapete zu haben? In: db 10/06, S. 3.

9 Fritz-Schumacher-Gesellschaft, »Gefahr für Hamburgs Stadtbild«, Juni 2008, http://homepage.hamburg.de/fritzschumachergesellschaft/

10 Gert Kähler: Wohnung und Stadt. Hamburg, Frankfurt, Wien. Modelle sozialen Wohnens in den zwanziger Jahren. Braunschweig, Wiesbaden 1985 (Habil.-Schr. Univ. Hannover 1984) S. 119.